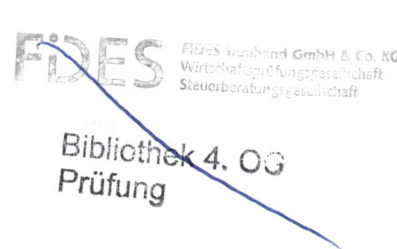

Die Bilanzierung von derivativen Finanzinstrumenten und Sicherungsbeziehungen

Die Bilanzierung von derivativen Finanzinstrumenten und Sicherungsbeziehungen

Eine Gegenüberstellung des deutschen Bilanzrechts
mit SFAS 133 und IAS 32/39

von
Dr. Andreas Barckow

Düsseldorf 2004

Bibliografische Information Der Deutschen Bibliothek
Die Deutsche Bibliothek verzeichnet diese Publikation
in der Deutschen Nationalbibliografie;
detaillierte bibliografische Daten sind im Internet über
http://dnb.ddb.de abrufbar.

ISBN 3-8021-1080-3

© 2004 by IDW-Verlag GmbH, Düsseldorf
Alle Rechte der Verbreitung, auch durch Film, Funk, Fernsehen und Internet,
fotomechanische Wiedergabe, Tonträger jeder Art, auszugsweisen Nachdruck oder
Einspeicherung und Rückgewinnung in Datenverarbeitungsanlagen aller Art,
einschließlich der Übersetzung in andere Sprachen, sind vorbehalten.

Druck und Bindung: B.o.s.s Druck und Medien, Kleve

Vorwort

Die vorliegende Arbeit beschäftigt sich mit der Bilanzierung derivativer Finanzinstrumente im deutschen und US-amerikanischen Rechtsraum sowie nach International Financial Reporting Standards. Sie widmet sich damit der Aufarbeitung eines Themas, das auf der Schnittstelle zwischen Rechnungslegung und Finanzwirtschaft angesiedelt ist.

Die Arbeit entstand über einen längeren Zeitraum während meiner Tätigkeit als wissenschaftlicher Mitarbeiter an der Universität Paderborn, als fachlicher Mitarbeiter bei der DG Bank Aktiengesellschaft und als Leiter des IFRS Centres of Excellence bei der Wirtschaftsprüfungsgesellschaft Deloitte & Touche GmbH, Frankfurt. Sie wurde im Juli 2003 von der Fakultät für Wirtschaftswissenschaften der Universität Paderborn als Dissertation angenommen. Für die Veröffentlichung wurde sie um mittlerweile eingetretene Neuerungen aktualisiert.

Meinem Doktorvater Prof. Dr. Horst Gräfer danke ich herzlich für die fachliche Betreuung auf dem Gebiet der Rechnungslegung, seine Geduld mit meinem Arbeitsstil und die Übernahme des Erstgutachtens. Mein Dank geht ferner an den Inhaber des Lehrstuhls für Internationales Management der Justus-Liebig-Universität Gießen, Herrn Prof. Dr. Martin Glaum. Er übernahm das Zweitgutachten und die Betreuung im Hinblick auf die finanzwirtschaftlichen Aspekte der Arbeit.

Über allem aber gilt mein Dank meiner Frau Christine, die mich über viele Jahre über alle Höhen und Tiefen der Promotion begleitet und dabei auf manche gemeinsame Zeit verzichtet hat, sowie meinen Eltern, die mich von Anfang an in diesem Vorhaben unterstützt und bestärkt haben. Ihnen widme ich das Ergebnis meiner Bemühungen.

Friedberg, im Januar 2004   Andreas Barckow

Inhaltsübersicht

Vorwort V

1. Einleitung 1
   1.1 Problemstellung 1
   1.2 Zielsetzung, Abgrenzung und Gliederung der Arbeit 5

2. Begriffliche Abgrenzungen 8
   2.1 Finanzinstrumente 8
   2.2 Derivative Finanzinstrumente 11
   2.3 Eingebettete derivative Finanzinstrumente 17
   2.4 Risiko 18
   2.5 *Hedging* 24
   2.6 *Hedge Accounting* 29

3. Grundlagen des Derivategeschäfts 33
   3.1 Systematisierung derivativer Finanzinstrumente 33
   3.2 Finanzwirtschaftliche Einsatzmöglichkeiten derivativer
       Finanzinstrumente 55

4. Die Bilanzierung von Derivaten und Sicherungsbeziehungen nach
   deutschem Recht 65
   4.1 GoB als Quelle der Ableitung von Ansatz- und Bewertungsvorschriften
       für derivative Finanzinstrumente 65
   4.2 Ansatz derivativer Finanzinstrumente dem Grunde nach 70
   4.3 Ansatz derivativer Finanzinstrumente der Höhe nach 76
   4.4 Bilanzierung eingebetteter Derivate 86
   4.5 Bilanzierung derivativer Finanzinstrumente bei Bestehen von
       Sicherungsbeziehungen 91
   4.6 Ausweisvorschriften und Angabepflichten 107
   4.7 Zusammenfassung 114

5. Bilanzierung von Derivaten und Sicherungsstrategien nach US-amerikanischen Standards 117
   - 5.1 Das *Financial Instruments Project* des FASB 117
   - 5.2 Ansatz derivativer Finanzinstrumente dem Grunde nach 123
   - 5.3 Ansatz derivativer Finanzinstrumente der Höhe nach 131
   - 5.4 Bilanzierung eingebetteter Derivate 136
   - 5.5 Bilanzierung derivativer Finanzinstrumente bei Bestehen von Sicherungsbeziehungen... 148
   - 5.6 Ausweisvorschriften und Angabepflichten 183
   - 5.7 Zusammenfassung... 190

6. Bilanzierung von Derivaten und Sicherungsbeziehungen nach *International Financial Reporting Standards* 194
   - 6.1 Das *Financial Instruments Project* des IASC/IASB 194
   - 6.2 Ansatz derivativer Finanzinstrumente dem Grunde nach 200
   - 6.3 Ansatz derivativer Finanzinstrumente der Höhe nach 202
   - 6.4 Bilanzierung eingebetteter Derivate 204
   - 6.5 Bilanzierung derivativer Finanzinstrumente bei Bestehen von Sicherungsbeziehungen... 206
   - 6.6 Ausweisvorschriften und Angabepflichten 226
   - 6.7 Exkurs: Bilanzierung von Derivaten und Sicherungsstrategien nach dem *Draft Standard* der *Joint Working Group* 232
   - 6.8 Zusammenfassung... 237

7. Abschließende Beurteilung aus bilanzanalytischer Sicht 240

Inhaltsverzeichnis

Vorwort V

Inhaltsübersicht VII

Inhaltsverzeichnis IX

Abbildungsverzeichnis XV

Tabellenverzeichnis XVI

Abkürzungsverzeichnis XVII

1. Einleitung 1
   1.1 Problemstellung 1
   1.2 Zielsetzung, Abgrenzung und Gliederung der Arbeit 5

2. Begriffliche Abgrenzungen 8
   2.1 Finanzinstrumente 8
   2.2 Derivative Finanzinstrumente 11
   2.3 Eingebettete derivative Finanzinstrumente 17
   2.4 Risiko 18
       2.4.1 Definition 18
       2.4.2 Risikoarten 20
            2.4.2.1 Marktrisiken 20
                 2.4.2.1.1 Zinsänderungsrisiken 20
                 2.4.2.1.2 Währungsrisiken 21
                 2.4.2.1.3 Weitere Marktrisiken 22
            2.4.2.2 Kreditrisiken 22
            2.4.2.3 Liquiditätsrisiken 23
            2.4.2.4 Operative Risiken 24
   2.5 *Hedging* 24
       2.5.1 Definition 24
       2.5.2 Systematisierungsansätze 26
            2.5.2.1 *Micro*, *Portfolio* und *Macro Hedging* 26
            2.5.2.2 *Pure* und *Cross Hedging* 28
            2.5.2.3 Statisches und Dynamisches *Hedging* 28
            2.5.2.4 *Cash Hedging* und antizipatives *Hedging* 29

2.6　*Hedge Accounting* 29

3. Grundlagen des Derivategeschäfts 33

3.1　Systematisierung derivativer Finanzinstrumente 33
    3.1.1　Systematisierungskriterien 33
        3.1.1.1　Art der Erfüllung 33
        3.1.1.2　Handelsort 35
    3.1.2　Unbedingte Termingeschäfte 38
        3.1.2.1　OTC gehandelte Instrumente 38
            3.1.2.1.1　Zinsinstrumente 38
            3.1.2.1.2　Währungsinstrumente 40
        3.1.2.2　Börsengehandelte Instrumente 42
            3.1.2.2.1　Zinsfutures 43
            3.1.2.2.2　Devisenfutures 45
            3.1.2.2.3　Indexfutures 45
    3.1.3　Bedingte Termingeschäfte – Optionen 46
        3.1.3.1　OTC gehandelte Optionen 47
            3.1.3.1.1　Zinsoptionen 47
            3.1.3.1.2　Devisenoptionen 48
        3.1.3.2　Börsengehandelte Optionen 48
            3.1.3.2.1　Optionen auf Zinsfutures 48
            3.1.3.2.2　Optionen auf Währungen 49
            3.1.3.2.3　Optionen auf Aktienindizes 50
            3.1.3.2.4　Optionen auf Aktien 50
    3.1.4　Kreditderivate 51
        3.1.4.1　*Credit Default Swap* 52
        3.1.4.2　*Total (Rate of) Return Swaps* 53
        3.1.4.3　*Credit Linked Notes* 54
3.2　Finanzwirtschaftliche Einsatzmöglichkeiten derivativer Finanzinstrumente 55
    3.2.1　*Hedging* 55
        3.2.1.1　Charakterisierung 55
        3.2.1.2　*Hedging* einzelner vs. aggregierter Risikopositionen 56
            3.2.1.2.1　Absicherung von Einzelrisiken 56
            3.2.1.2.2　Absicherung von Nettoexposures 57
        3.2.1.3　Exkurs: Risikoabsicherung über interne Geschäfte 58
    3.2.2　Spekulation 61
    3.2.3　Arbitrage 63

4. Die Bilanzierung von Derivaten und Sicherungsbeziehungen nach deutschem Recht 65

- 4.1 GoB als Quelle der Ableitung von Ansatz- und Bewertungsvorschriften für derivative Finanzinstrumente 65
  - 4.1.1 Wesen und Funktion der GoB 65
  - 4.1.2 Die GoB-Systematik nach BAETGE 68
- 4.2 Ansatz derivativer Finanzinstrumente dem Grunde nach 70
  - 4.2.1 Bilanzrechtlicher Charakter derivativer Finanzinstrumente 70
  - 4.2.2 Bilanzierungsfähigkeit derivativer Finanzinstrumente 73
    - 4.2.2.1 Rahmengrundsatz der Vollständigkeit 73
    - 4.2.2.2 Ansatzgrundsätze für die Bilanz 74
      - 4.2.2.2.1 Aktivierungsgrundsatz 74
      - 4.2.2.2.2 Passivierungsgrundsatz 76
- 4.3 Ansatz derivativer Finanzinstrumente der Höhe nach 76
  - 4.3.1 Systemgrundsatz der Pagatorik 77
    - 4.3.1.1 Charakterisierung 77
    - 4.3.1.2 Keine Wertableitung aus Zahlungsvorgängen für Derivate 77
  - 4.3.2 Systemgrundsatz der Einzelbewertung 79
    - 4.3.2.1 Charakterisierung 79
    - 4.3.2.2 Einzelbewertung versus Bewertungseinheit 80
  - 4.3.3 Kapitalerhaltungsgrundsatz der Vorsicht 82
    - 4.3.3.1 Charakterisierung 82
    - 4.3.3.2 Das Vorsichtsprinzip als Hauptgrund für die Nichtbilanzierung derivativer Instrumente 84
- 4.4 Bilanzierung eingebetteter Derivate 86
  - 4.4.1 Problemstellung 86
  - 4.4.2 Einheitliche Bilanzierung strukturierter Produkte 88
  - 4.4.3 Getrennte Bilanzierung strukturierter Produkte 89
- 4.5 Bilanzierung derivativer Finanzinstrumente bei Bestehen von Sicherungsbeziehungen 91
  - 4.5.1 Problemstellung 91
  - 4.5.2 Abbildung von Sicherungsmaßnahmen 92
    - 4.5.2.1 Absicherung von Einzelrisiken (*Micro Hedges*) 92
    - 4.5.2.2 Absicherung von Nettoexposures 99
    - 4.5.2.3 Exkurs: Die branchenspezifische Vorschrift des § 340h HGB .. 104

4.6 Ausweisvorschriften und Angabepflichten 107
    4.6.1 Anhangangaben 108
    4.6.2 Angaben im Lagebericht 111
4.7 Zusammenfassung 114

5. **Bilanzierung von Derivaten und Sicherungsstrategien nach US-amerikanischen Standards** 117
    5.1 Das *Financial Instruments Project* des FASB 117
    5.2 Ansatz derivativer Finanzinstrumente dem Grunde nach 123
        5.2.1 Begründung einer generellen Ansatzpflicht über SFAC 6 123
        5.2.2 Ausnahmen vom generellen Ansatzgebot als Derivat trotz Erfüllung der Definitionsmerkmale 125
            5.2.2.1 Marktübliche Abwicklung von Wertpapierkassageschäften 125
            5.2.2.2 Gängige Kauf- und Verkaufsverträge 126
            5.2.2.3 Versicherungsverträge 127
            5.2.2.4 Finanzielle Garantien und Bürgschaften 127
            5.2.2.5 Bestimmte nicht börsengehandelte Verträge 128
            5.2.2.6 Derivate, die der Verhinderung von Ausbuchungen dienen 129
            5.2.2.7 Bestimmte strukturierte Produkte von Pensionsplänen 129
            5.2.2.8 Kreditzusagen 130
            5.2.2.9 Derivate auf das Eigenkapital des bilanzierenden Unternehmens 130
    5.3 Ansatz derivativer Finanzinstrumente der Höhe nach 131
        5.3.1 *Fair Value* als maßgeblicher Wertmaßstab für Derivate 131
        5.3.2 Erfassung der Wertänderungen 136
    5.4 Bilanzierung eingebetteter Derivate 136
        5.4.1 Problemstellung: Missbrauchsverhütung versus Handhabbarkeit 136
        5.4.2 Unterschiedliche Risikofaktoren als wesentliche Voraussetzung für eine Aufspaltung 140
            5.4.2.1 Eigenkapitalinstrumente 140
            5.4.2.2 Fremdkapitalinstrumente 141
            5.4.2.3 Anderweitige Vertragsformen 145
        5.4.3 Das Vorgehen bei der Aufspaltung strukturierter Produkte 145
    5.5 Bilanzierung derivativer Finanzinstrumente bei Bestehen von Sicherungsbeziehungen 148
        5.5.1 Grundlagen 148

	5.5.2	*Fair Value Hedges*	152
		5.5.2.1 Charakterisierung	152
		5.5.2.2 Die Bestandteile der Sicherungsbeziehung	156
		5.5.2.2.1 Sicherungsinstrumente: Derivative Instrumente	156
		5.5.2.2.2 Mögliche Sicherungsgegenstände	158
		5.5.2.3 Bilanzielle Erfassung der Erfolgswirkungen	162
	5.5.3	*Cash Flow Hedges*	165
		5.5.3.1 Charakterisierung	165
		5.5.3.2 Die Bestandteile der Sicherungsbeziehung	169
		5.5.3.2.1 Sicherungsinstrumente: ausschließlich Derivative Instrumente	169
		5.5.3.2.2 Antizipierte Grundgeschäfte als Sicherungsgegenstand	169
		5.5.3.3 Bilanzielle Erfassung der Erfolgswirkungen	172
	5.5.4	Exkurs: *Fair Value* oder *Cash Flow Hedge* bei der Absicherung von Zinsänderungsrisiken?	174
	5.5.5	*Foreign Currency Hedges*	178
		5.5.5.1 *Foreign Currency Fair Value Hedges*	179
		5.5.5.2 *Foreign Currency Cash Flow Hedges*	181
		5.5.5.3 *Hedges of the Foreign Currency Exposure of a Net Investment in a Foreign Operation*	182
5.6	Ausweisvorschriften und Angabepflichten		183
	5.6.1	Angabepflichten nach SFAS 133	185
	5.6.2	Angabepflichten nach *Financial Reporting Release No. 48*	186
5.7	Zusammenfassung		190
6.	Bilanzierung von Derivaten und Sicherungsbeziehungen nach *International Financial Reporting Standards*		194
6.1	Das *Financial Instruments Project* des IASC/IASB		194
6.2	Ansatz derivativer Finanzinstrumente dem Grunde nach		200
	6.2.1	Begründung einer generellen Ansatzpflicht über das *Framework*	200
	6.2.2	Ausnahmen vom generellen Ansatzgebot als Derivat trotz Erfüllung der Definitionsmerkmale	200
6.3	Ansatz derivativer Finanzinstrumente der Höhe nach		202
	6.3.1	*Fair Value* als maßgeblicher Wertmaßstab für Derivate	202
	6.3.2	Erfassung der Wertänderungen	204
6.4	Bilanzierung eingebetteter Derivate		204

6.5 Bilanzierung derivativer Finanzinstrumente bei Bestehen von Sicherungsbeziehungen 206
    6.5.1 Vorbemerkungen 206
    6.5.2 Die Bestandteile der Sicherungsbeziehung 208
        6.5.2.1 Sicherungsinstrumente: Derivate 208
        6.5.2.2 Mögliche Sicherungsgegenstände 210
    6.5.3 Formale Anforderungen an Sicherungsbeziehungen 212
    6.5.4 Bilanzierung der Sicherungsbeziehungen 214
        6.5.4.1 Bilanzierung von *Fair Value Hedges* 214
        6.5.4.2 Bilanzierung von *Cash Flow Hedges* 215
        6.5.4.3 Bilanzierung von *Hedges of a Net Investment in a Foreign Entity* 217
    6.5.5 Der Entwurf zum *Portfolio Hedge Accounting* bei der Absicherung von Zinsänderungsrisiken 218
        6.5.5.1 Vorbemerkung 218
        6.5.5.2 Darstellung der Vorgehensweise beim *Portfolio Hedge Accounting* 219

6.6 Ausweisvorschriften und Angabepflichten 226
    6.6.1 Ausweisvorschriften 226
    6.6.2 Anhangangaben 229

6.7 Exkurs: Bilanzierung von Derivaten und Sicherungsstrategien nach dem *Draft Standard* der *Joint Working Group* 232
    6.7.1 Chronologische Einordnung 232
    6.7.2 Wesentliche Inhalte des *Draft Standards* im Hinblick auf die Bilanzierung von Derivaten und Sicherungsstrategien 233

6.8 Zusammenfassung 237

7. Abschließende Beurteilung aus bilanzanalytischer Sicht 240

Quellenverzeichnis 252

Literaturverzeichnis 256

Abbildungsverzeichnis

Abb. 1:	Ausstehende Nominalvolumina gehandelter Derivate	2
Abb. 2:	Hedgestrategien	26
Abb. 3:	Risikoprofil unbedingter Termingeschäfte	33
Abb. 4:	Risikoprofil eines Calls	34
Abb. 5:	Risikoprofil eines Puts	35
Abb. 6:	Systematisierung derivativer Finanzinstrumente	37
Abb. 7:	Ablaufschema eines Forward Rate Agreement	38
Abb. 8:	Ablaufschema eines Währungsswaps	42
Abb. 9:	Zinsfuture-Geschäfte an der EUREX	43
Abb. 10:	Indexfuture-Geschäfte an der EUREX	46
Abb. 11:	Ablaufschema eines *Credit Default Swap*	52
Abb. 12:	Ablaufschema eines *Total Return Swap*	53
Abb. 13:	Risikotransfer mittels interner Geschäfte (Einzelabsicherung)	59
Abb. 14:	Risikotransfer mittels interner Geschäfte (Absicherung von Nettoexposures)	60
Abb. 15:	Risikoüberwälzung bei Devisentermingeschäften	62
Abb. 16:	GoB-System nach BAETGE	69
Abb. 17:	Zahlungsprofil *DAX®-Redemption-Bond*	87
Abb. 18:	Abbildungsalternativen bei Bestehen von Sicherungsbeziehungen	92
Abb. 19:	Bewertungskonsequenzen bei strenger Einzelbewertung	93
Abb. 20:	Zerlegung strukturierter Produkte nach SFAS 133	139
Abb. 21:	Die *Hedge-Accounting*-Konzeption von SFAS 133	151
Abb. 22:	*Hedging* von Zinsänderungsrisiken: Ausgangslage	175
Abb. 23:	*Hedging* von Zinsänderungsrisiken – Eintritt in einen Zinsswap	176
Abb. 24:	*Hedging* von Zinsänderungsrisiken – Abbildung als *Fair Value Hedge*	177
Abb. 25:	*Hedging* von Zinsänderungsrisiken – Abbildung als *Cash Flow Hedge*	178
Abb. 26:	Entscheidungsbaum zur Marktrisikoberichtspflicht nach FRR 48	188
Abb. 26:	Vorgehensweise beim *Portfolio Hedge Accounting* von Zinsänderungsrisiken	219
Abb. 27:	*Portfolio Hedge Accounting* – Bestimmung der Grundgeschäfte	223

Tabellenverzeichnis

Tab. 1: Vergleich der Abgrenzungsmerkmale von Derivaten 16

Tab. 2: Chronologie des *(Derivative) Financial Instruments Project* des FASB 118

Tab. 3: Das *Financial Instruments Project* des IASC/IASB 199

Tab. 4: Bilanzierung freistehender Derivate nach HGB, US-GAAP und IFRS 244

Tab. 5: Bilanzierung eingebetteter Derivate nach HGB, US-GAAP und IFRS 247

Abkürzungsverzeichnis

a.A.	anderer Ansicht
AAA	American Accounting Association
a.a.O.	am angegebenen Ort
AASB	Australian Accounting Standards Board
ABR	Accounting and Business Research (Zeitschrift)
Abs.	Absatz
Abschn.	Abschnitt
AcSEC	Accounting Standards Executive Committee
ADS^6	Adler/Düring/Schmaltz, 6. Aufl.
a.F.	alte Fassung
AG	Die Aktiengesellschaft (Zeitschrift); Application Guidance
AICPA	American Institute of Certified Public Accountants
AKEU	Arbeitskreis Externe Unternehmensrechnung
ALM	Asset Liability Management
Anh.	Anhang
Anm.	Anmerkung
APB	Accounting Principles Board
Art.	Artikel
ASB	(UK) Accounting Standards Board
Aufl.	Auflage
BAKred	Bundesaufsichtsamt für das Kreditwesen
BB	Der Betriebs-Berater (Zeitschrift)
BBK	Buchführung, Bilanz, Kostenrechnung (Zeitschrift)
BBRL	Bankbilanzrichtlinie
BC	Basis of Conclusions
Bd.	Band
Bde.	Bände
Beck Bil.-Komm.^{5}	Beck'scher Bilanz-Kommentar, 5. Aufl.
Beck HdR	Beck'sches Handbuch der Rechnungslegung
BFA	Bankenfachausschuss
BFH	Bundesfinanzhof
BFuP	Betriebswirtschaftliche Forschung und Praxis (Zeitschrift)
BHR	Bonner Handbuch Rechnungslegung
BilRefG	Bilanzrechtsreformgesetz
BIZ	Bank für internationalen Zahlungsausgleich
BR-Drucks.	Bundesrats-Drucksache
bspw.	beispielsweise
BT-Drucks.	Bundestags-Drucksache
bzgl.	bezüglich
bzw.	beziehungsweise
C&L	Coopers & Lybrand (Wirtschaftsprüfungsgesellschaft)
CDS	Credit Default Swap
CICA	Canadian Institute of Chartered Accountants
CLN	Credit Linked Note
CME	Chicago Mercantile Exchange
c.p.	ceteris paribus
DAX	Deutscher Aktienindex

DB	Der Betrieb (Zeitschrift)
DBW	Die Betriebswirtschaft (Zeitschrift)
ders.	derselbe
dgl.	dergleiche(n), desgleichen
d.h.	das heißt
dies.	dieselbe(n)
diesbzgl.	diesbezüglich
DIG	Derivatives Implementation Group
Diss.	Dissertation
DJ	Dow Jones
DM	Deutsche Mark
DP	Discussion Paper
DRS	Deutscher Rechnungslegungs Standard
DRSC	Deutsches Rechnungslegungs Standards Committee
DSR	Deutscher Standardisierungsrat
DSOP	Draft Statement of Principles
DStR	Deutsches Steuerrecht (Zeitschrift)
DStZ	Deutsche Steuer-Zeitung (Zeitschrift)
DTB	Deutsche Terminbörse
DTG	Deveisentermingeschäft
DTT	Deloitte Touche Tohmatsu (Wirtschaftsprüfungsgesellschaft)
durchges.	durchgesehene
DUV	Deutscher Universitäts-Verlag
E	Exposure Draft
EG	Europäische Gemeinschaft(en)
EITF	Emerging Issues Task Force
Erg.-Lfg.	Ergänzungslieferung
erw.	erweitert(e)
EStG	Einkommensteuergesetz
et al.	et alteri
etc.	et cetera
EU	Europäische Union
EURIBOR	European InterBank Offered Rate
E&Y	Ernst & Young (Wirtschaftsprüfungsgesellschaft)
F	Framework
(f)f.	(fort)folgende
FASB	Financial Accounting Standards Board
FASC	Financial Accounting Standards Committee (der AAA)
FB	Finanz Betrieb (Zeitschrift)
FEE	Fédération des Experts Comptables Européens
FIN	FASB Interpretation
Fn.	Fußnote(n)
FN	Fachnachrichten des IDW (Zeitschrift)
FRA	Forward Rate Agreement
FRN	Floating Rate Note
FRR	Financial Reporting Release
FS	Festschrift
FTB	FASB Technical Bulletin
FWB	Frankfurter Wertpapierbörse
FX	Foreign Exchange

gem.	gemäß
ggf.	gegebenenfalls
gl.A.	gleicher Ansicht
GoB	Grundsätze ordnungsmäßiger Buchführung
GuV	Gewinn- und Verlustrechnung
HB	Handbuch
HBR	Harvard Business Review (Zeitschrift)
HdJ	Handbuch des Jahresabschlusses in Einzeldarstellungen
HdK^2	Handbuch der Konzernrechnungslegung, 2. Aufl.
HdR^4	Handbuch der Rechnungslegung, 4. Aufl.
HFA	Hauptfachausschuss
HGB	Handelsgesetzbuch
h.M.	herrschende(r) Meinung
Hrsg./hrsg.	Herausgeber/herausgegeben
HURB	Handwörterbuch unbestimmter Rechtsbegriffe
HWF^2	Handwörterbuch des Bank- und Finanzwesens, 2. Aufl.
HWF^3	Handwörterbuch des Bank- und Finanzwesens, 3. Aufl.
HWR^3	Handwörterbuch des Rechnungswesens, 3. Aufl.
HWRev^2	Handwörterbuch der Revision, 2. Aufl.
HWRP^3	Handwörter der Rechnungslegung und Prüfung, 3. Aufl.
i.A.	im Allgemeinen
IAS	International Accounting Standard(s)
IASB	International Accounting Standards Board
IASC	International Accounting Standards Committee
i.d.F.	in der Fassung
i.d.R.	in der Regel
IDW	Institut der Wirtschaftsprüfer in Deutschland e.V.
IE	Illustrative Examples
i.e.S.	im engeren Sinne
IFAC	International Federation of Accountants
IFRS	International Financial Reporting Standard(s)
IGC	Implementation Guidance Committee
IGQ&A	Implementation Guidance Questions & Answers
IMM	International Money Market
inkl.	inklusive
insb.	insbesondere
IntJAcc	International Journal of Accounting (Zeitschrift)
IOSCO	International Organisation of Securities Commissions
IRS	Interest Rate Swap
ISDA	International Swaps and Derivatives Association
IStR	Internationales Steuerrecht (Zeitschrift)
i.S.d.	im Sinne der/s
i.S.v.	im Sinne von
i.V.m.	in Verbindung mit
i.w.S.	im weiteren Sinne
JBaF	Journal of Banking and Finance (Zeitschrift)
JBFA	Journal of Business Finance & Accounting (Zeitschrift)
JCAF	Journal of Corporate Accounting and Finance (Zeitschrift)
JFQA	Journal of Financial and Quantitative Analysis (Zeitschrift)
JICPA	Japanese Institute of Certified Public Accountants

JIFMA	Journal of International Financial Management and Accounting
JoF	Journal of Finance (Zeitschrift)
JofA	Journal of Accountancy (Zeitschrift)
JWG	Joint Working Group (of Standard Setters)
JWGBA	Joint Working Group of Banking Associations
KapAEG	Kapitalaufnahmeerleichterungsgesetz
KonTraG	Gesetz zur Kontrolle und Transparenz im Unternehmensbereich
KoR	Kapitalmarktorientierte Rechnungslegung (Zeitschrift)
KPMG	Klyndveld Peak Marvick Goerdeler (Wirtschaftsprüfungsgesellschaft)
KuK	Kredit und Kapital (Zeitschrift)
KWG	Kreditwesengesetz
lat.	Lateinisch
LIBOR	London InterBank Offered Rate
LIFFE	London International Financial Futures Exchange
Lit.	Literatur
lt.	Laut
m.a.W.	mit anderen Worten
MDAX	Mid Cap Index der Deutscher Börse
MD&A	Management Discussion and Analysis
Mio.	Million(en)
Mrd.	Milliarde(n)
MünchKommHGB	Münchener Kommentar zum Handelsgesetzbuch
m.w.N.	mit weiteren Nachweisen
n.F.	neue Fassung
NEMAX	Neuer Markt Index
No.	Number
Nr.	Nummer
o.g.	oben genannte(n)
o.J.	ohne Jahresangabe
o.O.	ohne Ortsangabe
OCI	Other Comprehensive Income
ÖBA	Österreichisches Bankarchiv (Zeitschrift)
OTC	Over The Counter
o.V.	ohne Verfasserangabe
p.a.	per annum
PBoT	Philadelphia Board of Trade
PHLX	Philadelphia Stock Exchange
plc	public limited company
PwC	PricewaterhouseCoopers (Wirtschaftsprüfungsgesellschaft)
Q	Question
RechKredV	Rechnungslegungskreditverordnung
RefE	Referentenentwurf
resp.	respektive
RL	Richtlinie
Rn.	Randnummer(n)

Rz.	Randziffer(n)
s.	siehe
S.	Seite(n)
s.a.	siehe auch
SEC	Securities and Exchange Commission
SFAC	Statement of Financial Accounting Concept
SFAS	Statement of Financial Accounting Standards
SMAX	Small Cap Index
sog.	sogenannte(n)
SOP	AICPA Statement of Position
Sp.	Spalte(n)
StuB	Steuern und Bilanzen (Zeitschrift)
s.u.	siehe unten
TRS	Total (Rate of) Return Swap
Tz.	Textziffer(n)
u.a.	und andere/unter anderem
u.ä.	und ähnlich(e)
überarb.	überarbeitet(e)
UK-GAAP	United Kingdom Generally Accepted Accounting Principles
umgearb.	umgearbeitet(e)
Univ.	Universität
US-GAAP	United States Generally Accepted Accounting Principles
US$	United States Dollar
usw.	und so weiter
u.U.	unter Umständen
v.a.	vor allem
Verf.	Verfasser
vgl.	vergleiche
vollst.	vollständig
WiSt	Wirtschaftswissenschaftliches Studium (Zeitschrift)
WISU	Das Wirtschaftsstudium (Zeitschrift)
WP	Wirtschaftsprüfer
WPg	Die Wirtschaftsprüfung (Zeitschrift)
WPH 2000 I	Wirtschaftsprüfer-Handbuch 2000, Band 1
WpHG	Wertpapierhandelsgesetz
WPK	Wirtschaftsprüferkammer
WPK-Mitt.	Wirtschaftsprüferkammer-Mitteilungen (Zeitschrift)
z.B.	zum Beispiel
ZBB	Zeitschrift für Bankrecht und Bankwirtschaft (Zeitschrift)
ZfB	Zeitschrift für Betriebswirtschaft (Zeitschrift)
ZfbF	Zeitschrift für betriebswirtschaftliche Forschung (Zeitschrift)
ZfgK	Zeitschrift für das gesamte Kreditwesen (Zeitschrift)
zit.	zitiert
z.T.	zum Teil
zugl.	zugleich
z.Z.	zur Zeit
zzgl.	zuzüglich

1. Einleitung

1.1 Problemstellung

Seit Mitte der achtziger Jahre hat der Einsatz derivativer Instrumente in Unternehmen weltweit an Bedeutung gewonnen.[1] Längst ist der Einsatz dieser Finanzinnovationen keine bloße ‚Spielwiese für Spekulanten'[2] mehr, auch wenn man infolge der Ausfälle bei bedeutenden Unternehmen wie der Sumitomo Bank, der Metallgesellschaft oder der Barings plc zuweilen anderer Ansicht sein könnte.[3] Aktuelles Zahlenmaterial der Bank für internationalen Zahlungsausgleich (BIZ) sowie der *International Swaps and Derivatives Association* (ISDA) belegen die Bedeutung der Instrumente eindrucksvoll: Betrug das insgesamt gehandelte Volumen im Jahr 1987 gerade einmal 865 Mrd. US-Dollar, so wurden per Juni 2000 Außenstände im Umfang von mehr als 74 Billionen US-Dollar registriert (Abb. 1).[4] Ausgeprägte Schwankungen der maßgeblichen Risikofaktoren Zins und Währung als Folge der auf diesen Märkten vorgenommenen Deregulierungen, die zunehmende weltwirtschaftliche Verflechtung sowie bislang nicht gekannte Aktienindexstände haben den Umsatz dieser Produkte kontinuierlich angetrieben.[5]

---

[1] Vgl. Claiden, R. (1997): Derivative Products, S. 2; Johnson, L.T./Swieringa, R.J. (1996): Derivatives, S. 110 f.; Siegwart, H./Mahari, J./Abresch, M. (1996): Strategisches Management, S. IX, die von den Neunzigern als dem „Jahrzehnt der Derivate" sprechen. S.a. Krumnow, J. (1994): Derivative Instrumente, S. 737.

[2] So der fragende Titel des Beitrags von Rudolph, B. (1997): Spielwiese, S. 111.

[3] Vgl. Ineichen, A.M. (2001): Ambiguous Popularity of Derivatives, S. 397 ff.; Kuprianow, A. (1997): Derivative Debacles, S. 605 ff.; Sanders, T.B. (2001): Derivative Ruination in the 1990s, S. 419 ff.; Shireff, D. (1994): Fill that gap!, S. 28 ff.

[4] Es sei darauf hingewiesen, dass bei der Erhebung der Daten Messprobleme bestehen. Eine vollständige Erfassung wird man nur bei börsennotierten Kontrakten voraussetzen können; außerbörslich gehandelte derivative Finanzinstrumente entziehen sich dagegen einer exakten Erfassung, weil die ISDA lediglich die umgesetzten und ausstehenden Volumina ihrer Mitglieder erhebt. Da gegenläufige Ansprüche dabei genettet und gestellte Sicherheiten in Anrechnung gebracht werden, kann das reale Volumen somit durchaus größer sein. Auf der anderen Seite ist nicht auszuschließen, dass Verträge zuweilen beidseitig und damit doppelt erfasst werden. Da für die Bewertung derivativer Verträge ferner keine verbindlichen Methoden bestehen, können gleiche Derivate u.U. zu unterschiedlichen Wertansätzen führen; vgl. BIZ (2002): Triannual Central Bank Survey 2001, S. 42 und 30 ff.; Fitzner, V./Freiling, A./Liedtke, J.-U. (1997): Derivatepublizität deutscher Kreditinstitute, S. 178; Sill, K. (1997): Economic Benefits and Risks, S. 16 f.

[5] Vgl. BIZ (2003): Quartalsbericht September 2003, S. 35 ff.; s.a. Beresford, D. (1990): Internationalization, S. 100; Johnson, L.T./Swieringa, R.J. (1996): Derivatives, S. 110 f.; Konishi, A./Dattatreya, R.E. (1996): Introduction, S. 1; Ryan, S.G. (2002): Financial Instruments, S. 219.

1. Einleitung

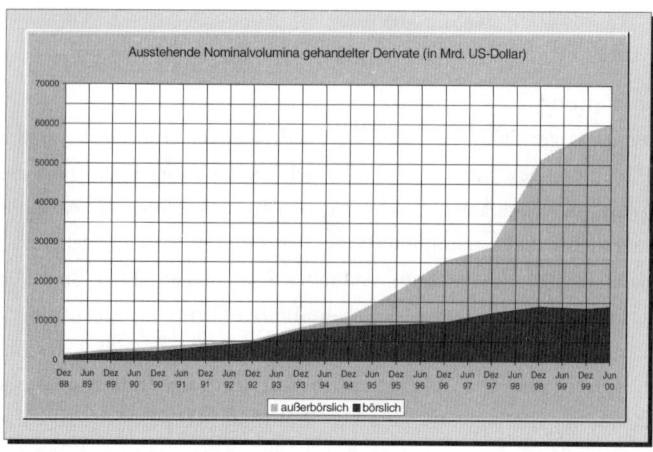

Abb. 1: Ausstehende Nominalvolumina gehandelter Derivate
Quelle: Beike, R./Barckow, A. (2002): Risk-Management, S. 14.

Die steigenden Volumina stellen Ersteller und Nutzer von Jahresabschlüssen auf eine harte Probe: Die Bilanzierung und Bewertung derivativer Finanzinstrumente ist nicht nur eines der kompliziertesten, sondern sicherlich auch eines der umstrittensten Gebiete der Rechnungslegung. Bei der Abbildung dieser Produkte im Jahresabschluss bestehen nach wie vor erhebliche Mängel:

> "Because many derivatives are off-balance-sheet, they have been called 'stealth instruments' by some since they are not visible and have eluded detection by users of financial statements."[6]

In Deutschland ist der Berufsstand ebenfalls weit davon entfernt, etwas entwickelt zu haben, das den Namen „Grundsätze ordnungsmäßiger Buchführung/Bilanzierung für derivative Finanzinstrumente" verdient.[7] Dabei hat sich das Interesse an der Rechnungslegung für Derivate vor allem zu Beginn der neunziger Jahre signifikant erhöht, was sich allein an der Anzahl abgeschlossener Dissertationen zu diesem Sachgebiet ablesen lässt, von wissenschaftlichen Beiträgen in Fachzeitschriften einmal ganz abgesehen.[8]

---

[6] Johnson, L.T./Swieringa, R.J. (1996): Derivatives, S. 111; s.a. Claiden, R. (1997): Derivative Products, S. 2; Linsmeier, T.J./Pearson, N.D. (1997): SEC Release, S. 107.
[7] S.a. Herzig, N. (1997): Derivatebilanzierung, S. 39; Herzig, N./Mauritz, P. (1997): Derivative Finanzinstrumente, S. 141; dies. (1998): Bildung von Bewertungseinheiten, S. 99.
[8] S.a. Herzig, N./Mauritz, P. (1997): Derivative Finanzinstrumente, S. 141; Scheffler, J. (1994): Hedge Accounting, S. 97.

1. Einleitung

Gleichwohl befassen sich die meisten Autoren mit der isolierten Betrachtung einer sachgerechten Bilanzierung bestimmter Derivate in Deutschland (Argumentation auf Basis des Status de lege lata). Ein derartiges Vorgehen ist vor dem Hintergrund einer weit verbreiteten Unsicherheit bei den bilanzierenden Unternehmen hinsichtlich der „korrekten" Bilanzierungsweise nachvollziehbar; aus heutiger Sicht greift eine rein auf den deutschen Bilanzierungsraum fokussierte Betrachtung aber aus zwei Gründen zu kurz.

Zum einen sind viele Unternehmen seit Mitte der neunziger Jahre dazu übergegangen, ihrer Publizitätspflicht mit einem nach internationalen Grundsätzen erstellten Konzernabschluss nachzukommen. Der deutsche Gesetzgeber hat diese Entwicklung mit der Verabschiedung des Kapitalaufnahmeerleichterungsgesetzes (KapAEG) und der damit verbundenen Einfügung des § 292a in das Dritte Buch des HGB offiziell legitimiert.[9] Danach sind Unternehmen, die einen organisierten Markt i.S.d. Wertpapierhandelsgesetzes (WpHG) in Anspruch nehmen, berechtigt, auf die Erstellung und Veröffentlichung eines eigenständigen HGB-Konzernabschlusses zu verzichten, sofern sie statt dessen einen „nach international anerkannten Rechnungslegungsgrundsätzen"[10] aufgestellten Abschluss vorlegen.[11] Als international anerkannte Grundsätze gelten dabei die *International Financial Reporting Standards (IFRS, vormals International Accounting Standards, IAS)* und die US-amerikanischen *Generally Accepted Accounting Principles (US-GAAP)*. Da im Gegensatz zum deutschen Bilanzrecht sowohl nach IFRS (IAS 32/39) als auch nach US-GAAP (SFAS 133/138/149) detaillierte Vorschriften zur bilanziellen Abbildung von Derivaten und Sicherungsstrategien bestehen, erscheint eine Auseinandersetzung mit diesen Regeln geboten.

---

[9] Bundesgesetzblatt, Teil I, Nr. 22/1998 vom 23. April 1998, S. 707 – 709; s.a. Böcking, H.-J./Orth, C. (1998): Neue Vorschriften zur Rechnungslegung, S. 1241 ff.; Küting, K./Hütten, C. (1999): Der befreiende Konzernlagebericht, S. 12 ff.; Pellens, B./Bonse, A./Gassen, J. (1998): Perspektiven, S. 785 ff.; Reker, J./Pahl, A./Löcke, J. (1998): Aufstellung eines befreienden Konzernabschlusses durch Kreditinstitute, S. 527 ff.; Zwirner, C. (1999): Ausweitung der Möglichkeiten zur internationalen Bilanzierung?, S. 879 ff. Aus empirischer Sicht vgl. Förschle, G./Glaum, M./Mandler, U. (1998): Internationale Rechnungslegung und Kapitalaufnahmeerleichterungsgesetz, S. 2281 ff.

[10] § 292a Abs. 2 Nr. 2a HGB.

[11] Seit 1997 verlangte die Frankfurter Wertpapierbörse (FWB) darüber hinaus von Unternehmen, die im Börsensegment „Neuer Markt" gelistet sind, die Vorlage von Abschlüssen nach internationalen Grundsätzen; vgl. FWB (2002): Regelwerk Neuer Markt, Abschn. 2, Ziffer 7.3.2 Abs. 1. Zum Neuen Markt s. stellvertretend Förschle, G./Helmschrott, H. (1997): Der Neue Markt, S. 188 ff. sowie Kersting, M.O. (1997): Der Neue Markt, S. 222 ff.; Ferner hattenUnternehmen im Segment des „Small Cap Index (SMAX)" seit dem 1. Januar 2002 Abschlüsse nach IFRS resp. US-GAAP oder HGB-Zahlen nebst Überleitungsrechnung vorlegen, vgl. FWB (2000): SMAX-Teilnahmebedingungen, Ziffer 3.2 Abs. 1. Die beiden Segmente sind im Zuge der Neuordnung der Handelssegmente mittlerweile aufgehoben worden. Bezüglich der nunmehr gültigen Unterteilung des Amtlichen Handels und des Geregelten Marktes in *Prime* und *General Standard* und die danach gültigen Angabepflichten vgl. FWB (2003): Börsenordnung, Abschnitte XIII bis XIV.

1. Einleitung

Zum anderen hat sich die Europäische Kommission seit 1995 verstärkt in die Debatte um eine Fortentwicklung der Rechnungslegung eingeschaltet.[12] Die inzwischen seit knapp 20 Jahren bestehenden EG-Richtlinien zur Rechnungslegung[13] sollen an die veränderte Umweltsituation angepasst werden, um europäische Unternehmen nicht durch erhöhte Publizitätsanforderungen im internationalen Wettbewerb um Kapital zu benachteiligen.[14] Bei der Weiterentwicklung orientiert sich die Kommission v.a. an den Standards des *International Accounting Standards Board (IASB)*. Zur Erreichung einer weitgehenden Konvergenz in den Rechnungslegungsvorschriften beider Rechtskreise wurden zwei Maßnahmen eingeleitet:

(a) Bestehende Unterschiede zwischen europäischem Bilanzrecht und den IFRS werden durch Änderung der Richtlinien beseitigt. Mit der Verabschiedung der Fair-Value- sowie der Modernisierungsrichtlinie am 24. Mai 2001 resp. 18. Juni 2003 wurde diesbezüglich ein erster Schritt getan.[15] Vor dem Hintergrund der Bilanzierung derivativer Finanzisntrumente ist v.a. die Fair-Value-Richtlinie von Bedeutung. Diese Änderungsrichtlinie sieht vor, den Kanon zulässiger Wertansätze um den beizulegenden Zeitwert *(Fair Value)* als Wertmaßstab für bestimmte Finanzaktiva zu erweitern. Ferner enthält sie erstmals Hinweise für die Bilanzierung von Wertänderungen bestimmter Sicherungsbeziehungen (sog. *Hedge Accounting*).[16]

(b) Des Weiteren hat der Ministerrat am 7. Juni 2002 die sogenannte IAS-Verordnung verabschiedet.[17] Art. 4 der Verordnung sieht vor, dass Unternehmen, deren Wertpapiere an einem geregelten Markt i.S.d. Wertpapierdienstleistungsrichtlinie notiert sind, ihren Konzernabschluss ab 2005 pflichtmäßig nach IFRS aufstellen müssen. Darüber hinaus gestattet Art. 5 den Mitgliedstaaten, den Anwendungsbereich der Verordnung auch auf

---

[12] Vgl. EU-Kommission (1995): Strategie; dies. (2000): Künftiges Vorgehen; s.a. Niehues, M. (2001): EU-Rechnungslegungsstrategie, S. 1209 ff.; van Hulle, K. (1997): International Harmonisation, S. 45 ff.
[13] Gemeint sind hier insbesondere die 4. und die 7. EG-RL sowie die EG-BBRL.
[14] Vgl. van Hulle, K. (1998): Zukunft, S. 150.
[15] Rat der Europäischen Gemeinschaften (2001): Fair-Value-RL; ders. (2003): Modernisierungsrichtlinie.
[16] Die Richtlinie ist gem. Art. 4 Abs. 1 spätestens bis zum 31. Dezember 2003 in nationales Recht zu transformieren; s.a. Ernst, C. (2001): Zeitwertbilanzierung für Finanzinstrumente, S. 245 ff.; Helmschrott, H. (2000): Einführung einer Fair-Value-Bewertung, S. 941 ff.; Hommel, M./Berndt, T. (2000): Bewertung zum Fair Value, S. 1184 ff.; Scharpf, P. (2000): Vorschlag der EG-Kommission, S. 629 ff.
[17] Rat der Europäischen Gemeinschaften (2002): IAS-Verordnung. Im Gegensatz zu einer „Richtlinie" bedarf eine „Verordnung" nicht der Transformation in nationales Recht. Sie ist vielmehr unmittelbar bindend; s.a. EU-Kommission (2001): Anwendung internationaler Rechnungslegungsgrundsätze; Busse von Colbe, W. (2002): Paradigmawechsel, S. 159 ff.; Ekkenga, J. (2001): Neuordnung des Europäischen Bilanzrechts, S. 2362 ff.; Ernst, C. (2001): EU-Verordnungsentwurf, S. 823 ff.; Glaum, M. (2001): Internationalisierung, S. 133; Helleman, J.v./Slomp, S. (2002). Changeover to IAS, S. 221 ff.; Pellens, B./Gassen, J. (2001): EU-Verordnungsentwurf, S. 137 ff.

den Einzelabschluss sowie auf die Abschlüsse nicht kapitalorientierter Unternehmen auszudehnen. Das Bundesministerium der Justiz hat mit der Veröffentlichung des Referentenentwurfs des Bilanzrechtsreformgesetzes am 15. Dezember 2003 einen Umsetzungsvorschlag unterbreitet.[18] Danach soll das HGB im Einzelabschluss infolge einstweilen ungelöster steuer- und gesellschaftsrechtlicher Fragestellungen seine Gültigkeit vorerst in vollen Umfang behalten. Nicht kapitalmarktorientierten Unternehmen wird jedoch das Wahlrecht eingeräumt, ihren Konzernabschluss ebenfalls nach IFRS aufzustellen.[19]

Aus dem Gesagten folgt, dass eine Auseinandersetzung mit dem internationalen Umfeld nicht nur ein Aufgreifen aktueller Trends, sondern schlicht eine Notwendigkeit ist, um der Unternehmenspraxis Lösungen für zukünftige Jahre anbieten zu können. Hier möchte diese Ausarbeitung ansetzen.

1.2 Zielsetzung, Abgrenzung und Gliederung der Arbeit

Mit der vorliegenden Arbeit wird das Ziel verfolgt, die bestehenden bzw. gegenwärtig in der Ausarbeitung befindlichen Regeln zur Abbildung von derivativen Finanzinstrumenten und Sicherungsbeziehungen im Jahresabschluss von Unternehmen aufzuarbeiten. Dabei geht es dem Verfasser nicht um eine allumfassende, detaillierte Aufarbeitung der Ansatz- und Bewertungsvorschriften für jede einzelne Derivateform. Vielmehr soll der Literaturstand zur Bilanzierung von

- freistehenden Derivaten,
- in strukturierte Produkte eingebetteten Derivaten sowie
- Sicherungsbeziehungen

zusammengetragen, systematisiert und analysiert werden.

Um dieses Oberziel zu erreichen, erscheint eine Aufteilung in die folgenden Einzelschritte zur Erreichung dieser Zielsetzung sachgerecht:

- Zunächst ist der Untersuchungsgegenstand begrifflich abzugrenzen. Dieses ist nach Ansicht des Verfassers v.a. deshalb notwendig, weil das zu bearbeitende Themengebiet

---

[18] Vgl. Ernst, C. (2002): Umsetzungen der EU-Strategie; ders. (2001): Bilanzrecht: quo vadis?, S. 1440 ff.; s.a. Böcking, H.-J. (2001): IAS für Einzel- und Konzernabschluss?, S. 1433 ff.; Budde, W.D./Steuber, E. (2000): Rückwirkung des Konzernabschlusses, S. 971 ff.; Euler, R. (2002): Paradigmenwechsel im handelsrechtlichen Einzelabschluss, S. 875 ff.; Küffner, P./Hock, B. (1998): Internationalisierung der Rechnungslegung, S. 57 ff.; kritisch Schildbach, T. (2002): IAS als Rechnungslegungsstandard für alle; S. 263 ff.; Theile, C. (2001): Kapitalmarktorientierte Rechnungslegung auch für die GmbH zwingend?, S. 892 ff.

[19] Vgl. § 315a Abs. 3 HGB-E. Zur Begründung vgl. BMJ (2003): RefE-BilReG, Begründung, Abschnitt A II, S. 6 ff.

zwei Teildisziplinen der Betriebswirtschaftlehre berührt – Rechnungslegung und Finanzwirtschaft –, welche die Termini teilweise unterschiedlich belegen.

- Da sich das Spektrum derivativer Finanzinstrumente nahezu fortwährend ändert, erscheint sodann eine Systematisierung der Instrumente sachgerecht. In diesem Zusammenhang ist auch auf mögliche Zwecke ihres Einsatzes einzugehen, da die Bilanzierung der Derivate zumeist an deren Verwendung im Unternehmen geknüpft wird.

- Im Anschluss an diese Vorarbeiten sollen dann zunächst die derzeit bestehenden deutschen Vorschriften zur Rechnungslegung von Derivaten und Sicherungsbeziehungen dargestellt werden. Dieses geschieht v.a. mit dem Ziel zu verdeutlichen, dass die gegenwärtige Bilanzierungsweise (a) in Ermangelung eindeutiger Regelungen nicht als intersubjektiv nachvollziehbar gelten kann und (b) finanzwirtschaftlich vielfach nicht sachgerecht erscheint.[20]

- Anschließend ist der Blick auf die Bilanzierung derivativer Instrumente auf jene zwei Rechtskreise zu richten, die bereits über Rechnungslegungsvorschriften verfügen: die USA (SFAS 133) und den IASB (IAS 32/39). In diesem Zuge werden auch die Entwicklungen hinsichtlich einer möglichen, umfassenden Einführung einer „*Fair Value*"-Bewertung für Finanzinstrumente beleuchtet.

- Vor dem Hintergrund bilanzanalytischer Überlegungen sollen deutsche und angloamerikanische Vorschriften abschließend im Hinblick auf eine sachgerechte, einen kundigen Bilanzleser informierende Darstellung miteinander verglichen werden. Hier ist insbesondere zu klären, inwieweit ein informierter Leser in der Lage ist, sich aus den publizierten bzw. zu publizierenden Daten ein zutreffendes Bild über die im Unternehmen eingesetzten Derivate und die damit verbundene Risikosituation zu verschaffen.

Entsprechend der oben dargestellten Zielsetzung wird die Arbeit in vier Teile untergliedert:

- Die Kapitel eins bis drei beinhalten den Grundlagenteil der Arbeit: Im Anschluss an die vorliegende Einleitung folgen im zweiten Kapitel begriffliche Abgrenzungen zum Gegenstandsbereich. Im dritten Kapitel werden Derivate anhand der Kriterien „Art der Erfüllung", „Handelsort" und „Risikofaktor" systematisiert. Der Grundlagenteil schließt mit einer Darstellung möglicher Einsatzzwecke derivativer Instrumente ab.

- Der zweite Teil der Arbeit ist der Rechnungslegung von Derivaten im deutschen Bilanzrecht gewidmet (Kapitel 4). Unter Verwendung des GoB-Systems von BAETGE wird die Bilanzierungsfähigkeit derivativer Finanzinstrumente untersucht. Die daraus abgeleiteten Aussagen werden dann mit dem Literaturstand verglichen und entsprechend gewertet. Erstmalig wird dabei auch ausführlich zur Bilanzierung strukturierter Produkte Stellung genommen.

- Im dritten Teil werden die Vorschriften zum Ansatz, der Bewertung und dem Ausweis von Derivaten im angloamerikanischen Ausland betrachtet. Im fünften Kapitel stehen die Bilanzierungsstandards des *Financial Accounting Standards Board (FASB)* sowie die Publizitätserfordernisse der Börsenaufsicht, der *Securities and Exchange Commission (SEC)* im Mittelpunkt des Interesses. Die Standards des IASB und die Bilanzierungsvorschläge der *Joint Working Group of Standard Setters (JWG)* sind Gegenstand des sechsten Kapitels.

- Im Anschluss an die eingehende Darstellung der verschiedenen Bilanzierungsregeln sollen sie im abschließenden Teil der Arbeit im Rahmen einer abschließenden Beurteilung einander gegenübergestellt werden (Kapitel 7). Dazu werden die in den beiden vorangegangenen Teilen herausgearbeiteten Rechnungslegungsvorschriften auf ihre Eignung hin untersucht, ein den Tatsachen entsprechendes Bild der Vermögens, Finanz- und Ertragslage, aber auch der Risikosituation eines Unternehmens zu vermitteln.

---

[20] S.a. Herzig, N./Mauritz, P. (1997): Derivative Finanzinstrumente, S. 141.

2. Begriffliche Abgrenzungen

2.1 Finanzinstrumente

Eine Legaldefinition für den Terminus „Finanzinstrumente" (*Financial Instruments*) existiert gegenwärtig lediglich im Bankenaufsichtsrecht:

> „*Finanzinstrumente im Sinne dieses Gesetzes sind Wertpapiere, Geldmarktinstrumente, Devisen oder Rechnungseinheiten sowie Derivate.*"[21]

Bilanzrechtlich definiert der Gesetzgeber den Begriff dagegen nicht, sondern verwendet ihn lediglich im Rahmen einer Aufzählung bei der Abgrenzung des Erfolgs aus Finanzgeschäften von Kreditinstituten (§ 340c Abs. 1 Satz 1 HGB).[22] Abweichend vom Aufsichtsrecht qualifizieren Wertpapiere, Devisen und Edelmetalle nicht als Finanzinstrumente, da sie im Gesetzestext explizit neben diesen genannt werden. Folgt man der Definition im Kreditwesengesetz (KWG), so kommen handelsrechtlich damit v.a. Geldmarktinstrumente und Derivate als Finanzinstrumente in Frage.[23]

In der US-amerikanischen Rechnungslegung findet sich in den SFAS 107 und 133 die folgende Definition für Finanzinstrumente:

> "*Cash, evidence of an ownership interest in an entity, or a contract that both:*
> a. *Imposes on one entity a contractual obligation (1) to deliver cash or another financial instrument to a second entity or (2) to exchange other financial instruments on potentially unfavorable terms with the second entity*
> b. *Conveys to that second entity a contractual right (1) to receive cash or another financial instrument from the first entity or (2) to exchange other financial instruments on potentially favorable terms with the first entity.*"[24]

Verglichen mit der Definition aus dem KWG ist die vom FASB vorgenommene Abgrenzung ausgesprochen abstrakt. Inhaltlich leicht verständliche, gleichwohl belegte Begriffe

---

[21] § 1 Abs. 11 Satz 1 KWG; einen Überblick der vier genannten Gattungen geben Scharpf, P./Luz, G. (2000): Risikomanagement, S. 5.

[22] In der EG-Bankbilanzrichtlinie wird statt des Ausdrucks „Finanzinstrument" die Bezeichnung „Finanz*ierungs*instrument" gewählt, vgl. EG-BBRL, Art. 32; s.a. Bieg, H. (1999): Rechnungslegung, S. 347.

[23] Vgl. ausführlich Krumnow, J., et al. (1994): Rechnungslegung der Kreditinstitute, § 340c Tz. 70 ff.; Bieg, H. (1999): Rechnungslegung, S. 356 f.; Böcking, H.-J./Oldenburger, I./Sittmann-Haury, C. (2001): § 340c, Rn. 25 f. m.w.N.; Grewe, W. (1994): § 340c, Rz. 26; Wiedmann, H. (1999): Bilanzrecht, § 340c, Rz. 14.

[24] SFAS 107.3 sowie 133.540 (unter Auslassung der Asterisken). Der FASB weist in einer Fußnote darauf hin, dass die Definition rekursiv sei, weil der Begriff "*Financial Instrument*" zur Abgrenzung seiner selbst verwendet wird. Begründet wird dies damit, dass jedes Finanzinstrument eine Kette von Verpflichtungen darstelle, die erst mit der Abgabe von Zahlungsmitteln oder Beteiligungstiteln ende. Die Definition findet sich mit ähnlichem Wortlaut auch im Draft Standard der Joint Working Group, vgl. JWG (2000): Financial Instruments and Similar Items, Tz. 7.

2. Begriffliche Abgrenzungen

wie „Wertpapier" oder „Derivat" kommen in der Begriffsbestimmung der Finanzinstrumente nicht vor. Man lehnte eine schlichte Aufzählung angesichts der rapiden Entwicklung neuer Produkte als nicht dauerhaft genug ab und versuchte vielmehr, die Charakteristika, die Finanzinstrumenten gemein sind, umfassend abzugreifen.[25] Obgleich dieser Ansatz dem Grunde nach sinnvoll und sachgerecht ist, weil mit ihm ökonomisch gleichartige Sachverhalte ungeachtet ihrer juristischen Ausgestaltung bilanziell in gleicher Weise abgebildet werden, ist die gewählte Formulierung äußerst theoretisch und abstrakt, was in der Praxis mitunter zu erheblichen Auslegungsschwierigkeiten führt.[26]

Der IASB hat sich in IAS 32 und 39 für eine Abgrenzung entschieden, bei welcher der Begriff „Finanzinstrument" bewusst auf das Kernprinzip reduziert und alle Randbedingungen in separate Definitionen verbannt wurden:

> "A financial instrument is any contract that gives rise to both a financial asset of one entity and a financial liability or equity instrument of another entity."[27]

Eine vertragliche Regelung ist also sowohl unter US-GAAP als auch nach IFRS eine notwendige Voraussetzung für die Begründung eines Finanzinstruments, soweit es sich nicht um Barguthaben oder Eigenkapitalinstrumente handelt. Hinzu kommt eine spiegelbildliche Abbildung des Vertragsverhältnisses in den Bilanzen der beteiligten Parteien:[28]

- Der eine Vertragspartner aktiviert einen finanziellen Vermögenswert (*Financial Asset*) – darunter fallen Bar- und Bankguthaben, Anteils- und Gläubigerpapiere, Forderungen sowie (positive Marktwerte gehaltener) Derivate;
- die andere Partei erfasst entweder
    - eine finanzielle Schuld (*Financial Liability*), d.h. verbriefte oder unverbriefte Verbindlichkeiten einschließlich (negative Marktwerte gehaltener) Derivate;[29] oder

---

[25] Vgl. FASB (1991): Recognition and Measurement of Financial Instruments, Tz. 1.10; s.a. Prahl, R./ Naumann, T.K. (2000): Financial Instruments, Rn. 1.
[26] Wie noch zu zeigen ist, gilt das Gesagte auch für die sachliche Abgrenzung von Derivaten: Ein Großteil der Auslegungen von DIG und IGC widmet sich der Frage, ob bestimmte Sachverhalte als Derivat i.S.d. Standards gelten oder nicht.
[27] IAS 32.11 (im Original teilweise unterstrichen); s.a. IAS 32.13 f.; praktisch gleichlautend die Definitionen des Australian, Canadian und UK Accounting Standards Board, vgl. AASB 1033.8.1; CICA Handbook, Section 3860.05; ASB DP, S. 42 f.
[28] Vgl. ausführlich Bellavite-Hövermann, Y./Barckow, A. (2002): IAS 39, Tz. 15 ff.; s.a. Cairns, D. (1999): Applying International Accounting Standards, S. 810 ff.; Neuß, A. (1998): Finanzinstrumente in IAS-Konzernabschlüssen, S. 32 ff.; Niemeyer, K. (2003): Bilanzierung von Finanzinstrumenten, S. 39 ff.
[29] Nicht alle Verbindlichkeiten im deutschen Rechtssinn stellen finanzielle Verbindlichkeiten i.S.d. Definition dar (bspw. Lieferantenverbindlichkeiten, wenn eine Begleichung der Schuld mittels effektiver

2. Begriffliche Abgrenzungen

– ein Eigenkapitalinstrument (*Equity Instrument*), also Ansprüche auf das Reinvermögen eines Unternehmens.

Während der erstgenannte Kontraktpartner also einen (Netto-)Zufluss finanzieller Vermögenswerte verzeichnet, muss der letztgenannte stets einen (Netto-)Abfluss derselben oder eine Einräumung von Anteilen am gewinnberechtigten Gesellschaftskapital hinnehmen. Im Vergleich zum deutschen Bilanzrecht ist der Terminus „Finanzinstrument" damit wesentlich weiter gefasst.[30] Er soll im weiteren Verlauf der Arbeit Verwendung finden.

Finanzinstrumente lassen sich nach ihrem Wesen in originäre (*Primary Financial Instruments*) und derivative Instrumente (*Derivative Financial Instruments*) unterscheiden.[31] Zu den originären gehören die klassischen Finanz(ierungs)instrumente wie Barvermögen, Forderungen, Verbindlichkeiten sowie gehaltene und emittierte Wertpapiere. Diese geldnahen Produkte wurden bereits nach geltendem Recht in jedem der betrachteten Rechtkreise in der Bilanz eines Unternehmens als Aktivum resp. Passivum erfasst. Neben den traditionellen Instrumenten der Unternehmensfinanzierung fallen auch die seit Mitte der achtziger Jahre entwickelten und als Finanzinnovationen bezeichneten Produkte unter die Definition eines Finanzinstruments.[32] Dabei handelt es sich – abgesehen von den derivativen Instrumenten, denen der nachfolgende Unterabschnitt gewidmet ist – um traditionelle Finanzinstrumente, deren Ausstattungsmerkmale modifiziert wurden, um andere Zahlungsstromprofile zu erzeugen oder zusätzliche Rechte einzuräumen. PRAHL/NAUMANN weisen zu Recht darauf hin, dass viele dieser Finanzprodukte, wie Nullkuponanleihen oder *Floating Rate Notes*, mittlerweile ihren innovativen Charakter verloren hätten und heute eher als klassisch einzustufen seien.[33] Allerdings gilt diese Aussage uneingeschränkt lediglich für den Bereich der Finanzwirtschaft: Aus bilanzieller Sicht bestehen noch eine ganze Reihe offe-

---

Belieferung mit Waren oder Erbringung von Dienstleistungen und nicht durch Barmittel vorgesehen ist).

[30] Vgl. Bellavite-Hövermann, Y./Barckow, A. (2002): IAS 39, Tz. 14.

[31] In der Finanzwirtschaft findet sich alternativ das Begriffspaar Kassa- resp. Termingeschäft. Vgl. Cairns, D. (1999): Applying International Accounting Standards, S. 811 f.; Scharpf, P. (2001): Financial Instruments, S. 16; Sprißler, W. (2001): Finanzinstrumente insb. Finanzderivate, Sp. 826; s.a. AASB 1033.8.1.4.; FASB (1991): Recognition and Measurement of Financial Instruments, Tz. 1.3.

[32] Vgl. Eilenberger, G. (1996): Lexikon der Finanzinnovationen, S. 111. Für eine umfassende Klassifizierung von Finanzinstrumenten siehe ebenda, S. 173; Dufey, G. (1989): Finanzinnovationen heute, S. 14; ders. (2003): Finanzinnovationen, S. 5; Eller, R. (1999): Derivative Instrumente, S. 6 ff.; Krumnow, J., et al. (1994): Rechnungslegung der Kreditinstitute, § 340e Tz. 300 f.; Perridon, L./Steiner, M. (1995): Finanzwirtschaft der Unternehmung, S. 394 ff.; Ramsler, W. (1993): Finanzinnovationen, S. 430 ff.; Tebroke, H.-J. (2001): Finanzinnovationen, Sp. 811 ff.

[33] Vgl. Prahl, R./Naumann, T.K. (2000): Financial Instruments, Rn. 1; ähnlich bereits Schwarzkopf, H. (1992): Finanzinnovationen, Sp. 537.

ner und kontrovers diskutierter Fragen, bspw. hinsichtlich der Zerlegung bestimmter Finanzinnovationen in ihre einzelnen Bestandteile (s. diesbzgl. Unterabschnitt 4.4).

2.2 Derivative Finanzinstrumente

Derivative Finanzinstrumente, oder kurz: Derivate, werden im Handelsgesetzbuch ebenfalls weder definiert noch erwähnt. Lediglich die Verwendung des Ausdrucks „Termingeschäft" in der branchenspezifischen Vorschrift des § 340h Abs. 1 Sätze 1 und 3 HGB zur Währungsumrechnung in den Abschlüssen von Kreditinstituten deutet auf sie hin. Im Bankenaufsichts- wie im Wertpapierrecht existieren dagegen (nahezu gleichlautende) Legaldefinitionen. Danach sind derivative Finanzinstrumente Produkte, deren Wert sich vornehmlich aus dem eines anderen Finanzinstruments, dem Basiswert oder Underlying, ableitet:[34]

> „Derivate sind als Festgeschäfte oder Optionsgeschäfte ausgestaltete Termingeschäfte, deren Preis unmittelbar oder mittelbar abhängt von
> 1. dem Börsen- oder Marktpreis von Wertpapieren,
> 2. dem Börsen- oder Marktpreis von Geldmarktinstrumenten,
> 3. dem Kurs von Devisen oder Rechnungseinheiten,
> 4. Zinssätzen oder anderen Erträgen oder
> 5. dem Börsen- oder Marktpreis von Waren oder Edelmetallen."[35]

Anders als bei der unter 2.1 genannten Definition für „Finanzinstrumente" werden weder im KWG noch im WpHG Beispiele für Derivate angeführt; vielmehr benennt man bestimmte Eigenschaften, die für das Vorliegen eines Derivats als charakteristisch angesehen werden (Termingeschäft, Ableitung des Preises). Als Basiswerte kommen danach Wertpapier- und Devisenkurse, Zinssätze, Indexstände, Warenpreise, aber auch andere Derivate in Betracht (bspw. eine Option auf einen Future).[36]

Geschäfte mit Derivaten lassen sich danach unterscheiden, ob ihre Erfüllung für alle Ver-

---

[34] lat. *derivare* = ab-, wegleiten bzw. *derivatio* = Ab-, Herleitung. S.a. Claiden, R. (1997): Accounting for Derivative Products, S. 2; Eilenberger, G. (1995): Überblick, S. 125; Gerke, W./Bank, M. (1998): Finanzierung, S. 231; Grützemacher, T. (1989): Finanzinnovationen, S. 6 ff.; Hull, J.C. (2000): Options, Futures, & Other Derivatives, S. 1; Lamprecht, K. (1991): Fragen zur Marktbewertung für derivative Finanzinstrumente, S. 71; Mauritz, P. (1997): Bilanzierung derivativer Finanzinstrumente, S. 8; Schirmer, L. (2000): Die Rechnungslegung von Finanzderivaten, S. 7.

[35] § 1 Abs. 11 Satz 4 KWG. S.a. die nahezu gleichlautende Definition nach § 2 Abs. 2 WpHG, in der die auf Devisengeschäften basierenden Derivate (§ 1 Abs. 11 Satz 4 Nr. 3 KWG) separat spezifiziert wurden.

[36] S.a. Alsheimer, C.H. (2000): Die Rechtsnatur derivativer Finanzinstrumente, S. 51 ff.; Maulshagen, A./Maulshagen, O. (2000): Behandlung von Swapgeschäften, S. 243; Scharpf, P./Luz, G. (2000): Risikomanagement, S. 7 f. Die in der Definition unter Nr. 5 genannten Waren und Edelmetalle sollen hier nicht in den Kreis der Underlyings einbezogen werden, da es sich bei ihnen nicht um Finanzinstrumente handelt.

2. Begriffliche Abgrenzungen

tragsparteien bindend oder an den Eintritt bestimmter, im Voraus festgelegter Bedingungen geknüpft ist.[37] Sind die Kontrahenten zur Erfüllung ohne Eintritt von Bedingungen verpflichtet, handelt es sich um unbedingte Termingeschäfte („Festgeschäfte"). Wurde einer Vertragspartei dagegen das Recht eingeräumt, über Erfüllung oder Nichterfüllung frei zu entscheiden, so spricht man von bedingten Termingeschäften („Optionsgeschäfte").

Derivative Finanzinstrumente sind stets Termingeschäfte, bei denen der Abschluss in der Gegenwart, die Erfüllung jedoch in der Zukunft liegt.[38] Das bedeutet, dass es – anders als bei Kassageschäften, d.h. originären Finanzinstrumenten – zum Zeitpunkt des Geschäftsabschlusses nicht oder allenfalls zu geringen Zahlungsmittelbewegungen kommt.[39] Dieser Sachverhalt spielt für die bilanzielle Behandlung gerade in der deutschen Rechnungslegung eine entscheidende Rolle, da Derivate als schwebende und damit zumeist bilanzunwirksame Geschäfte klassifiziert werden.[40]

Der US-amerikanische Standardsetter formulierte erstmals 1994 mit der Verabschiedung von SFAS 119 eine Abgrenzung für derivative Finanzinstrumente:

> *"For the purpose of this statement, a derivative financial instrument is a futures, forward, swap, or option contract, or other financial instrument with similar characteristics."*[41]

Bereits vier Jahre später rückt der FASB mit SFAS 133 von seiner Definition ab. Die Entwicklung neuer Produktvarianten bzw. die Variation bestehender derivativer Produkte mache eine bloße Aufzählung vieler Produkte, die finanzwirtschaftlich als Derivate einzustufen seien, sich aber nicht den genannten vier Standardausprägungen zuordnen ließen, sinnlos. Man habe sich stattdessen – wie der deutsche Gesetzgeber – an bestimmten Eigenschaften derivativer Instrumente orientiert und diese festgeschrieben:[42]

> *"A derivative instrument is a financial instrument or other contract with all three of the following characteristics:*
>
> *a. It has (1) one or more underlyings and (2) one or more notional amounts or payment provisions or both. Those terms determine the amount of the settlement or settlements, and, in some cases, whether or not a settlement is required.*

---

[37] Vgl. Eisele, W./Knobloch, A. (1993): Offene Probleme I, S. 582.
[38] Beträgt die Zeitspanne zwischen Vertragsabschluss und -erfüllung mehr als sieben Tage, so wird ein Produkt üblicherweise dem Termin- und nicht mehr dem Kassamarkt zugerechnet, vgl. Eller, R. (1999): Derivative Instrumente, S. 9.
[39] Vgl. Glaum, M. (1997): Bilanzierung von Finanzinstrumenten, S. 1625.
[40] Vgl. Köhler, A. (1997): Bilanzierung derivativer Finanzinstrumente, S. 6001; Bieg, H./Kußmaul, H. (1996): Externes Rechnungswesen, S. 83; Göttgens, M. (1995): Hedge Accounting, S. 147; Schwarzkopf, H. (1992): Finanzinnovationen, Sp. 538.
[41] SFAS 119.5.
[42] Vgl. SFAS 133.248; s.a. Ackermann, U. (2001): Marktwertbilanzierung, S. 53 ff.

b. *It requires no initial net investment or an initial net investment that is smaller than would be required for other types of contracts that would be expected to have a similar response to changes in market factors.*

c. *Its terms require or permit net settlement, it can readily be settled net by a means outside the contract, or it provides for delivery of an asset that puts the recipient in a position not substantially different from net settlement."*[43]

Die Definition ist umfangreicher und abstrakter als jene des KWG/WpHG.[44] Zunächst erfordert eine Klassifizierung als Derivat das Vorhandensein mindestens eines Basiswertes sowie eine Kopplung an diesen mittels Angabe eines Nennbetrags oder einer Zahlungsklausel. Die Palette in Frage kommender Underlyings ist dabei praktisch unbegrenzt: Der FASB fordert lediglich, dass der Preisbestimmungsfaktor eindeutig festgelegt oder zumindest objektiv nachprüfbar sein muss; sofern ein Derivat allerdings auf klimatischen, geologischen oder anderweitigen gegenständlichen Variablen basiert, gelangen die Vorschriften des Standards nur dann zur Anwendung, wenn der zugrunde liegende Vertrag an einer Börse gehandelt wird.[45] Der FASB weist explizit darauf hin, dass als Basiswert nicht der zugrunde liegende Vermögenswert, sondern der Preis oder Kurs desselben anzusehen sei. Entsprechend wird im Folgenden der Ausdruck „Basis" für den Vermögenswert und „Basiswert" resp. *"Underlying"* als Wert der Basis verwendet.[46] Die Forderung nach dem Vorhandensein eines Nennwerts bzw. einer Zahlungsklausel erklärt sich daraus, dass nur auf diese Weise der ausmachende Betrag des Derivats bei Fälligkeit ermittelbar ist.[47]

Die zweite Bedingung beinhaltet, dass bei Eingehen einer Derivateposition keine oder lediglich eine geringe Anschaffungsauszahlung erforderlich wird. Ein möglicher Zahlungsmittelabfluss müsse im Vergleich zu den Auszahlungen anderer, in gleicher Weise auf Veränderungen der Preisbestimmungsfaktoren reagierender Kontrakte (deutlich) geringer ausfallen. Als Beispiele für Derivate mit geringer Anschaffungsauszahlung seien der Kauf von Optionen (als Kompensation für den Zeitwert) oder Warentermingeschäfte mit Erfüllungspreisen unter dem gegenwärtigen Marktniveau genannt. In beiden Fällen folgt der

---

[43] SFAS 133.6 (unter Auslassung der Fußnoten; im Original teilweise Fettdruck).
[44] S. diesbzgl. auch das zweiseitige Flowchart zur Abgrenzung eines Derivats im Anhang E des Standards (SFAS 133.539).
[45] Vgl. SFAS 133.7 i.V.m. 57a und 252; s.a. PricewaterhouseCoopers (1998): Accounting for Derivative Instruments and Hedging Activities, S. 19 ff. Als Beispiel für klimatischen Variablen seien Preise sog. Wetterderivate genannt, wie sie an der Chicago Mercantile Exchange bereits gehandelt werden; s.a. Becker, H.A./Hörter, S. (1998): Risikomanagement mit „Wetter-Derivaten"?, S. 693 ff.; Linde, V./ Meyer, N. (2003): Wetterrisiken, S. 858 ff.; Schirm, A. (2000): Wetterderivate, S. 722 ff.
[46] Gerade in der deutschsprachigen Literatur werden die Begriffe häufig anders belegt, vgl. stellvertretend Rudolph, B. (1995): Derivative Finanzinstrumente, S. 5; Scharpf, P. (2001): Financial Instruments, S. 59; Staudt, A./Weinberger, G. (1997): Cross-Hedging, S. 44 (Fn. 7).
[47] Vgl. KPMG (1998): Derivatives and Hedging Handbook, Tz. 7.07; Scharpf, P. (2001): Financial Instruments, S. 53.

2. Begriffliche Abgrenzungen

Wert des Derivats annähernd dem Kursverlauf der Basis; allerdings ist der erforderliche Kapitaleinsatz bei annähernd gleicher Wertentwicklung deutlich geringer (sog. Leverage oder Hebel-Effekt).[48] Der Tausch von Kapitalbeträgen, wie er bspw. bei Zinswährungsswaps vorkommt, ist nicht als Anschaffungsauszahlung i.S.d. Vorschrift zu interpretieren, weil hier lediglich ein Austausch von Währungsbeträgen und keine Investition erfolgt.[49]

Als drittes Kriterium wird festgelegt, dass Derivate nur dann als solche qualifizieren, wenn sich eine effektive Lieferung der Basis im Erfüllungszeitpunkt vermeiden lässt. Dieses sei der Fall, wenn entweder

- das betreffende Finanzinstrument keine lieferbare Basis hat (wie bspw. Zinsswaps oder Indexoptionen); oder

- eine Möglichkeit zur jederzeitigen Glattstellung des Kontraktes durch Eingehen einer entgegengesetzten Position besteht; oder

- ein bei Erfüllung effektiv gelieferter Vermögenswert unmittelbar zu Kasse gemacht werden kann (z.B. wenn die Basis in einer börsennotierten Aktie besteht) oder es sich bei diesem selbst um ein Derivat handelt.[50]

Als Folge des letztgenannten Tatbestands wurde der noch im Entwurf genannte Anwendungsbereich von *"Derivative Financial Instruments"* auf sämtliche *"Derivative Instruments"* ausgeweitet.[51] Der FASB begründet diesen Schritt damit, dass einige nicht-finanzieller Instrumente (bspw. Warenterminkontrakte) vergleichbare Eigenschaften und Risikoprofile wie Finanzinstrumente besäßen und deshalb nicht anders als jene behandelt werden sollten. Dies sei insbesondere dann der Fall, wenn die in Frage stehenden Produkte durch Differenzausgleich beglichen werden könnten.[52]

---

[48] Vgl. Masheane, M. (1998): Derivatives, S. 593.
[49] Vgl. SFAS 133.8 i.d.F. v. SFAS 149 i.V.m. Pars. 57b und 255 ff. sowie SFAS 149.A11; s.a. KPMG (1998): Derivatives and Hedging Handbook, Tz. 8.05 f.
[50] Vgl. SFAS 133.9 i.V.m. 57c und 259 ff.; s.a. KPMG (1998): Derivatives and Hedging Handbook, Tz. 9.04 und 9.08 ff.
[51] Vgl. E-SFAS 133.6; Barckow, A./Rose, S. (1997): Die Bilanzierung von Derivaten und Hedgestrategien, S. 792.
[52] Vgl. SFAS 133.268 f.; s.a. KPMG (1998): Derivatives and Hedging Handbook, Tz. 6.03. E&Y weisen auf der anderen Seite darauf hin, dass bestimmte Devisentermingeschäfte durch diese Bestimmung aus dem Anwendungsbereich von SFAS 133 ausgeschlossen würden: Dieses sei der Fall, wenn eine nicht konvertible Währung als Basis diene und effektive Andienung vereinbart wurde; vgl. E&Y (2001): Accounting for Derivatives and Hedging Strategies, S. 2.11. Dem ist allerdings nur unter der Bedingung zuzustimmen, dass die in Frage stehende Währung überhaupt nicht auf freien Märkten angeboten wird. Das Vorhandensein einer Terminbörse ist nicht zwingend, ausreichend wäre auch die Existenz eines OTC-Marktes oder Brokers, vgl. SFAS 133.57c(2); s.a. SFAS 133 DIG Implementation Issue No. A21.

2. Begriffliche Abgrenzungen

Die Abstraktheit der dargestellten drei Eigenschaften führt bei der Umsetzung des Standards zwangsläufig zu Abgrenzungsproblemen. Die eigens für die Klärung von Umsetzungsfragen eingerichtete *Derivatives Implementation Group (DIG)* hat sich in mittlerweile 18 Sachverhalten mit der Frage beschäftigt, ob bestimmte Produkte die Definitionsmerkmale für Derivate i.S.v. SFAS 133/138/149 erfüllen; und noch immer kommen weitere Tatbestände hinzu.[53] Da mit den betreffenden Stellungnahmen die Vorschriften des Standards lediglich ausgelegt und nicht um neue Regeln erweitert werden, wird an dieser Stelle auf eine eingehendere Betrachtung verzichtet.

In den IAS findet sich ebenfalls eine Legaldefinition für derivative Instrumente, die in sprachlicher Hinsicht deutlich an die US-amerikanische Regelung angelehnt ist.[54] Allerdings ersetzt das IASC die dritte Bedingung aus SFAS 133/138/149 gegen die schon in der KWG/WpHG-Abgrenzung genannte Eigenschaft, wonach Derivate Termingeschäfte seien:[55]

> "A derivative is a financial instrument or other contract within the scope of this Standard [...] with all three of the following characteristics:
>
> (a) its value changes in response to the change in a specified interest rate, financial instrument price, commodity price, foreign exchange rate, index of prices or rates, credit rating or credit index, or other variable (sometimes called the 'underlying');
>
> (b) it requires no initial net investment or an initial net investment that is smaller than would be required for other types of contracts that would be expected to have a similar response to changes in market factors; and
>
> (c) it is settled at a future date."[56]

In Übereinstimmung mit der deutschen Vorschrift, aber anders als in SFAS 133 werden

---

[53] Die DIG ist eine interdisziplinäre Arbeitsgruppe, die vom FASB 1998 einberufen wurde. Sie rekrutiert sich aus Vertretern der fünf großen Wirtschaftsprüfungsgesellschaften sowie aus ausgewiesenen Derivateexperten. Ihr Ziel ist die Unterstützung des FASB bei Auslegungsfragen im Zuge der Umsetzung des Standards. Haben die Sachverhalte, die in Form von Frage und Antwort vorgebracht werden, der Board offiziell passiert, so erhalten sie den Status von Anwendungsleitlinien des FASB (*FASB staff implementation guidance*).

[54] Die Ähnlichkeit in den Formulierungen lässt sich v.a. damit erklären, dass das IASC 1997 mit der Umsetzung seines Diskussionspapiers am Widerstand der Praxis gescheitert war. Da die Verabschiedung eines Bilanzierungsstandards zum Thema Finanzinstrumente aber einer der Kernbestandteile der mit der IOSCO getroffenen Vereinbarung war, sah man sich nolens volens zu Anleihen beim amerikanischen Standard veranlasst. Zwischenzeitlich war sogar erwogen worden, sämtliche zum Themengebiet Finanzinstrumente erschienenen FASB-Standards als IAS zu verabschieden. Dieser Vorschlag wurde aber nach Protesten verworfen. Vgl. diesbzgl. Barckow, A./Rose, S. (1997): Die Bilanzierung von Derivaten und Hedgestrategien, S. 800; zum *Core Set of Standards* s. Barckow, A./Gräfer, H. (1997): Aktuelle Entwicklungen und Tendenzen, S. 1189 ff.; Barckow, A. (1999): Core Set of Standards, S. 1173 ff.

[55] Vgl. Pacter, P. (1999): Side by Side, S. 74.

[56] IAS 39.9 (im Original teilweise unterstrichen).

2. Begriffliche Abgrenzungen

mögliche Basiswerte bereits in der eigentlichen Definition und nicht erst im Erläuterungsteil genannt. Allerdings unterscheidet sich die vorstehende Begriffsbestimmung von der Festlegung im KWG und im WpHG durch die Einbeziehung von auf Bonitäten basierenden Variablen (sog. Kreditderivate). Auch die aus dem amerikanischen Standard bekannte Bestimmung, wonach zur Begründung einer Position in einem derivativen Instrument keine oder allenfalls eine geringe Anschaffungsauszahlung erforderlich ist, fehlt der deutschen Definition. Dieses Kriterium ist aber von wesentlicher Bedeutung, weil gerade die fehlenden oder nur geringen Zahlungsströme bei Geschäftsabschluss bislang einen Ansatz in der Bilanz verhinderten und die Produkte in die Nebenbuchhaltung verdrängten, nach dem Motto: „Was nichts kostet, hat keinen Wert und wird daher nicht bilanziert."[57] Wie noch zu zeigen sein wird, liefert eine streng an den Grundsätzen der Pagatorik orientierte Rechnungslegung an dieser Stelle ein unzutreffendes Bild über die tatsächliche Chancen- und Risikolage eines Unternehmens. Die nachfolgende Übersicht fasst die Definitionsbestandteile der drei Definitionen noch einmal zusammen:

	KWG/WpHG	SFAS 133/138/149	IAS 39
Derivat = Termingeschäft	◄	—	◄
Mögliche Basiswerte:			
● Zinssätze	◄	◄	◄
● Wertpapierkurse	◄	◄	◄
● Warenpreise	◄	◄	◄
● Wechselkurse	◄	◄	◄
● Preis- oder Zinsindizes	◄	◄	◄
● Anderweitige Variable			
– Bonitätsrating oder -index	—	◄	◄
– Versicherungs- oder Schadensindex	—	(◄)[58]	◄
– klimatische, geologische oder gegenständliche Basiswerte	—	Sofern die Basis börsennotiert ist	◄
Ermittlung des Erfüllungsbetrags	—	Nennbetrag/ Zahlungsklausel	Nennbetrag/ Zahlungsklausel[59]
Keine/geringe Anschaffungsauszahlung	—	◄	◄
Erfüllung durch Differenzausgleich möglich oder verpflichtend	—	◄	(◄)[60]

Tab. 1: Vergleich der Abgrenzungsmerkmale von Derivaten

---

[57] Stattdessen sollte die Regel lauten: „Was *heute* nichts kostet, besitzt *heute* keinen Wert (kann aber *morgen* einen Wert annehmen)."

[58] I.d.R. erfolgt bei diesen Produkten eine Bilanzierung als Versicherungskontrakt, vgl. SFAS 133/138.10c; s.a. Barckow, A./Rose, S. (1997): Die Bilanzierung von Derivaten und Hedgestrategien, S. 792.

[59] Die Bestimmung findet sich nicht im eigentlichen Standard, sondern im begleitenden Erläuterungsteil, vgl. IAS 39.AG9.

[60] Nach IAS 39.5 f. und AG10 sind Warenterminkontrakte als Finanzderivate anzusehen, wenn ein Barausgleich oder eine Lieferung anderer Finanzinstrumente möglich und wahrscheinlich ist; s.a. Porter, T.L./Traficanti, R.M. (1999): Comparative Analysis, S. 481.

2. Begriffliche Abgrenzungen

Für die nachfolgenden Ausführungen wird die Abgrenzung derivativer Finanzinstrumente aus IAS 39 zugrunde gelegt.

2.3 Eingebettete derivative Finanzinstrumente

Für eingebettete derivative Finanzinstrumente (*embedded derivative financial instruments*) existiert im deutschen Bilanzrecht keine Legaldefinition. Auch in den Standards des FASB bzw. IASB findet sich lediglich eine Beschreibung des Sachverhalts, nicht aber eine förmliche Begriffsabgrenzung. Nach SFAS 133 und IAS 39 wird ein Derivat als eingebettet bezeichnet, wenn ein Finanzinstrument um Ausstattungsmerkmale erweitert wurde, die dessen ursprüngliches Zahlungsverhalten resp. Risikoprofil dergestalt modifizieren, dass es auf veränderte Marktparameter ähnlich reagiert wie das freistehende Derivat für sich betrachtet.[61] Für die derart kombinierten Instrumente hat sich in der Praxis mittlerweile die Bezeichnung „strukturierte Produkte" (*Compound Instruments*) durchgesetzt. Zuweilen werden sie auch als „hybride Instrumente" bezeichnet, weil es sich um Kombinationen aus originären und derivativen Finanzinstrumenten handelt.[62] Dieser Terminologie soll aber nicht gefolgt werden, weil der Terminus „hybrid" in anderen Gebieten der Finanzwirtschaft für Instrumente benutzt wird, die sowohl Eigen- und Fremdkapitalcharakteristika aufweisen (sog. Hybridkapital). Strukturierte Produkte können, müssen aber nicht hybride Finanzinstrumente sein.

Von entscheidender Bedeutung ist, dass es sich bei dem strukturierten Produkt um ein rechtlich nicht zerlegbares Instrument handelt.[63] Das eingebettete Derivat kann also nicht vom zugrunde liegenden Finanzinstrument, dem sog. Trägervertrag (*Host Contract*), abgetrennt und separat veräußert werden.[64] Eine Wandelschuldverschreibung ist ein typisches Beispiel für ein strukturiertes Produkt: Kombiniert wurden dabei eine klassische Schuldverschreibung und eine Wandeloption, die den Inhaber berechtigt, die Anleihe zu im Voraus festgelegten Konditionen in Anteilspapiere zu tauschen. Schuldverschreibung (Träger-

---

[61] Vgl. SFAS 133/138.12 sowie IAS 39.10; s.a. Eller, R. (1999): Derivative Instrumente, S. 31.
[62] Vgl. Bellavite-Hövermann, Y./Barckow, A. (2002): IAS 39, Tz. 37; Bertsch, A. (2003): Bilanzierung strukturierter Produkte, S. 552; Dombek, M. (2002): Bilanzierung von strukturierten Produkten, S. 1065; Smith, C.W./Smithson, C.W./Wilford, D.S. (1989): Managing Financial Risk, S. 220; Smithson, C.W. (1998): Managing Financial Risk, S. 319.
[63] Vgl. IAS 39.10; s.a. Bellavite-Hövermann, Y./Barckow, A. (2002): IAS 39, Tz. 37; Eisele, W./Knobloch, A. (2003): Strukturierte Anleihen und Bilanzrechtsauslegung, S. 750; Scharpf, P. (1999): Bilanzierung strukturierter Produkte, S. 21; ders. (2001): Financial Instruments, S. 59; ders. (2003): Finanzinnovationen, Rn. 861.
[64] Vgl. Wittenbrink, C./Höltkemeyer, C. (2000): Neue Bilanzierungsregeln für strukturierte Produkte, S. 771.

vertrag) und Wandeloption (eingebettetes Derivat) bilden rechtlich eine Einheit und sind nicht einzeln veräußerbar.[65] Auch wenn eingebettete Derivate rechtlich nicht von dem strukturierten Produkt abgetrennt und eigenständig gehandelt werden können, so ist gleichwohl eine wirtschaftliche Abspaltung häufig möglich. Dieses ist insbesondere dann der Fall, wenn das strukturierte Finanzinstrument aus einzelnen Bausteinen zusammengefügt wurde (sog. *Building Block Approach*)[66]; derart zusammengestellte Strukturen werden denn entsprechend anschaulich auch als „LEGO®"-Produkte bezeichnet.[67] Die Zerlegung strukturierter Produkte in einzelne Komponenten wird v.a. aus Gründen der Bewertung vorgenommen. Falls die einzelnen Bausteine unbekannt sind, werden die Zahlungsstrom- und Risikoprofile des kombinierten Produkts durch das Verfahren der arbitragefreien Duplizierung synthetisch nachgebildet.[68] Der skizzierte Zerlegungsansatz wird in der Rechnungslegung nach IFRS und US-GAAP auch für die Bilanzierung strukturierter Produkte herangezogen. Anders als im deutschen Bilanzrecht bestehen hier spezielle Ansatz- und Bewertungsvorschriften, die für einige strukturierte Finanzinstrumente eine Zerlegung vorsehen.[69]

2.4 Risiko

2.4.1 Definition

Der Begriff „Risiko" lässt sich entscheidungstheoretisch und finanzwirtschaftlich abgrenzen.[70] In der statistischen Entscheidungstheorie differenziert man zwischen Entscheidungen unter Sicherheit und solchen unter Unsicherheit. Von Entscheidungen unter Sicherheit

---

[65] Vgl. Dombek, M. (2002): Bilanzierung von strukturierten Produkten, S. 1065; Gebhardt, G. (1993): Anleihen, S. 472; Singleton, J.M. (1991): Hedge Accounting, S. 28; Steiner, M./Bruns, C. (2000): Wertpapiermanagement, S. 173. Die Wandeloption ist genau genommen ebenfalls ein strukturiertes Produkt, das aus einer Verkaufsoption auf die Anleihe und einer Kaufoption auf Eigenkapitalanteile besteht. Beide Optionsrechte sind ebenso wenig getrennt handel- oder ausübbar wie die Wandeloption als Ganzes.
[66] Der *Building Block Approach* besagt, dass jedes strukturierte Produkt aus Elementarbausteinen *(Building Blocks)* zusammengesetzt ist. Bei den Bausteinen handelt es sich um Aktien, Anleihen, Forwards/Futures, Swaps und Optionen, s. ausführlich Smith, C.W./Smithson, C.W./Wilford, D.S. (1989): Managing Financial Risk, S. 208 ff.; Smithson, C.W. (1998): Managing Financial Risk, S. 27 ff.
[67] Vgl. Smithson, C.W. (1987): LEGO® Approach, S. 25 ff.; Bellavite-Hövermann, Y./Barckow, A. (2002): IAS 39, Tz. 37. In Anlehnung an die Ingenieurwissenschaften wird die Tätigkeit des Verknüpfens einzelner Finanzinstrumente zu strukturierten Produkten häufig als *"Financial Engineering"* bezeichnet; Dufey, G. (2003): Finanzinnovationen, S. 5; Smith, D.J. (1989): The arithmetic of financial engineering, S. 224 ff.; Zwirner, T. (2001): Financial Engineering, Sp. 692 ff.
[68] Smith, C.W./Smithson, C.W./Wilford, D.S. (1989): Managing Financial Risk, S. 222.
[69] Vgl. IAS 39.10 ff. und AG27 ff. resp. SFAS 133/138.12 ff.
[70] SCHULZ spricht stattdessen von einem formalen und einem materiellen Risikobegriff, vgl. Schulz, T. (1996): Risiko-Publizität, S. 107 ff. m.w.N.

2. Begriffliche Abgrenzungen

wird gesprochen, wenn Klarheit über den Eintritt eines zukünftigen Umweltzustands besteht (sog. deterministisches System). „Risiko" im entscheidungstheoretischen Sinn bezeichnet dagegen einen Unterfall der Entscheidungen unter Unsicherheit: Danach spricht man von Risikosituationen, wenn bestimmten Umweltzuständen subjektive oder objektive Wahrscheinlichkeiten zugeordnet werden. Lassen sich für die möglichen Ereignisse demgegenüber dagegen keine Wahrscheinlichkeitsaussagen treffen, findet der Terminus „Ungewissheit" Verwendung.[71]

In der Finanzwirtschaft wird „Risiko" in der allgemeinsten Form als jedwede Abweichung von einem erwarteten Ereignis definiert (Risiko i.w.S.). Diese Schwankungen um den Erwartungswert (μ) werden als Volatilität bezeichnet und üblicherweise durch die Streuungsparameter Varianz (σ^2) oder Standardabweichung (σ) operationalisiert.[72] Da die Abweichungen vorteilhaft oder nachteilig sein können, wird der finanzwirtschaftliche Risikobegriff häufig enger festgelegt: Positive Abweichungen von einem erwarteten Ereignis werden dann als „Chance" bezeichnet, negative als „Risiko" (i.e.S.).[73] In dieser Abgrenzung des Risikobegriffs finden auch die Termini „*Downside-Risk*" oder „Verlustrisiko" Verwendung. Zur Operationalisierung dienen sog. Ausfallrisikomaße (*Lower Partial Moments*), d.h. mit einer Ausfallwahrscheinlichkeit gewichtete negative Abweichungen vom Erwartungswert.[74] In diesem Zusammenhang hat v.a. die Kennzahl „*Value at Risk*" einige Bedeutung erlangt.[75] Im weiteren Verlauf der Arbeit wird der finanzwirtschaftliche Risikobegriff zugrunde gelegt, wobei Risiko als „Verlustrisiko", also als negative Abweichung von einer erwarteten Zielgröße verstanden wird.[76]

---

[71] Vgl. Bamberg, G. (2001): Risiko und Ungewißheit, Sp. 1836; Bauer, C. (1995): Risikomessung, Sp. 1657.

[72] Sog. ($\mu;\sigma$)-Prinzip, vgl. Bamberg, G. (2001): Risiko und Ungewißheit, Sp. 1840 f.; Bauer, C. (1995): Risikomessung, Sp. 1660; Gebhardt, G./Mansch, H. (2001): Risikomanagement, S. 59; Göppl, H./ Schlag, C. (2001): Risikomanagement, Sp. 1847; Pfingsten, A./Homölle, S./Rieso, S. (2001): Risikomaße, Sp. 1869; jeweils m.w.N.

[73] Dieser Sprachregelung hat sich auch der deutsche Standardsetter angeschlossen, vgl. DRS 5.9; s.a. Bauer, C. (1995): Risikomessung, Sp. 1661; Beike, R./Barckow, A. (2002): Risk-Management, S. 17 und 95; Bitz, M. (1993): Grundlagen des Risikomanagements, S. 642; Gebhardt, G./Mansch, H. (2001): Risikomanagement, S. 59; Göppl, H./Schlag, C. (2001): Risikomanagement, Sp. 1847; Pfingsten, A./Homölle, S./Rieso, S. (2001): Risikomaße, Sp. 1870 f.

[74] Vgl. Bauer, C. (1995): Risikomessung, Sp. 1661; Gebhardt, G./Mansch, H. (2001): Risikomanagement, S. 59; Pfingsten, A./Homölle, S./Rieso, S. (2001): Risikomaße, Sp. 1872 ff.

[75] Zum Konzept des *Value at Risk* vgl. ausführlich, Jorion, P. (1997): Value at Risk; ergänzend Locarek-Junge, H./Stahl, G. (2001): Value-at-Risk, Sp. 2120 ff.; Wilson, T.C. (1998): Value at Risk, S. 61 ff.

[76] Für eine Systematisierung finanzwirtschaftlicher Risiken s. Abschnitt 2.3.

2.4.2 Risikoarten

Unternehmen sind im Rahmen ihrer Geschäftstätigkeit einer Vielzahl von Risiken ausgesetzt – man spricht in diesem Zusammenhang auch von Risikopositionen oder *Exposures*.[77] In der Literatur werden v.a. Markt-, Kredit-, Liquiditäts- und operative Risiken unterschieden.

2.4.2.1 Marktrisiken

Mit dem Begriff Markt- oder Preisrisiko bezeichnet man die mögliche Verschlechterung der Vermögens-, Finanz- und Ertragslage eines Unternehmens infolge von Zins-, Wechselkurs- und Güterpreisschwankungen.[78] Da der mit Abstand größte Teil betrieblicher Sicherungsaktivitäten auf die Eliminierung von Marktrisiken entfällt,[79] werden nachfolgend die wesentlichen Ausprägungen dieser Risikoart beschrieben.

2.4.2.1.1 Zinsänderungsrisiken

Als Zinsänderungsrisiken werden nachteilige Entwicklungen der Vermögens-, Finanz- und Ertragslage eines Unternehmens infolge von gesamtmarktbezogenen Veränderungen von Zinssätzen verstanden. Sie haben ihre Ursache vorrangig in Veränderungen der Zinsstrukturkurve und können sowohl auf die Bilanz als auch auf die GuV wirken;[80] man spricht in diesem Zusammenhang von Vermögens- resp. Einkommensrisiken.[81] Vermögensrisiken (*Fair Value Risks*) bestehen, wenn festverzinsliche Positionen infolge einer Veränderung des allgemeinen Marktzinsniveaus eine entgegengerichtete Veränderung ihres Barwertes erfahren.[82] Sie werden bilanziell nur dann sichtbar, wenn der in Frage stehende Posten zum beizulegenden Zeitwert angesetzt wird.[83] Einkommensrisiken (*Cash Flow Risks*) existieren

---

[77] Vgl. Bierman, H./Johnson, L.T./Peterson, D.S. (1991): Hedge Accounting, S. 73; Gebhardt, G./ Mansch, H. (2001): Risikomanagement, S. 23; Menichetti, M.J. (1993): Währungsrisiken, S. 60; Pausenberger, E./Glaum, M. (1993): Management von Währungsrisiken, S. 767; Schmidt, C.R. (1996): Hedge Accounting, S. 44.

[78] Vgl. Rudolph, B. (1995): Derivative Finanzinstrumente, S. 19; Gebhardt, G./Mansch, H. (2001): Risikomanagement, S. 35; Scharpf, P./Luz, G. (2000): Risikomanagement, S. 88; Schmidt, C.R. (1996): Hedge Accounting, S. 43.

[79] Vgl. Bierman, H./Johnson, L.T./Peterson, D.S. (1991): Hedge Accounting, S. 73.

[80] Daneben sind Veränderungen der Zinsvolatilität und die Laufzeitabschmelzung als Einflussfaktoren zu nennen, vgl. Rudolph, B. (1995): Derivative Finanzinstrumente, S. 19.

[81] Vgl. Bierman, H./Johnson, L.T./Peterson, D.S. (1991): Hedge Accounting, S. 75; Gebhardt, G. (1996): Probleme der bilanziellen Abbildung, S. 562 f.; Scharpf, P./Luz, G. (2000): Risikomanagement, S. 91 f.; Scheffler, J. (1994): Hedge Accounting, S. 13 ff.; Schmidt, C.R. (1996): Hedge Accounting, S. 45 f.

[82] Vgl. Happe, P. (1996): Swapvereinbarungen, S. 32, der diesen Barwerteffekt auf zu Handelszwecken eingesetzte Finanzinstrumente beschränkt. Dieser Sichtweise wird hier ausdrücklich nicht gefolgt, weil die Intention des Managements, wie mit einem Finanzinstrument verfahren werden soll, nichts an dem *Exposure* des Unternehmens ändert.

[83] Vgl. Schmidt, C.R. (1996): Hedge Accounting, S. 46.

2. Begriffliche Abgrenzungen

demgegenüber in einer möglichen Verschlechterung des Zinsergebnisses. Diese kann sich durch eine höhere Bedienung variabel verzinslicher Passiva und/oder eine schlechtere Ertragssituation variabel verzinslicher Vermögenswerte ergeben.[84] Einkommensrisiken resultieren aus einer nicht fristenkongruenten Refinanzierung zinstragender Aktiva oder einer unterschiedlichen Zinselastizität von Aktiv- und Passivgeschäft.[85]

2.4.2.1.2 Währungsrisiken

Als Währungsrisiken werden nachteilige Entwicklungen der Vermögens-, Finanz- und Ertragslage eines Unternehmens infolge von Schwankungen des Austauschverhältnisses zweier Währungen bezeichnet. Sie berühren Positionen, die auf fremde Währung lauten. Unterscheiden lassen sich das Transaktions-, das Translations- sowie das ökonomische Risiko.[86] Transaktions- oder Umtauschrisiken sind auf zeitliche Inkongruenzen bei Aktiv- und Passivpositionen in fremder Währung und die daraus abgeleiteten Zahlungsströme zurückzuführen.[87] Besteht zwischen Vermögens- und Schuldwerten in einer Währung eine Deckungslücke, bezeichnet man das Risiko als (Wechsel-)Kursrisiko; es besteht darin, dass sich der Devisenkassakurs nachteilig entwickelt.[88] Gleichen sich Vermögens- und Schuldpositionen in einer Währung zwar betragsmäßig aus, unterscheiden sie sich aber in der Laufzeit, spricht man von einem Swapsatzrisiko. Es besteht darin, dass sich der Abstand (*Spread*) zwischen Devisenkassa- und -terminkurs verändert.[89]

Als Translations- oder Umrechnungsrisiko wird die Gefahr bezeichnet, dass sich unrealisierte Kursverluste bei der Umrechnung von Fremdwährungspositionen in die funktionale Währung eines Unternehmens am Abschlussstichtag ergeben.[90] Es hängt maßgeblich von der bei der Umrechnung verwendeten Methode ab.[91] Das ökonomische Risiko schließlich

---

[84] Vgl. Scheffler, J. (1994): Hedge Accounting, S. 13.
[85] Vgl. Scheffler, J. (1994): Hedge Accounting, S. 13 f.
[86] Vgl. Dufey, G./Giddy, I.H. (1997): Foreign Exchange Risk, S. 8 ff.; Menichetti, M.J. (1993): Währungsrisiken, S. 64 ff.; Pausenberger, E./Glaum, M. (1993): Management von Währungsrisiken, S. 767 ff.; Ruß, O. (2002): Hedging-Verhalten deutscher Unternehmen, S. 7 ff.; Scheffler, J. (1994): Hedge Accounting, S. 10 ff.; Schmidt, C.R. (1996): Hedge Accounting, S. 46 ff.
[87] Vgl. Dufey, G./Giddy, I.H. (1997): Foreign Exchange Risk, S. 10; Pausenberger, E./Glaum, M. (1993): Management von Währungsrisiken, S. 770.
[88] Vgl. Scharpf, P./Luz, G. (2000): Risikomanagement, S. 112; Scheffler, J. (1994): Hedge Accounting, S. 12; Schmidt, C.R. (1996): Hedge Accounting, S. 47.
[89] Vgl. Schmidt, C.R. (1996): Hedge Accounting, S. 47; Scheffler, J. (1994): Hedge Accounting, S. 12; Scharpf, P./Luz, G. (2000): Risikomanagement, S. 112.
[90] Vgl. Pausenberger, E./Glaum, M. (1993): Management von Währungsrisiken, S. 769; Dufey, G./Giddy, I.H. (1997): Foreign Exchange Risk, S. 10 ff.; Scheffler, J. (1994): Hedge Accounting, S. 10 f.; Schmidt, C.R. (1996): Hedge Accounting, S. 47.
[91] Vgl. diesbzgl. Baetge, J./Kirsch, H.-J./Thiele, S. (2002): Konzernbilanzen, S. 169 ff.; Coenenberg, A.G. (2003): Jahresabschluss, S. 555 ff.; Gebhardt, G. (1986/7): Währungsumrechnung, Rz. 40 ff.; Langenbucher, G. (1998): Umrechnung von Fremdwährungsabschlüssen, Rn. 1028 ff.

besteht in der Modifikation zukünftig erwarteter Zahlungsströme infolge einer Veränderung der Wechselkursparitäten. Im Gegensatz zu den beiden vorstehenden Teilrisiken wirkt das ökonomische Risiko nicht nur auf bereits bestehende, sondern auch auf antizipierte Positionen. Es besitzt damit einen Einfluss auf die Wettbewerbsfähigkeit eines Unternehmens.[92]

2.4.2.1.3 Weitere Marktrisiken

Neben den genannten Risikofaktoren spielen Aktienkurs- und Warenpreisrisiken für einige Unternehmen eine wichtige Rolle. Sie bezeichnen das Risiko, dass die Vermögens-, Finanz- und Ertragslage eines Unternehmens negativ von Schwankungen der Aktienkurse resp. Rohstoff-, Edelmetall- oder anderweitiger Warenpreise beeinflusst wird.

Abgesehen von den Risikofaktoren lassen sich als Unterfälle des Preisrisikos Spread- und Volatilitätsrisiken unterscheiden. Unter Spreadrisiken versteht man Preisunterschiede für dasselbe Gut auf räumlich oder zeitlich getrennten Märkten. Bedeutung besitzt in diesem Zusammenhang v.a. das sog. Basisrisiko: Dieses bringt zum Ausdruck, dass sich die Preise einer Basis an Kassa- und Terminmarkt nicht in gleicher Weise (Stärke und/oder Richtung) verändern. Zwar konvergieren Kassa- und Terminkurs mit zeitlicher Nähe zum Verfalltag der Terminposition; allerdings verläuft die Annäherung nicht gleichmäßig, sondern verstärkt sich gegen Ende der Laufzeit.[93] Als Volatilitätsrisiko bezeichnet man schließlich die Gefahr, dass sich die Preis- oder Kursbewegungen der Basis vergrößern. Es ist bei bedingten Termingeschäften von besonderer Bedeutung, weil bei steigender Volatilität eine Ausübung der Option wahrscheinlicher wird.[94]

2.4.2.2 Kreditrisiken

Kredit- oder Adressenausfallrisiken bezeichnen die Möglichkeit eines teilweisen oder gänzlichen Wertverlustes einer Position infolge eines Ausfalls oder einer Veränderung in der Bonität resp. im *Credit Spread* eines Kontrahenten.[95] Im derivativen Geschäft besteht

---

[92] S. ausführlich Menichetti, M.J. (1993): Währungsrisiken, S. 67 ff. sowie Pausenberger, E./Glaum, M. (1993): Management von Währungsrisiken, S. 772 ff.

[93] Vgl. Gebhardt, G./Mansch, H. (2001): Risikomanagement, S. 36; Krumnow, J. (1995): Das derivative Geschäft, S. 13; Scheffler, J. (1994): Hedge Accounting, S. 17; Schmidt, C.R. (1996): Hedge Accounting, S. 51. Das Spreadrisiko lässt sich mindern, indem für das Sicherungsinstruments eine längere Laufzeit gewählt wird als für das Grundgeschäft, vgl. Grünewald, A. (1993): Finanzterminkontrakte, S. 14 m.w.N.

[94] Vgl. Gebhardt, G./Mansch, H. (2001): Risikomanagement, S. 36; Scheffler, J. (1994): Hedge Accounting, S. 18; Schmidt, C.R. (1996): Hedge Accounting, S. 51.

[95] Als *(Credit) Spread* wird die Zinsdifferenz zwischen der Rendite einer risikolosen Anlage und jener eines risikobehafteten Finanzinstruments bezeichnet. Er hängt v.a. von der Bonität des Schuldners, der Laufzeit und der Liquidität der Anlage, dem allgemeinen Marktzinsniveau sowie der Risikoneigung

das Kreditrisiko v.a. darin, dass ein positiver Marktwert in einer Derivateposition bei Ausfall des Vertragspartners verloren geht, weil die dann offene Position u.U. zu ungünstigeren Bedingungen neu am Markt eingedeckt werden muss.[96] Das Ausfallrisiko besteht dabei – anders als bei originären Finanzinstrumenten – nicht in Höhe des Nominalvolumens, sondern in der Differenz aus vereinbarten und aktuellen Konditionen, multipliziert mit dem Nominalvolumen.[97] Ein Ausfallrisiko besteht praktisch ohnehin nur bei OTC gehandelten Derivaten. Bei börsengehandelten Termingeschäften ist das Risiko dagegen allenfalls theoretisch vorhanden, weil die Clearingstelle für die Erfüllung jeder Abwicklungsseite einsteht.[98]

2.4.2.3 Liquiditätsrisiken

Als Liquiditätsrisiko wird die Gefahr einer Verschlechterung der Zahlungsfähigkeit eines Unternehmens infolge zeitlicher Inkongruenzen von Ein- und Auszahlungen verstanden.[99] Bei originären Finanzinstrumenten entstehen Liquiditätsrisiken v.a. aus einer bewusst oder unbewusst eingegangenen Fristentransformation: Vermögenswerte werden – bspw. zur Erzielung von Zusatzerträgen – fristeninkongruent refinanziert, so dass in Höhe der Differenz eine Deckungslücke besteht. Diese wird als Refinanzierungsrisiko bezeichnet.[100]

Im Derivategeschäft ergeben sich Liquiditätsrisiken ebenfalls infolge zeitlicher Inkongruenzen, zusätzlich aber auch aus Marktunvollkommenheiten.[101] Liquiditätsrisiken aufgrund zeitlicher Disparitäten ergeben sich v.a. bei börsengehandelten Derivaten. Sie entstehen, weil im Zuge der börsentäglichen Abrechnung bei negativen Entwicklungen einer Derivateposition Nachschüsse fällig werden, bevor gegenläufige Einzahlungen aus dem Grundgeschäft wirksam werden.[102] Ferner bestehen Liquiditätsrisiken, wenn OTC-Derivate

---

der Investoren ab; vgl. Hohl, S./Liebig, T. (1999): Kreditderivate, S. 502; Nonnenmacher, D.J./Brasch, H.-J. (2001): Kreditderivate, Sp. 1387.

[96] Vgl. Mauritz, P. (1997): Bilanzierung derivativer Finanzinstrumente, S. 19; Rudolph, B. (1995): Derivative Finanzinstrumente, S. 18; Schmidt, C.R. (1996): Hedge Accounting, S. 42.

[97] Vgl. Mauritz, P. (1997): Bilanzierung derivativer Finanzinstrumente, S. 19; Scharpf, P./Luz, G. (2000): Risikomanagement, S. 85 f.; Walther, F.W. (1995): Risiko-Management, S. 298.

[98] Vgl. Bürger, P. (1995): Risikocontrolling, S. 253.

[99] Vgl. Schierenbeck, H. (2001): Ertragsorientiertes Bankmanagement, S. 5 f.

[100] Selbst bei kongruenter Refinanzierung können Liquiditätsengpässe auftreten. Dieses ist bspw. der Fall, wenn Forderungen nicht fristgerecht bedient werden und sich dadurch die Kapitalbindungsdauer verlängert (sog. Terminrisiko). Ferner besteht ein latentes Liquiditätsrisiko bei der Zusage von Krediten, die unerwartet abgerufen werden (sog. Abrufrisiko); vgl. Scheffler, J. (1994): Hedge Accounting, S. 7; Scharpf, P./Luz, G. (2000): Risikomanagement, S. 83; Schierenbeck, H. (2001): Ertragsorientiertes Bankmanagement, S. 7 f.

[101] Vgl. Bürger, P. (1995): Risikocontrolling, S. 256; Scharpf, P./Luz, G. (2000): Risikomanagement, S. 82 ff.

[102] Vgl. Mauritz, P. (1997): Bilanzierung derivativer Finanzinstrumente, S. 20; Menninger, J. (1993): Financial Futures, S. 76.

vor Fälligkeit am Sekundärmarkt veräußert werden sollen, sich ihr beizulegender (rechnerischer) Zeitwert aber aufgrund einer nicht ausreichenden Markttiefe u.U. nicht erzielen lässt.[103]

2.4.2.4 Operative Risiken

Operative oder Betriebsrisiken haben ihre Ursache in personellen, systemischen sowie aufbau- und ablauforganisatorischen Faktoren.[104] Im Kontext des Einsatzes von Finanzinstrumenten entstehen sie v.a. durch

- menschliches Versagen, bspw. Fehleingaben bei der Erfassung von Geschäften;
- menschliches Fehlverhalten („dolose Handlungen"), z.B. eine Missachtung vorgegebener Risikolimite;
- fehlerhafte Systeme und Programme, z.B. infolge einer fehlerhaften Modellierung bei der Programmierung von Bewertungsalgorithmen; sowie
- ein unzureichendes Risikomanagement, v.a. in der Überwachung der Prozesse.

Der ARBEITSKREIS FINANZIERUNGSRECHNUNG der Schmalenbach-Gesellschaft weist in einer Studie darauf hin, dass die Mehrzahl spektakulärer Ausfälle bei Finanzinstrumenten auf operative Risiken zurückzuführen sei.[105]

2.5 Hedging

2.5.1 Definition

Das Management finanzwirtschaftlicher Risiken lässt sich als iterativer Prozess aus Identifikation, Messung, Bewertung, Steuerung und Überwachung von Risiken auffassen.[106] Im Rahmen der Risikosteuerung entscheidet das Top-Management, in welchem Maße Risiken

---

[103] Vgl. Bürger, P. (1995): Risikocontrolling, S. 257; Rudolph, B. (1995): Derivative Finanzinstrumente, S. 18.
[104] Vgl. Beckmann, R. (1993): Termingeschäfte und Jahresabschluß, S. 91; Bürger, P. (1995): Risikocontrolling, S. 258; Krumnow, J. (1994): Derivative Instrumente, S. 743; Mauritz, P. (1997): Bilanzierung derivativer Finanzinstrumente, S. 21; Rudolph, B. (1995): Derivative Finanzinstrumente, S. 18; Scharpf, P./Luz, G. (2000): Risikomanagement, S. 119 f.; Schmidt, C.R. (1996): Hedge Accounting, S. 41.
[105] Vgl. Gebhardt, G./Mansch, H. (2001): Risikomanagement, S. 38; s.a. Krumnow, J. (1995): Das derivative Geschäft, S. 13.
[106] Vgl. Bea, F.X. (2003): Prozesse des Risikomanagements, S. 35 ff.; Bitz, M. (1993): Grundlagen des Risikomanagements, S. 642 f.; Buschmann, W.F. (1992): Risiko-Controlling, S. 723 ff.; Göppl, H./ Schlag, C. (2001): Risikomanagement, Sp. 1850 f.; Lhabitant, F.S./Tinguely, O. (2001): Financial Risk Management, S. 343 ff.; Müller, C. (1995): Bewertungseinheiten, S. 1973 f.; Rudolph, B. (1995): Derivative Finanzinstrumente, S. 23 ff.; Scharpf, P./Epperlein, J.K. (1995): Risikomanagement derivativer Finanzinstrumente, S. 211 ff.; Scharpf, P./Luz, G. (2000): Risikomanagement, S. 77 ff.; Schierenbeck, H. (2001): Ertragsorientiertes Bankmanagement, S. 3 f.; ähnlich die Abgrenzung in DRS 5.9.

2. Begriffliche Abgrenzungen

aus Ertragsüberlegungen heraus gezielt übernommen werden sollen.[107] Bei Erreichen des angestrebten Risiko-Rendite-Niveaus stellen sich Unternehmen drei Handlungsalternativen:[108]

(1) neue risikobehaftete Geschäfte werden abgelehnt (Risikovermeidung);

(2) Neugeschäft wird akzeptiert und das vorgegebene Risikolimit durch die Führungsebene entsprechend angepasst (Risikoübernahme);

(3) risikobehaftetes Neugeschäft wird kontrahiert, ohne das bestehende Risikoniveau zu erhöhen. Dazu müssen bestehende Risiken abgebaut werden (Risikoverminderung, -überwälzung und -diversifikation).

Die Reduktion und die Eliminierung von Risiken wird zumeist unter dem Begriff *Hedging* – (Ab-)Sicherung – zusammengefasst. STEINER weist darauf hin, dass *Hedging* im Zeitablauf mit unterschiedlichen Inhalten belegt wurde.[109] Heute wird meist die ökonomische, d.h. finanzwirtschaftliche Absicherung einer offenen Risikoposition durch den Aufbau einer wertmäßig gegenläufigen Position als *Hedging* bezeichnet.[110]

Mittels *Hedging* sollen also die Wertschwankungen oder die Variabilität der Zahlungsströme einer risikobehafteten Position, dem Grundgeschäft oder Sicherungsgegenstand (*Hedged Item*), vollständig oder in Teilen durch entgegengesetzte Wertveränderungen resp. Zahlungsströme eines Sicherungsinstrumentes (*Hedging Instrument*) ausgesteuert werden.[111] Grundgeschäft und Sicherungsinstrument bilden zusammen eine Einheit, die als Sicherungsbeziehung oder *Hedge* bezeichnet wird. Dabei ist diese Einheit lediglich intentional und nicht vertraglich oder gar gesetzlich fixiert; m.a.W.: Ein *Hedge* kann theoretisch jederzeit begründet oder aufgelöst werden.[112]

---

[107] Vgl. Bitz, M. (1993): Grundlagen des Risikomanagements, S. 651 f.
[108] Vgl. Göppl, H./Schlag, C. (2001): Risikomanagement, Sp. 1850 ff.; Gebhardt, G./Mansch, H. (2001): Risikomanagement, S. 32 ff.
[109] Vgl. Steiner, M. (2001): Financial Futures, Sp. 711; s.a. Johnson, L.T./Swieringa, R.J. (1996): Derivatives, S. 113.
[110] Vgl. Bellavite-Hövermann, Y./Barckow, A. (2002): IAS 39, Tz. 77; Scheffler, J. (1994): Hedge-Accounting, S. 56; Schmidt, C.R. (1996): Hedge Accounting, S. 54; Steiner, M./Meyer, F. (1993): Hedging mit Financial Futures, S. 722; Stewart, J.E. (1989): Hedge Accounting, S. 48.
[111] Vgl. Locarek-Junge, H. (2001): Hedging, Sp. 1016; Gebhardt, G. (2000): Risikomanagement und Rechnungslegung, S. 75; Dufey, G./Hommel, U. (1999): Währungsrisikomanagement, S. 383; Steiner, M./Meyer, F. (1993): Hedging mit Financial Futures, S. 723 m.w.N.
[112] Vgl. Johnson, L.T./Swieringa, R.J. (1996): Derivatives, S. 114.

2.5.2 Systematisierungsansätze

In der Literatur existieren verschiedene Systematisierungsansätze für Sicherungsbeziehungen. Unterschieden wird v.a.

- nach der Anzahl der zu sichernden Grundgeschäfte (*Micro, Portfolio* und *Macro Hedge*);
- nach der Identität der Basis (*Pure* vs. *Cross Hedge*);
- nach der Frequenz der Sicherungsaktivität (statisch vs. dynamisch); sowie
- nach dem Begründungszeitpunkt der Sicherungsbeziehung (*Cash* vs. Antizipativer *Hedge*).[113]

In Abb. 2 sind die Systematisierungskriterien mit ihren Ausprägungen wiedergegeben (GG = Grundgeschäft, SG = Sicherungsgeschäft).

HEDGESTRATEGIEN			
Art und Anzahl der Grundgeschäfte	Einzelgeschäft MICRO HEDGE	n gleichartige PORTFOLIO HEDGE	n verschiedene MACRO HEDGE
Identität der Basis	gegeben PURE HEDGE		nicht gegeben CROSS HEDGE
Frequenz der Sicherung	einmalig STATISCHER HEDGE		laufend DYNAMISCHER HEDGE
Zeitpunkt der Besicherung	GG vor/zeitgleich mit SG CASH HEDGE		SG vor GG ANTIZIPATIVER HEDGE

Abb. 2: Hedgestrategien
Quelle: in Anlehnung an Scheffler, J. (1994): Hedge Accounting, S. 61.

2.5.2.1 *Micro, Portfolio* und *Macro Hedging*

Als *Micro Hedge* bezeichnet man die Absicherung genau eines Grundgeschäftes durch ein oder mehrere Gegengeschäfte.[114] Diese einzelgeschäftsbezogene Risikosteuerung ist nach wie vor die dominante Sicherungsstrategie. Sie gelangt v.a. in Unternehmen zur Anwen-

---

[113] Für weitere Systematisierungen s. Scheffler, J. (1994): Hedge Accounting, S. 60 f.
[114] In der hier gewählten Abgrenzung lässt ein *Micro Hedge* also 1:1- und 1:n-Beziehungen zwischen Grund- und Sicherungsgeschäft zu. In der Literatur wird unter der Mikroabsicherungen häufig nur die 1:1-Absicherung verstanden; vgl. stellvertretend Mauritz, P. (1997): Bilanzierung derivativer Finanzinstrumente, S. 58 ff.

2. Begriffliche Abgrenzungen

dung, die (noch) nicht über ein ausgefeiltes Risikomanagementsystem verfügen. Aber auch bei singulärem Auftreten großer Risikopositionen, bspw. infolge eines Großauftrags in fremder Währung oder der Emission einer Anleihe zur Refinanzierung einer Produktionserweiterung, werden mangels Alternativen häufig Mikroabsicherungen gewählt.

Vor allem in Kreditinstituten ist das *Hedging* aggregierter Größen mittlerweile üblicher als die Absicherung von Einzelrisiken.[115] In der Literatur finden sich dafür die Begriffe *Portfolio* und *Macro Hedge* – allerdings wird der Sicherungsumfang je nach Autor unterschiedlich festgelegt. Für die vorliegende Ausarbeitung werden die Termini wie folgt abgegrenzt: Werden gleichartige Grundgeschäfte zu Portefeuilles zusammengefasst und unter Aufrechnung entgegengesetzter Positionen gemeinsam durch ein oder mehrere Sicherungsgeschäft(e) abgesichert, spricht man von einem *Portfolio Hedge*.[116] Eine unmittelbare Zuordnung von Sicherungsinstrumenten zu bestimmten Grundgeschäften ist folglich bei *Portfolio Hedges* – anders als bei *Micro Hedges* – nicht möglich. Sie ist auch nicht gewollt, da hier der Sicherungsgegenstand keine einzelne Position, sondern eine saldierte Größe ist: Beim *Portfolio Hedge* wird ein Nettorisiko bzw. eine Nettoposition abgesichert (sog. *Gap Hedging*).

Werden *verschiedenartige* Grundgeschäfte unter Berücksichtigung kompensierender Risikoeffekte durch Sicherungsgeschäfte gehedged, spricht man von einem *Macro Hedge*. In seiner umfassendsten Ausprägung werden sämtliche Risikopositionen eines Unternehmens zu einer bspw. in Euro bewerteten Größe verdichtet und diese gesamthaft gesichert; der Vorgang wird auch als Globalabsicherung bezeichnet.[117] Wie beim *Portfolio Hedge* ist bei dieser Sicherungsstrategie eine Zuordnung von Sicherungsgegenstand und -instrument unmöglich.

---

[115] BUSCHMANN führt aus, dass in Kreditinstituten nur zwischen drei und fünf Prozent aller kontrahierten derivativen Finanzinstrumente der Absicherung einzelner Geschäfte dienen und diesen zugeordnet werden können, vgl. Buschmann, W.F. (1992): Risiko-Controlling, S. 720; s.a. Brackert, G./Prahl, R./Naumann, T.K. (1995): Neue Verfahren der Risikosteuerung, S. 544 und 552; Krumnow, J., et al. (1994): Rechnungslegung der Kreditinstitute, § 340e Tz. 310; Morris, D.M. (1992): Policies and Procedures, S. 40. PRAHL stellt für die „in diesem Bereich aktiven Industrie- und Handelsunternehmen" ebenfalls eine deutlichen Abkehr vom statischen *Micro Hedge* fest, vgl. Prahl, R. (1996): Financial Instruments, S. 835; s.a. Prahl, R./Naumann, T.K. (2000): Financial Instruments, Rn. 223 ff.

[116] Vgl. Scheffler, J. (1994): Hedge-Accounting, S. 57; Scharpf, P./Luz, G. (2000): Risikomanagement, S. 297; Schmidt, C.R. (1996): Hedge Accounting, S. 58. Die Gleichartigkeit bezieht sich auf bestimmte Charakteristika wie Art, Volumen, Laufzeit, Risikofaktor etc. – bspw. sämtliche Forderungen und Verbindlichkeiten in US$ mit einer Laufzeit von bis zu 90 Tagen gegen Schuldner erster Bonität.

[117] Vgl. Herzig, N./Mauritz, P. (1997): Derivative Finanzinstrumente, S. 151; Köhler, A. (1997): Bilanzierung derivativer Finanzinstrumente, S. 6007; Krumnow, J., et al. (1994): Rechnungslegung der Kreditinstitute, § 340e Tz. 308 ff.; Prahl, R./Naumann, T.K. (2000): Financial Instruments, Rn. 176 ff.; Scheffler, J. (1994): Hedge-Accounting, S. 57.

2. Begriffliche Abgrenzungen

2.5.2.2 *Pure* und *Cross Hedging*

Besitzen Grundgeschäft und Sicherungsinstrument die gleiche Basis, so spricht man von einem *Pure Hedge*.[118] Soll bspw. das Wechselkursrisiko einer auf US$ lautenden Forderung ausgeschaltet werden, so bietet sich als Sicherungsinstrument ein Finanzinstrument an, das in derselben Währung denominiert ist, z.b. ein US$-Devisentermingeschäft. Bei *Pure Hedges* handelt es sich per definitionem um *Micro Hedges*.[119] Unterscheiden sich dagegen die Risikofaktoren von Sicherungsgegenstand und -instrument, so findet der Ausdruck *Cross Hedge* Verwendung.[120] *Cross Hedging* ist i.d.R. preiswerter als *Pure Hedging*, weil das Sicherungsinstrument nicht auf alle Eigenschaften des Grundgeschäfts zugeschnitten werden muss. Im Gegenzug muss dafür u.U. ein suboptimales Sicherungsergebnis in Kauf genommen werden.[121] Der *Cross Hedge* gelangt primär dort zur Anwendung, wo für ein bestimmtes Grundgeschäft kein passendes Sicherungsinstrument verfügbar ist. Dieses ist v.a. bei Absicherungen im Zinsbereich der Fall, weil der Marktwert zinstragender Titel einer Vielzahl von Einflussfaktoren unterliegt, die i.d.R. nicht vollständig bei der Sicherung berücksichtigt werden. Als Beispiele seien nur die Bonität des Schuldners oder die (Rest-)Laufzeit des Finanzinstruments angeführt.[122]

2.5.2.3 Statisches und Dynamisches *Hedging*

Wird eine Sicherungsbeziehung nach ihrer Designation über die gesamte Laufzeit nicht mehr verändert, wird dies als statisches *Hedging* bezeichnet.[123] Werden an dem *Hedge* dagegen Anpassungen vorgenommen, z.B. durch den Abschluss zusätzlicher Sicherungsgeschäfte, spricht man von dynamischem *Hedging*. Die dynamische Absicherung ist typisch für die Strategien des *Portfolio* oder *Macro Hedgings*:[124] Da sich die Risikoposition des

---

[118] Vgl. Locarek-Junge, H. (2001): Hedging, Sp. 1018; Staudt, A./Weinberger, G. (1997): Cross-Hedging, S. 44.
[119] Eine Ausnahme bestünde in der Absicherung vollständig identischer Grundgeschäfte, bspw. einer in zehn gleiche Tranchen zerlegten Großemission, die für Risikozwecke als Bündel abgesichert werden.
[120] Vgl. Bieg, H./Rübel, M. (1988): Ausweis und Bewertung I, S. 260; Locarek-Junge, H. (2001): Hedging, Sp. 1018; Schmidt, C.R. (1996): Hedge Accounting, S. 71; Staudt, A./Weinberger, G. (1997): Cross-Hedging, S. 44.
[121] Vgl. Schmidt, C.R. (1996): Hedge Accounting, S. 71; ausführlich Staudt, A./Weinberger, G. (1997): Cross-Hedging, S. 50 ff., die theoretisch und empirisch zeigen, dass der Einsatz von Cross Hedges nicht zwangsläufig zu schlechteren Ergebnissen führen muss.
[122] Vgl. Scheffler, J (1994): Hedge-Accounting, S. 58 f.
[123] Vgl. Locarek-Junge, H. (2001): Hedging, Sp. 1018; Schmidt, C.R. (1996): Hedge Accounting, S. 72.
[124] Die Sicherungsstrategie gelangt gleichwohl auch beim *Micro Hedging* zur Anwendung, z.B. bei einer Absicherung über Futures mit kurzer Laufzeit, die jeweils in den nächsten Fälligkeitstermin überrollt werden.

Unternehmens durch Transaktionen fortwährend ändert, wird eine ständige Neubewertung und ggf. eine Absicherung des Restrisikos erforderlich.[125]

2.5.2.4 Cash Hedging und antizipatives Hedging

Werden originäre Finanzinstrumente bei oder nach ihrem Abschluss gegen Veränderungen bestimmter Risikofaktoren gesichert, spricht man von einem *Cash Hedge*; zuweilen findet auch der Ausdruck „Bestands-*Hedge*" Verwendung.[126] Sollen dagegen zukünftig erwartete, antizipierte Geschäfte bereits vor ihrem zivilrechtlichen Abschluss gehedged werden, wird der Terminus „antizipativer *Hedge*" gebraucht.[127] Üblicherweise impliziert ein antizipativer *Hedge* eine Sicherungsbeziehung auf Mikrobasis. Es ist aber auch möglich, dass Unternehmen einen erwarteten Nettozahlungsstrom absichern, z.b. die Hälfte der prognostizierten Einkäufe und Umsätze im US$-Raum; in diesem Fall läge ein *Portfolio Hedge* vor. Für eine antizipierte Sicherung des allgemeinen Unternehmensrisikos wird dagegen zumeist der Begriff „strategischer *Hedge*" gebraucht.[128]

2.6 Hedge Accounting

Für den Terminus *Hedge Accounting* findet sich weder im HGB noch in den IAS oder US-amerikanischen Standards eine Begriffsabgrenzung. Als *Hedge Accounting* wird im weiteren Verlauf dieser Arbeit die bilanzielle Abbildung einer Sicherungsbeziehung bezeichnet (*Hedge Accounting* i.w.S.).[129] Bilanziell führt die Darstellung von Sicherungsbeziehungen infolge von Ansatz- und/oder Bewertungsanomalien im gegenwärtigen Rechnungslegungssystem in vielen Fällen zu einer ökonomisch nicht sachgerechten Abbildung.[130] Zur Lösung dieser Problematik werden die bestehenden Ansatz- und Bewertungsvorschriften teilweise außer Kraft gesetzt bzw. um bestimmte Regeln erweitert (*Hedge Accounting* i.e.S.). Dieses erfolgt mit dem Ziel, die Erfolgswirkungen von Grund- und Sicherungsgeschäft in derselben Periode zu erfassen und so zu einer risikoadäquaten Abbildung der Sicherungsbeziehung zu gelangen.[131]

---

[125] Vgl. Scheffler, J. (1994): Hedge-Accounting, S. 59.
[126] Vgl. Locarek-Junge, H. (2001): Hedging, Sp. 1017; Schmidt, C.R. (1996): Hedge Accounting, S. 70.
[127] Vgl. Prahl, R. (1996): Financial Instruments, S. 836.
[128] Vgl. Schmidt, C.R. (1996): Hedge Accounting, S. 70.
[129] Vgl. Bellavite-Hövermann, Y./Barckow, A. (2002): IAS 39, Tz. 77. SCHMIDT weist darauf hin, dass diese weite Sicht des *Hedge Accounting* i.A. in der Literatur nicht gebraucht wird, vgl. Schmidt, C.R. (1996): Hedge Accounting, S. 104.
[130] Vgl. Bierman, H./Johnson, L.T./Peterson, D.S. (1991): Hedge Accounting, S. 21 ff.; Johnson, L.T./Swieringa, R.J. (1996): Derivatives, S. 114 f.; KPMG (2000): Financial Instruments Accounting, S. 88; Stewart, J.E. (1989): Hedge Accounting, S. 48 f.
[131] Vgl. grundlegend Adams, J.B./Montesi, C.J. (1995): Hedge Accounting sowie Bierman, H./Johnson, L.T./Peterson, D.S. (1991): Hedge Accounting; s.a. Göttgens, M. (1995): Hedge Accounting, S. 151; Johnson, L.T./Bullen, H.G./Kern, V.W. (1994): Hedge Accounting, S. 53; Morris, D.D. (1991): Poli-

Zu Ansatzunterschieden kommt es v.a. dann, wenn das Sicherungsinstrument zeitlich vor dem Grundgeschäft abgeschlossen wird, also bei antizipativen resp. strategischen *Hedges*. Die mit dem Sicherungsgeschäft verbundenen Zahlungsströme und Erfolgswirkungen gelangen mit dem Erwerb des Instruments in den Abschluss. Allerdings kommt es dabei nicht zu einer Kompensation, weil das Grundgeschäft erst in der Zukunft Eingang in die Bilanz findet und erst ab diesem Zeitpunkt einer Bewertung unterliegt.[132]

Die Bewertungsanomalien haben ihre Ursache in den unterschiedlichen Bewertungsmaßstäben, die für Grund- und Sicherungsgeschäfte gelten (sog. *Mixed Attribute Model*). Der Sicherungsgegenstand wird meist zu Anschaffungskosten bewertet, das Sicherungsinstrument hingegen mit seinem beizulegenden Zeitwert angesetzt.[133] Ohne zusätzliche Regelungen würden die Erfolgsströme des Sicherungsinstruments in die GuV fließen, ohne dass gegenläufige Erfolgswirkungen aus dem Grundgeschäft kompensierend wirken würden. Die Sicherungsbeziehung würde aus Sicht des Risikomanagements als geschlossene, bilanziell aber unzutreffend als offene Position abgebildet:[134]

> *"[J]ust as a map should not reflect a crooked road as if it were straight, financial statements should not reflect a pattern of changes in value that has not occurred."*[135]

Zur Vermeidung eines Fehlausweises im Allgemeinen und (zeitlich) inkongruenter GuV-Wirkungen im Speziellen bedarf es eines Mechanismus, mit dessen Hilfe die aufgezeigten Bilanzierungsdefizite behoben werden können.[136] Konkret geht es darum, die erfolgsmäßige Erfassung von Bewertungsergebnissen bei Grund- und Sicherungsgeschäft in derselben Periode zu ermöglichen. Dafür existieren zwei konzeptionelle Ansätze: die Abgrenzungsmethode (*Deferral Hedge Accounting*) und die Marktbewertungsmethode (*Mark-to-Market Hedge Accounting*).[137]

---

cies and Procedures, S. 41; Scheffler, J. (1994): Hedge Accounting, S. 127; Schmidt, C.R. (1996): Hedge Accounting, S. 101 ff.; Singleton, J.M. (1991): Hedge Accounting, S. 26; Steiner, M./Tebroke, H.-J./Wallmeier, M. (1995): Rechnungslegung für Finanzderivate, S. 535 f.

[132] Vgl. Bierman, H./Johnson, L.T./Peterson, D.S. (1991): Hedge Accounting, S. 22; Prahl, R./Naumann, T.K. (2000): Financial Instruments, Rn. 296.

[133] Vgl. Bierman, H./Johnson, L.T./Peterson, D.S. (1991): Hedge Accounting, S. 21; Johnson, L.T./Bullen, H.G./Kern, V.W. (1994): Hedge Accounting, S. 54.; Johnson, L.T./Swieringa, R.J. (1996): Derivatives, S. 116.

[134] Vgl. Prahl, R./Naumann, T.K. (2000): Financial Instruments, Rn. 297.

[135] Bierman, H./Johnson, L.T./Peterson, D.S. (1991): Hedge Accounting, S. 7.

[136] Vgl. Bellavite-Hövermann, Y./Barckow, A. (2001): IAS 39, Tz. 77.

[137] Die beiden Konzeptionen sind an dieser Stelle losgelöst von den konkreten Umsetzungen des *Hedge Accountings* in SFAS 133 und IAS 39 zu sehen; vgl. diesbzgl. die Ausführungen in den Kapiteln fünf und sechs. Für eine Darstellung und Diskussion der hier vorgestellten Ansätze sowie bestehender Mischformen und Modifikationen s. Bierman, H./Johnson, L.T./Peterson, D.S. (1991): Hedge Accounting, S. 24 ff.; Göttgens, M. (1995): Hedge Accounting, S. 153 ff.; Happe, P. (1996): Swapverein-

2. Begriffliche Abgrenzungen

Mit Hilfe der Abgrenzungsmethode lassen sich sowohl Ansatz- als auch Bewertungsinkonsistenzen überwinden. Dazu werden die Erfolgsbeiträge des Sicherungsgeschäftes solange erfolgsneutral abgegrenzt (*deferred*), bis das gesicherte Grundgeschäft entweder die Bilanzierungsfähigkeit erreicht (Sicherung von Aktiva/Passiva) oder als bewertetes Ergebnis in die GuV eingeht (Sicherung von Umsätzen).[138] Zu diesem Zeitpunkt werden die abgegrenzten Erfolgsbeiträge des Sicherungsinstruments aufgelöst und mit den Anschaffungskosten des Grundgeschäfts verrechnet (sog. *Basis Adjustment*) resp. der GuV zugeführt.[139] Bei der Abgrenzungsmethode werden die Erfolgswirkungen aus der Sicherungsbeziehung durch eine erfolgsneutrale Aktivierung resp. Passivierung mithin in zukünftige Perioden verschoben. Eine möglicherweise unvollständige Risikokompensation bliebe allerdings ebenfalls bis zur Auflösung des Hedges unbemerkt.[140] Die Abgrenzungsmethode kommt v.a. dann zur Anwendung, wenn antizipierte Grundgeschäfte – ein erwarteter Kauf eines Vermögenswertes, eine geplante Emission oder ein antizipierter Verkauf von Waren – gegen Veränderungen der Risikofaktoren gesichert werden sollen.

Bei der Marktbewertungsmethode, die für die Beseitigung der Bewertungsanomalien gewählt wird, geht man den umgekehrten Weg. Nach diesem Verfahren werden sowohl Grund- als auch Sicherungsgeschäft abweichend von den für diese isoliert bestehenden Bewertungsvorschriften zum Marktwert angesetzt (*marked to market*). Neben den realisierten Erfolgen gehen damit auch unrealisierte Bewertungsergebnisse beider Geschäfte in die GuV ein; das Bewertungsergebnis ergibt sich dabei als Wertveränderung zwischen zwei Stichtagen.[141] Durch die unmittelbare Erfolgsrealisierung werden bei der Marktbewertungsmethode Wertänderungen, die eigentlich erst in zukünftigen Perioden gezeigt würden, in die laufende Abrechnungsperiode vorgezogen. Eventuelle Unvollkommenheiten bei der

---

barungen, S. 161 ff.; Johnson, L.T./Bullen, H.G./Kern, V.W. (1994): Hedge Accounting, S. 55 ff.; Johnson, L.T./Swieringa, R.J. (1996): Derivatives, S. 117 f.; Klemke, B. (1997): Bilanzierung aus finanzwirtschaftlicher Sicht, S. 148 ff.; Prahl, R./Naumann, T.K. (2000): Financial Instruments, Rn. 17; Scheffler, J. (1994): Hedge Accounting, S. 130 ff.; Schmidt, C.R. (1996): Hedge Accounting, S. 107 ff.; Steiner, M./Tebroke, H.-J./Wallmeier, M. (1995): Rechnungslegung für Finanzderivate, S. 535 f.

[138] Bei den abgegrenzten Erfolgsbeiträgen kann es sich auch um realisierte Ergebnisse handeln, bspw. aus dem Einsatz von Futures-Kontrakten, für die eine tägliche Abrechnung erfolgt; vgl. Bierman, H./Johnson, L.T./Peterson, D.S. (1991): Hedge Accounting, S. 26; Johnson, L.T./Bullen, H.G./Kern, V.W. (1994): Hedge Accounting, S. 55.

[139] Vgl. Prahl, R./Naumann, T.K. (2000): Financial Instruments, Rn. 17; Scheffler, J. (1994): Hedge Accounting, S. 128 f.; Schmidt, C.R. (1996): Hedge Accounting, S. 106.

[140] Vgl. Bierman, H./Johnson, L.T./Peterson, D.S. (1991): Hedge Accounting, S. 29.

[141] Vgl. Prahl, R./Naumann, T.K. (2000): Financial Instruments, Rn. 17; Scheffler, J. (1994): Hedge Accounting, S. 128.

Sicherung werden in der GuV als positiver oder negativer Bewertungsüberhang des Grundgeschäfts über das Sicherungsinstrument abgebildet.[142]

Mit Hilfe des *Hedge Accountings* sollen also bestehende Rechnungslegungsanomalien beseitigt werden, um die sachgerechte Darstellung einer Sicherungsbeziehung zu gewährleisten. Allerdings bedeutet dies nicht zwangsläufig, dass sämtliche *Hedges* auch bilanziell abgebildet werden:

> "*Hedging relationships also can exist but not be designated as such for accounting purposes.*"[143]

Hedge Accounting ist demnach kein Abbildungsautomatismus, sondern ein Bewertungswahlrecht:[144] Dessen Zielsetzung besteht nicht in der bilanziellen Erfassung aller *Hedges*, sondern in der sachgerechten Abbildung derjenigen Sicherungsbeziehungen, die auch für Rechnungslegungszwecke als solche deklariert werden.

---

[142] Vgl. Scheffler, J. (1994): Hedge Accounting, S. 128.
[143] Johnson, L.T./Swieringa, R.J. (1996): Derivatives, S. 114.
[144] Vgl. Bierman, H./Johnson, L.T./Peterson, D.S. (1991): Hedge Accounting, S. 62.

3. Grundlagen des Derivategeschäfts

3.1 Systematisierung derivativer Finanzinstrumente

3.1.1 Systematisierungskriterien

Derivate lassen sich anhand verschiedener Kriterien systematisieren. Wesentliche Bedeutung kommt der Art der Erfüllung und dem Handelsort zu.[145] Für den Abschluss eines derivativen Finanzinstruments bedarf es mindestens zweier Parteien mit gegensätzlichen Risikoerwartungen. Dabei wird die Käuferseite als *Long*, jene des Verkäufers als *Short Position* bezeichnet.

3.1.1.1 Art der Erfüllung

Nach der Art der Erfüllung können unbedingte und bedingte Termingeschäfte unterschieden werden. Bei einem unbedingten Termingeschäft verpflichten sich beide Parteien, ihre vertraglich festgelegten Leistungen ohne den Eintritt weiterer Bedingungen (daher „unbedingt") zu erbringen. Unbedingte Termingeschäfte zeichnen sich durch ein symmetrisches Risikoprofil aus. Chancen und Risiken verhalten sich proportional zur Wertänderung des Basiswertes – bei steigenden Kassakursen profitiert der Käufer, bei sinkenden der Verkäufer.

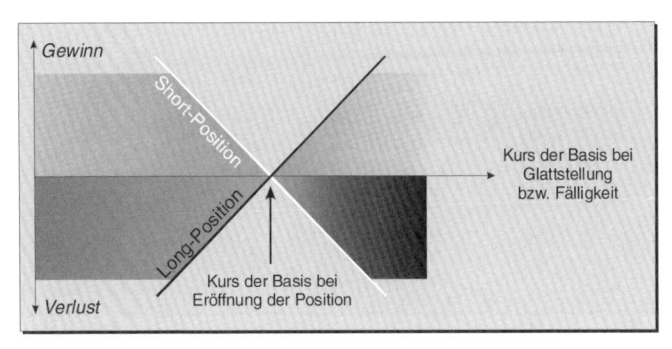

Abb. 3: Risikoprofil unbedingter Termingeschäfte
Quelle: In Anlehnung an Beike, R./Barckow, A. (2002): Risk-Management, S. 4.

Bedingte Termingeschäfte hängen demgegenüber von einer impliziten oder expliziten Willenserklärung des Käufers ab; sie werden auch als Optionsgeschäfte bezeichnet. Der Optionskäufer besitzt kraft des geschlossenen Vertrags ein Recht auf Erfüllung des Geschäfts innerhalb einer festgelegten Frist (amerikanische Option) oder zu einem bestimmten Zeit-

---

[145] Vgl. Beike, R./Barckow, A. (2002): Risk-Management, S. 3 ff.

punkt (europäische Option), ohne zur Ausübung verpflichtet zu sein.[146] Als Ausgleich für seine begünstigte Stellung hat er im Gegenzug an den Verkäufer der Option, den Stillhalter oder Schreiber, eine Prämie zu entrichten.[147] Für bedingte Termingeschäfte ist ein asymmetrisches Risikoprofil kennzeichnend.[148] Da der Optionskäufer bei ungünstiger Marktentwicklung sein Optionsrecht nicht ausüben und den Kontrakt verfallen lassen wird, beschränkt sich sein möglicher Verlust auf die Höhe der gezahlten Prämie.[149] Gerade umgekehrt ist die Situation für den Stillhalter: Sein Gewinn ist stets auf die erhaltene Prämie begrenzt. Das Risikoprofil eines bedingten Termingeschäfts hängt zusätzlich noch davon ab, ob die Basis erworben (Call) oder veräußert werden soll (Put).[150]

Der Kauf einer Call-Option hat sich für den Erwerber dann gelohnt, wenn der Kassakurs der Basis am Verfalltag über der Summe aus vertraglich fixiertem Bezugskurs (*Strike*) und der gezahlten Prämie liegt.[151] Bereits bei Erreichen des Strikes ändert sich das Risikoprofil und verläuft proportional zur Wertentwicklung der Basis. Gleiches gilt für den Stillhalter der Option, nur mit umgekehrtem Vorzeichen.

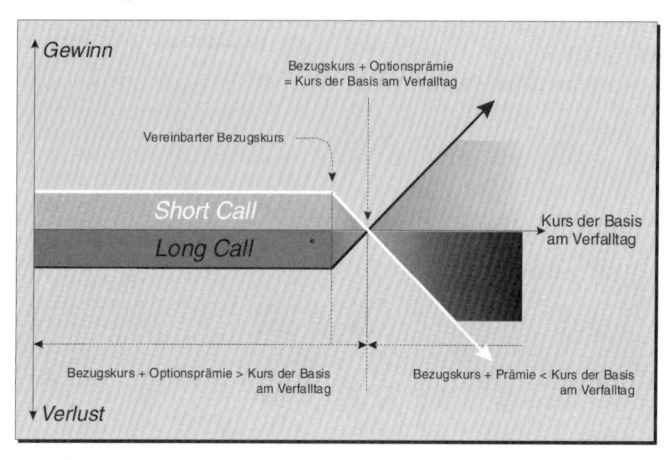

Abb. 4: Risikoprofil eines Calls
Quelle: in Anlehnung an Beike, R./Barckow, A. (2002): Risk-Management, S. 6.

---

[146] Vgl. Breker, N. (1993): Optionsrechte, S. 15 ff.; Klemke, B. (1997): Bilanzierung aus finanzwirtschaftlicher Sicht, S. 99; Steiner, M./Bruns, C. (2000): Wertpapiermanagement, S. 432; Zimmermann, H. (2001): Optionsgeschäfte, Sp. 1609.
[147] Vgl. Hull, J.C. (2000): Derivatives, S. 6; Zimmermann, H. (2001): Optionsgeschäfte, Sp. 1610.
[148] Vgl. Rudolph, B. (1995): Derivative Finanzinstrumente, S. 11.
[149] Vgl. Rudolph, B. (1995): Derivative Finanzinstrumente, S. 11.
[150] Vgl. Hull, J.C. (2000): Derivatives, S. 6.
[151] Vgl. Klemke, B. (1997): Bilanzierung aus finanzwirtschaftlicher Sicht, S. 100; streng genommen müssen neben der Prämie auch deren Zinsbindungskosten gedeckt werden.

Man beachte, dass die bei einem Kursanstieg der Basis zu verzeichnenden Gewinne (Käufer) resp. Verluste (Verkäufer) bei Call-Optionen unbegrenzt sind.[152] Insbesondere infolge des unbegrenzten Verlustrisikos wird der Einsatz geschriebener Kaufoptionen (*Written Call Options*) im Rahmen des *Hedge Accountings* restriktiv gehandhabt.Bei Verkaufsoptionen lohnt sich eine Ausübung für den Käufer nur dann, wenn der Kassakurs des Basisgutes den vereinbarten Bezugskurs abzüglich der entrichteten Optionsprämie unterschreitet.[153] Wie bei Calls ändert sich bei Erreichen des Bezugskurses das Risikoprofil; allerdings verläuft es umgekehrt proportional zur Kursentwicklung der Basis.

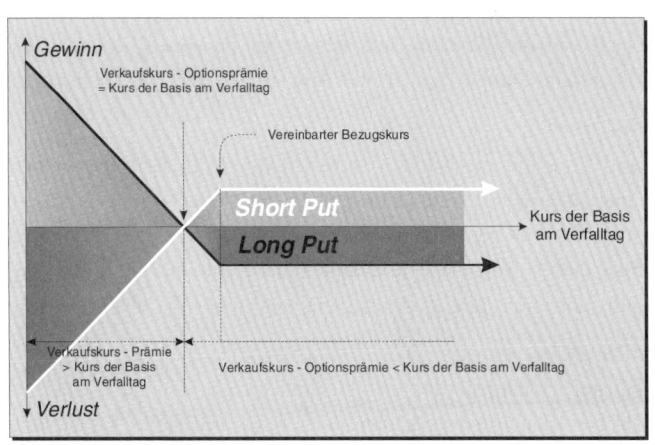

Abb. 5: Risikoprofil eines Puts
Quelle: in Anlehnung an Beike, R./Barckow, A. (2002): Risk-Management, S. 7.

Aus diesem Grund kann auch der Gewinn für den Käufer resp. der Verlust für den Verkäufer der Option nicht unbegrenzt groß werden, sondern ist auf das Produkt aus Bezugskurs abzüglich Optionsprämie und gehandelter Menge beschränkt.

3.1.1.2 Handelsort

Hinsichtlich des Handelsortes können Derivate danach unterschieden werden, ob sie an einer Börse gehandelt werden oder nicht.[154] Bei nicht börsengehandelten Derivaten spricht man von sog. *O(ver)T(he)C(ounter)*-Instrumenten.[155] Der wesentliche qualitative Unterschied zwischen beiden Handelsplätzen besteht in der Standarisierung der gehandelten

---

[152] Vgl. Hull, J.C. (2000): Derivatives, S. 7.
[153] Vgl. Klemke, B. (1997): Bilanzierung aus finanzwirtschaftlicher Sicht, S. 100.
[154] Vgl. Steiner, M./Wittrock, C. (1993): Märkte, S. 671 ff.
[155] Vgl. Rudolph, B. (1995): Derivative Finanzinstrumente, S. 6.

3. Grundlagen des Derivategeschäfts

Geschäfte v.a. in sachlicher, räumlicher, zeitlicher und persönlicher Hinsicht:[156]

- An Terminbörsen gehandelte Derivate sind hinsichtlich möglicher handelbarer Güter, Volumina, Preis- sowie Qualitätsabstufungen standardisiert; sie werden als Kontrakte bezeichnet. OTC-Derivate werden dagegen frei zwischen den beteiligten Vertragsparteien ausgehandelt und lassen sich somit individuell auf die Wünsche der Vertragspartner zuschneiden;[157]

- räumlich besteht die Standardisierung in der Einrichtung fester Börsenplätze für den Handel, die Abrechnung und die Erfüllung der Kontrakte. Zwar sind Terminbörsen heute vielfach computerisiert; im Unterschied zum im Wesentlichen telefonisch organisierten OTC-Handel laufen Handel und Abwicklung aber an einem zentralen Ort zusammen;[158]

- in zeitlicher Hinsicht unterscheiden sich Kontrakte von OTC-Instrumenten durch fixierte, i.d.R. vierteljährliche Fälligkeitszeitpunkte.[159] Börsentermingeschäfte mit längeren Laufzeiten werden von den Marktakteuren wegen der geringeren Markttiefe häufig gemieden. Statt dessen weichen Unternehmen auf Kontrakte mit kürzerer Laufzeit aus, die bei Fälligkeit durch den Abschluss eines Anschlussgeschäfts prolongiert werden (*Roll-over*);

- die persönliche Standardisierung erfolgt durch den Selbsteintritt eines Abrechnungshauses zwischen Käufer und Verkäufer, der sog. Clearingstelle. Sie garantiert jeder Seite die Erfüllung der jeweiligen Gegenposition, wodurch das Ausfallrisiko (*Default/Credit Risk*) faktisch ausgeschaltet wird.[160] Die Clearingstelle sichert sich ihrerseits über eine Verpflichtung der Marktteilnehmer auf Einrichtung eines Abrechnungskontos (*Margin Account*) ab, auf dem eine Grunddeckung (*Initial Margin*) in Barmitteln oder Wertpapieren als Sicherheit hinterlegt werden muss.[161] Außerdem nimmt die

---

[156] Vgl. Rudolph, B. (1995): Derivative Finanzinstrumente, S. 6 f.
[157] Vgl. Rudolph, B. (1995): Derivative Finanzinstrumente, S. 7; Beike, R./Barckow, A. (2002): Risk-Management, S. 8.
[158] Vgl. Beike, R./Barckow, A. (2002): Risk-Management, S. 9; Rudolph, B. (1995): Derivative Finanzinstrumente, S. 6.
[159] Für die an der EUREX gehandelten Ein- und Dreimonats-EURIBOR-Futures sowie für viele Optionskontrakte gelten kürzere Lieferzyklen, vgl. Beike, R./Barckow, A. (2002): Risk-Management, S. 25; Herklotz, R. (1995): Terminbörsen, Sp. 1839.
[160] Vgl. Beike, R./Barckow, A. (2002): Risk-Management, S. 9; Beckmann, R. (1993): Termingeschäfte und Jahresabschluß, S. 26 f.; Herklotz, R. (1995): Terminbörsen, Sp. 1836; Steiner, M./Bruns, C. (2000): Wertpapiermanagement, S. 434.
[161] Vgl. Bellavite-Hövermann, Y./Barckow, A. (2002): IAS 39, Tz. 36; Eilenberger, G. (1995): Überblick, S. 137; Herklotz, R. (1995): Terminbörsen, Sp. 1837 f.; Steiner, M./Bruns, C. (2000): Wertpapiermanagement, S. 435 f.

3. Grundlagen des Derivategeschäfts

Clearingstelle eine tägliche Abrechnung vor (*Daily Settlement*), bei der alle noch offenen Kontrakte am Ende eines Börsentages neubewertet werden. Verzeichnet eine Vertragspartei im Vergleich zum Vortag eine positive Veränderung des beizulegenden Zeitwertes, so erfährt das Unternehmen eine Gutschrift auf seinem Marginkonto, andernfalls eine Belastung (*Variation Margin*).[162] Für OTC gehandelte Derivate ist dagegen grundsätzlich keine zwischenzeitliche Abrechnung vorgesehen. Infolgedessen ist das Abwicklungs- und Erfüllungsrisiko im außerbörslichen Handel c.p. höher. Dieses spiegelt sich in tendenziell höheren Transaktionskosten wider, die sich z.b. in größeren Geld-/Briefspannen äußert.

Derivative Finanzinstrumente			
Unbedingte Termingeschäfte		**Bedingte Termingeschäfte**	
OTC gehandelte Instrumente	Börsengehandelte Instrumente	OTC gehandelte Instrumente	Börsengehandelte Instrumente
Zinsinstrumente Forward Rate Agreements Zinsswaps	Zinsfutures Geldmarktprodukte Kapitalmarktprodukte	Zinsoptionen Zinsbegrenzungsverträge Swaptions	Optionen auf Zinsfutures
Währungsinstrumente Devisentermingeschäfte Devisenswaps Währungsswaps	Devisenfutures	Devisenoptionen	Optionen auf Währungen
	Indexfutures		Optionen auf Aktienindizes
			Optionen auf Aktien
Kreditderivate		Kreditderivate	

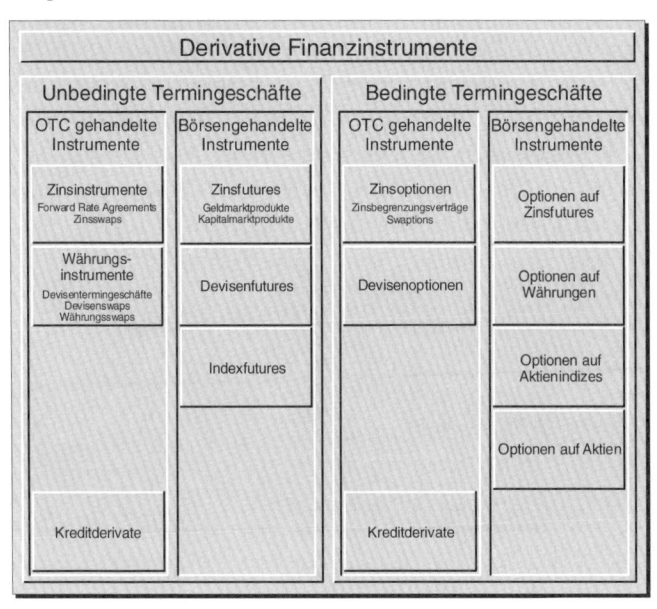

Abb. 6: Systematisierung derivativer Finanzinstrumente

Infolge der Standardisierung sind Terminbörsen im Allgemeinen liquider als OTC-Märkte, wenngleich einzelne Produkte auch dort große Handelsvolumina aufweisen. Dadurch wird eine Glattstellung eines Kontraktes mittels Aufbau einer betraglich entgegengesetzten Position erleichtert. Allerdings gibt es auch außerbörsliche Märkte, die eine sehr hohe Marktliquidität aufweisen (bspw. Devisen- und Swapmärkte).[163] Im Folgenden sollen die wich-

---

[162] Vgl. Herklotz, R. (1995): Terminbörsen, Sp. 1838; Steiner, M./Bruns, C. (2000): Wertpapiermanagement, S. 437.
[163] Vgl. Rudolph, B. (1995): Derivative Finanzinstrumente, S. 7.

3.1.2 Unbedingte Termingeschäfte

3.1.2.1 OTC gehandelte Instrumente

3.1.2.1.1 Zinsinstrumente

(a) Forward Rate Agreements

Ein *Forward Rate Agreement (FRA)* ist eine Vereinbarung über einen Terminzinssatz *(Forward Rate)*, mit dem ein vertraglich festgelegter Kapitalbetrag verzinst werden soll. Dabei beginnt die Verzinsung nicht bereits bei Vertragsabschluss, sondern zu einem vereinbarten Zeitpunkt in der Zukunft.[164] Der Zeitraum der Verzinsung heißt Referenzperiode, die Zeitspanne bis zu deren Beginn Vorlaufzeit. Nach Ablauf der Vorlaufzeit wird der vereinbarte Zinssatz mit einem Referenzzins verglichen, bspw. LIBOR oder EURIBOR. Übersteigt der Referenzzinssatz die festgelegte *Forward Rate*, so erhält der Käufer vom Verkäufer des FRA eine Ausgleichszahlung in Höhe der Differenz. Bei Unterschreiten des Terminzinses ist der Käufer zur Zahlung verpflichtet.[165]

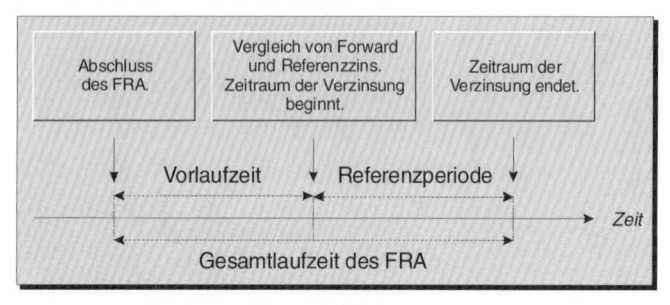

Abb. 7: Ablaufschema eines *Forward Rate Agreement*
Quelle: Beike, R./Barckow, A. (2002): Risk-Management, S. 20.

Vorlaufzeit und Referenzperiode betragen üblicherweise nicht mehr als 12 Monate, so dass *Forward Rate Agreements* Zinsderivate mit vergleichsweise kurzer Laufzeit, dafür aber hoher Liquidität sind.[166]

---

[164] Vgl. Beckmann, R. (1993): Termingeschäfte und Jahresabschluß, S. 17; Bruns, C./Meyer-Bullerdieck, F. (2000): Professionelles Portfoliomanagement, S. 377; Eller, R. (1999): Derivative Instrumente, S. 11; Hull, J.C. (2000): Derivatives, S. 95; Scharpf, P./Luz, G. (2000): Risikomanagement, S. 507.
[165] Vgl. Beike, R./Barckow, A. (2002): Risk-Management, S. 19 f.; Beckmann, R. (1993): Termingeschäfte und Jahresabschluß, S. 17 f.; Scharpf, P./Luz, G. (2000): Risikomanagement, S. 508.
[166] Vgl. Bruns, C./Meyer-Bullerdieck, F. (2000): Professionelles Portfoliomanagement, S. 377; Beike, R./Barckow, A. (2002): Risk-Management, S. 21.

(b) Zinsswaps

Als Swap wird allgemein eine Vereinbarung zweier Parteien über den Austausch von Zahlungsströmen bezeichnet.[167] Basieren die Zahlungsströme auf Zinssätzen, spricht man von einem Zinsswap (*Interest Rate Swap, IRS*). Bei einem klassischen, sog. *plain-vanilla*-Zinsswap kommen zwei Vertragspartner zusammen, von denen der eine periodisch einen festen Zinssatz an den Kontrahenten zahlt und im Gegenzug von diesem einen variablen Geldmarktsatz erhält, z.b. den Dreimonats-EURIBOR oder den Sechsmonats-LIBOR.[168] Zinsswaps lassen sich als Bündel an *Forward Rate Agreements* auffassen, die eine gleichbleibende Referenzperiode besitzen – im Beispiel drei resp. sechs Monate – und sich lediglich in der Länge der Vorlaufzeit unterscheiden.[169]

Die Parteien einer Swapvereinbarung lassen sich wie folgt charakterisieren:

- Ein Vertragspartner nimmt die Position des Festsatzzahlers (*Payer*) ein, wenn er in festverzinslichen Wertpapieren investiert ist oder variabel verzinsliche Schuldverschreibungen begeben hat und die Position in die jeweils andere Zinsbindung tauschen möchte.

- Die Empfängerseite (*Receiver*) ist zu wählen, wenn eine Anlage in variabel verzinslichen Wertpapieren (*Floating Rate Notes, FRN*) besteht oder festverzinsliche Anleihen emittiert wurden und die Zinsvereinbarung in eine synthetische Festsatzanlage resp. eine variable Zahlungsverpflichtung geändert werden soll.

Für das Entstehen einer Zinsswapvereinbarung ist also nicht zwingend erforderlich, dass der eine Vertragspartner festverzinslich und der andere variabel verzinslich aufgestellt ist.[170]

Der Zinssatz auf der Festsatzseite bemisst sich nach der Laufzeit der Swapvereinbarung und der Bonität des Festsatzzahlers.[171] Auf der variablen Seite ist der Geldmarktsatz stan-

---

[167] Vgl. Fischer, L. (2001): Swapgeschäft, Sp. 2038.
[168] Vgl. Bruns, C./Meyer-Bullerdieck, F. (2000): Professionelles Portfoliomanagement, S. 383; Clemm, H./Nonnenmacher, R. (1988): Bilanzierung von Swapgeschäften, S. 66 ff.; Dattatreya, R.E./Venkatesh, R.E.S./Venkatesh, V. (1996): Interest Rate Swaps, S. 152; Eller, R. (1999): Zinsswaps, S. 407; Fischer, L. (2001): Swapgeschäft, Sp. 2039; Hull, J.C. (2000): Derivatives, S. 121; Rudolph, B. (1995): Derivative Finanzinstrumente, S. 11; Scharpf, P./Luz, G. (2000): Risikomanagement, S. 439; Steiner, M./Bruns, C. (2000): Wertpapiermanagement, S. 561. Auch der Tausch zweier Referenzzinssätze ist möglich (Swap „variabel gegen variabel" oder „Basisswap").
[169] Vgl. Hull, J.C. (2000): Derivatives, S. 133, Eller, R. (1999): Zinsswaps, S. 419 ff.; Scharpf, P./Luz, G. (2000): Risikomanagement, S. 471 f.; Smithson, C.W. (1998): Managing Financial Risk, S. 31 f.
[170] S.a. Beike, R./Barckow, A. (2002): Risk-Management, S. 42; Steiner, M./Bruns, C. (2000): Wertpapiermanagement, S. 563.
[171] Der Festzins liegt zum Zeitpunkt des Vertragsabschlusses i.d.R. über dem variablen Satz, vgl. Happe, P. (1996): Swapvereinbarungen, S. 27; Gorton, G./Rosen, R. (1995): Banks and Derivatives, S. 5.

dardmäßig nicht um Bonitätseinschätzungen adjustiert, sondern wird „flat", d.h. mit dem aktuellen Referenzwert, entrichtet.[172] Dieser wird lediglich in regelmäßigen Abständen an das aktuelle Marktniveau angepasst. Soll der Festsatz auf Wunsch der Vertragsparteien nach oben oder unten verändert werden, zieht dies häufig eine gleichgerichtete Korrektur auf der variablen Seite nach sich (sog. *Par Value Swap*). Wird auf eine Anpassung des variablen Zinssatzes verzichtet, spricht man von einem *Off-Market Swap*; als Gegenleistung erhält die benachteiligte Partei dann eine Vorauszahlung (*Upfront Payment*).[173]

Für Zinsswaps ist charakteristisch, dass alle Zahlungsverpflichtungen in einer Währung erbracht werden; leisten die Vertragspartner die Zinszahlungen dagegen in unterschiedlichen Währungen, spricht man von einem (Zins-)Währungsswap.[174] Von allen OTC gehandelten Derivaten vereinigen Swaps das größte Marktvolumen auf sich.[175] Zinsswaps werden vorrangig über Zeiträume von bis zu zehn Jahren abgeschlossen, wobei im Bereich von unter zwei Jahren Forward Rate Agreements gebräuchlicher sind. Sie sind damit ein Instrument, mit dem sich v.a. das lange Ende der Zinsstrukturkurve sichern lässt.

3.1.2.1.2 Währungsinstrumente

(a) Devisentermingeschäfte

Ein Devisentermingeschäft (*Currency Forward* oder *Foreign Exchange Forward*) ist eine vertragliche Vereinbarung über den Austausch zweier Währungsbeträge zu einem bei Vertragsabschluss festgelegten Wechselkurs, i.d.R. dem zu diesem Zeitpunkt gültigen Terminkurs. Der einzige Unterschied zu einem Kassageschäft besteht darin, dass die Erfüllung nicht bei Abschluss des Geschäfts, sondern an einem bestimmten Tag in der Zukunft vollzogen wird (sog. Solo- oder *Outright*-Geschäft).[176] Der Markt für Devisentermingeschäfte ist in hohem Maße liquide, wobei Laufzeiten von einem bis zwölf Monaten die größte Markttiefe aufweisen.[177]

---

[172] S.a. Arditti, F.D. (1996): Derivatives, S. 254; Eller, R. (1999): Zinsswaps, S. 409.
[173] Vgl. Bruns, C./Meyer-Bullerdieck, F. (2000): Professionelles Portfoliomanagement, S. 393; Dattatreya, R.E./Venkatesh, R.E.S./Venkatesh, V. (1996): Interest Rate Swaps, S. 165 und 178 ff.; Gorton, G./Rosen, R. (1995): Banks and Derivatives, S. 6.
[174] Vgl. Happe, P. (1996): Swapvereinbarungen, S. 17 f.
[175] Vgl. Bruns, C./Meyer-Bullerdieck, F. (2000): Professionelles Portfoliomanagement, S. 383; Dattatreya, R.E./Venkatesh, R.E.S./Venkatesh, V. (1996): Interest Rate Swaps, S. 154; Rudolph, B. (1995): Derivative Finanzinstrumente, S. 11; Smithson, C.W. (1998): Managing Financial Risk, S. 150 f.
[176] Vgl. Beike, R./Barckow, A. (2002): Risk-Management, S. 95; Beckmann, R. (1993): Termingeschäfte und Jahresabschluß, S. 16; Bieg, H./Rübel, M. (1988): Ausweis und Bewertung I, S. 254; DeRosa, D.F. (1996): The Foreign Exchange Market, S. 456; Pausenberger, E./Glaum, M. (1993): Management von Währungsrisiken, S. 771; Rudolph, B. (1995): Derivative Finanzinstrumente, S. 10; Weyel, W. (2001): Devisenhandel, Sp. 547.
[177] Vgl. Smithson, C.W. (1998): Managing Financial Risk, S. 60 f.; Beike, R./Barckow, A. (2002): Risk-Management, S. 97; Pausenberger, E./Glaum, M. (1993): Management von Währungsrisiken, S. 771.

3. Grundlagen des Derivategeschäfts

(b) Devisenswaps

Devisenswaps (*FX Swaps*) sehen – wie die vorstehenden Devisentermingeschäfte – den Austausch von Währungsbeträgen vor. Der Unterschied besteht in der Anzahl der Tauschaktionen: Bei einem Devisenswap werden bereits bei Vertragsabschluss zwei Währungsbeträge getauscht und zu einem festgelegten Zeitpunkt wieder zurückgeswapped; es handelt sich also um eine Kombination aus Kassa- und gegenläufigem Termingeschäft (sog. *Spot-Forward Swap*). Die Differenz zwischen Kassa- und Terminkurs wird dabei als Swapsatz bezeichnet.[178] Zuweilen werden auch zwei Terminvereinbarungen miteinander mit differierenden Umtauschkursen kombiniert (sog. *Forward-Forward Swap*), bspw. ein Tausch in drei Monaten und der Rücktausch in sechs Monaten.[179]

(c) (Zins-)Währungsswaps

Als Währungsswap (*Cross Currency Swap, CCS*) werden Swapvereinbarungen bezeichnet, bei denen Positionen in zwei unterschiedlichen Währungen getauscht werden. Im Unterschied zu Zinsswaps werden neben den Zinszahlungen auch die ihnen unterliegenden Kapitalbeträge ausgetauscht.[180] Anders als bei Devisenswaps stimmen dabei aber die Kassa- und Termintransaktion zugrunde gelegten Umtauschkurse überein; der Swapsatz ist also Null. Sofern der Wechselkurs mit dem bei Vertragsabschluss gültigen Devisenkassakurs identisch ist, wird auf den Tausch der Kapitalbeträge zuweilen auch verzichtet.[181] Der Ablauf eines Währungsswaps ist in der nachfolgenden Grafik zusammengefasst. Dabei wird unterstellt, dass die Vertragspartner jeweils in ihrem Währungsraum Liquidität aufgenommen haben und – bspw. infolge veränderter Markteinschätzungen – eine Verschuldung in der jeweils anderen Währung bevorzugen.[182]

---

[178] Vgl. Beckmann, R. (1993): Termingeschäfte und Jahresabschluß, S. 16; Bruns, C./Meyer-Bullerdieck, F. (2000): Professionelles Portfoliomanagement, S. 386; Dreissig, H. (1989): Swap-Geschäfte, S. 322; Fischer, L. (2001): Swapgeschäft, Sp. 2045.

[179] Vgl. Beike, R./Barckow, A. (2002): Risk-Management, S. 106; Beckmann, R. (1993): Termingeschäfte und Jahresabschluß, S. 16; Rudolph, B. (1995): Derivative Finanzinstrumente, S. 12; Scharpf, P./Luz, G. (2000): Risikomanagement, S. 458; Smithson, C.W. (1998): Managing Financial Risk, S. 146.

[180] Vgl. Beike, R./Barckow, A. (2002): Risk-Management, S. 107; Clemm, H./Nonnenmacher, R. (1988): Bilanzierung von Swapgeschäften, S. 69 ff.; Fischer, L. (2001): Swapgeschäft, Sp. 2043 f.; Hull, J.C. (2000): Derivatives, S. 135.

[181] Vgl. Bruns, C./Meyer-Bullerdieck, F. (2000): Professionelles Portfoliomanagement, S. 386; Maulshagen, A./Maulshagen, O. (2000): Behandlung von Swapgeschäften, S. 244;

[182] S.a. Fischer, L. (2001): Swapgeschäft, Sp. 2041 ff.; Scharpf, P./Luz, G. (2000): Risikomanagement, S. 456 f.; Steiner, M./Bruns, C. (2000): Wertpapiermanagement, S. 559.

3. Grundlagen des Derivategeschäfts

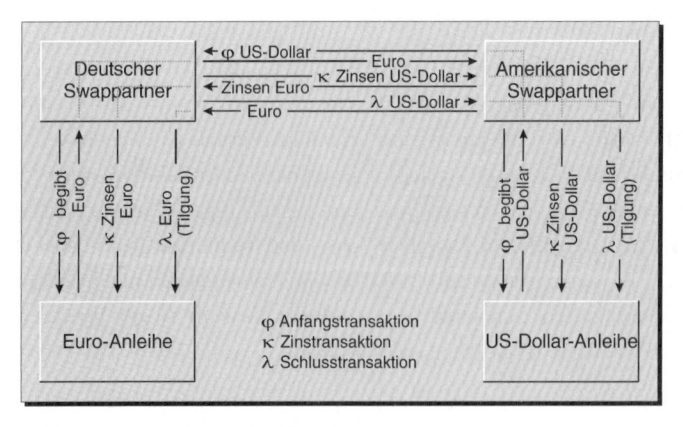

Abb. 8: Ablaufschema eines Währungsswaps
Quelle: Beike, R./Barckow, A. (2002): Risk-Management, S. 107.

Leisten beide Swappartner ihre Zinszahlungen auf einer Festsatzbasis, spricht man von einem reinen Währungsswap. Basieren die Zinszahlungen dagegen auf variablen Geldmarktsätzen, ist von einem Basis-Währungsswap die Rede. Bei unterschiedlicher Zinsbasis (fix/variabel vice versa) wird die Tauschvereinbarung Zins-Währungsswap genannt.[183]

3.1.2.2 Börsengehandelte Instrumente

Werden unbedingte Termingeschäfte an einer Börse gehandelt, spricht man nicht von Forwards, sondern von Futures. Anders als OTC-Geschäfte werden Futures i.d.R. nicht bis zur Fälligkeit gehalten, sondern durch ein Gegengeschäft vorzeitig glattgestellt. Sie sind daher zumeist auch nicht auf eine effektive Erfüllung angelegt.[184] Diesem Streben kommt entgegen, dass die Kontrakte börsentäglich abgerechnet und durch eine entsprechende Gutschrift resp. Belastung auf dem Margin-Konto des Abrechnungsteilnehmers ausgeglichen werden. Da das Spektrum der weltweit angebotenen Financial-Future-Geschäfte beständig zunimmt, diese sich aber in ihren wesentlichen Zügen nicht unterscheiden, wird nachfolgend primär auf die an der deutsch-schweizerischen Terminbörse EUREX gehandelten Kontrakte zurückgegriffen.[185]

---

[183] Vgl. Bruns, C./Meyer-Bullerdieck, F. (2000): Professionelles Portfoliomanagement, S. 387; Beike, R./ Barckow, A. (2002): Risk-Management, S. 107.
[184] Vgl. Bieg, H./Rübel, M. (1988): Ausweis und Bewertung I, S. 266; Dreissig, H. (1989): Optionen, S. 1511; Jutz, M. (1990): Financial Futures, S. 1516; Menninger, J. (1993): Financial Futures, S. 29 und 31 m.w.N; Oestreicher, A. (1992): Bilanzierung von Zinsterminkontrakten, S. 112; Seedorf, U. (1988): Erfassung bilanzunwirksamer Finanzinnovationen, S. 69; Steiner, M. (2001): Financial Futures, Sp. 705; Steiner, M./Padberg, M. (1994): Neuere Finanzprodukte, S. 765.
[185] Zur Entstehung der EUREX s. Franke, J. (2001): Eurex, Sp. 647 f.; Schiller, B./Marek, M. (2000): Die EUREX, S. 402 ff., zum Rechtsvorgänger DTB Franke, J. (1995): Deutsche Terminbörse (DTB),

3.1.2.2.1 Zinsfutures

Als Zinsfutures werden standardisierte Termingeschäfte auf Zinsinstrumente wie Anleihen und Termingelder sowie auf Geldmarktsätze bezeichnet.[186] An der EUREX werden gegenwärtig sieben Futures auf zinstragende Finanzinstrumente angeboten, mit denen sich praktisch das gesamte Spektrum der Zinsstrukturkurve handeln lässt.[187] An Geldmarktprodukten werden Futures auf Ein- und Dreimonatstermingeld angeboten (Ein- resp. Dreimonats-EURIBOR-Future). Im Kapitalmarktbereich bietet die EUREX ein Laufzeitspektrum von knapp zwei bis über 30 Jahre an (Euro-SCHATZ-, Euro-BOBL-, Euro-BUND- und Euro-BUXL-Future sowie den auf Schweizer Franken lautenden CONF-Future, der nachfolgend nicht weiter betrachtet wird).

Future	Laufzeit	Klassifizierung
1-M-EURIBOR-Future	1 Monat	Geldmarktprodukte ("kurzes Ende" der Renditestruktur)
3-M-EURIBOR-Future	3 Monate	
Euro-SCHATZ-Future	$1^3/_4 - 2^1/_4$ Jahre	Kapitalmarktprodukte ("langes Ende" der Renditestruktur)
Euro-BOBL-Future	$4^1/_2 - 5^1/_2$ Jahre	
Euro-BUND-Future	$8^1/_2 - 10^1/_2$ Jahre	
Euro-BUXL-Future	$20 - 30^1/_2$ Jahre	

Abb. 9: Zinsfuture-Geschäfte an der EUREX
Quelle: In Anlehnung an Beike, R./Barckow, A. (2002): Risk-Management, S. 107.

Die EURIBOR-Futures sind quasi *Forward Rate Agreements*, bei denen Referenzzinssatz (EURIBOR), Referenzperiode (ein bzw. drei Monate) sowie Kontraktgröße (3 resp. 1 Mio. Euro oder ein ganzzahliges Vielfaches hiervon) standardisiert wurden.[188] Die Vorlaufzeit hängt vom gewählten Kontrakt ab: Bei Einmonatsfutures werden die nächsten sechs Kalendermonate gehandelt, bei Dreimonatsfutures sind es die nächsten zwölf Quartalsendmo-

---

Sp. 433 ff. Rabenhorst, D. (1999): Options und Futures, S. 21 f.; Steiner, M./Wittrock, C. (1993): Märkte, S. 681 ff. Bzgl. der Spezifikationen der von der EUREX angebotenen Futures s. EUREX (2002): EUREX Produkte; ergänzend Franke, J. (2001): Eurex, Sp. 656 ff.

[186] Vgl. Beike, R./Barckow, A. (2002): Risk-Management, S. 24; Oestreicher, A. (1992): Bilanzierung von Zinsterminkontrakten, S. 105 m.w.N.

[187] Vgl. Steiner, M./Bruns, C. (2000): Wertpapiermanagement, S. 449.

[188] Vgl. Beckmann, R. (1993): Termingeschäfte und Jahresabschluß, S. 37; Beike, R./Barckow, A. (2002): Risk-Management, S. 25 f.

nate, so dass die Vorlaufzeit maximal sechs resp. 36 Monate beträgt. Die Quotierung erfolgt als Prozentnotierung auf drei Nachkommastellen genau, wobei die aktuelle Forward Rate von 100 subtrahiert wird. Die kleinste Preisbewegung (*Tick Size*) beträgt bei beiden Futures 0,005 Prozentpunkte, was einem Betrag von 12,50 Euro entspricht. EURIBOR-Futures werden grundsätzlich durch Barausgleich (sog. *Net [Cash] Settlement*) und nicht durch effektive Andienung, d.h. Eintritt in ein Termingeschäft erfüllt.[189]

Im Gegensatz zu EURIBOR-Futures besteht die Basis bei den Kapitalmarktfutures aus fiktiven oder notionellen Anleihen. Dabei handelt es sich um idealtypische Schuldverschreibungen des Bundes oder seiner Gebietskörperschaften mit einer Verzinsung von sechs Prozent.[190] Wird der Future nicht vor Fälligkeit glattgestellt, so hat die Erfüllung zwingend durch effektive Andienung zu erfolgen; es gibt also kein *Cash Settlement*. Die EUREX erstellt dazu regelmäßig eine Liste lieferbarer Anleihen, die mittels eines Konversionsfaktors mit der idealtypischen Obligation vergleichbar gemacht werden.[191] Prinzipiell kommen dabei alle Titel des Bundes in Frage, die ein Mindestemissionsvolumen von zwei Mrd. Euro und die jeweils kontrahierte Restlaufzeit aufweisen (Abb. 9). Der Kontraktwert ist mit 100.000 Euro oder einem ganzzahligen Vielfachen davon deutlich geringer als bei EURIBOR-Futures. Die Quotierung erfolgt in Prozent vom Nominalwert auf zwei Nachkommastellen genau. Die kleinste Preisbewegung beträgt bei den vier Kapitalmarktfutures 0,01 Prozentpunkte, was einem Betrag von exakt 10 Euro entspricht. Gehandelt werden jeweils die nächsten drei Quartalsendmonate.[192]

Von den genannten sechs Kontrakten entfällt der größte Handelsumsatz auf den Dreimonats-EURIBOR- im kurzen und den Euro-BUND-Future im langen Laufzeitbereich.[193]

---

[189] Vgl. Bruns, C./Meyer-Bullerdiek, F. (2000): Professionelles Portfoliomanagement, S. 325; Rabenhorst, D. (1999): Optionen und Futures, S. 43; Steiner, M./Bruns, C. (2000): Wertpapiermanagement, S. 461.
[190] Ausführlich bei Steiner, M./Bruns, C. (2000): Wertpapiermanagement, S. 449 ff.; Beike, R./Barckow, A. (2002): Risk-Management, S. 24 ff.
[191] Vgl. Beike, R./Barckow, A. (2002): Risk-Management, S. 30 f.; Bruns, C./Meyer-Bullerdiek, F. (2000): Professionelles Portfoliomanagement, S. 325 ff.; Grünewald, A. (1993): Finanzterminkontrakte, S. 27; Oestreicher, A. (1992): Bilanzierung von Zinsterminkontrakten, S. 106; Rabenhorst, D. (1999): Optionen und Futures, S. 39 f.; Steiner, M./Bruns, C. (2000): Wertpapiermanagement, S. 452 ff.
[192] Vgl. Beike, R./Barckow, A. (2002): Risk-Management, S. 29.
[193] Vgl. Dufey, G./Giddy, I.H. (1997): Foreign Exchange Risk, S. 25; Steiner, M./Bruns, C. (2000): Wertpapiermanagement, S. 449 und 460.

3.1.2.2.2 Devisenfutures

Devisenfutures sind standardisierte, an einer Börse gehandelte Devisentermingeschäfte.[194] Ihr Anteil am insgesamt gehandelten Futuresvolumen beträgt aktuellem Zahlenmaterial der BIZ zufolge gerade einmal 0,4 Prozent.[195] Die EUREX bietet wegen des umsatzstarken OTC-Devisenhandels und der vermuteten geringen Nachfrage nach standardisierten, nichtoptionalen Währungsprodukten gegenwärtig keine Devisenfutures an.[196] Einer der umsatzstärksten Futureskontrakte auf eine Währung ist der am *International Money Market* (IMM) der *Chicago Mercantile Exchange* (CME) gehandelte EuroFX Future. Dem Kontrakt liegt ein Volumen von 125.000 Euro zugrunde. Der Future wird in US-Dollar je Euro auf vier Nachkommastellen genau notiert, wobei die kleinste Preisbewegung 12,50 US-Dollar beträgt. Die CME verlangt grundsätzlich eine effektive Andienung, falls der Kontrakt nicht vor Fälligkeit glattgestellt wurde.[197]

3.1.2.2.3 Indexfutures

Im Gegensatz zu Zins- und Devisenfutures handelt es sich bei Indexfutures um Termingeschäfte mit abstrakter Basis.[198] Handelsgegenstand der Kontrakte ist ein Referenzportfolio aus Aktien, Rentenwerten, Waren, meteorologischen Variablen u.ä. Die EUREX bietet gegenwärtig lediglich Futures auf Aktienindizes an, plant aber bei ausreichender Markttiefe auch die Einführung von Futures auf Wetterindizes. Von den derzeit angebotenen zehn Indexfutures (Stand Oktober 2003) sind in Deutschland v.a. die Kontrakte auf den Deutschen Aktienindex (DAX®) und den TecDAX® von Bedeutung.[199]

Die Sektorindizes beziehen sich bestimmte Branchen (Banken, Gesundheitswesen, Technologiewerte und Telekommunikation). Bei allen von der EUREX angebotenen Indexfutures werden jeweils die drei nächsten Quartalsendmonate gehandelt. Das Kontraktvolumen liegt je nach Future zwischen einem und hundert Euro.[200] Da die Basis abstrakt und somit

---

[194] Vgl. Beike, R./Barckow, A. (2002): Risk-Management, S. 101; Menninger, J. (1993): Financial Futures, S. 33.
[195] Vgl. BIZ (2001): Quartalsbericht Juni 2001, Statistischer Anhang, S. 94; s.a. Steiner, M./Meyer, F. (1993): Hedging mit Financial Futures, S. 726.
[196] Vgl. Beike, R./Barckow, A. (2002): Risk-Management, S. 101; Pausenberger, E./Glaum, M. (1993): Management von Währungsrisiken, S. 779; Steiner, M. (2001): Financial Futures, Sp. 706; kritisch dazu Menninger, J. (1993): Financial Futures, S. 14 und 30 f. Für Terminbörsen, an denen Devisenfutures gehandelt werden, s. DeRosa, D.F. (1996): The Foreign Exchange Market, S. 457.
[197] Vgl. Beike, R./Barckow, A. (2002): Risk-Management, S. 103.
[198] Vgl. Grünewald, A. (1993): Finanzterminkontrakte, S. 38; Menninger, J. (1993): Financial Futures, S. 24.
[199] Für an anderen Terminbörsen gehandelte Indexfutures s. Swamy, S. (1996): Stock Index Futures, S. 303 ff.; Steiner, M./Bruns, C. (2000): Wertpapiermanagement, S. 491 ff.
[200] Siehe im Einzelnen EUREX (2002): EUREX Produkte, S. 4 ff.

nicht effektiv lieferbar ist, sehen alle Kontrakte die Erfüllung im Wege eines Barausgleichs vor.[201]

Future	Basis
DJ Global Titans 50℠ Index Future	Blue Chip Index aus den 50 umsatzstärksten Aktien weltweit
DJ STOXX℠ 50 Future	Index der 50 Branchenführer aus den 600 größten amerikanischen Unternehmen
DJ Euro STOXX℠ 50 Future	Index der 50 Branchenführer aus den 600 größten europäischen Unternehmen
DJ STOXX℠ 600 Sector Index Futures	Sektorindex aus Branchenführern der 600 umsatzstärksten amerikanischen Aktien
DJ Euro STOXX℠ Sector Index Futures	Sektorindex aus Branchenführern der 600 umsatzstärksten europäischen Aktien
DAX® Future	Blue Chip Index aus den 30 umsatzstärksten deutschen Aktien
NEMAX® 50 Future	Auswahlindex aus den 50 umsatzstärksten Aktien des neuen Marktes
TecDAX® Future	Auswahlindex aus den 30 umsatzstärksten Technologieunternehmen
SMI® Future	Blue Chip Index aus bis zu 30 Titeln der umsatzstärksten Schweizer Aktien
HEX25® Future	Blue Chip Index aus den 25 umsatzstärksten finnischen Aktien

Abb. 10: Indexfuture-Geschäfte an der EUREX
Quelle: Eigene Darstellung nach EUREX (2003): EUREX Produkte, S. 28 ff.

3.1.3 Bedingte Termingeschäfte – Optionen

Wie in Abschnitt 3.1.1.1 dargestellt, zeichnen sich Optionen durch ein asymmetrisches Risikoprofil aus. Mit ihnen lassen sich Risiken begrenzen, ohne dass auf positive Marktentwicklungen verzichten werdeb muss.[202] Dafür ist der erforderliche Kapitaleinsatz bei Optionsverträgen c.p. größer als bei Festgeschäften. So nimmt es nicht Wunder, dass auf Optionsgeschäfte sowohl im Zins- als auch im Währungsbereich lediglich knapp 15% aller OTC-Geschäfte entfallen.[203] Bei börsengehandelten Kontrakten sieht die Situation ähnlich

---

[201] Theoretisch wäre eine Belieferung mit allen im betreffenden Index enthaltenen Aktien denkbar, vgl. Menninger, J. (1993): Financial Futures, S. 26; s.a. Bruns, C./Meyer-Bullerdiek, F. (2000): Professionelles Portfoliomanagement, S. 331; Steiner, M./Bruns, C. (2000): Wertpapiermanagement, S. 467.
[202] Einen tabellarischen Überblick über einfache und exotische Optionen sowie über Optionskombinationen bieten Dufey, G./Hommel, U. (1999): Währungsrisikomanagement, S. 387 ff.; s.a. Bruns, C./Meyer-Bullerdiek, F. (2000): Professionelles Portfoliomanagement, S. 261 ff. und 298 ff., Smithson, C.W. (1998): Managing Financial Risk, S. 266 ff.
[203] Vgl. BIZ (2001): Quartalsbericht Juni 2001, Statistischer Anhang, S. 89.

aus; lediglich Optionen auf Aktienindizes verzeichnen einen ähnlichen hohen Umsatzanteil wie Futures.[204]

3.1.3.1 OTC gehandelte Optionen

3.1.3.1.1 Zinsoptionen

Als Zinsoption werden bedingte Termingeschäfte bezeichnet, bei denen die Basis in einem zinstragenden Kassainstrument – bspw. einem Referenzzinssatz oder einer Anleihe – oder Derivat besteht. Bei den außerbörslich gehandelten Optionen dominieren auf anderen Terminmarktprodukten basierende Zinsinstrumente.[205]

(a) Zinsbegrenzungsverträge

Als Zinsbegrenzungsvertrag bezeichnet man eine vertragliche Regelung über die Fixierung einer Zinsober- und/oder -untergrenze (*Strike*) für ein bestimmtes, variabel verzinsliches Volumen innerhalb einer gegebenen Gesamtlaufzeit. Ferner wird ein Referenzzinssatz festgelegt, der an bestimmten Stichtagen, den *Roll-over*-Terminen, mit dem Strike verglichen wird. Passiert der Referenzzinssatz am *Roll-over*-Termin die vereinbarte Zinsgrenze, wird die Option automatisch ausgeübt und eine Ausgleichszahlung an den Optionskäufer ausgelöst.[206] Die Zahlung erfolgt nachschüssig zum nächsten *Roll-over*-Termin und ergibt sich als Differenz zwischen Referenzzinssatz und Strike multipliziert mit dem zugrunde liegenden Volumen.[207] Zinsbegrenzungsverträge existieren als *plain vanilla*-Produkte in drei Varianten: Verträge über

- eine Zinsobergrenze (*Caps*),
- eine Zinsuntergrenze (*Floors*) und
- einen Zinskorridor (*Collars*), die aus einem gekauften *Cap* und einem verkauften *Floor* bestehen.[208]

(b) Optionen auf Swaps – Swaptions

Swaptions sind Termingeschäfte, bei denen der Handelsgegenstand ein Zinsswap mit fixierten Ausstattungsmerkmalen ist.[209] Nach dem Recht, Festsatzzahlungen zu leisten oder

---

[204] Vgl. BIZ (2001): Quartalsbericht Juni 2001, Statistischer Anhang, S. 94.
[205] Vgl. Beike, R./Barckow, A. (2002): Risk-Management, S. 45; Hauser, H. (1999): Caps, Floors und Swap-Optionen, S. 198.
[206] Vgl. Breker, N. (1993): Optionsrechte, S. 17 f.
[207] Vgl. Beike, R./Barckow, A. (2002): Risk-Management, S. 45 f.; Hauser, H. (1999): Caps, Floors und Swap-Optionen, S. 198; Hull, J.C. (2000): Derivatives, S. 538 ff.; Steiner, M./Bruns, C. (2000): Wertpapiermanagement, S. 427 f.
[208] S. diesbzgl. ausführlich Scharpf, P./Luz, G. (2000): Risikomanagement, S. 541 ff. sowie Beike, R./ Barckow, A. (2002): Risk-Management, S. 47 ff.; ergänzend Häuselmann, H. (1990): Bilanzierung von Zinsbegrenzungsverträgen, S. 2149 f.

zu empfangen, werden *Payer-* resp. *Receiver-Swaptions* unterschieden.[210] Die in Deutschland gehandelten *Swaptions* sind Optionen europäischen Typs, können also lediglich Verfalltag ausgeübt werden. Anders als bei Zinsbegrenzungsverträgen muss eine *Swaption* vom Käufer explizit ausgeübt werden. Dieses wird dann der Fall sein, wenn die Marktrendite am Erfüllungstag über (*Payer-Swaption*) resp. unter (*Receiver-Swaption*) dem vereinbarten Festsatz des Swaps liegt.[211] Obwohl die Erfüllung durch den Eintritt in eine Swapvereinbarung grundsätzlich möglich ist, wird in der überwiegenden Mehrzahl der Fälle wegen des latenten Ausfallrisikos des Swappartners ein Barausgleich bevorzugt.[212]

3.1.3.1.2 Devisenoptionen

OTC-Devisenoptionen sind individuelle vertragliche Vereinbarungen über den optionalen Kauf (Call) oder Verkauf (Put) eines bestimmten Devisenvolumens an einem Stichtag oder innerhalb einer Zeitspanne zu einem fixierten Devisenkurs. Sie werden häufig bis zur Fälligkeit gehalten und nicht vorzeitig durch ein Gegengeschäft glattgestellt.[213] Bei den in Deutschland OTC gehandelten Optionen wird i.d.R. die Devise „Euro" quotiert. Das bedeutet, dass bei der Auswahl des Instruments umgedacht werden muss: Soll bspw. ein in drei Monaten erwarteter Zahlungseingang in fremder Währung gegen eine Abwertung gesichert werden, so ist statt eines Puts in Fremdwährung ein Euro-Call zu kaufen.[214]

3.1.3.2 Börsengehandelte Optionen
3.1.3.2.1 Optionen auf Zinsfutures

Im Zinsbereich unterscheiden sich die an der EUREX gehandelten Optionen nicht nur durch ihre Standardisierung, sondern auch durch die Basis von den OTC gehandelten Ter-

---

[209] Vgl. Beike, R./Barckow, A. (2002): Risk-Management, S. 65; Hull, J.C. (2000): Derivatives, S. 543; Steiner, M./Bruns, C. (2000): Wertpapiermanagement, S. 564.

[210] Vgl. Hauser, H. (1999): Caps, Floors und Swap-Optionen, S. 199.; zuweilen finden sich auch die Bezeichnungen *Call-Swaption* (= Receiver Swaption) und *Put-Swaption* (= Payer-Swaption), s. Dattatreya, R.E./Venkatesh, R.E.S./Venkatesh, V. (1996): Interest Rate Swaps, S. 195; Scharpf, P./Luz, G. (2000): Risikomanagement, S. 459 ff.

[211] Vgl. Beike, R./Barckow, A. (2002): Risk-Management, S. 67; Dattatreya, R.E./Venkatesh, R.E.S./Venkatesh, V. (1996): Interest Rate Swaps, S. 196; Hauser, H. (1999): Caps, Floors und Swap-Optionen, S. 199; Hull, J.C. (2000): Derivatives, S. 543.

[212] Vgl. Hauser, H. (1999): Caps, Floors und Swap-Optionen, S. 200; Beike, R./Barckow, A. (2002): Risk-Management, S. 67.

[213] Vgl. Beike, R./Barckow, A. (2002): Risk-Management, S. 108 f. Für OTC-Devisenoptionen bestehen ähnliche Glattstellungsmöglichkeiten wie an Terminbörsen, so dass ein Käufer das Derivat üblicherweise zum aktuellen Marktwert an ein als Verkäufer auftretendes Kreditinstitut zurückveräußern kann, vgl. Avenarius, C. (1999): Management von Währungsrisiken, S. 391; Breker, N. (1993): Optionsrechte, S. 35.

[214] Vgl. Avenarius, C. (1999): Management von Währungsrisiken, S. 392; ausführlich Beike, R./Barckow, A. (2002): Risk-Management, S. 110 ff.

mingeschäften. Die EUREX bietet gegenwärtig vier Zinsoptionen an, denen jeweils Futures-Kontrakte zugrunde liegen:[215]

- Am kurzen Ende der Renditestrukturkurve wird eine Option auf den Dreimonats-EURIBOR-Future angeboten. Gehandelt werden die nächsten vier Quartalsendmonate, so dass Laufzeiten bis zu einem Jahr handelbar sind.

- Auf der Kapitalmarktseite bietet die EUREX Optionen auf den Euro-SCHATZ-, den Euro-BOBL- und den Euro-BUND-Future an. Dabei sind die nächsten drei aufeinander folgenden Monate sowie der darauf folgende Quartalsendmonat handelbar (maximal also eine Laufzeit von sechs Monaten).

Kontraktgröße und kleinste Preisbewegung entsprechen jeweils denen der Basis. EUREX-Optionen können während der Laufzeit jederzeit ausgeübt werden (amerikanischer Typ) und führen zum Eintritt in die jeweils kontrahierte Future-Position: Eine Call-Option resultiert im Aufbau, eine Put-Option in einem Verkauf des Futures. Die Prämienabrechnung erfolgt im Gegensatz zu Indexoptionen und OTC-Geschäften nicht bei Vertragsabschluss, sondern erst bei Ausübung oder Verfall (sog. *Future-Style*-Verfahren). Dadurch kommt es de facto zu einer börsentäglichen Abrechnung der Optionsposition.[216]

3.1.3.2.2 Optionen auf Währungen

Börsengehandelte Optionen auf Währungen unterscheiden sich von den OTC gehandelten Produkten lediglich durch die standardisierte Ausstattung, v.a. hinsichtlich der Kontraktgröße und den Fälligkeiten.[217] Die EUREX übernahm zunächst die von der DTB eingeführte Devisenoption auf den US-Dollar; seit der Einführung des Euros 1999 bietet die EUREX aber keine optionalen Währungskontrakte mehr an.[218] Akteure müssen folglich auf andere Terminbörsen ausweichen, bspw. das *Philadelphia Board of Trade* (PBoT) oder die CME: Am PBoT werden Optionskontrakte europäischen und amerikanischen Typs auf Währungen angeboten, an der CME amerikanische Optionen auf Währungsfutures, z.B. auf den EuroFX Future.[219] Eine Besonderheit sei hinsichtlich der in Philadelphia notierten Optionskontrakte erwähnt: Die Terminbörse bietet nicht nur standardisierte, sondern auch

---

[215] Vgl. EUREX (2002): EUREX Produkte, S. 66 ff.; s.a. Beike, R./Barckow, A. (2002): Risk-Management, S. 62 ff.; Steiner, M./Bruns. C. (2000): Wertpapiermanagement, S. 547 ff.
[216] Vgl. Steiner, M./Bruns, C. (2000): Wertpapiermanagement, S. 544 f.
[217] Vgl. Beike, R./Barckow, A. (2002): Risk-Management, S. 114.
[218] Vgl. Steiner, M./Bruns, C. (2000): Wertpapiermanagement, S. 550.
[219] Vgl. DeRosa, D.F. (1996): Currency Options, S. 472 f.

maßgeschneiderte Optionsverträge an. Dabei sind der Ausübungspreis und der Verfalltag innerhalb einer Spanne von bis zu zwei Jahren frei wählbar.[220]

3.1.3.2.3 Optionen auf Aktienindizes

Optionen auf Aktienindizes sind – wie bedingte Termingeschäfte auf Zinsfutures – Kontrakte mit abstrakter Basis.[221] Die EUREX bietet mit Ausnahme der Futures auf die STOXX^{SM}-Sektorindizes zu allen von ihr gehandelten Indexfutures entsprechende Optionskontrakte an. Die Prämie für den Erwerb der Option ist in voller Höhe am ersten Börsentag nach dem Kauftag zu entrichten. Alle angebotenen Optionen sind europäischen Typs; die Ausübung der Option ist damit nur am Verfalltag möglich. Wie bei den Aktienindexfutures verlangt die Terminbörse auch bei den auf diese gehandelten Optionen die Erfüllung durch Barausgleich; im Gegensatz zu den Optionen auf Zinsfutures wird bei Ausübung also keine Position in der Basis begründet. Das angebotene Laufzeitenspektrum liegt zwischen einem und maximal 24 Monaten, bei der Option auf den HEX25® bei höchstens einem Jahr.[222]

3.1.3.2.4 Optionen auf Aktien

Neben Optionen auf Aktienindizes bietet die EUREX auch Kontrakte auf einzelne Standardwerte an.[223] Der Handel ist dabei in amerikanischen, deutschen, holländischen, italienischen, finnischen, französischen, Schweizer sowie US-amerikanischen Basistiteln möglich. Gehandelt werden u.a. Optionskontrakte auf sämtliche DAX®-Werte. Der zwischenzeitlich mögliche Handel auf Werte aus dem MDAX® wurde infolge geringer Umsätze wieder eingestellt.[224] Die nachfolgenden Ausführungen beziehen sich auf die Kontrakte mit deutschen Standardwerten als Basis.

Die EUREX legt einem Optionskontrakt 100 Aktien der betreffenden Basis zugrunde, bei der Allianz, der Münchner Rückversicherung, Porsche sowie bei SAP 10 Stück. Die Unternehmen werden auf Gruppen A und B verteilt, wobei die Zuordnung zu einer Kategorie determiniert, welche Optionslaufzeiten handelbar sind:

---

[220] Vgl. diesbzgl. die Informationen der *Philadelphia Stock Exchange* (PHLX) unter der Internet-Adresse http://www.phlx.com/products/currency.html (Stand: 30. September 2003). Das PBoT ist die für den Terminhandel zuständige Teileinheit der PHLX.
[221] Vgl. Eilenberger, G. (1995): Überblick, S. 129; Rabenhorst, D. (1999): Optionen und Futures, S. 32.
[222] Vgl. EUREX (2002): EUREX Produkte, S. 6 ff.; s.a. Steiner, M./Bruns, C. (2000): Wertpapiermanagement, S. 541 ff.
[223] Vgl. EUREX (2002): EUREX Produkte, S. 36 ff.; s.a. Rabenhorst, D. (1999): Optionen und Futures, S. 30 ff.; Steiner, M./Bruns, C. (2000): Wertpapiermanagement, S. 499 ff.
[224] Vgl. Steiner, M./Bruns, C. (2000): Wertpapiermanagement, S. 499.

- Kontrakte der Gruppe A können ein, zwei, drei, sechs, neun und 12, 18 und 24 Monate gehandelt werden. Gegenwärtig sind dieser Gruppe 27 Unternehmen zugeordnet.[225]
- In der Gruppe B können neben den vorgenannten Laufzeiten noch Optionen über 30, 36, 48 und 60 Monate gehandelt werden. Der Kategorie sind momentan acht Unternehmen zugeordnet.[226]

Im Gegensatz zu Optionen auf Aktienindizes können Kontrakte auf Aktien jederzeit während der Optionsfrist ausgeübt werden (amerikanischer Typ). Bei Ausübung sehen die Handelsbedingungen der EUREX die Erfüllung im Wege einer effektiven Andienung vor; ein Barausgleich ist nicht möglich.

Neben dem isolierten Kauf oder Verkauf von Optionskontrakten bietet die EUREX auch die Ausführung kombinierter Optionsstrategien an.[227] Als Optionsstrategie wird die gleichzeitige Ausführung mehrerer Optionspositionen auf ein und dieselbe Basis bezeichnet. Mit ihnen lassen sich neue Risikoprofile erzeugen und standardisiert handeln.

3.1.4 Kreditderivate

Bei der Schaffung neuer derivativer Finanzinstrumente hat in den vergangenen Jahren ein Risikofaktor erheblich an Bedeutung gewonnen: das Adressenausfall- oder Bonitätsrisiko.[228] Produkte, die mittelbar oder unmittelbar von der Bonität eines Vermögenswertes abhängen, werden Kreditderivate genannt.[229] Mit Kreditderivaten lassen sich Ausfallrisiken losgelöst von den ihnen zugrunde liegenden originären Positionen, aber auch isoliert

---

[225] Dabei handelt es sich um Aktien der Unternehmen Adidas, Altana, BASF, Bay. Hypo-Vereinsbank, BMW, Commerzbank, Continental, Degussa, Deutsche Börse, Deutsche Post World Net, E.ON, Epcos, Fresenius Medical Care, Henkel Vz., Karstadt, Linde, Lufthansa, MAN, Metro, MLP, Münchner Rückversicherung, Porsche, RWE, Schering, Thyssen Krupp, TUI AG sowie VW (Stand: September 2003); Aktienoptionen auf Unternehmen des Neuen Marktes umfassen Aixtron, Broadvision, Consors Discount Broker (Delisting angekündigt), EM.TV & Merchandising, Intershop, MobilCom, Qiagen und T-Online (Stand: September 2003).
[226] Diese sind Allianz-Holding, Bayer, DaimlerChrysler, Deutsche Bank, Deutsche Telekom, Infineon, SAP sowie Siemens (Stand September 2003).
[227] Vgl. EUREX (2001): Strategien im Aktien- und Indexbereich, S. 31 ff.; Steiner, M./Bruns, C. (2000): Wertpapiermanagement, S. 501 ff.
[228] Einen Überblick über das Volumen, die Arten und die Basiswerte gehandelter Kreditderivate vermitteln Brütting, C./Weber, N./Heidenreich, M. (2003): Einsatz von Kreditderivaten (I) und (II), S. 754 ff. und 867 ff.; Landry, S./Radeke, O. (1999): Kreditderivate, S. 532 ff.; s.a. Nonnenmacher, D.J./Brasch, H.-J. (2001): Kreditderivate, Sp. 1392 ff.
[229] Vgl. Brütting, C./Weber, N./Heidenreich, M. (2003): Einsatz von Kreditderivaten (I), S. 754; Hull, J.C. (2000): Derivatives, S. 644; Schiller, B./Tytko, D. (2001): Risikomanagement im Kreditgeschäft, S. 276; Whittaker, J.G./Kumar, S. (1996): Credit Derivatives, S. 595.

von anderen Risikofaktoren handeln.[230] Kreditderivate werden bislang ausschließlich OTC gehandelt. Die bekanntesten Produkte sind Credit Default Swaps, Total (Rate of) Return Swaps und Credit Linked Notes. Neben diesen bestehen weitere, exotische Ausprägungen, die an dieser Stelle nicht weiter eingegangen werden soll.[231]

3.1.4.1 Credit Default Swap

Ein *Credit Default Swap (CDS)* ist eine vertragliche Vereinbarung, unter der die eine Partei, der Risikoverkäufer oder Sicherungsnehmer, der Gegenpartei periodisch eine Prämie zahlt und im Gegenzug das Recht erhält, bei Eintreten eines genau umrissenen Schadens von diesem einen Ausgleich zu verlangen.[232]

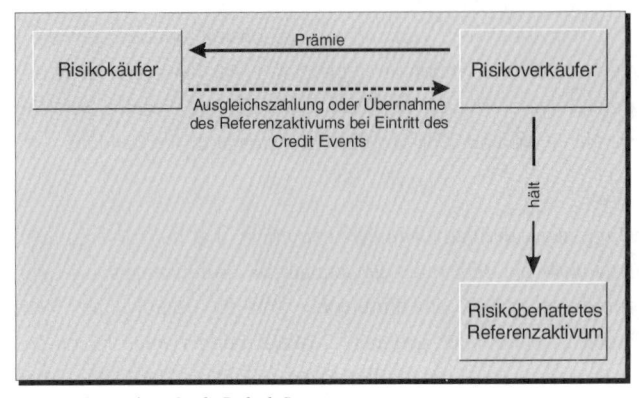

Abb. 11: Ablaufschema eines *Credit Default Swap*

Der Schadensfall besteht im Auftreten einer Leistungsstörung bei einer bestimmten Referenzschuld – z.B. einem Wertpapier oder einer Forderung – und wird als Kreditereignis (*Credit Event*) bezeichnet. Die Referenzschuld kann, muss sich aber nicht im Besitz des Risikoverkäufers befinden. Typische Kreditereignisse sind eine Herabstufung im Rating, Zahlungsausfall, -verzug oder -unfähigkeit eines Schuldners u.a.m.[233] Tritt das vereinbarte

---

[230] Vgl. Hohl, S./Liebig, T. (1999): Kreditderivate, S. 501; Hüttemann, P. (1998): Transfer von Kreditrisiken, S. 55; Masters, B. (1997): Credit Derivatives, S. 32 f.; Nonnenmacher, D.J./Brasch, H.-J. (2001): Kreditderivate, Sp. 1387.
[231] S. diesbzgl. stellvertretend Hohl, S./Liebig, T. (1999): Kreditderivate, S. 510 ff.
[232] Vgl. Brütting, C./Weber, N./Heidenreich, M. (2003): Einsatz von Kreditderivaten (I), S. 758; Masters, B. (1998): Credit Derivatives, S. 296; Nonnenmacher, D.J./Brasch, H.-J. (2001): Kreditderivate, Sp. 1390; Schiller, B./Tytko, D. (2001): Risikomanagement im Kreditgeschäft, S. 281.
[233] Für Kreditderivate existieren mittlerweile ISDA-Rahmenverträge, in denen mögliche Kreditereignisse aufgelistet werden; vgl. Brütting, C./Weber, N./Heidenreich, M. (2003): Einsatz von Kreditderivaten (I), S. 758; Masters, B. (1998): Credit Derivatives, S. 296 f.; Nonnenmacher, D.J./Brasch, H.-J. (2001): Kreditderivate, Sp. 1398.

Kreditereignis ein, so besitzt der Risikoverkäufer das Recht, das Referenzaktivum zum Nennwert an die Gegenpartei, den Risikokäufer oder Sicherungsgeber, zu veräußern oder eine Ausgleichszahlung in Höhe des entstandenen Schadens zu erhalten.[234] Ein CDS weist infolge des Risikoprofils Ähnlichkeiten zu einer Optionsvereinbarung auf und erinnert an klassische Ausfallrisikoinstrumente, bspw. eine Risikoversicherung oder eine Garantie.[235] *Credit Default Swaps* werden i.d.R. über Zeiträume von bis zu zehn Jahren abgeschlossen.[236]

3.1.4.2 Total (Rate of) Return Swaps

Bei einem *Total Return Swap (TRS)* werden sämtliche Erträge (*Total Return*) eines risikobehafteten Referenzaktivums gegen die Erträge eines anderen Vermögenswertes getauscht.[237]

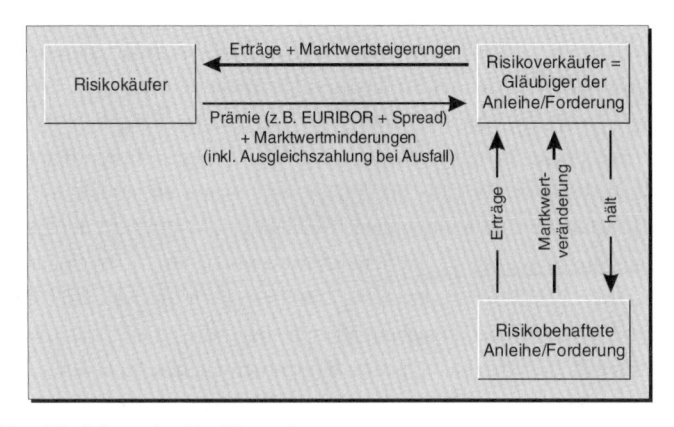

Abb. 12: Ablaufschema eines *Total Return Swap*
Quelle: In Anlehnung an Bellavite-Hövermann, Y./Barckow, A. (2002): IAS 39, Tz. 102.

Die Gegenleistung besteht i.d.R. in einer auf LIBOR oder EURIBOR basierenden Verzinsung, die solange modifiziert wird, bis der Swap einen Anfangswert von Null erreicht.[238]

---

[234] Vgl. Hüttemann, P. (1998): Transfer von Kreditrisiken, S. 57; Masters, B. (1997): Credit Derivatives, S. 35; Whittaker, J.G./Kumar, S. (1996): Credit Derivatives, S. 598. HULL zufolge ist die effektive Andienung gebräuchlicher als die Leistung einer Ausgleichszahlung, vgl. Hull, J.C. (2000): Derivatives, S. 644.

[235] Vgl. Landry, S./Radeke, O. (1999): Kreditderivate, S. 538; Nonnenmacher, D.J./Brasch, H.-J. (2001): Kreditderivate, Sp. 1390; zur Abgrenzung s. Masters, B. (1998): Credit Derivatives, S. 294 ff.

[236] Vgl. Masters, B. (1998): Credit Derivatives, S. 298.

[237] Vgl. Brütting, C./Weber, N./Heidenreich, M. (2003): Einsatz von Kreditderivaten (I), S. 759 ff.; Hohl, S./Liebig, T. (1999): Kreditderivate, S. 508; Landry, S./Radeke, O. (1999): Kreditderivate, S. 539 f.; Nonnenmacher, D.J./Brasch, H.-J. (2001): Kreditderivate, Sp. 1389; Schiller, B./Tytko, D. (2001): Risikomanagement im Kreditgeschäft, S. 287; Whittaker, J.G./Kumar, S. (1996): Credit Derivatives, S. 598.

Im Gegensatz zu CDS kommt es bei einem *Total Return Swap* zu einem regelmäßigen, beidseitigen Zahlungsmittelfluss.[239] Das hängt damit zusammen, dass bei einem TRS nicht nur das Kredit-, sondern auch das Marktrisiko an den Vertragspartner weitergereicht wird; die Basis wird quasi synthetisch übertragen.[240]

Mit *Total Return Swaps* lassen sich also Positionen in Vermögenswerten begründen, ohne diese juristisch besitzen zu müssen. I.d.R. behält der Risikoverkäufer die Stimm- und Inkassorechte an der Basis, um die synthetische Übertragung der Referenzschuld – vergleichbar einer stillen Zession – nicht nach außen dringen zu lassen.[241]

3.1.4.3 Credit Linked Notes

Eine *Credit Linked Note* (CLN) ist ein strukturiertes Produkt, das aus einer vom Sicherungsnehmer emittierten Schuldverschreibung *(Note)* und einem *Credit Default Swap* besteht. Der Käufer einer CLN geht dabei eine *Long Position* in der Schuldverschreibung und eine *Short Position* im CDS ein. Der *Credit Default Swap* ist üblicherweise an ein Referenzaktivum gekoppelt, das sich im Besitz des Risikoverkäufers befindet, z.B. eine ausfallrisikobehaftete Forderung. Über den Swap wird die Rückzahlungshöhe der Schuldverschreibung an die Begleichung der Forderung geknüpft: Wird diese ordnungsgemäß bedient, so zahlt der Emittent der CLN die Anleihe zum Nennwert zurück. Kommt es dagegen zu einem Ausfall der Forderung – dem Kreditereignis – und wird der CDS ausgelöst, so bestimmt sich die Tilgungshöhe der Schuldverschreibung als Differenz aus Nominalvolumen und Restwert des Referenzaktivums. Zuweilen sehen die Anleihebedingungen der CLN auch vor, dass die Anleihe in jedem Fall zum Nennwert zurückgezahlt wird, der Käufer aber bei Eintritt des Kreditereignisses die Forderung des Sicherungsnehmers zum Nennbetrag übernehmen muss.[242] Die ökonomische Bedeutung von *Credit Linked Notes* ist darin zu sehen, dass sich mit ihnen synthetisch Anleihen begeben lassen, die nicht an die eigene, sondern an die Bonität eines Drittschuldners geknüpft sind.

---

[238] Vgl. Hull, J.C. (2000): Derivatives, S. 645.
[239] Vgl. Masters, B. (1997): Credit Derivatives, S. 36 f.
[240] Vgl. Burghof, H.-P./Henke, S./Rudolph, B. (1998): Kreditrisiken, S. 281; Hüttemann, P. (1998): Transfer von Kreditrisiken, S. 59; Hull, J.C. (2000): Derivatives, S. 645; Landry, S./Radeke, O. (1999): Kreditderivate, S. 540; Masters, B. (1998): Credit Derivatives, S. 300; Nonnenmacher, D.J./Brasch, H.-J. (2001): Kreditderivate, Sp. 1839.
[241] Vgl. Masters, B. (1998): Credit Derivatives, S. 300.
[242] Vgl. Brütting, C./Weber, N./Heidenreich, M. (2003): Einsatz von Kreditderivaten (I), S. 758 f.; Hohl, S./Liebig, T. (1999): Kreditderivate, S. 508 f.; Landry, S./Radeke, O. (1999): Kreditderivate, S. 539; Nonnenmacher, D.J./Brasch, H.-J. (2001): Kreditderivate, Sp. 1391; Schiller, B./Tytko, D. (2001): Risikomanagement im Kreditgeschäft, S. 282; Whittaker, J.G./Kumar, S. (1996): Credit Derivatives, S. 599 ff.

3.2 Finanzwirtschaftliche Einsatzmöglichkeiten derivativer Finanzinstrumente

Auf den Derivatemärkten lassen sich nach ihrem finanzwirtschaftlichen Einsatzmotiv drei Gruppen an Akteuren unterscheiden: *Hedger*, Spekulanten und Arbitrageure.[243] Empirisch sind die Einsatzmöglichkeiten in Abhängigkeit von den Determinenten Branche, Größe und Domizilierung des Unternehmens vielfach untersucht worden. Übereinstimmend wird in den Studien festgestellt, dass die befragten Unternehmen Derivate mehrheitlich (und vielfach ausschließlich) zur Absicherung von Risikopositionen einsetzen. Zuweilen finden sich aber auch Aussagen dergestalt, dass die eingesetzten derivativen Instrumente in geringem Umfang der Optimierung des Devisen- oder Zinsergebnisses dienen. Diese Formulierungen stammen dabei nicht nur aus Finanzinstituten, sondern auch aus Industrieunternehmen.[244]

3.2.1 *Hedging*

3.2.1.1 Charakterisierung

In Abschnitt 2.5 wurde *Hedging* als ökonomische Absicherung einer offenen Risikoposition durch den Aufbau einer gegenläufigen Position definiert. *Hedger* versuchen also, bestehende oder antizipierte Risikopositionen durch derivative Geschäfte zu schließen oder zumindest zu reduzieren. Entscheidungstheoretisch entspricht der Einsatz von Derivaten zum Zweck der Absicherung einem Austausch von Unsicherheit gegen Sicherheit oder Risiko.[245] In der Mehrzahl der Fälle liegt der Fokus der betrieblichen Sicherungsstrategien

---

[243] Vgl. Beike, R./Barckow, A. (2002): Risk-Management, S. 10 ff.; Froot, K.A./Scharfenstein, D.S./Stein, J.C. (1994): A Framework for Risk Management, S. 91 ff.; Hull, J.C. (2000): Derivatives, S. 11 ff.; Sill, K. (1997): Economic Benefits and Risks, S. 18 ff. Neben den hier genannten finanzwirtschaftlichen Zwecken lassen sich noch bilanzpolitische und steuerliche Einsatzmotive anführen, vgl. Mauritz, P. (1997): Bilanzierung derivativer Finanzinstrumente, S. 11 ff.

[244] Vgl. im einzelnen die Sudien von Batten, J./Mellor, R./Wan, V. (1993) [Australien]; Aabo, T. (2001) [Dänemark]; Gebhardt, G./Ruß, O. (1999); Glaum, M./Roth, A. (1993); Glaum, M./PwC (2000); Ruß, O. (2002); [alle Deutschland]; Bodnar, G.M./Gebhardt, G. (1999) [Deutschland/USA]; Belk, P.A./Glaum, M. (1990); Grant, K./Marshall, A.P. (1997) [beide Großbritannien]; Lee, F.M./Marshall, A./Szto, Y.K./Tang, J. (2001) [Großbritannien/USA/Asien-Pazifik]; Berkman, H./Bradbury, M.E. (1996); Prevost, A.K./Rose, L.C./Miller, G. (2000) [beide Neuseeland]; Alkebäck, P./Hagelin, N. (1999) [Schweden]; Bodnar, G.M./Hayt, G.S./Marston, R.C./Smithson, C.W. (1995); Bodnar, G.M./Hayt, G.S./Marston, R.C. (1996); Bodnar, G.M./Hayt, G.S./Marston, R.C. (1998); Dolde, W. (1993); Goldberg, S.R./Godwin, J.H./Kim, M.-S./Tritschler, C.A. (1998); Guay, W.R. (1999); Guay, W.R./Kothari, S.P. (2001); Hentschel, L./Kothari, S.P. (2001); Levich, R.M./Hayt, G.S./Ripston, B.A. (1999); Makar, S.D./DeBruin, J./Huffman, S.P. (1999); Nance, D.R./Smith, C.W./Smithson, C. W. (1993); Phillips, A.L. (1995) [alle USA].

[245] Der Tausch von Unsicherheit gegen Sicherheit ist grundsätzlich nur bei Identität der Basiswerte von Grund- und Sicherungsgeschäft möglich. Beim *Cross Hedging* lassen sich Entscheidungen unter Unsicherheit infolge des Basisrisikos nur gegen Situationen unter Risiko ersetzen.

(noch) auf einer Absicherung der Marktpreisrisiken;[246] die Steuerung von Bonitäts- und operativen Risiken rückt erst allmählich in das Bewusstsein.[247]

Soll eine Risikoposition gegen nachteilige Veränderungen des zugrunde liegenden Risikofaktors abgesichert werden, bedarf es Geschäften mit entgegengesetztem Risikoprofil. Eine Veränderung des betreffenden Risikofaktors führt dann bei der ursprünglichen Position zu einer Wertsteigerung und bei der Gegenseite zu einer Wertminderung, und vice versa. Die Wahl des einzusetzenden Sicherungsinstruments hängt dabei von der Risikostrategie des Unternehmens und dem vorhandenen *Exposure* ab. Nicht alle *Exposures* lassen sich gleichermaßen gut absichern.[248] So kommen bspw. bei Sicherungen im Zinsbereich vielfach *Cross Hedges* zum Einsatz, so dass die Wertentwicklungen von Grundgeschäft und Sicherungsinstrument nur imperfekt gegenläufig sind (sog. Basisrisiko).[249] Aber selbst bei Identität der Basis – z.B. beim *Hedging* von Währungsrisiken – lassen sich nicht sämtliche Risiken hundertprozentig ausschalten. Bei der Sicherung einer Fremdwährungsforderung mittels eines Devisentermingeschäfts in derselben Währung stimmt bspw. der Risikofaktor beider Geschäfte überein; da sich aber Devisenkassa- und -terminkurs nicht im Gleichlauf verändern (Spreadrisiko), bleibt eine vollständige Risikoreduktion die eher theoretische Ausnahme.

3.2.1.2 *Hedging* einzelner vs. aggregierter Risikopositionen

Risiken können sowohl auf der Vermögensseite als auch bei den Verbindlichkeiten eines Unternehmens bestehen. Daher stellt sich die Frage, ob *Exposures* auf einzelne Risikopositionen oder auf eine saldierte Größe bezogen und entsprechend gesichert werden sollen.[250]

3.2.1.2.1 Absicherung von Einzelrisiken

Jeder Vermögenswert und jede Verbindlichkeit, deren Wert mittelbar oder unmittelbar von einem Marktpreis abhängt, ist für sich betrachtet risikobehaftet. Entspricht es der Risikopolitik eines Unternehmens, risikotragende Vermögens- und Schuldpositionen oder Umsätze einzeln abzusichern, spricht man von transaktionsbezogenem *Hedging*. Diese Konzeption

---

[246] Vgl. Bierman, H./Johnson, L.T./Peterson, D.S. (1991): Hedge Accounting, S. 73.
[247] In diesem Zusammenhang ist nicht zuletzt die in der Diskussion befindliche Nachfolgeregelung des Baseler Bankenakkords („Basel II") zu nennen.
[248] Dies gilt insbesondere für die Absicherung von Bonitätsrisiken: Der deutsche Markt für Kreditderivate befindet sich erst im Aufbau, so dass für den Handel mit Kreditrisiken daher i.d.R. auf den Bankplatz London ausgewichen wird. S.a. Raettig, L.G./Reinhardt, H. (1989): Finanzinnovationen, S. 55.
[249] Vgl. Grünewald, A. (1993): Finanzterminkontrakte, S. 13; Rudolph, B. (1995): Derivative Finanzinstrumente, S. 15; Ryan, S.G. (2002): Financial Instruments, S. 221; Schneider, W. (1995): Bilanzierung bei getrennter Bewertung, S. 765.
[250] Vgl. Bierman, H./Johnson, L.T./Peterson, D.S. (1991): Hedge Accounting, S. 82.

bestimmt auch die *Hedge-Accounting*-Vorschriften in SFAS 133/138/149 und IAS 39.[251] Der wesentliche Vorteil der Einzelabsicherung liegt darin, dass die Analyse des Risikos, das einem einzelnen Geschäft zugrunde liegt, sowie dessen Steuerung vergleichsweise einfach gelingt.[252] Auch ist der Sicherungsvorgang als solcher von allen Risikostrategien am besten dokumentierbar: Das risikobehaftete Grundgeschäft, der zu sichernde Risikofaktor sowie das Sicherungsgeschäft stehen fest und können benannt werden.[253]

Der Nachteil dieser Sicherungsstrategie ist in der Fokussierung auf lediglich eine Risikoposition zu sehen. Bei einer Sicherung über *Micro Hedges* kann sich das Gesamtrisiko des betreffenden Unternehmens nämlich u.U. erhöhen und nicht verringern.[254] Dieses ist der Fall, wenn das Unternehmen bereits zuvor eine offene Gesamtrisikoposition verzeichnete, welche durch das hinzukommende Geschäft reduziert wurde (sog. ökonomischer *Hedge*).[255] Wird jetzt noch zusätzlich ein Sicherungsgeschäft abgeschlossen, lebt die ursprüngliche Risikoposition praktisch wieder auf. Die erfolgte (Zusatz-)Absicherung hat damit de facto zusätzliche Risiken geschaffen und nicht verringert:[256]

> *"Hedging on an individual or a one-to-one basis may intensify an entity's risk exposures unless all other risk exposures are hedged. Moreover, hedging individual risk exposures may be more costly than hedging groups or entire portfolios of like exposures because more hedging instruments may be required on a one-to-one basis."*[257]

3.2.1.2.2 Absicherung von Nettoexposures

Infolge der skizzierten Gefahr, durch eine isolierte Sicherungsmaßnahme das unternehmensweite Risiko zu erhöhen, sind einige Unternehmen dazu übergegangen, Nettoexposures zu hedgen.[258] Dazu werden die Risikopositionen zunächst unter Berücksichtigung risikokompensierender Effekte zu einer saldierten Größe aggregiert; anschließend wird lediglich diese Nettogröße gesichert. In diesem Zusammenhang stellt sich die Frage, wie groß

---

[251] Vgl. SFAS 133.357; IAS 39 IGQ&A, Q 137-6.
[252] Vgl. Schmidt, C.R. (1996): Hedge Accounting, S. 58.
[253] Vgl. Bierman, H./Johnson, L.T./Peterson, D.S. (1991): Hedge Accounting, S. 82.
[254] Vgl. Ballwieser, W./Kuhner, C. (1994): Rechnungslegungsprinzipien und wirtschaftliche Stabilität, S. 104; Bierman, H./Johnson, L.T./Peterson, D.S. (1991): Hedge Accounting, S. 82 f.; Gebhardt, G. (1996): Probleme der bilanziellen Abbildung, S. 574.
[255] Das singuläre Geschäft ist dann quasi ein Sicherungsinstrument für das „Grundgeschäft" Gesamtrisikoposition. Bei dieser Betrachtungsweise handelt es sich dann aber genau genommen um einen *Macro* und nicht mehr einen *Micro Hedge*; s.a. Bierman, H./Johnson, L.T./Peterson, D.S. (1991): Hedge Accounting, S. 83; Kuhner, C. (1994): Geschäftszweckgebundene Bewertungskonzeptionen, S. 134; Scharpf, P./Luz, G. (2000): Risikomanagement, S. 296; Steiner, M./Tebroke, H.-J./Wallmeier, M. (1995): Rechnungslegung für Finanzderivate, S. 537.
[256] Vgl. Bellavite-Hövermann, Y./Barckow, A. (2002): IAS 39, Tz. 78; s.a. Ballwieser, W./Kuhner, C. (1994): Rechnungslegungsprinzipien und wirtschaftliche Stabilität, S. 104.
[257] Bierman, H./Johnson, L.T./Peterson, D.S. (1991): Hedge Accounting, S. 83.
[258] Vgl. Walther, F.W. (1995): Risiko-Management, S. 291.

der Saldierungsbereich gezogen werden soll. Um die Gefahr einer – aus Sicht des Gesamtunternehmens – risikoerhöhenden Sicherungsstrategie vollständig ausschließen zu können, müsste eine Absicherung sämtliche Risikopositionen berücksichtigen.[259] Eine derartige Strategie stellt allerdings erhebliche personelle, pekuniäre und informationstechnische Anforderungen an die Risikomessung und -bewertung.[260] Verbreiteter – wenn auch nicht minder komplex – ist die Ermittlung und Sicherung von Nettopositionen für jeden Risikofaktor, bspw. Nettowährungs- und Nettozinsexposures.

3.2.1.3 Exkurs: Risikoabsicherung über interne Geschäfte

Als interne Geschäfte bezeichnet man Transaktionen zwischen organisatorisch abgrenzten Einheiten eines Unternehmens oder Konzerns.[261] Im Rahmen der betrieblichen Risikosteuerung haben sie v.a. in der Kreditwirtschaft mittlerweile eine erhebliche Bedeutung erlangt. Interne Geschäfte sind untrennbar mit einer dezentralen Organisationsstruktur und der Vergabe sog. Produktmandate verbunden.[262] Unter einem Produktmandat versteht man das alleinige, ausschließliche Recht einer Organisationseinheit (i.d.R. der Handelsabteilung), externe Geschäfte mit einzelnen Produkten oder Produktgruppen unternehmens- oder konzernweit zu kontrahieren.[263] Zuweilen werden die Mandate auch auf bestimmte Marktrisikofaktoren ausgeweitet (Zinsen, Währungen etc.).

Der Mandatsträger nimmt praktisch die Funktion einer Clearingstelle innerhalb des Unternehmens bzw. Konzerns ein: Durch interne Geschäfte werden sämtliche Risikopositionen im Geltungsbereich eines Produktmandats von den Kunden- oder Produktbereichen auf ihn übertragen. Der Mandatsträger geht dann lediglich mit der Nettogröße an den Markt.[264] Dahinter steht v.a. die Erwartung, durch Bündelung und Saldierung der Risiken Transaktionskostenvorteile erzielen zu können und Bonitätsrisiken zu minimieren.[265] Die Übertra-

---

[259] Vgl. Bierman, H./Johnson, L.T./Peterson, D.S. (1991): Hedge Accounting, S. 83 f.
[260] Vgl. Bierman, H./Johnson, L.T./Peterson, D.S. (1991): Hedge Accounting, S. 84.
[261] Vgl. Elkart, W./Schaber, M. (2003): Hedge Accounting und interne Geschäfte, S. 406 ff.; Kaltenhauser, H./Begon, C. (1998): Interne Geschäfte, S. 1191; Neubürger, H.-J. (1995): Einsatz (derivativer) Finanzinstrumente, S. 332; Wittenbrink, C./Göbel, G. (1997): Interne Geschäfte, S. 270.
[262] Die dezentrale Organisationsstruktur wird durch die Schaffung selbstdisponierender Einheiten erreicht. Dabei handelt es sich i.d.R. um die Kunden- und Produktbereiche der Bank (Kreditabteilung, Beteiligungen etc.), die Risikolimite zugewiesen bekommen, innerhalb derer sie eigenverantwortlich handeln können.
[263] Vgl. Bellavite-Hövermann, Y./Barckow, A. (2002): IAS 39, Tz. 163; Krumnow, J. (1995): Das derivative Geschäft, S. 16 f.; Schmitz, D. (1997): Portfolio-Accounting, S. 31 ff.
[264] Ob der Mandatsträger tatsächlich an den Markt geht oder nicht, hängt nicht zuletzt von seiner Risikoneigung und seinem eigenen Risikolimit ab. Auch der Inhaber des Produktmandats ist eine selbstdisponierende Einheit, die frei entscheidet, ob sie Risiken eingeht oder an Dritte überwälzt.
[265] Transaktionskostenvorteile ergeben sich bspw. durch eine Verminderung der Anzahl abzuschließender Sicherungsgeschäfte bei gleichzeitiger Erhöhung der Volumina je Geschäft sowie durch vertiefte

gung von Risiken von den Kundenbereichen (Anlagebuch) in den Eigenhandelsbereich der Bank (Handelsbuch) über interne Geschäfte wird auch bankaufsichtsrechtlich als risikomindernd anerkannt, vorausgesetzt, sie werden in gleicher Weise bepreist und dokumentiert wie externe Geschäfte.[266]

Ungeachtet ihrer Anerkennung durch das Bundesaufsichtsamt für das Kreditwesen entfalten interne Geschäfte per se keine Risikominderung. Vielmehr fungieren sie als Informationsträger zwischen zwei selbstdisponierenden Einheiten. „Sichert" eine Organisationseinheit ihr *Exposure* über ein internes Geschäft ab, so wurde zwar das bestehende Risiko im Portfolio dieser Einheit vermindert. Da die Risikoposition aber nur intern „abgesichert" wurde, ist das ihr innewohnende Marktrisiko nach wie vor im Unternehmen vorhanden; es wurde lediglich auf eine andere Organisationseinheit des Unternehmens überwälzt. Ob realiter eine Risikominderung eingetreten ist, hängt von der Perspektive des Betrachters ab.

Legt man eine an der Absicherung von Einzelrisiken orientierte Sichtweise an, so ist zu prüfen, ob der Produktmandatsträger das empfangene Risiko an den Markt weitergereicht und die Position damit geschlossen hat. Besteht die Risikoposition bspw. in einem vergebenen Festsatzkredit und will der Kundenbetreuer das Zinsänderungsrisiko durch einen internen Zinsswap ausschalten, liegt eine geschlossene Position erst dann vor, wenn der Mandatsträger seinerseits einen gegenläufigen externen Swap abschließt.

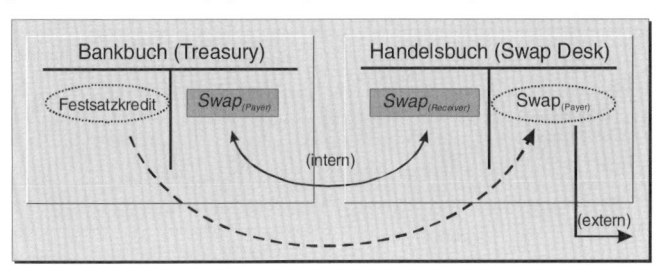

Abb. 13: Risikotransfer mittels interner Geschäfte (Einzelabsicherung)
Quelle: In Anlehnung an Bellavite-Hövermann, Y./Barckow, A. (2002): IAS 39, Tz. 163.

Markt- und Produktkenntnisse. S.a. Baseler Ausschuss für Bankenaufsicht (2000): Report on International Accounting Standards, Tz. 33; Bellavite-Hövermann, Y./Barckow, A. (2002): IAS 39, Tz. 163; Kaltenhauser, H./Begon, C. (1998): Interne Geschäfte, S. 1191 f.; KPMG (2000): Financial Instruments Accounting, S. 146; Neubürger, H.-J. (1995): Einsatz (derivativer) Finanzinstrumente, S. 332; Prahl, R./Naumann, T.K. (2000): Financial Instruments, Rn. 308; Scharpf, P./Luz, G. (2000): Risikomanagement, S. 241 ff.; Wittenbrink, C./Göbel, G. (1997): Interne Geschäfte, S. 271.

[266] Vgl. BAKred (1999): Rundschreiben 17/99, Abschn. IV Abs. 3; s.a. Bezold, A. (1995): Finanzinstrumente, S. 353 f.; Krumnow, J. (1995): Das derivative Geschäft, S. 17.

Die beiden Swappositionen aus dem internen Geschäft kürzen sich heraus. Übrig bleiben der Kredit (Grundgeschäft) und der externe Swap (Sicherungsgeschäft). Der interne Swap entfaltet prinzipiell keine Ergebniswirkung, sondern dokumentiert den Ablauf des Hedges und stellt damit die Dokumentation der Sicherungsbeziehung sicher. Die unmittelbare Wieterleitung von Risiken eines jeden internen Geschäfts an den Markt widerspricht allerdings dem Clearing-Gedanken des Produktmandats. Dieses zielt unzweifelhaft auf die Absicherung von Nettoexposures ab. Der Mandatsträger wird i.d.R. die risikomindernde Wirkung gegenläufiger interner Geschäfte ausnutzen und nur das verbleibende Restrisiko (*Gap*) extern absichern. Eine Zuordnung der am Markt kontrahierten (Sicherungs-)Geschäfte zu einzelnen internen Geschäften und damit zu den ursprünglichen Risikopositionen ist bei dieser Strategie nicht mehr möglich.[267]

Abgesehen davon ist nicht zwingend, dass es sich bei den externen Sicherungsgeschäften um die gleiche Geschäftsart handelt wie bei dem internen Geschäft: Häufig wird das Risiko wegen der geringeren Transaktionskosten und der höheren Marktliquidität zunächst mit Futures glattgestellt, bevor der Disponent die Position zu einem späteren Zeitpunkt umschichtet.[268] Auch ist denkbar, dass das Nettoexposure durch ein weiteres internes Geschäft auf einen anderen Handelstisch überwälzt wird und das mit dem Geschäft transferierte Risiko erst von diesem extern abgesichert wird.[269]

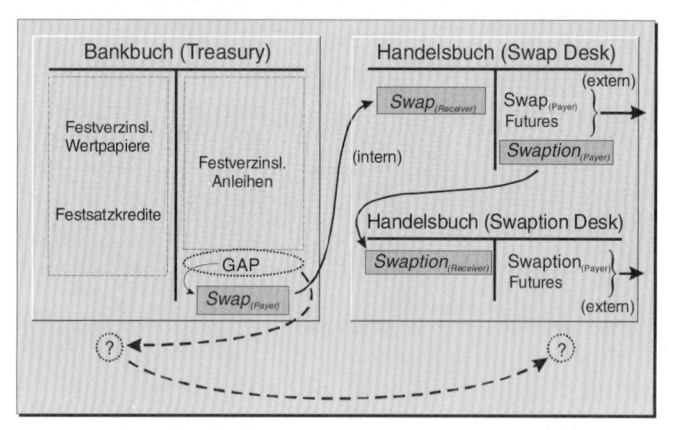

Abb. 14: Risikotransfer mittels interner Geschäfte (Absicherung von Nettoexposures)
Quelle: In Anlehnung an Bellavite-Hövermann, Y./Barckow, A. (2002): IAS 39, Tz. 163.

---

[267] Vgl. Bellavite-Hövermann, Y./Barckow, A. (2002): IAS 39, Tz. 163.
[268] Vgl. Bellavite-Hövermann, Y./Barckow, A. (2002): IAS 39, Tz. 163.
[269] Vgl. Bellavite-Hövermann, Y./Barckow, A. (2002): IAS 39, Tz. 163.

3.2.2 Spekulation

Spekulation oder *Trading* ist das bewusste Eingehen oder Öffnen einer Risikoposition. Die Position wird i.d.R. vor Fälligkeit durch ein Gegengeschäft wieder geschlossen. Dahinter steht die Erwartung aus den mittlerweile eingetretenen Preis- oder Kursschwankungen der Basis Gewinne vereinnahmen zu können.[270] Im Gegensatz zum *Hedging* wird das *Exposure* einer Unternehmung bei Spekulationsabsicht also erhöht und nicht vermindert.[271] Nach dem Zeitraum, über den sich die *Trading*-Aktivitäten erstrecken, unterscheidet man zwischen

- *Scalping* (Positionsausgleich innerhalb weniger Stunden),
- *Day Trading* (Glattstellung innerhalb eines Tages) und
- *Position Trading* (längerfristige Bestandshaltung).[272]

Eine besondere Ausprägung der Spekulation ist der Verkauf von Finanzinstrumenten, die sich zum Zeitpunkt des Vertragsabschlusses (noch) nicht im Besitz des Veräußerers befinden (sog. Leerverkauf oder *Short Sale*).[273]

Die Positionen von *Hedgern* und Spekulanten verhalten sich häufig komplementär: Das Risiko, das der *Hedger* auszuschalten versucht, um ein bestehendes *Exposure* zu reduzieren, übernimmt der Spekulant in der Erwartung, daraus einen ökonomischen Vorteil erzielen zu können.[274] Spekulanten sind somit von wesentlicher Bedeutung für die Funktionstüchtigkeit von Derivatemärkten.[275] Abb. 15 zeigt beispielhaft eine Überwälzung von Währungsrisiken bei Einsatz eines Devisentermingeschäfts (DTG). Im Gegensatz zum Spekulanten besitzt der *Hedger* ein Währungsexposure aus einer Forderung. Durch den Abschluss des DTG schließt er seine Position (einzelrisikobezogene Sichtweise), wohingegen der Spekulant mit seinem Eintritt in das Geschäft erst eine Risikoposition begründet.[276]

---

[270] Vgl. Eberstadt, G. (2001): Wertpapiereigengeschäft der Kreditinstitute, Sp. 2238 f.; Weise, P., et al. (2002): Neue Mikroökonomie, S. 439.
[271] Vgl. Beckmann, R. (1993): Termingeschäfte und Jahresabschluß, S. 61; Beike, R./Barckow, A. (2002): Risk-Management, S. 11; Breker, N. (1993): Optionsrechte, S. 44; Grünewald, A. (1993): Finanzterminkontrakte, S. 17; Hull, J.C. (2000): Derivatives, S. 12.
[272] Vgl. Rudolph, B. (1995): Derivative Finanzinstrumente, S. 16.
[273] Vgl. Beike, R./Barckow, A. (2002): Risk-Management, S. 11.
[274] Vgl. Schmidt, C.R. (1996): Hedge Accounting, S. 52.
[275] Vgl. Weise, P., et al. (2002): Neue Mikroökonomie, S. 439.
[276] N.B.: Die Umweltzustände „Kurs sinkt/steigt" beziehen sich auf eine Mengennotierung.

3. Grundlagen des Derivategeschäfts

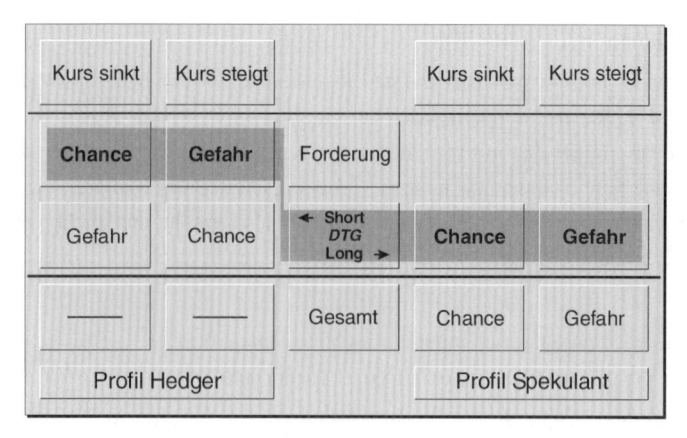

Abb. 15: Risikoüberwälzung bei Devisentermingeschäften
Quelle: Beike, R./Barckow, A. (2002): Risk-Management, S. 97.

Die Abgrenzung zwischen *Hedging* und Spekulation ist im Hinblick auf die Dokumentation nicht immer so trennscharf wie in der vorstehenden Grafik.[277] Dies ist insbesondere bei der Absicherung antizipierter Geschäfte der Fall. Diese Art der Risikosteuerung ist v.a. bei Industrieunternehmen mit einem hohen Auslandsanteil verbreitet.[278] Die Unternehmen sichern dabei zukünftig erwartete Umsätze in fremder Währung ab und fixieren durch Währungsderivate den Wechselkurs (i.d.R. Devisentermingeschäfte). Auf diese Weise schaffen sie eine synthetische Euro-Position, bei der das Transaktionsrisiko praktisch ausgeschaltet wurde. Das Sicherungsvolumen wird dabei aus bereits eingegangenen Bestellungen sowie aus Erfahrungen vergangener Jahre abgeleitet und im Wege eines *Back-Testing* regelmäßig nachgehalten.

Ungeachtet der ökonomisch erreichten Sicherungswirkung liegt buchhalterisch solange eine offene Position vor, wie lediglich das Sicherungsinstrument kontrahiert wurde und ein Grundgeschäft nur erwartet wird.[279] Da sich anhand der Ausstattungsmerkmale eines Sicherungsinstruments ex ante nicht ablesen lässt, ob es zu Sicherungszwecken eingesetzt wurde oder nicht, sondern dies letztlich eine Frage der (gleichwohl dokumentierten) Inten-

---

[277] Vgl. Bierman, H./Johnson, L.T./Peterson, D.S. (1991): Hedge Accounting, S. 60.
[278] Vgl. Gebhardt, G. (1996): Probleme der bilanziellen Abbildung, S. 561; ders. (1997): Entwicklungen in der Berichterstattung, S. 391; Prahl, R. (1996): Financial Instruments, S. 832 f. und 836 f.
[279] Vgl. Prahl, R. (1996): Financial Instruments, S. 836 f.

tion des Managements ist, bleibt bei antizipativen *Hedge*-Geschäften aus bilanzieller Sicht ein Beigeschmack von *Trading* zurück.[280]

3.2.3 Arbitrage

Als Arbitrage bezeichnet man die Strategie von Marktteilnehmern durch gezieltes Ausnutzen von Preis- oder Kursunterschieden auf verschiedenen Märkten (nahezu) risikolos einen Gewinn zu verbuchen.[281] Im Gegensatz zu Spekulationsgeschäften wird eine Risikoposition i.d.R. simultan geöffnet und wieder geschlossen.[282] Die Unterschiede zwischen Arbitrage und bspw. *Scalping* als einer Ausprägung von Spekulation verwischen aber zusehends und bestehen allenfalls noch in der ursprünglichen Intention. Nicht zuletzt deshalb wird die Arbitrage zuweilen als Spezialfall der Spekulation angesehen.[283] Unterschieden werden

- die räumliche oder Inter-Market-Arbitrage, bei der Unterschiede im Preis eines Basisgutes an verschiedenen Märkten ausgenutzt werden;
- die zeitliche oder *Cash and Carry*-Arbitrage, die dann zu beobachten ist, wenn die Preisdifferenz zwischen Kassa- und Terminmarkt die Nettofinanzierungskosten (*Cost of Carry*) einer Basis übersteigen; sowie
- die Arbitrage zwischen den Kursen vergleichbarer börsen- und OTC gehandelter Instrumente (sog. *Future-Forward*-Arbitrage).[284]

Arbitragemöglichkeiten bestehen allenfalls für kurze Zeit. Es ist gerade die Ausnutzung ökonomisch nicht gerechtfertigter Preis- resp. Kursdifferenzen und die dadurch ausgelösten Kauf- und Verkaufsorders von Arbitrageuren, welche die betreffenden Derivatemärkte

---

[280] Vgl. Bierman, H./Johnson, L.T./Peterson, D.S. (1991): Hedge Accounting, S. 60; Grünewald, A. (1993): Finanzterminkontrakte, S. 35 f.; Grützemacher, T. (1990): Interest Rate Futures, S. 289; Hartung, W. (1990): Zur Bilanzierung bei Kurssicherung, S. 639; JWG (2000): Draft Standard, Basis for Conclusions, Tz. 7.16 ff.; Köhler, A. (1997): Bilanzierung derivativer Finanzinstrumente, S. 6008 f.; Weise, P., et al. (2002): Neue Mikroökonomie, S. 439.
[281] Vgl. Eberstadt, G. (2001): Wertpapiereigengeschäft der Kreditinstitute, Sp. 2242; Eilenberger, G. (1996): Lexikon der Finanzinnovationen, S. 36 f.; Kuhner, C. (1988): Die Bilanzierung von Zinstermingeschäften, S. 7; Menninger, J. (1993): Financial Futures, S. 72 ff.; Schmidt, C.R. (1996): Hedge Accounting, S. 52.
[282] Vgl. Eberstadt, G. (2001): Wertpapiereigengeschäft der Kreditinstitute, Sp. 2242; Kuhner, C. (1988): Die Bilanzierung von Zinstermingeschäften, S. 7.
[283] S. stellvertretend Gebhardt, G. (1996): Probleme der bilanziellen Abbildung, S. 558; Grünewald, A. (1993): Finanzterminkontrakte, S. 19; Kuhner, C. (1988): Die Bilanzierung von Zinstermingeschäften, S. 7; Schmidt, C.R. (1996): Hedge Accounting, S. 53 m.w.N.
[284] Vgl. Rudolph, B. (1995): Derivative Finanzinstrumente, S. 16; s.a. Beckmann, R. (1993): Termingeschäfte und Jahresabschluß, S. 64 ff.

wieder zum Ausgleich bringen. Die Existenz von Arbitrageuren verhindert somit an den meisten Finanzmärkten das Auftreten nennenswerter Preisunterschiede.[285]

---

[285] Vgl. Hull, J.C. (2000): Derivatives, S. 14; ähnlich Grünewald, A. (1993): Finanzterminkontrakte, S. 18; Kuhner, C. (1994): Geschäftszweckgebundene Bewertungskonzeptionen, S. 114 ff.; Weise, P., et al. (2002): Neue Mikroökonomie, S. 439.

4. Die Bilanzierung von Derivaten und Sicherungsbeziehungen nach deutschem Recht

Für derivative Finanzinstrumente existieren im Dritten Buch des HGB gegenwärtig keine Bilanzierungsregeln. Lediglich in den ergänzenden Vorschriften für Unternehmen bestimmter Geschäftszweige finden sich Bewertungsgrundsätze bei Bestehen von Sicherungsbeziehungen.[286] Sieht man von diesen branchenspezifischen Regelungen einmal ab, sind die Ansatz- und Bewertungsvorschriften folglich aus den Grundsätzen ordnungsmäßiger Buchführung (GoB) abzuleiten.[287] Neben den GoB sind daneben Stellungnahmen der Berufs- und Fachverbände sowie der Literaturstand heranzuziehen.

4.1 GoB als Quelle der Ableitung von Ansatz- und Bewertungsvorschriften für derivative Finanzinstrumente

4.1.1 Wesen und Funktion der GoB

Die Grundsätze ordnungsmäßiger Buchführung sind ein Bündel von teils kodifizierten, teils unkodifizierten Rechnungslegungsnormen.[288] Ihnen kommt einerseits die Aufgabe zu, jenseits gesetzlicher Vorgaben einen übergeordneten Rahmen für die Rechnungslegung abzustecken, andererseits aber auch bestehende Gesetzesregeln auszufüllen und zu präzisieren.[289] Die GoB sind grundsätzlich von allen Unternehmen in gleicher Weise zu beachten. Sie sind damit rechtsform-, größenklassen- und branchenneutral.[290] Die einzelnen Grundsätze erfahren durch Systematisierung und inhaltliche Bezüge untereinander eine gewisse Ordnung und Hierarchie, die mit BAETGE als GoB-System bezeichnet werden soll.[291] Der Gesetzgeber verweist in Handels- und Steuerrecht mehrfach auf die Grundsätze

---

[286] § 340h HGB; s. diesbzgl. Abschnitt 4.5.2.3.
[287] S.a. Bertsch, A./Kärcher, R. (1999): Derivative Instrumente im Jahresabschluß, S. 734 f.; Burkhardt, D. (1994): Bilanzierung von Zinsbegrenzungsverträgen, S. 147; Köhler, A. (1997): Bilanzierung derivativer Instrumente, S. 6001.
[288] Vgl. Baetge, J./Apelt, B. (1992): GoB, Rn. 15 f.; Ballwieser, W. (1995): Rechtsform-, Konzern- und Branchenunabhängigkeit, S. 44; ders. (1999): Grundsätze ordnungsmäßiger Buchführung, Rz. 7 ff.
[289] Vgl. Lang, J. (1986): Grundsätze ordnungsmäßiger Buchführung, S. 222.
[290] Vgl. ausführlich Ballwieser, W. (1995): Rechtsform-, Konzern- und Branchenunabhängigkeit, S. 46 ff.; ders. (1999): Grundsätze ordnungsmäßiger Buchführung, Rz. 82 ff.; s.a. Baetge, J. (1993): Grundsätze ordnungsmäßiger Buchführung, Sp. 860; Baetge, J./Kirsch, H.-J. (2002): Grundsätze ordnungsmäßiger Buchführung, Rn. 4; Naumann, T.K. (1992): Fremdwährungsumrechnung, S. 19 f. m.w.N.; normativ Herzig, N. (1997): Derivatebilanzierung, S. 39 f.
[291] Vgl. Baetge, J./Kirsch, H.-J./Thiele, S. (2002): Bilanzen, S. 98 und 114 ff.; Ballwieser, W. (1999): Grundsätze ordnungsmäßiger Buchführung, Rz. 12; Beisse, H. (1988): Generalnorm, S. 40 f.; a.A. die Hierarchie betreffend offensichtlich Müller, W. (1987): Rangordnung der Bewertungsgrundsätze, S. 405 ff.

ordnungsmäßiger Buchführung, ohne dass er den Begriff inhaltlich abgrenzt.[292] Es handelt sich mithin um einen unbestimmten Rechtsbegriff, der zu konkretisieren ist.[293] Die Konkretisierung erfolgt v.a. durch die Zwecke des Jahresabschlusses.[294] Diese ergeben sich aus dem Bedeutungszusammenhang der einzelnen Gesetzesvorschriften und bestehen nach allgemeiner Auffassung in der Dokumentation, der Rechenschaft oder Information und der Kapitalerhaltung.[295]

Die Dokumentationsaufgabe liegt vorrangig der Buchführung zugrunde; da die Erstellung des Jahresabschlusses aber auf ihr aufbaut, ergibt sich der Zweck der Dokumentation somit automatisch auch für den Jahresabschluss.[296] Die Dokumentationsfunktion ist v.a. in den §§ 238 und 239 HGB kodifiziert: Danach haben Kaufleute Bücher über ihre Handelsgeschäfte zu führen, und zwar in einer lebendigen Sprache, vollständig, richtig, zeitgerecht und geordnet. Die Aufzeichnungen sollen von der Güte sein, dass sich ein sachverständiger Dritter innerhalb einer angemessenen Zeitspanne einen Überblick über die Geschäftsvorfälle und die Lage des Unternehmens verschaffen kann. Aus der Dokumentationsfunktion ergibt sich letztlich auch die Generalnorm für den Jahresabschluss von Kapitalgesellschaften nach § 264 Abs. 2 HGB, wonach dieser ein den tatsächlichen Verhältnissen entsprechendes Bild der Unternehmenslage zu vermitteln habe.[297]

Rechenschaft bedeutet, Einblick zu gewähren und Informationen zu vermitteln, auch Selbstinformation:[298] Der Kaufmann hat über das ihm anvertraute Kapital und dessen Verwendung zum Schluss einer Rechnungsperiode Rechenschaft in Form eines Abschlusses abzulegen.[299] Dieser besteht nach § 242 Abs. 3 HGB aus Bilanz und GuV, so dass nicht nur Vermögen und Schulden, sondern auch Aufwendungen und Erträge einander gegen-

---

[292] Vgl. Ballwieser, W. (1999): Grundsätze ordnungsmäßiger Buchführung, Rz. 5 f.
[293] Vgl. Baetge, J./Apelt, B. (1992): GoB, Rn. 7; Coenenberg, A.G. (2003): Jahresabschluss, S. 36; Lang, J. (1986): Grundsätze ordnungsmäßiger Buchführung, S. 233; Winnefeld, R. (2000): Bilanz-HB, Kapitel D, Rz. 1 ff. Zur Auslegung unbestimmter Rechtsbegriffe grundlegend Tipke, K. (1986): Auslegung, S. 1 ff.
[294] Vgl. Baetge, J./Thiele, S. (1997): Rechenschaft versus Kapitalerhaltung, S. 11; Burkhardt, D. (1994): Bilanzierung von Zinsbegrenzungsverträgen, S. 151.
[295] Vgl. Baetge, J./Kirsch, H.-J./Thiele, S. (2002): Bilanzen, S. 82 ff.; Baetge, J./Apelt, B. (1992): GoB, Rn. 36 ff.; Baetge, J./Kirsch, H.-J. (2002): Grundsätze ordnungsmäßiger Buchführung, Rn. 29 ff.; Gräfer, H./Sorgenfrei, C. (1997): Rechnungslegung, S. 1 ff.; Leffson, U. (1987): Grundsätze ordnungsmäßiger Buchführung, S. 38 ff.; Moxter, A. (1987): Sinn und Zweck, S. 369 f.
[296] Vgl. Alsheimer, C.H. (2000): Die Rechtsnatur derivativer Finanzinstrumente, S. 90; Baetge, J. (1993): Grundsätze ordnungsmäßiger Buchführung, Sp. 863; Baetge, J./Apelt, B. (1992): GoB, Rn. 36; Leffson, U. (1987): Die beiden Generalnormen, S. 319.
[297] Vgl. Baetge, J./Apelt, B. (1992): GoB, Rn. 37.
[298] Vgl. Leffson, U. (1987): Grundsätze ordnungsmäßiger Buchführung, S. 64.; Moxter, A. (1997): Grundwertungen, S. 349.
[299] Vgl. Baetge, J./Kirsch, H.-J./Thiele, S. (2002): Bilanzen, S. 83 ff.

überzustellen sind (§ 242 Abs. 1 und 2 HGB). Kapitalgesellschaften haben nach § 264 Abs. 1 HGB zusätzlich einen Anhang sowie einen Lagebericht zu erstellen, in denen bestimmte Sachverhalte näher zu erläutern sind und zusätzlich Rechenschaft abzulegen ist.

Der Zweck der Kapitalerhaltung dient zur Feststellung eines ausschüttungsfähigen Gewinns, der von den Anteilseignern und dem Fiskus entzogen werden kann, ohne die Substanz des berichtenden Unternehmens zu gefährden.[300] Zur Sicherstellung einer ausreichenden Kapitaldecke setzt der Gesetzgeber an zwei Stellen an:[301] Zum einen greift er durch die Forderung nach einer vorsichtigen Bewertung von Vermögen und Schulden unmittelbar in die Gewinnermittlung ein,[302] zum anderen setzt er der Gewinnverwendung durch Ausschüttungsregeln und -sperren Schranken und verhindert so den Abfluss von Unternehmenssubstanz.[303]

In der Literatur ist umstritten, ob zwischen den genannten Jahresabschlusszwecken eine Zielhierarchie besteht.[304] V.a. von Autoren wie BEISSE und MOXTER wird betont, dass eine Gleichwertigkeit zwischen den Rechnungslegungszielen nicht gegeben sei. Sie sehen in der Ermittlung eines vorsichtig bemessenen, ausschüttungsfähigen Gewinns und damit der Kapitalerhaltung die primäre Aufgabe des Jahresabschlusses.[305] Ihnen steht die Auffassung von Vertretern wie BAETGE und LEFFSON entgegen. Diese vertreten die Ansicht, dass Dokumentation, Rechenschaft und Kapitalerhaltung grundsätzlich gleichrangige, sich gegenseitig bedingende Ziele der Rechnungslegung darstellen. Sie ermöglichten einen Kompromiss über unterschiedliche Anforderungen und Erwartungen, die einzelne Adressaten an den Abschluss stellen. Dass es dabei zu Zielkonflikten komme, sei systeminhärent; gleichwohl lasse sich aus diesem Umstand keine Zielhierarchie ableiten.[306]

---

[300] Vgl. Baetge, J./Apelt, B. (1992): GoB, Rn. 45; Moxter, A. (1997): Grundwertungen, S. 348.
[301] Vgl. Alsheimer, C.H. (2000): Die Rechtsnatur derivativer Finanzinstrumente, S. 93 ff.; Baetge, J./Kirsch, H.-J./Thiele, S. (2002): Bilanzen, S. 86 ff.
[302] Vgl. insbesondere §§ 252 Abs. 1 Nr. 4 und 253 Abs. 2 bis 4 HGB.
[303] Vgl. §§ 269 und 274 Abs. 2 HGB, § 29 Abs. 1 GmbHG und § 58 Abs. 1 und 2 AktG.
[304] Vgl. Beisse, H. (1994): Bild des Bilanzrechtssystems, S. 14.
[305] Vgl. Beisse, H. (1994): Bild des Bilanzrechtssystems, S. 14 ff.; ders. (1996): True and fair view, S. 38 und 45 ff.; Moxter, A. (1984): Bilanzlehre I, S. 157 f.; ders. (1987): Sinn und Zweck, S. 365; ders. (1995): Verhältnis, S. 426 ff. Vor dem Hintergrund des Spannungsverhältnisses zwischen der für den Jahresabschluss von Kapitalgesellschaften geltenden Generalnorm und den einzelnen GoB entwickelte MOXTER seine sog. „Abkopplungsthese". Danach erfolgt die Rechenschaft über die Geschehnisse der abgelaufenen Rechnungsperiode im Anhang, während Bilanz und GuV dem Zwecke der periodengerechten Gewinnermittlung dienen. Vgl. Moxter, A. (1986): Bilanzlehre II, S. 67 f.; ders. (1995): Verhältnis, S. 427 f. BEISSE sieht die Abkopplungsthese als h.M. an, vgl. Beisse, H. (1996): True and fair view, S. 38; s.a. Clemm, H. (1995): § 264 und Wahlrechte, S. 139 f.; a.A. offensichtlich Herzig, N. (1997): Derivatebilanzierung, S. 45 f.; Streim, H. (1994): Generalnorm, S. 403 f.
[306] Vgl. Baetge, J./Apelt, B. (1992): GoB, Rn. 47 ff.; s.a. Baetge, J./Kirsch, H.-J. (2002): Grundsätze ordnungsmäßiger Buchführung, Rn. 44 ff.; Herzig, N. (1997): Derivatebilanzierung, S. 46.

Eine Verkürzung der Rechnungslegungsziele auf die vorsichtige Ermittlung eines ausschüttungsfähigen Gewinns führt bei der hier zu erörternden Bilanzierung derivativer Finanzinstrumente ex ante zu einer Einschränkung möglicher Abbildungsregeln; dieses ist v.a. im Hinblick auf deren Einsatz im Rahmen von Sicherungsbeziehungen der Fall. Für die vorliegende Thematik erscheint es daher zielführender, mit BAETGE und LEFFSON von einer Trias sich gegenseitig bedingender Jahresabschlusszwecke auszugehen.

4.1.2 Die GoB-Systematik nach BAETGE

Die Grundsätze ordnungsmäßiger Buchführung lassen sich nach verschiedenen Kriterien strukturieren und systematisieren.[307] Für die nachfolgenden Ausführungen wird die derzeit umfassendste Konzeption von BAETGE zugrunde gelegt (vgl. Abb. 16). Dieser leitet aus den Rechnungslegungszielen sechs Gruppen von GoB ab, die – wie die Zwecke des Jahresabschlusses – keiner natürlichen Rangordnung unterliegen, sondern sich wechselseitig präzisieren, ergänzen oder beschränken (sog. „Eiffelturmprinzip"):[308]

Mit den Dokumentationsgrundsätzen werden die Anforderungen an die Ordnungsmäßigkeit des Rechnungswesens formuliert.[309] Bezogen auf den Einsatz derivativer Finanzinstrumente kommt dabei den Grundsätzen einer ordnungsmäßigen Internen Überwachung eine besondere Bedeutung zu. Die Rahmengrundsätze stellen die grundlegenden Prinzipien für die Abbildung aller Geschäftsvorfälle einer Rechnungslegungsperiode dar.[310] Hinsichtlich eines möglichen Bilanzansatzes von Derivaten ist v.a. das in § 246 Abs. 1 HGB gesetzlich verankerte Vollständigkeitsgebot einer Prüfung zu unterziehen. Die System- oder Konzeptionsgrundsätze dienen einer einheitlichen und gleichartigen Auslegung der GoB.[311] Auf sie wird vorrangig bei der Bewertung der Derivate zurückgegriffen; dabei spielen die Grundsätze der Pagatorik und der Einzelbewertung eine entscheidende Rolle. Über die Definitionsgrundsätze für den Jahreserfolg und die Ansatzgrundsätze für die Bilanz ist bestimmt, welche Ausgaben und Einnahmen aus dem laufenden oder den vorangegangenen Geschäftsjahr(en) als Aufwand resp. Ertrag zu erfassen sind und welche als Ak-

---

[307] Vgl. Ballwieser, W. (1999): Grundsätze ordnungsmäßiger Buchführung, Rz. 14 ff.
[308] Vgl. diesbzgl. ausführlich Baetge, J. (1993): Grundsätze ordnungsmäßiger Buchführung, Sp. 863 ff.; Baetge, J./Apelt, B. (1992): GoB, Rn. 52 ff.; Baetge, J./Kirsch, H.-J. (2002): Grundsätze ordnungsmäßiger Buchführung, Rn. 53 ff.; Baetge, J./Kirsch, H.-J./Thiele, S. (2002): Bilanzen, S. 114 ff.
[309] Vgl. Baetge, J./Apelt, B. (1992): GoB, Rn. 53 ff.; Baetge, J./Kirsch, H.-J. (1995): Grundsätze ordnungsmäßiger Buchführung, Rn. 57.
[310] Vgl. Baetge, J./Apelt, B. (1992): GoB, Rn. 63 ff.; Baetge, J./Kirsch, H.-J. (1995): Grundsätze ordnungsmäßiger Buchführung, Rn. 58 ff.
[311] Vgl. Baetge, J./Apelt, B. (1992): GoB, Rn. 73 ff.; Baetge, J./Kirsch, H.-J. (1995): Grundsätze ordnungsmäßiger Buchführung, Rn. 76 ff.

tivum bzw. Passivum in der Bilanz angesetzt werden.[312] Neben dem Realisationsprinzip, das im Wesentlichen bei der Bewertung der Derivate von Bedeutung ist, sind für die ihr vorgelagerte Aktivierung resp. Passivierung die sog. Ansatzgrundsätze zu prüfen. Die Kapitalerhaltungsgrundsätze schließlich dienen unmittelbar dem gleichnamigen Jahresabschlusszweck.[313]

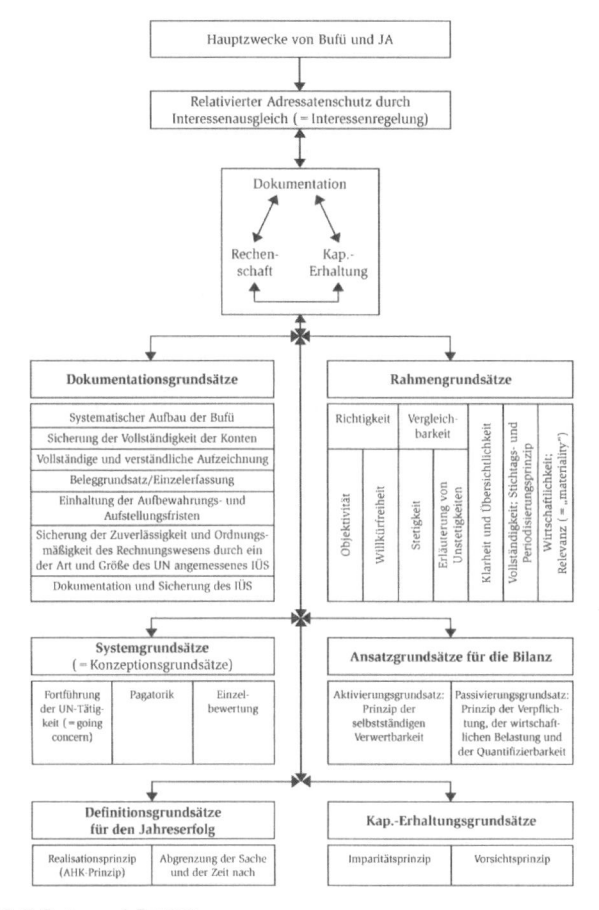

Abb. 16: GoB-System nach BAETGE
Quelle: Baetge, J./Kirsch, H.-J. (2002): Grundsätze ordnungsmäßiger Buchführung, Rn. 50.

---

[312] Vgl. Baetge, J./Apelt, B. (1992): GoB, Rn. 79 ff.; Baetge, J./Kirsch, H.-J. (1995): Grundsätze ordnungsmäßiger Buchführung, Rn. 84 ff.
[313] Vgl. Baetge, J./Kirsch, H.-J. (1995): Grundsätze ordnungsmäßiger Buchführung, Rn. 104 ff.

4.2 Ansatz derivativer Finanzinstrumente dem Grunde nach

4.2.1 Bilanzrechtlicher Charakter derivativer Finanzinstrumente

Derivate sind vertragliche Vereinbarungen zwischen zwei oder mehr Parteien, die regelmäßig eine Erfüllung in der Zukunft vorsehen (unbedingte Termingeschäfte) oder in das Benehmen einer Partei stellen (Optionsgeschäfte). Erfolgen bei Abschluss der Übereinkunft weder Zahlungen noch anderweitige Leistungen, wird eine solche Vereinbarung bilanzrechtlich als schwebendes Geschäft bezeichnet.[314] Im HGB wird der Ausdruck „schwebendes Geschäft" nicht definiert, sondern lediglich verwendet.[315] Schwebende Geschäfte sind auf einen Leistungsaustausch gerichtete schuldrechtliche, synallagmatische Verträge; es wird also die grundsätzliche Ausgeglichenheit der jeweiligen Ansprüche und Verpflichtungen unterstellt.[316] Infolge der Ausgeglichenheitsannahme werden derartige Verträge nach h.M. solange bilanziell nicht erfasst, bis die Vermutung durch einen Verpflichtungsüberhang auf Seiten einer Partei widerlegt wird.[317] Bis zu diesem Zeitpunkt werden die Geschäfte lediglich mit ihren bewertungsrelevanten Daten in der Nebenbuchhaltung aufgezeichnet.

Bei Derivaten kann ein solcher Überhang auf willentliches Tun zurückzuführen sein, bspw. auf Vorauszahlungen eines Swappartners, oder auf eine nachteilige Veränderung in den Bewertungsparametern des betreffenden Geschäfts, z.B. eine Drehung der Zinsstrukturkurve. Die Ausgeglichenheitsvermutung ist gerade bei derivativen Finanzinstrumenten nicht unproblematisch, denn sie gilt streng genommen nur im Zeitpunkt des Vertragsabschlusses. Da ein rational handelnder Kaufmann üblicherweise nicht in ein Geschäft eintreten

---

[314] Vgl. Baetge, J./Kirsch, H.-J./Thiele, S. (2002): Bilanzen, S. 112 und 388 ff.; Herzig, N./Köster, T. (1999): Rückstellungen, Rn. 239; Leffson, U./Schmid, A. (1993): Erfassungs- und Bewertungsprinzipien, Rn. 17.
[315] Vgl. § 249 Abs. 1 Satz 1 HGB.
[316] Vgl. Herzig, N./Köster, T. (1999): Rückstellungen, Rn. 240; Mayer-Wegelin, E. (1995): § 249, Rn. 63; Moxter, A. (1996): Bilanzrechtsprechung, S. 134 f.; a.A. KUPSCH, der die Ansicht vertritt, dass die Ausgeglichenheit lediglich bei Verträgen gegeben sei, bei denen der Kaufmann zu einer Geldleistung verpflichtet sei. Müsse er eine Sachleistung erbringen, vertrüge sich die Ausgeglichenheitsvermutung nicht mit seinem Streben nach Gewinnmaximierung, vgl. Kupsch, P. (1986): § 246, Rz. 65; kritisch ebenfalls Weber-Grellet, H. (1996): Steuerbilanzrecht, § 11, Tz. 15.
[317] HERZIG/KÖSTER sprechen diesbzgl. vom „Grundsatz der Nichtbilanzierung schwebender Geschäfte" und einer damit einhergehenden Umkehr der Beweislast, vgl. Herzig, N./Köster, T. (1999): Rückstellungen, Rn. 242 f.; ausführlich Grünewald, A. (1993): Finanzterminkontrakte, S. 103 ff. sowie Happe, P. (1996): Swapvereinbarungen, S. 57 ff, jeweils m.w.N.; ADS⁶, § 246 Tz. 183 sowie § 249 Tz. 135 f.; Ballwieser, W. (2001): § 246, Rn. 30 f. sowie § 249, Rn. 57; Berger, A./Ring, M. (2003): § 249, Anm. 58; Crezelius, G. (1988): Das sogenannte schwebende Geschäft, S. 85; Kupsch, P. (1986): § 246, Rz. 65 und 68; Scheffler, E. (1989/1994): Rückstellungen für ungewisse Verbindlichkeiten, Rz. 156; Winnefeld, R. (2000): Bilanz-HB, Kapitel D, Rz. 381 ff.

würde, bei dem er schon zu Beginn einen ökonomischen Nachteil hinzunehmen hätte,[318] haben Derivate bei Abschluss theoretisch einen Wert von Null.[319] Bereits unmittelbar nach Geschäftsabschluss wird sich aber ein von Null abweichender Wert ergeben, wobei das Ausmaß der Abweichung von verschiedenen Faktoren abhängig ist (bspw. von der Restlaufzeit, der Volatilität der Preisbestimmungsfaktoren, der Markttiefe, den Erwartungen der Marktteilnehmer etc.). Anders formuliert: Die Preisbewegungen derivativer Finanzinstrumente führen – von Spezialfällen abgesehen – praktisch immer zu einem Verpflichtungsüberhang auf Seiten eines Kontraktpartners, der einen entsprechenden Bilanzansatz nach sich ziehen sollte. KUPSCH weist zutreffend darauf hin, dass die von der h.M. vertretene Nichtbilanzierung schwebender Geschäfte zu einer Beeinträchtigung der Aussagefähigkeit des Jahresabschlusses führt:

„Die grundsätzliche Nichterfassung schwebender Geschäfte in der Bilanz wirkt sich nachteilig auf die Darstellung der Finanzlage aus, da die diesbezüglichen Zahlungsansprüche und -verpflichtungen ausgeklammert sind. Deshalb wird verschiedentlich ihre Einbeziehung in die Bilanz gefordert [...]. Allerdings würden sich dabei erhebliche Erfassungsschwierigkeiten ergeben."[320]

Zu klären bleibt, ob die von KUPSCH angesprochenen „Erfassungsschwierigkeiten" auch bei derivativen Finanzinstrumenten eine ausreichende Rechtfertigung für die Nichtbilanzierung darstellen. Dieses ist nicht der Fall. Probleme bei der Erfassung von Zahlungsströmen bestehen weniger bei der (technischen) Verbuchung als vielmehr in der zeitlichen und betraglichen Ermittlung bzw. Antizipation der Cash Flows. Da aber der Zeitpunkt und die Höhe der Zahlungsströme elementare Voraussetzungen für eine Bewertung des zugrunde liegenden Geschäfts darstellen, wäre ohne eine Kenntnis (oder zumindest eine Annahme

---

[318] Herzig, N./Köster, T. (1999): Rückstellungen, Rn. 243; Prahl, R./Naumann, T.K. (2000): Financial Instruments, Rn. 72 f. Bei der Überprüfung der Ausgeglichenheitsvermutung ist der Fokus zuweilen über ein einzeln betrachtetes Finanzinstrument hinaus zu erweitern: Manchmal wird eine Marktungerechtigkeit bei der Bepreisung eines Derivats bewusst in Kauf genommen wird, weil auf der anderen Seite ein zweites Geschäft existiert, aus dem sich für den Kaufmann ein gleich hoher Vorteil ergibt. Als Beispiel seien sog. *Asset-Liability Swaps* genannt, bei denen ein Wertpapier unabhängig von seinem Kurswert zum Nennwert erworben resp. veräußert und die Differenz in die Konditionen des Swaps eingepreist wird. Die Ausgeglichenheit von Ansprüchen und Verpflichtungen ergibt sich in diesem Fall erst durch die summarische Betrachtung beider Geschäfte; s.a. Maulshagen, A./Maulshagen, O. (2000): Behandlung von Swapgeschäften, S. 249; Prahl, R./Naumann, T.K. (2000): Financial Instruments, Rn. 78 und 219 ff.

[319] Infolge von Transaktionskosten wird der tatsächliche Preis i.d.R. von Null abweichen.

[320] Kupsch, P. (1986): § 246, Rz. 69; s.a. Kußmaul, H. (2003): Bilanzierungsfähigkeit und Bilanzierungspflicht, Rn. 22; Prieß, K.-H. (1988): Devisentermingeschäfte und Jahresabschlußzwecke, S. 219 ff.

über die Verteilung) der Zahlungsströme jegliche Bepreisung unmöglich.[321] Für den Großteil der derivativen Geschäfte lässt sich vielmehr das Gegenteil konstatieren:

- Terminbörsen-Kontrakte werden täglich abgerechnet und somit bewertet.
- Für das Gros OTC-gehandelter Derivate werden fortwährend Preise gestellt; diese Indikationen sind vielfach sogar über das Internet abrufbar und damit prinzipiell jedermann zugänglich.
- Die meisten <u>unbedingten</u> Termingeschäfte zeichnen sich durch quasi deterministische Zahlungsströme aus, bspw. *Forward Rate Agreements* und Swaps. Ihre Bewertung – und damit auch die Erfassung – kann vergleichsweise leicht erfolgen, z.B. mit Hilfe der *Discounted-Cash-Flow*-Methode.
- Optionsgeschäfte sind wegen ihres asymmetrischen Risikoprofils zwar komplizierter zu modellieren; gleichwohl existieren auch für diese Geschäfte mittlerweile anerkannte Bewertungsalgorithmen, bspw. die BLACK/SCHOLES-Formel zur näherungsweisen Bepreisung von Aktienoptionen.[322]

Sofern die „Erfassungsschwierigkeiten" als Probleme bei der Ermittlung der Höhe und des Zeitpunktes von Zahlungsströmen gedeutet werden, ist die vorstehende Aussage für die meisten Derivate nicht (mehr) haltbar. Folglich sollten schwebende Derivategeschäfte bilanziell erfasst werden.[323] Zu demselben Ergebnis kommt auch FÖRSCHLE, der vor dem Hintergrund der Überwachung und Kontrolle nicht erfasster Transaktionen wie folgt argumentiert:

> „*Seit Jahrzehnten ist anerkannt und allgemeine Übung,* **schwebende Geschäfte** *insoweit nicht zu bilanzieren, als Leistung und Gegenleistung sich ausgleichen. Angesichts der in diesem Bereich seit einigen Jahren aufgetretenen Betrugsfälle infolge unzureichender oder fehlerhafter Aufzeichnung (Listung, Inventarisierung) solcher Geschäfte bestehen nunmehr Zweifel, ob nicht durch Buchung und Bilanzierung mind der schwebenden* **Finanz***geschäfte – wie bspw inzwischen nach IAS und US-GAAP vorgeschrieben – die notwendige Überwachung sichergestellt werden sollte.*"[324]

---

[321] Zum Verhältnis zwischen „Bepreisung" und „Bewertung" vgl. den gleichnamigen Abschnitt bei Leffson, U. (1987): Grundsätze ordnungsmäßiger Buchführung, S. 255 ff.; s.a. Leffson, U./Schmid, A. (1993): Erfassungs- und Bewertungsprinzipien, Rn. 112 ff.

[322] S.a. Buschmann, W.F. (1992): Risiko-Controlling, S. 725 f.

[323] So wohl auch GRÜTZEMACHER, der feststellt, dass die in der Literatur vertretenen Argumentationen wider eine Bilanzierung schwebender Geschäfte „einer ökonomischen Prüfung offensichtlich kaum standhalten würden.", vgl. Grützemacher, T. (1989): Finanzinnovationen, S. 197.

[324] Förschle, G. (2003): § 243, Anm. 14 (Hervorhebung im Original); s.a. Ballwieser, W. (2001): § 246, Rn. 30 f.; Bieg, H./Rübel, M. (1988): Ausweis und Bewertung III, S. 610; Kußmaul, H. (2003): Bilanzierungsfähigkeit und Bilanzierungspflicht, Rn. 22 m.w.N.; Pößl, W. (1984): Zulässigkeit von Saldierungen, S. 430.

4.2.2 Bilanzierungsfähigkeit derivativer Finanzinstrumente

Im vorstehenden Abschnitt wurde dargelegt, dass Derivate bilanzrechtlich als schwebende Geschäfte eingestuft werden, weil zu Beginn der Laufzeit üblicherweise keine Leistungen erbracht werden. Losgelöst von dieser Klassifizierung und einem eventuellen Ansatz schwebender Geschäfte soll nachfolgend untersucht werden, ob sich eine Bilanzierungsfähigkeit (und damit eine Bilanzierungspflicht) derivativer Finanzinstrumente möglicherweise unmittelbar aus den Grundsätzen ordnungsmäßiger Buchführung ableiten lässt. Dafür sind der Rahmengrundsatz der Vollständigkeit und die Ansatzgrundsätze zu prüfen.

4.2.2.1 Rahmengrundsatz der Vollständigkeit

In § 246 Abs. 1 Satz 1 HGB ist das Vollständigkeitsgebot kodifiziert:

> *„Der Jahresabschluss hat sämtliche Vermögensgegenstände, Schulden, Rechnungsabgrenzungsposten, Aufwendungen und Erträge zu enthalten, soweit gesetzlich nichts Anderes bestimmt ist."*

Die Aufzählung der erfassungspflichtigen Posten ist bis auf das Eigenkapital abschließend. Dieses wird in § 247 Abs. 1 HGB neben den o.g. Bestandteilen aber explizit als „Inhalt der Bilanz" aufgeführt. Derivate werden der Formulierung nach nicht ex ante von einem Bilanzansatz ausgeschlossen, im Gegenteil: Ihr Ansatz ist dem Vollständigkeitsgebot zufolge verpflichtend („sämtliche"), es sei denn, dass

- derivative Finanzinstrumente keine Vermögensgegenstände, Schulden etc. i.S.d. Gesetzesvorschrift darstellen oder
- „gesetzlich [etwas] Anderes bestimmt ist".[325]

Bei dem im Nachsatz der Gesetzesvorschrift genannten Ausnahmetatbestand („soweit gesetzlich nichts Anderes bestimmt ist") handelt es sich dem Grunde nach um explizite Ansatzverbote oder Ansatzwahlrechte.[326] Eine Durchsicht dieser Ausnahmeregelungen liefert keine Hinweise darauf, dass derivative Finanzinstrumente von ihnen erfasst sein könnten, so dass der Grundsatz der Vollständigkeit weiter Bestand hat.[327] Ein Ansatz kann somit nur unterbleiben, sofern Derivate nicht als Vermögensgegenstände, Schulden oder Rechnungsabgrenzungsposten qualifizieren. Der Gesetzgeber lässt offen, was im Einzelnen unter die-

---

[325] N.B.: Der Beck Bil.-Komm.⁵ enthält unter Gliederungspunkt G zur Kommentierung von § 246 HGB einen Exkurs über (den Ansatz von) Optionen, Termingeschäften und Zinsswaps.

[326] Vgl. Ballwieser, W. (2001): § 246, Rn. 99 ff.; Förschle, G./Kroner, M. (2003): § 246, Anm. 64 ff.; Schneider, D. (1986): Vermögensgegenstände und Schulden, S. 336; hinsichtlich der einzelnen Ansatzwahlrechte und -verbote s. die Übersicht bei Kußmaul, H. (2003): § 246, Rn. 17; s.a. Moxter, A. (1986): Bilanzlehre II, S. 20.

[327] Vgl. Alsheimer, C.H. (2000): Die Rechtsnatur derivativer Finanzinstrumente, S. 114.

sen Posten zu verstehen ist.[328] Es handelt sich also um unbestimmte Rechtsbegriffe, die der Auslegung bedürfen. Die Konkretisierung erfolgt durch die sog. Ansatzgrundsätze für die Bilanz, die Gegenstand des folgenden Abschnitts sind.[329]

Einschränkend ist zu erwähnen, dass das Vollständigkeitsgebot faktisch durch andere Rahmengrundsätze begrenzt wird, v.a. die Prinzipien der Wirtschaftlichkeit und der Relevanz. Dabei handelt es sich letztlich um Ermessenswahlrechte, die eine Einbeziehung von Sachverhalten in den Jahresabschluss verhindern können.[330] Diese können auch bei der Bilanzierung von Derivaten von Bedeutung sein, z.b. wenn das kontrahierte Volumen im Hinblick auf die anderen Bilanzposten von untergeordneter Bedeutung ist und ein Bilanzansatz aus diesem Grunde unterbleibt.

4.2.2.2 Ansatzgrundsätze für die Bilanz

Die Ansatzgrundsätze definieren, welche Zahlungen in der Bilanz zu aktivieren bzw. passivieren sind und was als Vermögensgegenstand bzw. Schuld i.S.v. § 246 Abs. 1 HGB anzusehen ist.[331] Die Formulierung entsprechender Kriterien, nach denen sich die Bilanzierungsfähigkeit einer Zahlung bestimmt, wird als abstrakte Aktivierungs- resp. Passivierungsfähigkeit bezeichnet.[332] Bestehen dagegen kodifizierte Vorschriften hinsichtlich eines Bilanzansatzes, ist von konkreter Aktivierungs- resp. Passivierungsfähigkeit die Rede.[333]

Abstrakte und konkrete Bilanzierungsfähigkeit können, müssen sich aber nicht im Gleichlauf bewegen.[334] So ist denkbar, dass ein Zahlungsvorgang nicht den abstrakten Ansatzkriterien genügt, gleichwohl aber infolge eines expliziten Wahlrechts angesetzt werden darf. Dies ist bspw. bei den Bilanzierungshilfen in den ergänzenden Vorschriften für Kapitalgesellschaften der Fall. Umgekehrt können kodifizierte Ansatzverbote den abstrakten Ansatzkriterien zuwider laufen, z.B. bei selbsterstelltem immateriellen Vermögen.[335]

4.2.2.2.1 Aktivierungsgrundsatz

Ein Gut ist als Vermögensgegenstand i.S.d. Gesetzes einzustufen, wenn es abstrakt aktivierungsfähig ist. Das ist der Fall, wenn es

---

[328] Vgl. Ballwieser, W. (2001): § 246, Rn. 7; Lutz, G. (2003): Aktivierung, Rn. 2.
[329] Vgl. Moxter, A. (1986): Bilanzlehre II, S. 20.
[330] Vgl. Baetge, J./Kirsch, H. (1995): Grundsätze ordnungsmäßiger Buchführung, Rn. 74 f.; Kupsch, P. (1986): § 246, Rz. 8.
[331] S. ausführlich Baetge, J./Kirsch, H.-J./Thiele, S. (2002): Bilanzen, S. 124 ff.
[332] Vgl. Baetge, J./Apelt, B. (1992): GoB, Rn. 85.
[333] Vgl. Baetge, J./Apelt, B. (1992): GoB, Rn. 85.
[334] Vgl. Baetge, J./Kirsch, H.-J./Thiele, S. (2002): Bilanzen, S. 127 f.; Baetge, J./Apelt, B. (1992): GoB, Rn. 85 sowie 87 und 91; Baetge, J./Kirsch, H.-J. (1995): Grundsätze ordnungsmäßiger Buchführung, Rn. 91.
[335] Vgl. Baetge, J./Kirsch, H.-J./Thiele, S. (2002): Bilanzen, S. 124 ff. sowie 132 ff.

- selbständig verwertbar ist und zur Schuldendeckung des Unternehmen herangezogen werden kann und

- sich durch Zuordnung der zugehörigen Ausgaben zweifelsfrei vom restlichen Vermögen des Unternehmens isolieren lässt (sog. bilanzielle Greifbarkeit).[336]

Bei den in Frage stehenden Gütern kann es sich um Sachen, Rechte oder anderweitige Werte handeln.[337] Damit kommen prinzipiell auch derivative Finanzinstrumente für einen Ansatz in Betracht.

Da Verträge über derivative Instrumente prinzipiell jederzeit aufgelöst werden können, sind diese dem Grunde nach selbständig verwertbar.[338] Zwar kann bei einigen OTC gehandelten Instrumenten die freie Veräußerbarkeit eingeschränkt sein; derartige „Beschränkungen" existieren aber auch bei anderen Vermögensgegenständen, bspw. bei immateriellem Vermögen oder Immobilien, und stellen die grundsätzliche Verwertbarkeit nicht in Frage. Da die Verwertbarkeit durch das Potenzial, zur Schuldendeckung beitragen zu können, konkretisiert wird, kommen für eine Aktivierung als Vermögensgegenstand grundsätzlich alle Derivate in Betracht, die zum Abschlussstichtag einen positiven beizulegenden Zeitwert aufweisen.[339] Dieser bringt zum Ausdruck, dass aus Sicht der betreffenden Partei aus der Stichtagsbewertung der Ansprüche und Verpflichtungen eines Vertrags ein Überhang zu ihren Gunsten resultiert. Eine Auflösung der Geschäfte würde zu einem Zufluss an Zahlungsmitteln führen, der zur Schuldendeckung eingesetzt werden könnte. Da sich die Zahlungsströme zweifelsfrei einem individuellen Vertrag zurechnen und vom restlichen Vermögen trennen lassen, ist auch das Kriterium der bilanziellen Greifbarkeit erfüllt.

---

[336] Vgl. ADS⁶, § 246 Tz. 26 ff.; Baetge, J./Apelt, B. (1992): GoB, Rn. 86; Baetge, J./Kirsch, H.-J. (1995): Grundsätze ordnungsmäßiger Buchführung, Rn. 92 ff.; Ballwieser, W. (2002): Grundsätze der Aktivierung und Passivierung, Rz. 5 ff.; Kupsch, P. (1986): § 246, Rz. 22 ff.; Kußmaul, H. (2003): Bilanzierungsfähigkeit und Bilanzierungspflicht, Rn. 1 ff.; Lutz, G. (2003): Aktivierung, Rn. 3 m.w.N.; Moxter, A. (1988): Periodengerechte Gewinnermittlung, S. 453; ders. (1996): Bilanzrechtsprechung, S. 11 ff.; Winter, O. (1996): Aktivierungsfähigkeit von Finanzderivaten, S. 2084 f.

[337] Vgl. Baetge, J./Apelt, B. (1992): GoB, Rn. 88; Ballwieser, W. (2002): Grundsätze der Aktivierung und Passivierung, Rz. 36 ff.; Kupsch, P. (1986): § 246, Rz. 21; Moxter, A. (1986): Bilanzlehre II, S. 21; a.A. offensichtlich Lutz, G. (2003): Aktivierung, Rn. 30 ff. m.w.N.

[338] Für die folgenden Ausführungen werden die Begriffe „verwertbar" und „veräußerbar" in Übereinstimmung mit KUPSCH synonym verwendet, weil sie i.d.R. zum gleichen Ergebnis führen; vgl. Baetge, J./ Kirsch, H.-J./Thiele, S. (2002): Bilanzen, S. 128; a.A. ADS⁶, § 246 Tz. 28.

[339] Der Formulierung nach a.A. GRÜNEWALD und HAPPE, die Derivaten vor dem Hintergrund der Ausgeglichenheit schwebender Geschäfte, den sie als Regelfall ansehen, eine Schuldendeckungsfähigkeit absprechen; vgl. Grünewald, A. (1993): Finanzterminkontrakte, S. 105 f. und 108, sowie Happe, P. (1996): Swapvereinbarungen, S. 59 f. und 62. Die Argumentation geht allerdings an der Realität vorbei, weil sich Ansprüche und Verpflichtungen aus derivativen Finanzinstrumenten in der weit überwiegenden Mehrzahl der Fälle nicht ausgleichen.

4.2.2.2.2 Passivierungsgrundsatz

Ein Sachverhalt ist als Schuld i.S.v. § 246 Abs. 1 HGB einzustufen, wenn er abstrakt passivierungsfähig ist.[340] Das ist der Fall, wenn eine rechtliche oder faktische Verpflichtung im Innen- oder Außenverhältnis des Unternehmens vorliegt und diese Verpflichtung eine quantifizierbare, wirtschaftliche Belastung darstellt.[341]

Derivative Finanzinstrumente sind Verträge, mit denen Rechte und Pflichten begründet werden. Bei Vertragsabschluss gleichen sich Ansprüche und Verpflichtungen i.d.R. aus, was sich in einem beizulegenden Zeitwert des Derivats von (nahe) Null ausdrückt. Entwickelt sich die Basis aus Sicht einer Partei im Laufe der Zeit nachteilig, entsteht dort ein Verpflichtungsüberhang, der sich in einem negativen beizulegenden Zeitwert des Derivats manifestiert. Dieser Verpflichtungsüberhang stellt eine rechtliche Außenverpflichtung i.S.d. Passivierungsgrundsatzes dar. Das lässt sich daran ablesen, dass das Geschäft bei einer gedanklich vollzogenen Auflösung im Betrachtungszeitpunkt zu einem Abfluss von Zahlungsmitteln führen würde.[342] Die Außenverpflichtung ist bilanziell greifbar, weil die Zahlungen einem bestimmten Vertrag individuell zugeordnet und von den übrigen Schulden getrennt werden können. In dem Abfluss drückt sich zugleich auch die geforderte quantifizierbare, wirtschaftliche Vermögensbelastung aus. Der Verpflichtungsüberhang ist durch Bildung einer Drohverlustrückstellung gem. § 249 Abs. 1 HGB zu passivieren.[343]

4.3 Ansatz derivativer Finanzinstrumente der Höhe nach

Auch für die Bewertung derivativer Finanzinstrumente existieren de lege lata keine expliziten Vorschriften. Damit ist sie – wie die Bilanzierungsfähigkeit – aus den Grundsätzen ordnungsmäßiger Buchführung abzuleiten.

---

[340] Vgl. Kußmaul, H. (2003): § 246, Rn. 14.
[341] Vgl. Baetge, J./Kirsch, H.-J./Thiele, S. (2002): Bilanzen, S. 136 ff.; Baetge, J./Apelt, B. (1992): GoB, Rn. 86; Baetge, J./Kirsch, H.-J. (1995): Grundsätze ordnungsmäßiger Buchführung, Rn. 101 f.; Ballwieser, W. (2002): Grundsätze der Aktivierung und Passivierung, Rz. 5 ff.; Kupsch, P. (1986): § 246, Rz. 58; Kußmaul, H. (2003): Bilanzierungsfähigkeit und Bilanzierungspflicht, Rn. 26; Lutz, G. (2003): Aktivierung, Rn. 3, jeweils m.w.N.
[342] S.a. Scheffler, E. (1989/1994): Rückstellungen für ungewisse Verbindlichkeiten, Rz. 46.
[343] Die Bemessung des Verpflichtungsüberhangs bei der Dotierung der Rückstellung wird nach der sog. Glattstellungsmethode vorgenommen, bei der eine fiktive Auflösung des Geschäfts unterstellt wird; vgl. Kommission (1990): DTB-Aktienoptionen im Jahresabschluß, S. 212; Maulshagen, A./Maulshagen, O. (2000): Behandlung von Swapgeschäften, S. 249. S.a. Ballwieser, W. (2002): Grundsätze der Aktivierung und Passivierung, Rz. 89; Crezelius, G. (1988): Das sogenannte schwebende Geschäft, S. 88 f.; Herzig, N./Köster, T. (1999): Rückstellungen, Rn. 253; Kupsch, P. (1986): § 246, Rz. 68; Moxter, A. (1986): Bilanzlehre II, S. 27 f.

4.3.1 Systemgrundsatz der Pagatorik

4.3.1.1 Charakterisierung

Im Jahresabschluss werden entsprechend dem Systemgrundsatz der Pagatorik nur Transaktionen erfasst, die auf bereits geleisteten oder zukünftig zu erbringenden Zahlungen beruhen.[344] Die Pagatorik erfährt durch das Realisationsprinzip und das Prinzip der periodengerechten Abgrenzung eine Konkretisierung dahingehend, ob die Zahlungen (noch) als Vermögensgegenstand, Schuld oder Rechnungsabgrenzungsposten in der Bilanz oder (bereits) als Aufwand resp. Ertrag in der GuV zu erfassen sind.[345] Vereinfacht ausgedrückt sind alle Zahlungsvorgänge, die in der abgelaufenen Berichtsperiode noch nicht zu Aufwendungen oder Erträgen geführt haben, als Aktiva resp. Passiva „zwischenzuspeichern".[346] Die Verknüpfung von Zahlungsvorgängen mit einer Erfassung im Jahresabschluss erklärt sich aus der dem HGB zugrunde liegenden Rechnungswesenkonzeption: Realwirtschaftliche Ereignisse und Nominalwertgüter werden über ihre korrespondierenden Ein- resp. Auszahlungen im Jahresabschluss wertmäßig erfasst und abgebildet.[347] Fehlen Zahlungsvorgänge, wird im Umkehrschluss ein Ansatz versagt, weil eine Wertbestimmung der in Frage stehenden Transaktion nicht möglich ist.[348]

4.3.1.2 Keine Wertableitung aus Zahlungsvorgängen für Derivate

Derivative Finanzinstrumente passen insofern nicht in dieses Denkschema, als die durch sie hervorgerufenen Zahlungen weder eine realwirtschaftliche Gegenseite haben noch ein Spiegelbild des (Anschaffungs-)Wertes eines Derivats sind. Eine Ausnahme von dieser Regel stellen geleistete Prämien bei bedingten Termingeschäften sowie Ausgleichszahlungen und Abgrenzungsbeträge dar.

Prämienzahlungen dienen dem Ausgleich des ökonomischen Nachteils, den der Stillhalter infolge des begrenzten Gewinnpotenzials hinzunehmen hat. Die Höhe der Prämie ergibt sich bei Abschluss des Vertrags aus der Wahrscheinlichkeit, dass die Basis eine für den Optionsverkäufer nachteilige Kurs- bzw. Wertentwicklung nimmt. Dem Risiko des Still-

---

[344] Vgl. Alsheimer, C.H. (2000): Die Rechtsnatur derivativer Finanzinstrumente, S. 87; Baetge, J./Kirsch, H.-J./Thiele, S. (2002): Bilanzen, S. 107 f.; Baetge, J./Kirsch, H.-J. (1995): Grundsätze ordnungsmäßiger Buchführung, Rn. 79.

[345] Vgl. Baetge, J./Kirsch, H.-J./Thiele, S. (2002): Bilanzen, S. 108 f.; Baetge, J./Kirsch, H.-J. (1995): Grundsätze ordnungsmäßiger Buchführung, Rn. 84; Lutz, G. (2003): Aktivierung, Rn. 1; s.a. Moxter, A. (1988): Periodengerechte Gewinnermittlung, S. 449.

[346] Vgl. Kupsch, P. (1986): § 246, Rz. 15; Baetge, J./Kirsch, H.-J. (1995): Grundsätze ordnungsmäßiger Buchführung, Rn. 89.

[347] Vgl. Kupsch, P. (1986): § 246, Rz. 17 und 20; Leffson, U. (1987): Grundsätze ordnungsmäßiger Buchführung, S. 255 f.

[348] Kritisch dazu Ballwieser, W. (2001): § 246, Rn. 30.

halters entspricht die Chance einer positiven Entwicklung auf Seiten des Optionskäufers. Mit Entrichtung der Prämie werden der Gegenwartswert dieses Rechts an den Stillhalter abgeführt und die beiderseitigen Ansprüche zum Ausgleich gebracht.[349] Die Ausgeglichenheit lässt sich auch daran ablesen, dass mit dem Abschluss von Optionsverträgen bei keiner Vertragspartei eine Reinvermögensmehrung eintritt: Buchhalterisch stellt sich der Vorgang auf Seiten des Optionskäufers als Aktivtausch,[350] beim Stillhalter als Aktiv--Passiv-Mehrung dar.[351] Da das bestehende Gliederungsschema für Kapitalgesellschaften nach § 266 Abs. 2 und 3 HGB keine eigenständigen Bilanzpositionen für den Ansatz der Optionen vorsieht, erfolgt eine Bilanzierung der Ausgaben (Käufer) bzw. Einnahmen (Stillhalter) ersatzweise unter den Rubriken „Sonstige Vermögensgegenstände" resp. „Sonstige Verbindlichkeiten".[352]

Während Prämienzahlungen den beizulegenden Zeitwert eines derivativen Finanzinstruments zu Vertragsbeginn widerspiegeln, entsprechen Ausgleichszahlungen dem Gegenwartswert eines Derivats bei dessen Beendigung. Für die Wertermittlung ist ohne Belang, ob es sich dabei um eine vorzeitige Auflösung oder eine reguläre Erfüllung des Vertrags handelt. Im Gegensatz zu einer regulären Erfüllung werden vorzeitig aufgelöste Verträge ausschließlich durch Leistung eines Differenzausgleichs (sog. *Close out*) beglichen, während endfällige Vereinbarungen u.U. auch durch effektive Andienung erfüllt werden können. Da mit der Vertragsbeendigung eine Fälligstellung der gegenseitig zu erbringenden Leistungen erfolgt, kommt ein Bilanzansatz – anders als bei Prämienzahlungen – nicht mehr in Frage. Die anfallenden Zahlungen sind vielmehr erfolgswirksam als „sonstiger betrieblicher Aufwand" bzw. „Ertrag" zu verbuchen.[353]

Alle sonstigen Zahlungsvorgänge im Zusammenhang mit derivativen Geschäften führen der Pagatorik folgend zwar zu einer Erfassung in der Bilanz[354] oder der GuV[355], sie repräsentieren aber nicht den Wert des Derivats. Da die Disparität von Zahlungsvorgängen und

---

[349] Vgl. Prahl, R./Naumann, T.K. (2000): Financial Instruments, Rn. 123.
[350] Buchungssatz: „Derivate (positiver beizulegender Zeitwert)" an „Kasse/Bank"; für an der EUREX notierte Optionen kommt es wegen des Future-Style-Verfahrens zu einer Aktiv-Passiv-Mehrung: „Derivate" an „Sonstige Verbindlichkeiten"; vgl. Förschle, G. (2003): § 246, Anm. 101; Schneider, W. (1995): Bilanzierung bei getrennter Bewertung, S. 768.
[351] Buchungssatz: „Kasse/Bank" an „Derivate (negativer beizulegender Zeitwert)".
[352] Vgl. IDW (1995): BFA 2/1995, Abschn. B; Prahl, R./Naumann, T.K. (2000): Financial Instruments, Rn. 118 und 122. A.A. ALSHEIMER, der den Rechtscharakter empfangener Optionsprämien als Schuld negiert und eine unmittelbar erfolgswirksame Erfassung für sachgerecht hält; vgl. Alsheimer, C.H. (2000): Die Rechtsnatur derivativer Finanzinstrumente, S. 138 ff.
[353] Vgl. Prahl, R./Naumann, T.K. (2000): Financial Instruments, Rn. 79 und 82.
[354] Bspw. Vorauszahlungen bei Swapvereinbarungen oder bei Terminbörsen hinterlegte Sicherheiten (sog. *initial margin*); s.a. Prahl, R./Naumann, T.K. (2000): Financial Instruments, Rn. 74, 87 und 97 ff.
[355] V.a. Zinszahlungen aus Swapvereinbarungen.

Wertermittlung bei Derivaten von erheblicher Bedeutung für die weiteren Ausführungen ist, soll sie noch einmal in knappen Aussagen zusammengefasst werden:

(1) Über die Laufzeit eines derivativen Instruments erfolgte Zahlungen werden grundsätzlich pro rata temporis im Jahresabschluss erfasst.

(2) Zahlungsvorgänge spiegeln – von Optionsprämien und Ausgleichszahlungen abgesehen – nicht den Wert des Derivats wider.

(3) Die Anschaffungskosten unbedingter Termingeschäfte betragen bei Vertragsabschluss i.d.R. Null.[356]

(4) Da Non-valeurs nicht bilanziert werden, unterbleibt zum Zeitpunkt des Abschlusses ein Ansatz.[357]

(5) Unbedingte Termingeschäfte werden somit erst im Rahmen der Folgebewertung im Abschluss sichtbar, weil sie im Laufe der Zeit einen von Null verschiedenen Wert annehmen.

4.3.2 Systemgrundsatz der Einzelbewertung

4.3.2.1 Charakterisierung

Das Einzelbewertungsprinzip ist in den §§ 240 Abs. 1 und 252 Abs. 1 Nr. 3 HGB kodifiziert:

„Jeder Kaufmann hat [...] den Wert der einzelnen Vermögensgegenstände und Schulden genau anzugeben."

„Die Vermögensgegenstände und Schulden sind zum Abschlussstichtag einzeln zu bewerten."

Nach diesem Grundsatz sind alle ansatzfähigen Posten am Abschlussstichtag einer Einzelbewertung zu unterziehen, ohne dass das Gesetz regelt, wie die Wertermittlung vollzogen werden soll.[358] Da derivative Finanzinstrumente nach der Argumentation aus Abschnitt 4.2 Vermögensgegenstände und Schulden i.S.d. Gesetzes sind, unterliegen sie der vorstehenden Regelung. Der Grundsatz der Einzelbewertung gilt zudem unabhängig von der Zuordnung eines derivativen Vermögensgegenstandes zum Anlage- oder Umlaufvermögen.

---

[356] Vgl. Prahl, R./Naumann, T.K. (2000): Financial Instruments, Rn. 72 f.
[357] Vgl. ADS[6], § 252 Tz. 62; Wiedmann, H. (1999): Bilanzrecht, § 252 Rz. 22. Die grundsätzliche Bilanzierungsfähigkeit von Derivaten wird dadurch aber nicht in Frage gestellt.
[358] Vgl. Selchert, F.W. (2002): § 252, Rn. 62. BALLWIESER weist zu Recht darauf hin, dass sich die Frage des Wertansatzes auch für die nicht explizit genannten Rechnungsabgrenzungsposten, Sonderposten und Bilanzierungshilfen stellt; vgl. Ballwieser, W. (2001): § 252, Rn. 17.

Die Betonung des „einzeln" findet ihre Rechtfertigung im Verrechnungsverbot nach § 246 Abs. 2 HGB.[359] Danach dürfen (einzeln bewertete) Aktiva und Passiva in der Bilanz sowie Aufwendungen und Erträge in der GuV nicht saldiert ausgewiesen werden.[360] Einzelbewertungsprinzip und Verrechnungsverbot konkretisieren damit die Rahmengrundsätze der Vollständigkeit und der Klarheit.[361]

Trotz der Betonung des Einzelnen sieht das Gesetz mit der Festbewertung und der Gruppenbewertung nach § 240 Abs. 3 und 4 sowie den Bewertungsvereinfachungsverfahren gem. § 256 HGB Abweichungen vom Einzelbewertungsprinzip vor.[362] Dabei handelt es sich um Ausnahmen, die in der Wirtschaftlichkeit und der Relevanz ihre Rechtfertigung finden.[363] Der Gesetzgeber nimmt dagegen keine Stellung zu der Frage, ob in einem ökonomisch nachweisbaren Funktionszusammenhang stehende Positionen einer gemeinsamen Bewertung unterzogen werden dürfen. Die Frage der Bildung dieser sog. Bewertungseinheiten ist bei Derivaten, die Teil einer Sicherungsbeziehung sind, von besonderer Bedeutung.

4.3.2.2 Einzelbewertung versus Bewertungseinheit

Der Begriff der Bewertungseinheit ist gesetzlich nicht belegt;[364] es handelt sich also um einen unbestimmten Rechtsbegriff. Bewertungseinheiten sind gedankliche Zusammenfassungen einzelner Vermögensgegenstände und/oder Schulden zu einer funktionellen Einheit, die sodann den Bewertungsvorschriften unterworfen wird.[365] Streng genommen verstößt ihre Bildung gegen den Einzelbewertungsgrundsatz, bei einer Aggregation von Aktiva und Passiva auch gegen das Verrechnungsverbot. Es ist zu unterscheiden zwischen Be-

---

[359] S.a. Ballwieser, W. (2001): § 252, Rn. 19; Hense, B./Geißler, H. (2003): § 252 Anm. 22; Selchert, F.W. (2002): § 252, Rn. 64; Siegel, T./Schmidt, M. (1999): Allgemeine Bewertungsgrundsätze, Rz. 88.
[360] Vgl. ADS⁶, § 252 Tz. 48; Ebke, W. (1986): Verrechnungsverbot, S. 366; Kupsch, P. (1992): Einzelbewertungsprinzip und Imparitätsprinzip, S. 346.
[361] Vgl. Castan, E. (2000): Allgemeine Gliederungsgrundsätze, Rz. 18.
[362] Vgl. ADS⁶, § 246 Tz. 57 f.; Hense, B./Geißler, H. (2003): § 252, Anm. 26; Selchert, F.W. (2002): § 252, Rn. 74.
[363] Vgl. Alsheimer, C.H. (2000): Die Rechtsnatur derivativer Finanzinstrumente, S. 117; Bellavite-Hövermann, Y./Barckow, A. (2002): IAS 39, Tz. 181; Siegel, T./Schmidt, M. (1999): Allgemeine Bewertungsgrundsätze, Rz. 89; s.a. Wohlgemuth, M. (1987): § 252, Rz. 29.
[364] Vgl. Anstett, C.W. (1997): Financial Futures im Jahresabschluß, S. 8; Selchert, F.W. (2002): § 252, Rn. 65; Tönnies, M./Schiersmann, B. (1997): Die Zulässigkeit von Bewertungseinheiten I, S. 714.
[365] S.a. Ballwieser, W. (2001): § 252, Rn. 20; Christiansen, A. (1995): Grundsatz der Einzelbewertung, S. 386; Wiedmann, H. (1994): Bewertungseinheit, S. 455. In der älteren Literatur wird die Bewertungseinheit allgemeiner mit dem Bewertungsobjekt, d.h. dem Gegenstand der Einzelbewertung gleichgesetzt; s. stellvertretend Benne, J. (1979): Gewinnerwartungen aus schwebenden Geschäften, S. 1654; ders. (1991): Einzelbewertung und Bewertungseinheit, S. 2603; Körner, W. (1976): Einzelbewertung, S. 431.

wertungseinheiten, die aus ansatzpflichtigen Posten derselben Bilanzseite gebildet werden, und solchen, die bilanzübergreifende Einheiten vorsehen.[366]

Die Bildung von Bewertungseinheiten bei Posten der gleichen Bilanzseite lässt sich mit den Grundsätzen der Wirtschaftlichkeit und der Relevanz rechtfertigen. I.d.R. handelt es sich bei den isolierten Teileinheiten um materielle Vermögensgegenstände, die zwecks Bildung eines einheitlichen Nutzungs- und Funktionszusammenhangs zu einer Vermögenseinheit zusammengeführt wurden.[367] Diese Einheit ließe sich zwar für Bewertungszwecke, nicht aber in ihrer realen Nutzung trennen.[368]

Typische, in der Literatur genannte Beispiele sind

- einzelne Stockwerke, Fahrstühle, Rolltreppen usw. als Bestandteil von Häusern;
- Kupplungen, Bremsen, Getriebe und dgl. als Teil eines Autos oder
- Festplatten und Grafikkarten bei PCs.[369]

Im Hinblick auf die Bewertung freistehender derivativer Finanzinstrumente kann diese Art der Bewertungseinheit vorläufig ausgeblendet werden. Sie ist aber im Rahmen der Bilanzierung strukturierter Produkte noch einmal zu untersuchen (s. Abschnitt 4.4).[370]

Für isolierte Derivate besitzt demgegenüber der zweitgenannte Fall größere Bedeutung, bei dem Bewertungseinheiten zwecks Abbildung von Sicherungsbeziehungen bilanzübergreifend gebildet werden.[371] Weil es infolge der Zusammenfassung entgegengesetzter Erfolgserwartungen dabei zu einem Risikoausgleich kommt, spricht man auch von einer kompensatorischen Bewertung. In dieser Formulierung kommt – deutlicher als bei dem Begriff „Bewertungseinheit" – zum Ausdruck, dass hier das generelle Verrechnungsverbot durch-

---

[366] Vgl. Alsheimer, C.H. (2000): Die Rechtsnatur derivativer Finanzinstrumente, S. 117; Anstett, C.W. (1997): Financial Futures im Jahresabschluß, S. 8 ff.; Anstett, C.W./Husmann, R. (1998): Bildung von Bewertungseinheiten, S. 1523 f.; Naumann, T.K. (1995): Bewertungseinheiten, S. 50 ff.; Wiedmann, H. (1994): Bewertungseinheit, S. 455; ders. (1995): Bewertungseinheit und Realisationsprinzip, S. 101.
[367] Vgl. Alsheimer, C.H. (2000): Die Rechtsnatur derivativer Finanzinstrumente, S. 117 und 155 ff.; Körner, W. (1976): Einzelbewertung, S. 431; Kupsch, P. (1992): Einzelbewertungsprinzip und Imparitätsprinzip, S. 343; Selchert, F.W. (2002): § 252, Rn. 68 f. m.w.N.; Wiedmann, H. (1995): Bewertungseinheit und Realisationsprinzip, S. 102.
[368] Vgl. Benne, J. (1992): Einzelbewertung, S. 246; Christiansen, A. (1995): Grundsatz der Einzelbewertung, S. 385; Selchert, F.W. (2002): § 252, Rn. 66.
[369] Vgl. ausführlich Körner, W. (1976): Einzelbewertung, S. 432 ff.; Ballwieser, W. (2002): Grundsätze der Aktivierung und Passivierung, Rz. 21 ff. m.w.N.; ders. (2001): § 252, Rn. 20 ff.; zur Bewertungseinheit in der steuerlichen Rechtsprechung vgl. Moxter, A. (1996): Bilanzrechtsprechung, S. 208 ff.
[370] S.a. Krumnow, J., et al. (1994): Rechnungslegung der Kreditinstitute, § 340e Tz. 93.
[371] Für eine ausführliche Darstellung der diesbzgl. unterscheidbaren Fallgruppen vgl. Naumann, T.K. (1995): Bewertungseinheiten, S. 53 ff.; Wiedmann, H. (1994): Bewertungseinheit, S. 459 ff.

brochen wird. WIEDMANN weist zutreffend darauf hin, dass bei einer kompensatorischen Bewertung das Einzelbewertungsprinzip streng genommen nicht in Frage gestellt wird, weil Vermögensgegenstände und Schulden zunächst einzeln bewertet und die Ergebnisse erst im nachhinein miteinander saldiert werden.[372] Die Bildung von Bewertungseinheiten bei Vorliegen von Sicherungsbeziehungen und ihre Abbildung im Jahresabschluss ist Gegenstand von Abschnitt 4.5.2.

4.3.3 Kapitalerhaltungsgrundsatz der Vorsicht

4.3.3.1 Charakterisierung

Das Vorsichtsprinzip ist – wie der Grundsatz der Einzelbewertung – in den Allgemeinen Bewertungsvorschriften niedergelegt. § 252 Abs. 1 Nr. 4 HGB lautet:

> *„Es ist vorsichtig zu bewerten, namentlich sind alle vorhersehbaren Risiken und Verluste, die am Abschlussstichtag entstanden sind, zu berücksichtigen, selbst wenn diese erst zwischen dem Abschlussstichtag und dem Tag der Aufstellung des Jahresabschlusses bekannt geworden sind; Gewinne sind nur zu berücksichtigen, wenn sie am Abschlussstichtag realisiert sind."*

In der vorstehenden Formulierung des Gesetzes umfasst das Vorsichtsprinzip drei Ausprägungen:[373]

- Das Vorsichtsprinzip i.e.S., wonach jedwede Bewertung i.S.v. Schätzung vorsichtig zu erfolgen hat;[374]

- das sog. Imparitätsprinzip, das die erfolgsmäßige Antizipation drohender Verluste vorschreibt;[375] sowie

- das Realisationsprinzip.[376]

---

[372] Vgl. Wiedmann, H. (1995): Bewertungseinheit und Realisationsprinzip, S. 103; s.a. Staudt, A./Weinberger, G. (1997): Cross-Hedging, S. 45 f.

[373] Vgl. Baetge, J./Kirsch, H.-J. (2002): Grundsätze ordnungsmäßiger Buchführung, Rn. 104 ff.; Ballwieser, W. (2001): § 252, Rn. 56; Leffson, U. (1987): Grundsätze ordnungsmäßiger Buchführung, S. 465 ff.; Leffson, U./Schmid, A. (1993): Erfassungs- und Bewertungsprinzipien, Rn. 122; Selchert, F.W. (2002): § 252, Rn. 85 m.w.N.

[374] Für die nachfolgenden Ausführungen ist der Grundsatz der Bewertungsvorsicht von untergeordneter Bedeutung und soll nicht weiter verfolgt werden. Für eine ausführliche Darstellung vgl. Selchert, F.W. (2002): § 252, Rn. 86 ff. m.w.N.

[375] *lat.* impar = ungleich. Die Ungleichbehandlung erklärt sich erst aus der Kombination mit dem Realisationsprinzip, weil Risiken (= drohende Verluste) anders im Jahresabschluss zu erfassen sind als Chancen (= erwartete Gewinne); s.a. Müller, U. (1996): Imparitätsprinzip und Erfolgsermittlung, S. 689; Rückle, D. (1986): Vorsicht, S. 403 f. m.w.N.

[376] BAETGE subsumiert das Realisationsprinzip und die aus ihm abgeleiteten Grundsätze in seinem GoB-System nicht unter dem Kapitalerhaltungsgrundsatz, sondern unter den Definitionsgrundsätzen für den Jahreserfolg. Er sieht die wesentliche – wenn auch nicht die alleinige – Aufgabe des Realisationsprinzips damit in der periodengerechten Gewinnermittlung; vgl. Baetge, J./Kirsch, H.-J./Thiele, S. (2002):

4. Bilanzierung von Derivaten und Sicherungsbeziehungen nach deutschem Recht

Eine vorsichtige Bewertung entsprechend dem Imparitätsprinzip zeichnet sich dadurch aus, dass neben allen realisierten auch sich lediglich abzeichnende Verluste (= Risiken) im Jahresabschluss der laufenden Periode gewinnmindernd zu berücksichtigen sind.[377] Das Imparitätsprinzip dient nach h.M. damit der Kapitalerhaltung, weil der ausschüttungsfähige Gewinn um den drohenden Verlust reduziert wird und Substanz in entsprechender Höhe nicht abfließt.[378] Dabei muss der risikobehaftete Sachverhalt zum Abschlussstichtag bereits verursacht sein; erkennen muss der Kaufmann den aus diesem drohenden Verlust spätestens bei Aufstellung des Jahresabschlusses (sog. Wertaufhellung).[379] Das Imparitätsprinzip erfährt durch das Einzelbewertungsprinzip insoweit eine Konkretisierung, als der drohende Verlust zurechenbar sein muss; ein pauschal drohender Verlust, bspw. in Form getrübter konjunktureller Aussichten, qualifiziert nicht für eine gewinnmindernde Berücksichtigung.[380]

Das Realisationsprinzip als weitere Ausprägung des Vorsichtsprinzips soll verhindern, dass zukünftig erwartete positive Erfolgsbeiträge vor dem Umsatzakt vereinnahmt und womöglich ausgeschüttet werden.[381] Sie finden ihren Niederschlag im Jahresabschluss erst dann, wenn sie am Stichtag realisiert sind. Im Unterschied zu Risiken werden Chancen also nicht antizipiert, obgleich es sich in beiden Fällen um unrealisierte Zustände handelt. Nicht die Realisierbarkeit (das „Drohen") ist ausschlaggebend, sondern die effektive Realisation. Wann dieser Zeitpunkt gegeben ist, ist handelsrechtlich nicht bestimmt, sondern ökonomische Konvention.[382] Bei Umsatzgeschäften gilt ein Erfolg als realisiert, wenn die Lieferung

---

[377] Bilanzen, S. 108 ff.; Baetge, J./Kirsch, H.-J. (1995): Grundsätze ordnungsmäßiger Buchführung, Rn. 84, 86 und 112; s.a. Ballwieser, W. (2001): § 252, Rn. 72; Wohlgemuth, M. (1987): § 252, Rz. 37. BAETGE/KNÜPPE weisen zutreffend darauf hin, dass mit dem Begriff „Verlust" entgegen der sonstigen Verwendung innerhalb des Gesetzestextes keine Saldogröße, sondern das Ergebnis einer Einzelbewertung eines bilanzierungspflichtigen Sachverhalts gemeint ist, vgl. Baetge, J./Knüppe, W. (1986): Vorhersehbare Risiken, S. 395 f.; s.a. Müller, U. (1996): Imparitätsprinzip und Erfolgsermittlung, S. 692.

[378] Vgl. Baetge, J./Apelt, B. (1992): GoB, Rn. 93; Baetge, J./Knüppe, W. (1986): Vorhersehbare Risiken, S. 394. A.A. MÜLLER, die über Beispielrechnungen zeigt, dass die Antizipation drohender Verluste nur in sehr begrenztem Maße kapitalerhaltend wirkt, vgl. Müller, U. (1996): Imparitätsprinzip und Erfolgsermittlung, S. 692 f.

[379] Vgl. Baetge, J./Knüppe, W. (1986): Vorhersehbare Risiken, S. 398 f.; Hense, B./Geißler, H. (2003): § 252, Anm. 38; Moxter, A. (1986): Bilanzlehre II, S. 37.

[380] Vgl. ADS⁶, § 252 Tz. 74; Buchner, R. (1986): Allgemeine Bewertungsgrundsätze, S. 43; Moxter, A. (1986): Bilanzlehre II, S. 38; Selchert, F.W. (2002): § 252, Rn. 94; Wohlgemuth, M. (1987): § 252, Rz. 43; zur Abgrenzung s. Baetge, J./Knüppe, W. (1986): Vorhersehbare Risiken, S. 399 ff.

[381] Vgl. Leffson, U. (1987): Grundsätze ordnungsmäßiger Buchführung, S. 247; Selchert, F.W. (2002): § 252, Rn. 101.

[382] Vgl. ADS⁶, § 252 Tz. 82; Leffson, U. (1987): Grundsätze ordnungsmäßiger Buchführung, S. 257; Wohlgemuth, M. (1987): § 252, Rz. 38.

resp. Leistung erbracht und die (Preis-)Gefahr auf den Erwerber übergegangen ist.[383] Bei Geschäften, denen keine Umsatztätigkeit zugrunde liegt (z.B. Finanzierungs- und Sicherungsgeschäfte), ist der Realisationszeitpunkt dagegen schwieriger zu bestimmen.[384] LEFFSON vertritt die – stark juristisch und weniger ökonomisch geprägte – Ansicht, dass eine Erfolgserfassung erst dann vorzunehmen ist, wenn „rechtswirksame Vermögensänderung[en]" eingetreten sind und die den betreffenden Geschäften „zugrundeliegenden Rechtsakte wirksam werden."[385] Er folgert, dass bei Finanzierungsgeschäften mit Ausnahme der periodisch anfallenden Zinszahlungen keine anderweitigen Erfolge anfallen. Wertveränderungen, die auf Schwankungen zugrunde liegender Risikofaktoren zurückgehen – Zinssätze, Wechselkurse, Aktienkurse, Rohstoffpreise etc. –, qualifizieren danach nicht für eine Erfolgserfassung vor Fälligkeit.[386]

Aus dem Realisationsprinzip wird das Anschaffungswertprinzip abgeleitet, das in § 253 Abs. 1 HGB kodifiziert ist. Danach sind Vermögensgegenstände höchstens mit ihren Anschaffungs- oder Herstellungskosten, vermindert um Abschreibungen, anzusetzen. Verhindert werden soll mit dieser Regelung, dass Wertschöpfungen im Zuge der Erstellung absatzfähiger Güter bereits vor einer Wertbestätigung durch den Markt mit einem höheren als dem Gestehungswert ausgewiesen werden.[387] Erst wenn ein höherer Marktwert durch den Tausch des in Frage stehenden Gutes gegen Barvermögen oder Kreditierung bestätigt wurde, darf der Bilanzierende den durch den Umsatzsprung (her-)ausgelösten Erfolg als realisiert betrachten und vereinnahmen.[388]

4.3.3.2 Das Vorsichtsprinzip als Hauptgrund für die Nichtbilanzierung derivativer Instrumente

In der bilanziellen Disparität drohender Verluste und möglicher Gewinne liegt die eigentliche Ursache für die Nichtbilanzierung derivativer Finanzinstrumente. Wie in Abschnitt 4.2.2 dargelegt wurde, sind Derivate abstrakt aktivierungs- und passivierungsfähig. Ihr

---

[383] S. ausführlich Leffson, U. (1987): Grundsätze ordnungsmäßiger Buchführung, S. 262 ff.; Hense, B./ Geißler, H. (2003): § 252, Anm. 44 ff.; Burkhardt, D. (1989): Realisation von Währungserfolgsbeiträgen, S. 496; Selchert, F.W. (2002): § 252, Rn. 103 ff.; Wiedmann, H. (1999): Bilanzrecht, § 252 Rz. 25 f.
[384] Vgl. Wenk, M.O. (1997): Marktwert im Rechnungswesen, S. 56.
[385] Leffson, U. (1987): Grundsätze ordnungsmäßiger Buchführung, S. 269; s.a. Leffson, U./Schmid, A. (1993): Erfassungs- und Bewertungsprinzipien, Rn. 122.
[386] Als Ausnahme nennt LEFFSON Fremdwährungsforderungen, denen Verbindlichkeiten in gleicher Höhe und Währung gegenüberstehen, vgl. Leffson, U. (1987): Grundsätze ordnungsmäßiger Buchführung, S. 292.
[387] Vgl. Leffson, U. (1987): Grundsätze ordnungsmäßiger Buchführung, S. 251.
[388] Vgl. Leffson, U. (1987): Grundsätze ordnungsmäßiger Buchführung, S. 248; Moxter, A. (1984): Bilanzlehre I, S. 163; ders. (1986): Bilanzlehre II, S. 39.

4. Bilanzierung von Derivaten und Sicherungsbeziehungen nach deutschem Recht

Wert ergibt sich aus den Erwartungen der Marktteilnehmer am Abschlussstichtag, dem aktuellen Wert der maßgeblichen Preisbestimmungsfaktoren usw. Sofern die Berechnungen zu einem negativen beizulegenden Zeitwert führen, wird das betreffende Derivat zutreffend als Schuld passiviert.[389] Dass der Ansatz gem. § 249 Abs. 1 HGB in Form einer Rückstellung und nicht als eigenständiger Bilanzposten erfolgt, ist ausweistechnisch zwar unbefriedigend; ökonomisch ist der Unterschied aber ohne Belang, da die mögliche zukünftige Verpflichtung zumindest erfasst und mit dem am Stichtag vorhersehbaren Wert angesetzt wird. Führt die Bewertung dagegen zu einem positiven beizulegenden Zeitwert, so wäre analog die Bildung eines Vermögenswertes in entsprechender Höhe geboten.[390] Das Realisationsprinzip verhindert aber diesen Ausweis, weil der ermittelte Vermögensvorteil lediglich realisier<u>bar</u> ist, nicht realisier<u>t</u>. Die h.M. geht davon aus, dass seine Erfassung in der GuV unterbleiben muss, solange sich der Gegenwert nicht durch den Erhalt einer Ausgleichszahlung materialisiert hat. Diese erfolgt bekanntlich erst bei vorzeitiger/planmäßiger Beendigung des Geschäfts.

Zu fragen ist an dieser Stelle allerdings, ob nicht die von LEFFSON postulierte „rechtswirksame Vermögensänderung" auch ohne Zahlungsvorgang eingetreten ist. Dies kann nach Ansicht des Verfassers bejaht werden.[391]

Derivative Finanzinstrumente sind vertragliche Regelungen ohne Kassatransaktion, die rechtlich ebenso durchsetzbar sind wie Kredite oder Umsatzgeschäfte. Die Durchsetzbarkeit ist dabei nicht auf die Erfüllung des Geschäfts beschränkt, sondern schließt zwischenzeitlich eingetretene Vermögensänderungen mit ein.[392] Derivate mit positivem beizulegendem Zeitwert stellen ökonomisch Forderungen dar. In der Kreditwirtschaft werden sie aufsichtrechtlich wie das sonstige Aktivgeschäft behandelt und prozentual mit Eigenkapital unterlegt. Bei strenger Auslegung führt das Realisationsprinzip dann zu dem widersinnigen Ergebnis, dass Kreditinstitute eingetretene Vermögensvorteile <u>bilanzrechtlich</u> nicht ausweisen dürfen, sie aus <u>aufsichtsrechtlichen</u> Gründen aber mit Eigenkapital unterlegen müssen. Dass die Vermögensänderung rechtlich wirksam geworden ist, dürfte kaum zu bestreiten sein, v.a. wenn sie infolge eines hoheitlichen Aktes weitere Rechtsfolgen auslöst.[393]

---

[389] Buchungssatz: „Sonstiger betrieblicher Aufwand" an „[Passiva]".
[390] Buchungssatz: „[Aktiva]" an „Sonstiger betrieblicher Ertrag".
[391] So wohl auch Burkhardt, D. (1989): Realisation von Währungserfolgsbeiträgen, S. 496.
[392] S.a. Schneider, W. (1995): Bilanzierung bei getrennter Bewertung, S. 771.
[393] Mit derselben Begründung ließe sich (zu Recht) auch ein erfolgswirksamer Ausweis von Wertsteigerungen im Wertpapiergeschäft fordern. Der Unterschied zum Geschäft mit derivativen Finanzinstrumenten besteht freilich darin, dass es sich bei Derivaten um bereits eingeleitete, in der Abwicklung befindliche Geschäfte handelt; bei gehaltenem Wertpapiervermögen fehlt es dagegen an einer vergleichbaren vertraglichen Beziehung.

Derartige Rechtsfolgen sind nicht nur im Bankensektor zu beobachten. Im OTC-Geschäft wird üblicherweise die Stellung von Sicherheiten durch jenen Vertragspartner vereinbart, zu dessen Lasten sich der Wert des Geschäfts entwickelt (sog. *Collateral*-Vereinbarungen). Die Höhe der beizubringenden Sicherheiten – i.d.R. Wertpapiere – hängt dabei unmittelbar von dem Saldo des derivativen Geschäfts ab. Die unmittelbare Knüpfung des Betrags zu stellender Sicherheiten an den Verpflichtungsüberhangs des Derivats deutet auch hier auf eine Rechtswirksamkeit der eingetretenen Vermögensänderung.

Wenn ein Ansatz positiver Zeitwerte nach diesen Überlegungen zumindest denkbar erscheint, bleibt der Verstoß gegen das Anschaffungswertprinzip nach § 253 HGB problematisch.[394] Eine Berufung auf § 252 Abs. 2 HGB, wonach im Ausnahmefall von den Allgemeinen Bewertungsgrundsätzen abgewichen werden darf, bleibt infolge der separaten Kodifizierung des Anschaffungswertgrundsatzes faktisch wirkungslos. Da die „Anschaffungskosten" bei unbedingten Termingeschäften regelmäßig Null betragen, können diese folglich nie als Vermögenswert ausgewiesen werden. Bei Optionsgeschäften wäre ein Ausweis lediglich in Höhe der Optionsprämie zulässig. Darüber hinausgehende Erfolgsbeiträge blieben bis zum Tag der Ausübung oder Glattstellung unberücksichtigt. Erst dann wird der Gewinnsprung bilanziell sichtbar.[395]

4.4 Bilanzierung eingebetteter Derivate

4.4.1 Problemstellung

Die Bewertung derivativer Finanzinstrumente, die Teil eines strukturierten Produkts sind, ist im deutschsprachigen Raum – im Gegensatz zur Ableitung entsprechender Abbildungsregeln für freistehende Derivate – bislang kaum thematisiert worden. Die veröffentlichten Beiträge sind im Wesentlichen kasuistisch und diskutieren Bilanzierungsgrundsätze für einzelne Produkte und/oder Branchen. Im Kern geht es dabei stets um die Frage, ob ein bestimmtes strukturiertes Produkt ganzheitlich – d.h. als Bewertungseinheit – zu bilanzieren oder in seine Bestandteile aufzuspalten ist.[396] Auf der einen Seite liefert eine ganzheit-

---

[394] S.a. Burkhardt, D. (1989): Realisation von Währungserfolgsbeiträgen, S. 497 f.
[395] Eine Analogie zu Umsatzgeschäften, bei denen der Erfolg ebenfalls erst bei Verkauf zu zeigen ist, geht gleichwohl fehl, weil die bei Derivaten auftretenden Wertveränderungen nicht auf eine Wertschöpfung durch den Bilanzierenden, sondern auf marktbezogene Schwankungen der Bewertungsfaktoren zurückzuführen sind. Die Begründung des Realisationsprinzips mit der fehlenden Wertbestätigung durch den Markt während eines Fertigungsprozesses geht bei Derivaten ins Leere, da sie börsentäglich über die gesamte Laufzeit des Geschäfts erfolgt.
[396] Vgl. Bertsch, A. (2003): Bilanzierung strukturierter Produkte, S. 550 ff.; Dombek, M. (2002): Bilanzierung von strukturierten Produkten, S. 1066; Eisele, W./Knobloch, A. (2003): Strukturierte Anleihen und Bilanzrechtsauslegung , S. 751 ff.; Häuselmann, H. (2000): Wandelanleihen, S. 145 f.; Krumnow, J., et al. (1994): Rechnungslegung der Kreditinstitute, § 340e Tz. 465 ff.; Prahl, R./Naumann, T.K.

liche Bilanzierung häufig ein nicht den tatsächlichen Verhältnissen entsprechendes Bild des Vermögens- und Ertragslage des Unternehmens. Auf der anderen Seite ist eine Zerlegung bilanzrechtlich nicht unproblematisch, weil strukturierte Produkte rechtlich nicht trennbare Einheiten darstellen, die eingebetteten Derivate mithin nicht einzeln veräußerbar sind.[397] Damit steht eine isolierte Aktivierung resp. Passivierung herausgelöster Derivate formal im Widerspruch zu den Ansatzgrundsätzen.

Als erste wiesen PRAHL/NAUMANN in einem 1992 erschienenen Aufsatz auf dieses Bilanzierungsproblem hin.[398] Am Beispiel des sog. *DAX®-Redemption-Bonds* verdeutlichen sie, dass eine Bilanzierung als ganzheitliches Produkt zu ökonomisch zweifelhaften Ergebnissen führen kann. Bei dem genannten strukturierten Produkt handelt es sich um eine hochverzinsliche Indexanleihe, eine Verknüpfung aus einer klassischen Schuldverschreibung und einer Optionskombination auf den Deutschen Aktienindex.[399]

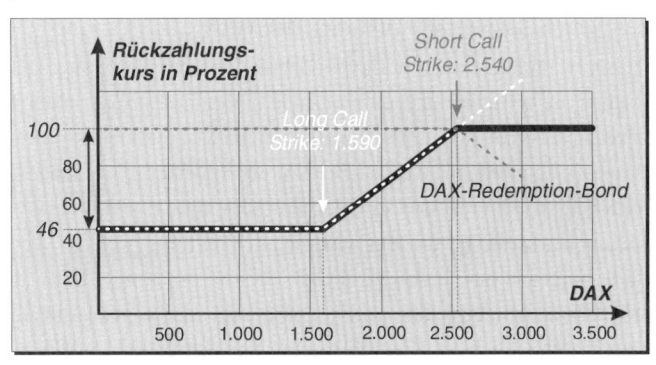

Abb. 17: Zahlungsprofil *DAX®-Redemption-Bond*
Quelle: Eigene Darstellung in Anlehnung an KPMG (1995): Financial Instruments, S. 118.

(2000): Financial Instruments, Rn. 10 f.; Scharpf, P. (1999): Bilanzierung strukturierter Produkte, S. 24; Scheffler, J. (1994): Hedge Accounting, S. 235 ff.; Wittenbrink, C./Höltkemeyer, C. (2000): Neue Bilanzierungsregeln für strukturierte Finanzinstrumente, S. 772. BERTSCH bezeichnet die beiden Verfahrensweisen als „Einheitstheorie" und „Trennungstheorie"; vgl. Bertsch, A. (1999): Rechnungslegung von Aktienanleihen, S. 686 f.

[397] Vgl. IDW (2001): RH BFA 1.003, Tz. 1; Köhler, A. (1997): Bilanzierung derivativer Finanzinstrumente, S. 6008; KPMG (Hrsg.): Financial Instruments, S. 117; Windmöller, R./Breker, N. (1995): Bilanzierung von Optionsgeschäften, S. 391. Insofern läuft die Forderung von SCHEFFLER ins Leere, eine Aufspaltung immer dann zu fordern, „wenn die einzelnen Bestandteile einzeln bewertbar und einzeln veräußerbar sind. Ist dies nicht der Fall, bilden sie eine Bewertungseinheit und sind gesamthaft zu bewerten.", Scheffler, J. (1994): Hedge Accounting, S. 237.

[398] Vgl. Prahl, R./Naumann, T.K. (1992): Moderne Finanzinstrumente im Spannungsfeld, S. 713 ff.; s.a. KPMG (1995): Financial Instruments, S. 118 ff.

[399] Bei der Optionskombination handelt es sich um den Kauf eines Calls bei gleichzeitigem Verkauf des Calls zu einem höheren Basispreis (sog. *Bull-Spread*).

Ihr Zahlungsprofil unterscheidet sich von dem traditioneller Anleihen dadurch, dass die Rückzahlung lediglich bis zur Höhe von 46% garantiert wurde. Darüber hinaus war sie im Rahmen eines vorgegebenen Korridors an die Entwicklung des Deutschen Aktienindex gekoppelt. Die Obergrenze wurde dabei so festgelegt, dass der Anleger maximal den Nennbetrag zurückerhält. Legt man die allgemeinen Bewertungsgrundsätze zugrunde, wäre das Wertpapier zum auf den Kauftag folgenden Abschlussstichtag außerplanmäßig bis auf den garantierten Rückzahlungsbetrag abzuschreiben. Das in die Anleihe eingebettete Derivat bliebe dagegen bilanziell unberücksichtigt.[400] Die derart abgebildete Bewertungseinheit aus Schuldverschreibung und Optionskombination liefert ein nicht den Tatsachen entsprechendes Bild der Vermögenslage. Diese lässt sich (zumindest näherungsweise) nur erzielen, wenn das strukturierte Produkt „$DAX^{®}$-Redemption-Bond" in seine Komponenten zerlegt wird und die einzelnen Bestandteile separat angesetzt werden.

4.4.2 Einheitliche Bilanzierung strukturierter Produkte

Werden strukturierte Produkte nicht in ihre einzelnen Bestandteile zerlegt, stellen sie ökonomisch betrachtet Bewertungseinheiten dar: Innerhalb eines strukturierten Produkts erfolgt eine Risiko- und Wertkompensation über sämtliche Risikofaktoren hinweg, denen das *Compound Instrument* unterliegt.[401] Dies erscheint unproblematisch, solange die Wertveränderung aller Komponenten des strukturierten Produkts auf ein und denselben Risikofaktor zurückzuführen ist, bspw. auf das Zinsänderungsrisiko. Leitet sich der Wert der einzelnen Bestandteile hingegen aus unterschiedlichen Preisbestimmungsgrößen ab, liegt ökonomisch eine Überkreuzkompensation vor.[402] Diese Form der kompensatorischen Bewertung ist bis dato ausschließlich bei Kreditinstituten und auch dort nur in einem engen Rahmen zulässig.[403]

Der Bankenfachausschuss (BFA) des IDW hat sich im Juli 2001 zur Bilanzierung strukturierter Produkte bei Kreditinstituten geäußert. Er vertritt – in deutlicher Anlehnung an die internationalen Standards SFAS 133/138 und IAS 39 – die Ansicht, dass strukturierte Produkte grundsätzlich als einheitlicher Vermögensgegenstand zu bilanzieren seien.[404] In Abhängigkeit vom jeweiligen Trägervertrag (Kassainstrument) sollten die allgemeinen Bilan-

---

[400] Vgl. Prahl, R./Naumann, T.K. (1992): Moderne Finanzinstrumente im Spannungsfeld, S. 713; s.a. KPMG (1995): Financial Instruments, S. 119.
[401] Vgl. Scharpf, P. (1999): Bilanzierung strukturierter Produkte, S. 28.
[402] Vgl. Scharpf, P. (1999): Bilanzierung strukturierter Produkte, S. 28.
[403] Vgl. § 340f Abs. 3 HGB; s.a. Krumnow, J., et al. (1994): Rechnungslegung der Kreditinstitute, § 340f Tz. 56 ff.
[404] Vgl. IDW (2001): RH BFA 1.003, Tz. 4; s.a. Bertsch, A. (2003): Bilanzierung strukturierter Produkte, S. 553 f.; der Vorgehensweise nach offensichtlich a.A. Scharpf, P. (2003): Finanzinnovationen, Rn. 863.

zierungs- und Bewertungsvorschriften für Forderungen bzw. Wertpapiere angewendet werden. Dabei wird offensichtlich unterstellt, dass für das strukturierte Produkt als Ganzes ein Börsen- oder Marktpreis erhältlich ist. Falls ein solcher nicht vorliegt, wird vorgeschlagen, Trägervertrag und eingebettete(s) Derivat(e) durch Heranziehung anerkannter Bewertungsmodelle zunächst einzeln zu bewerten und die beizulegenden Werte anschließend zu einem Gesamtwert des strukturierten Finanzinstruments zusammenzufassen.[405]

4.4.3 Getrennte Bilanzierung strukturierter Produkte

Abweichend von der grundsätzlichen Linie verlangt der BFA unter bestimmten Bedingungen eine Zerlegung strukturierter Produkte in ihre Bestandteile. Danach ist eine Aufspaltung geboten, wenn

- Trägervertrag und eingebettete(s) Derivat(e) unterschiedlichen Risikofaktoren unterliegen (bspw. Aktienanleihen, eine Kombination aus einer verzinslichen Anleihe und einer Put-Option auf Aktien[406]);

- die Rückzahlung des eingesetzten Kapitals nicht ausschließlich von der Bonität des Emittenten abhängt (z.B. *Credit Linked Notes*, bei denen zusätzlich die Bonität des Referenzaktivums als preisbestimmender Faktor zu berücksichtigen ist);

- eine Negativverzinsung möglich ist (bspw. bei *Reverse Floatern* ohne *Cap*); oder

- die Laufzeit einer Anleihe ohne eine Anpassung des Kupons an das dann vorherrschende Zinsniveau verlängert werden kann.[407]

Die einzelnen Komponenten sind mit dem Wert anzusetzen, der ihrem Anteil am Wert des strukturierten Produkts entspricht; dabei lässt der BFA offen, nach welchem Verfahren die Wertermittlung der Bestandteile vorgenommen werden soll.[408] Er schreibt lediglich vor, die Bausteine des strukturierten Produkts „unter Beachtung der jeweils maßgeblichen handelsrechtlichen Grundsätze als einzelne Vermögensgegenstände und Schulden zu bilanzieren und zu bewerten."[409] In vielen Fällen kann die rechnerische Zerlegung im Wege einer arbitragefreien Duplizierung erfolgen, wie sie aus der modernen Finanzierungstheorie be-

---

[405] Vgl. IDW (2001): RH BFA 1.003, Tz. 5.
[406] Vgl. diesbzgl. Beike, R. (2000): Aktienanleihen; Bertsch, A. (1999): Rechnungslegung von Aktienanleihen, S. 685 ff.; ders. (2003): Bilanzierung strukturierter Produkte, S. 557 f.; Heinrich, M. (1999): Strukturierte Produkte im Aktienbereich, S. 77 ff.; Serfling, K./Pape, U. (2000): Financial Engineering bei Aktienanleihen, S. 388 ff.; Wilkens, M./Scholz, H. (2000): Reverse Convertibles, S. 171.
[407] Vgl. IDW (2001): RH BFA 1.003, Tz. 7; s.a. Scharpf, P. (2003): Finanzinnovationen, Rn. 864.
[408] Vgl. IDW (2001): RH BFA 1.003, Tz. 8.
[409] IDW (2001): RH BFA 1.003, Tz. 7.

kannt ist.[410] Dieses Verfahren sei beispielhaft für den beschriebenen *DAX®-Redemption Bond* vorgestellt.

Der beizulegende Wert des strukturierten Produkts *DAX®-Redemption Bond* ergibt sich im Zeitpunkt des Kaufs als Summe der beizulegenden Werte der Anleihe „ex" und der Optionskombination.[411] Der beizulegende Zeitwert der Anleihe lässt sich durch Abdiskontierung der ausstehenden, garantierten Zahlungsströme ermitteln.[412] Als Abzinsungsfaktor ist die gegenwärtige Marktrendite für Titel gleicher Bonität und Laufzeit heranzuziehen. Der Wert der Optionen ergibt sich sodann durch Subtraktion des Barwerts der Anleihe von den Anschaffungskosten des strukturierten Produkts (sog. Restwertverfahren).[413] Beide Komponenten sind einzeln mit ihren rechnerischen Anschaffungskosten zu aktivieren (Investor) resp. passivieren (Emittent) und in den folgenden Perioden getrennt zu bewerten.[414]

Für die enthaltene Optionskombination verlangt der BFA eine Bilanzierung in Übereinstimmung mit der Stellungnahme BFA 2/1995 „Bilanzierung von Optionsgeschäften". Der Ausweis kann abweichend von der Stellungnahme unter dem Rechnungsabgrenzungsposten erfolgen.[415] Dabei nimmt der beizulegende Zeitwert der Schuldverschreibung infolge der Verkürzung der Restlaufzeit beständig ab, die Anleihe ist folglich abzuschreiben.[416]

Der Wert der Optionskombination hängt v.a. von der Entwicklung des DAX ab. Wie bei freistehenden Derivaten verhindert allerdings das Realisationsprinzip auch in diesem Fall einen Wertansatz oberhalb der Anschaffungskosten, so dass insbesondere ein Indexanstieg und die damit verbundene höhere Rückzahlung nicht sachgerecht abgebildet werden. Da

---

[410] Vgl. Scharpf, P. (1999): Bilanzierung strukturierter Produkte, S. 24; Wilkens, M./Scholz, H. (2000): Reverse Convertibles, S. 171 f.
[411] Die Optionskombination wird dabei nicht weiter zerlegt. Zur Begründung s. Prahl, R./Naumann, T.K. (1992): Moderne Finanzinstrumente im Spannungsfeld, S. 713 f.; s.a. Häuselmann, H./Wiesenbart, T. (1990): Fragen zur bilanzsteuerlichen Behandlung, S. 646; KPMG (1995): Financial Instruments, S. 119.
[412] Vgl. Prahl, R./Naumann, T.K. (1992): Moderne Finanzinstrumente im Spannungsfeld, S. 714; s.a. KPMG (1995): Financial Instruments, S. 119.
[413] Vgl. Prahl, R./Naumann, T.K. (1992): Moderne Finanzinstrumente im Spannungsfeld, S. 713. Dieses Verfahren unterstellt allerdings, dass bei der Bepreisung des Bonds auf Seiten des Emittenten keine Margen vereinnahmt wurden. Dies ist i.d.R. aber der Fall. Wenn das Restwertverfahren in der dargestellten Weise angewendet würde, käme es bei der Folgebewertung der Optionskombination zwangsläufig zu einer erfolgswirksamen Verbuchung der Marge, da deren Gegenwert im Optionspreismodell nicht berücksichtigt werden kann; s.a. Serfling, K./Pape, U. (2000): Financial Engineering bei Aktienanleihen, S. 391; Wilkens, M./Scholz, H. (2000): Reverse Convertibles, S. 171 f.
[414] Vgl. KPMG (1995): Financial Instruments, S. 120 f.
[415] Vgl. IDW (2001): RH BFA 1.003, Tz. 8.
[416] Die Darstellung auf Seiten des Emittenten vollzieht sich exakt spiegelverkehrt, d.h. Schuldverschreibung und Bull-Spread sind getrennt zu passivieren und der Rückzahlungsbetrag aus der Anleihe sukzessive abzusenken; s.a. KPMG (1995): Financial Instruments, S. 120 f.; Prahl, R./Naumann, T.K. (1992): Moderne Finanzinstrumente im Spannungsfeld, S. 714.

sich der BFA explizit auf die „handelsrechtlichen Grundsätze" beruft, wird die (Netto-) Vermögenslage eines Unternehmens immer dann falsch dargestellt, wenn die herauszutrennenden Derivate einen positiven Marktwert aufbauen, der die Anschaffungskosten übersteigt.

KRUMNOW ET AL. halten die Aufspaltung strukturierter Produkte als Ausfluss der wirtschaftlichen Betrachtungsweise grundsätzlich für geboten.[417] Als Beispiel für zerlegungspflichtige Finanzinstrumente führen sie Garantiezertifikate (zu denen auch der o.g. *DAX®-Redemption Bond* gehört), Aktienanleihen, Optionsanleihen sowie Darlehen mit Gläubigerkündigungsrechten an.[418] Die beiden letztgenannten Produkte wären entsprechend dem Rechnungslegungshinweis 1.003 des BFA nicht aufzuspalten, weil Trägervertrag und eingebettetes Derivat denselben Risikofaktoren unterliegen. Umgekehrt wollen WINDMÖLLER/BREKER bilanzierenden Unternehmen eine einheitliche Bilanzierung auch dann gestatten, wenn der Wert des strukturierten Produkts „von mehreren Faktoren bestimmt wird".[419] Sofern das Institut das Produkt aber für Zwecke der internen Risikosteuerung in seine Bestandteile zerlegt, sollte dem auch in der Bilanzierung gefolgt werden.[420]

Die Zulässigkeit einer Zerlegung strukturierter Produkte wird vom ARBEITSKREIS EXTERNE UNTERNEHMENSRECHNUNG der Schmalenbach-Gesellschaft jedoch dann grundsätzlich verneint, wenn diese zur Bilanzierung eines freistehenden Derivats führen würden.[421]

4.5 Bilanzierung derivativer Finanzinstrumente bei Bestehen von Sicherungsbeziehungen

4.5.1 Problemstellung

Unternehmen verzeichnen infolge ihrer Geschäftstätigkeit *Exposures* im Zins-, Währungs- und Güterbereich, die bei ungünstiger Entwicklung der Risikofaktoren ihre Vermögens-, Finanz- und Ertragslage beeinträchtigen (können). Sie setzen deshalb vielfach Derivate ein, um sich gegen diese Marktpreisrisiken abzusichern.[422] Bilanzrechtlich stellt sich die Frage, ob Grund- und Sicherungsgeschäft getrennt (imparitätisch) bewertet werden sollten oder ob die Sicherungsbeziehung als Bewertungseinheit zu betrachten ist. Nur wenige Sachverhalte werden derart kontrovers diskutiert wie die sachgerechte Abbildung von Sicherungs-

---

[417] Vgl. Krumnow, J., et al. (1994): Rechnungslegung der Kreditinstitute, § 340e Tz. 465 f.
[418] Vgl. Krumnow, J., et al. (1994): Rechnungslegung der Kreditinstitute, § 340e Tz. 461 ff. und 467 ff.
[419] Vgl. Windmöller, R./Breker, N. (1995): Bilanzierung von Optionsgeschäften, S. 392.
[420] Vgl. Windmöller, R./Breker, N. (1995): Bilanzierung von Optionsgeschäften, S. 392.
[421] Vgl. Busse von Colbe, W./Seeberg, T. [Hrsg.] (1999): Vereinbarkeit, S. 118.
[422] Die Absicherung gegen Kreditrisiken durch den Einsatz von Kreditderivaten ist in Deutschland noch nicht besonders ausgeprägt. Die folgenden Ausführungen können gleichwohl ohne weiteres auch auf diese Sicherungsbeziehungen ausgedehnt werden.

geschäften.[423] In der Literatur findet sich das gesamte Spektrum von der Forderung nach einer strengen Einzelbewertung über die buchhalterische Akzeptanz von *Micro Hedges* bis hin zur bilanziellen Zulassung eines umfassenden *Asset Liability Managements (ALM)*, bei dem eine Zuordnung von Sicherungs- zu Grundgeschäften nicht mehr möglich ist.[424]

Bewertungs-einheiten	Macro Hedge*		
	Portfolio Hedge		Porfoliobewertung**
		Micro Hedge	
Einzel-bewertung	Festbewertung	Imparitätische Bewertung	Marktbewertung

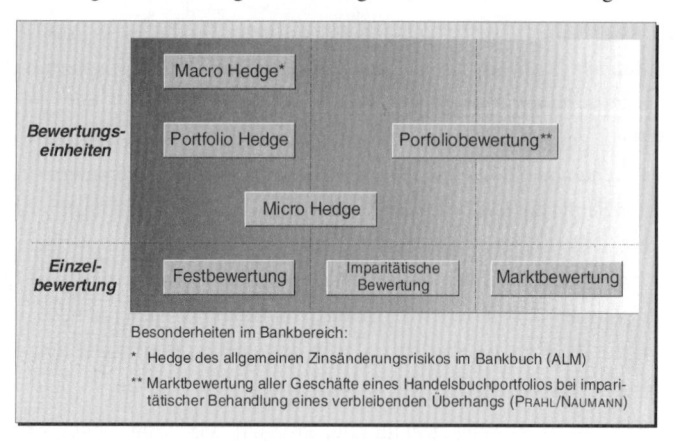

Besonderheiten im Bankbereich:
* Hedge des allgemeinen Zinsänderungsrisikos im Bankbuch (ALM)
** Marktbewertung aller Geschäfte eines Handelsbuchportfolios bei imparitätischer Behandlung eines verbleibenden Überhangs (PRAHL/NAUMANN)

Abb. 18: Abbildungsalternativen bei Bestehen von Sicherungsbeziehungen

4.5.2 Abbildung von Sicherungsmaßnahmen

4.5.2.1 Absicherung von Einzelrisiken (*Micro Hedges*)

Als *Micro Hedge* wurde in Abschnitt 2.5.2.1 die Absicherung genau eines Grundgeschäfts durch ein oder mehrere Sicherungsgeschäfte bezeichnet. Unternehmen, deren Risikomana-

---

[423] Vgl. Herzig, N./Mauritz, P. (1997): Derivative Finanzinstrumente, S. 141.
[424] Vgl. im Folgenden stellvertretend Anstett, C.W./Husmann, R. (1998): Bildung von Bewertungseinheiten, S. 1523 ff.; Bellavite-Hövermann, Y./Prahl, R. (1997): Bankbilanzierung nach IAS, S. 48 f.; Brackert, G./Prahl, R./Naumann, T.K. (1995): Neue Verfahren der Risikosteuerung, S. 544 ff.; Elkart, W. (1995): Finanzinstrumente, S. 375 ff.; Glaum, M. (1997): Bilanzierung von Finanzinstrumenten, S. 1626 ff.; Glaum, M./Förschle, G. (2000): Rechnungslegung für Finanzinstrumente, S. 1527 und 1532 ff.; Göttgens, M. (1995): Hedge Accounting, S. 146 ff.; Herzig, N./Mauritz, P. (1997): Derivative Finanzinstrumente, S. 141 ff.; dies. (1998): Bildung von Bewertungseinheiten, S. 99 ff.; Klemke, B. (1997): Bilanzierung aus finanzwirtschaftlicher Sicht, S. 60 ff.; Köhler, A. (1997): Bilanzierung derivativer Finanzinstrumente, S. 6005 ff.; Krumnow, J., et al. (1994): Rechnungslegung der Kreditinstitute, § 340e Tz. 95 ff. und 308 ff.; Perlet, H./Baumgärtel, M. (1996): Bilanzierung von Finanzinstrumenten, S. 292 m.w.N.; Prahl, R. (1996): Financial Instruments, S. 830 ff.; Prahl, R./Naumann, T.K. (1991): Handelsaktivitäten der Kreditinstitute, S. 729 ff.; dies. (1992): Moderne Finanzinstrumente im Spannungsfeld, S. 709 ff.; dies. (2000): Financial Instruments, Rn. 343; Scharpf, P./Luz, G. (2000): Risikomanagement, S. 272 ff.; Scheffler, J. (1994): Hedge Accounting, S. 190 ff.; Schwitters, J./Bogajewskaja, J. (2000): Bilanzierung von derivativen Finanzinstrumenten, Rz. 109 ff.; Sprißler, W. (1996): Derivategeschäft, S. 375; Steiner, M./Wallmeier, M. (1998): Bilanzierung von Finanzinstrumenten, S. 309 ff.; Tönnies, M./Schiersmann, B. (1997): Die Zulässigkeit von Bewertungseinheiten I, S. 717 ff.

gement auf diese Form der Risikosteuerung ausgelegt ist, können die kompensatorische Wirkung der zwei entgegen gesetzten Positionen vergleichsweise einfach verifizieren und dokumentieren. Im Rechnungswesen sind der Wertkompensation dagegen Grenzen gesetzt. Formal gesehen verstößt die Bildung kompensatorischer Bewertungseinheiten gegen den Grundsatz der Einzelbewertung und das Verrechnungsverbot.

Werden die Geschäfte streng imparitätisch bewertet, führt dies allerdings zu dem widersinnigen Ergebnis, dass bei jeglicher Veränderung der Risikofaktoren Verluste zu antizipieren wären, obwohl diese bei einer ökonomisch (weitgehend) geschlossenen Position nicht schlagend werden können.[425] Wird bspw. der Wechselkurs einer Fremdwährungsforderung durch Abschluss eines Devisentermingeschäfts fixiert, ist das Währungsrisiko faktisch eliminiert.[426] Infolge des Imparitätsprinzips würde dagegen weiter eine offene Position ausgewiesen, weil entweder die Fremdwährungsforderung auf den niedrigeren Stichtagswert abzuschreiben oder für das Devisentermingeschäft Rückstellungen zu bilden wären. Die Wertentwicklungen des jeweils anderen Geschäfts blieben wegen des Realisationsprinzips stets unberücksichtigt.[427]

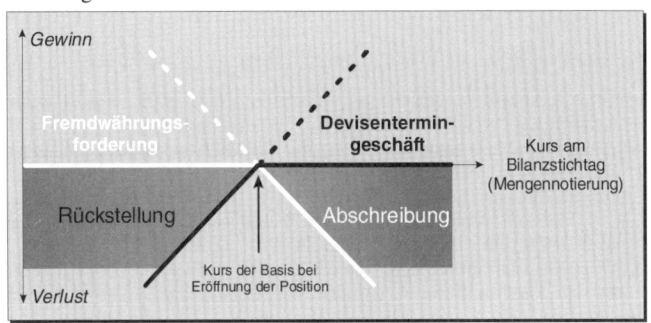

Abb. 19: Bewertungskonsequenzen bei strenger Einzelbewertung

---

[425] Vgl. Ballwieser, W./Kuhner, C. (1994): Rechnungslegungsprinzipien und wirtschaftliche Stabilität, S. 103; Herzig, N./Mauritz, P. (1998): Bildung von Bewertungseinheiten, S. 99; Klemke, B. (1997): Bilanzierung aus finanzwirtschaftlicher Sicht, S. 60 f.; Köhler, A. (1997): Bilanzierung derivativer Finanzinstrumente, S. 6004 f.; Krumnow, J., et al. (1994): Rechnungslegung der Kreditinstitute, § 340e Tz. 98; Kuhner, C. (1994): Geschäftszweckgebundene Bewertungskonzeptionen, S. 118; Schwitters, J./Bogajewskaja, J. (2000): Bilanzierung von derivativen Finanzinstrumenten, Rz. 106 f.; Spißler, W. (2001): Finanzinstrumente insb. Finanzderivate, Sp. 832.

[426] Ist der Wechselkurs (in Mengennotierung) am Bilanzstichtag gegenüber dem Kurs bei Eröffnung der Position gestiegen, ergibt sich aus der Forderung ein Umrechnungsverlust. Dieser wird aber durch einen entsprechenden Gewinn der Terminposition kompensiert. Entsprechendes gilt umgekehrt bei einem gesunkenen Wechselkurs.

[427] Vgl. Franke, G./Menichetti, M.J. (1994): Die Bilanzierung von Terminkontrakten und Optionen, S. 194.

Bei strenger Einzelbewertung würde also ein vorsichtig agierender Kaufmann bilanziell schlechter gestellt als ein Unternehmen, das auf Sicherungsmaßnahmen verzichtet.[428] In dieser Weise äußert sich auch BENNE:

> „Ein solchermaßen eng interpretierter Grundsatz der Einzelbewertung bewirkt, daß die faktische Kompensation des Preisrisikos, das bestimmten Beständen anhaftet, bilanziell zusätzliche Verlustgefahren entstehen läßt. Ein Unternehmen, das durch den Abschluß derartiger schwebender Geschäfte bestimmte Verlustquellen ausschaltet, muß wie ein Unternehmen bilanzieren, das das volle Wertrisiko aus den Beständen trägt. Zusätzlich können sich, wenn der Wert der Bestände steigt, weitere bilanzielle Verluste aus den schwebenden Geschäften im Jahresabschluß niederschlagen: die Unvereinbarkeit zwischen Theorie und Praxis ist evident."[429]

Eine strikte Einzelbewertung von Grund- und Sicherungsgeschäft würde die (Netto-)Vermögenslage des Unternehmens verzerrt darstellen und somit im Konflikt zum Einblicksgebot nach § 264 Abs. 2 HGB stehen.[430]

Als Ausweg bietet sich eine kompensatorische Bewertung an. Dazu wird der Grundsatz der Einzelbewertung von einer streng formal-juristischen, einzelgeschäftsbezogenen Betrachtung gelöst und mit der Bildung von Bewertungseinheiten wirtschaftlich interpretiert.[431]

---

[428] Vgl. Anstett, C.W. (1997): Financial Futures im Jahresabschluß, S. 50; Bieg, H./Rübel, M. (1988): Ausweis und Bewertung I, S. 271; Finne, T. (1991): Bilanzielle Berücksichtigung von Kurssicherungen, S. 1298; Franke, G./Menichetti, M.J. (1994): Die Bilanzierung von Terminkontrakten und Optionen, S. 194; Grünewald, A. (1993): Finanzterminkontrakte, S. 183 ff.; Herzig, N./Mauritz, P. (1997): Derivative Finanzinstrumente, S. 142 f.; Kuhner, C. (1994): Geschäftszweckgebundene Bewertungskonzeptionen, S. 118; Lührmann, V. (1998): Umrechnung geschlossener Fremdwährungspositionen, S. 389; Menichetti, M.J. (1993): Währungsrisiken, S. 123.

[429] Benne, J. (1979): Gewinnerwartungen aus schwebenden Geschäften, S. 1655; s.a. Anstett, C.W./Husmann, R. (1998): Bildung von Bewertungseinheiten, S. 1523; Benne, J. (1991): Einzelbewertung und Bewertungseinheit, S. 2602. A.A. offensichtlich Hartung, W. (1990): Zur Bilanzierung bei Kurssicherung, S. 642 f.

[430] Vgl. Anstett, C.W. (1997): Financial Futures im Jahresabschluß, S. 50; Anstett, C.W./Husmann, R. (1998): Bildung von Bewertungseinheiten, S. 1525; Benne, J. (1991): Einzelbewertung und Bewertungseinheit, S. 2604; Finne, T. (1991): Bilanzielle Berücksichtigung von Kurssicherungen, S. 1299; Franke, G./Menichetti, M.J. (1994): Die Bilanzierung von Terminkontrakten und Optionen, S. 195; Glaum, M. (1997): Bilanzierung von Finanzinstrumenten, S. 1626; Häuselmann, H./Wiesenbart, T. (1990): Fragen zur bilanzsteuerlichen Behandlung, S. 642; Herzig, N./Mauritz, P. (1998): Bildung von Bewertungseinheiten, S. 105; Meyer, C./Schmidt, C.R. (1996): Hedge Accounting, S. 253; Scharpf, P./Luz, G. (2000): Risikomanagement, S. 268 ff.; Schneider, W. (1995): Bilanzierung bei getrennter Bewertung, S. 769 f.

[431] In Anlehnung an das Niederstwertprinzip wird zuweilen von einem „gemilderten Einzelbewertungsprinzip" gesprochen, vgl. Franke, G./Menichetti, M.J. (1994): Die Bilanzierung von Terminkontrakten und Optionen, S. 195; Wenger, E./Kaserer, C./Bayer, R. (1995): Abbildung von Zins- und Währungsswaps, S. 949; s.a. Klemke, B. (1997): Bilanzierung aus finanzwirtschaftlicher Sicht, S. 63; Prahl, R./Naumann, T.K. (1994): Die Bewertungseinheit am Bilanzstichtag, S. 2; Sprißler, W. (1996): Derivategeschäft, S. 372 f. Für eine ausführliche ökonomische Analyse vgl. Herzig, N./Mauritz, P. (1998): Bildung von Bewertungseinheiten, S. 105 ff.; den Ansatz ablehnend Hartung, W. (1990): Zur Bilanzierung bei Kurssicherung, S. 646.

Zwar werden die wertmäßig gegenläufigen Positionen zunächst einzeln zum beizulegenden Zeitwert bewertet; die gegenläufigen Erfolge aus der Wertentwicklung beider Geschäfte werden anschließend jedoch gegeneinander aufgerechnet.[432] Sollte sich dabei ein Verlustüberhang ergeben, wird diesem durch Bildung einer Drohverlustrückstellung nach § 249 Abs. 1 HGB begegnet; positive Überhänge bleiben dagegen infolge des Realisationsprinzips unberücksichtigt.[433]

Neben der Rechtfertigung über das Einblicksgebot wird die Bildung von Bewertungseinheiten zuweilen auch über § 252 Abs. 2 HGB begründet. Danach kann im begründeten Ausnahmefall von den allgemeinen Bewertungsprinzipien nach Abs. 1 abgewichen werden. Es stellt sich die Frage, ob die Bildung von Bewertungseinheiten als Ausnahmefall i.S.d. Gesetzesvorschrift anzusehen ist.[434] Sofern man die Absicherung finanzwirtschaftlicher Risiken als Gegenstand der Regelung betrachtet, erscheint eine abweichende Bewertung nach § 252 Abs. 2 HGB sachgerecht. Wird ein Geschäft zur Reduzierung oder Eliminierung finanzieller Risiken aus einem anderen Geschäft abgeschlossen und der Absicherungszusammenhang dokumentiert, so wird die Bildung von Bewertungseinheiten mittlerweile nicht nur befürwortet (Wahlrecht), sondern verlangt (Pflicht); eine strikte Einzelbewertung wird von der h.M. abgelehnt.[435] Diese Ansicht wird vom BFA beim IDW geteilt:

---

[432] Vgl. Schneider, W. (1995): Bilanzierung bei gemeinsamer Bewertung, S. 1231.

[433] Alternativ bestünde auch die Möglichkeit einer Festbilanzierung beider Geschäfte, bei der auf eine Einzelbewertung der Geschäfte mit der Begründung verzichtet wird, dass sich die gegenläufigen Wertentwicklungen weitgehend ausgleichen werden; vgl. Bertsch, A./Kärcher, R. (1999): Derivative Instrumente im Jahresabschluß, S. 737 und 742; Breker, N. (1993): Optionsrechte, S. 183; Gebhardt, G. (2000): Risikomanagement und Rechnungslegung, S. 76 ff.; Krumnow, J., et al. (1994): Rechnungslegung der Kreditinstitute, § 340e Tz. 140 f.; Prahl, R./Naumann, T.K. (1994): Die Bewertungseinheit am Bilanzstichtag, S. 4; Scharpf, P. (1995): Derivative Finanzinstrumente, S. 200; Scharpf, P./Luz, G. (2000): Risikomanagement, S. 307 ff.

[434] Skeptisch dazu Prahl, R./Naumann, T.K. (1994): Die Bewertungseinheit am Bilanzstichtag, S. 2.

[435] Vgl. stellvertretend AKEU (1997): Bilanzierung von Finanzinstrumenten, S. 638; Christiansen, A. (1995): Grundsatz der Einzelbewertung, S. 389; Eisele, W./Knobloch, A. (1993): Offene Probleme II, S. 620; Finne, T. (1991): Bilanzielle Berücksichtigung von Kurssicherungen, S. 1300 f.; Franke, G./ Menichetti, M.J. (1994): Die Bilanzierung von Termingeschäften und Optionen, S. 196; Grünewald, A. (1993): Finanzterminkontrakte, S. 182 ff.; Grützmacher, T. (1990): Interest Rate Futures, S. 288; Herzig, N./Mauritz, P. (1998): Bildung von Bewertungseinheiten, S. 100; Menichetti, M.J. (1993): Währungsrisiken, S. 131 f.; Prahl, R./Naumann, T.K. (1994): Die Bewertungseinheit am Bilanzstichtag, S. 2 f.; Scharpf, P. (1995): Derivative Finanzinstrumente, S. 187 f.; Scharpf, P./Luz, G. (2000): Risikomanagement, S. 276 f. m.w.N.; Wenger, E./Kaserer, C./Bayer, R. (1995): Abbildung von Zins- und Währungsswaps, S. 953; Wiedmann, H. (1994): Bewertungseinheit, S. 472 m.w.N.; Windmöller, R./ Breker, N. (1995): Bilanzierung von Optionsgeschäften, S. 398; Zielke, W. (1994): Bilanzierung derivativer Geschäfte, S. 511 f.; mit Verweis auf die steuerrechtliche Judikatur a.A. Alsheimer, C.H. (2000): Die Rechtsnatur derivativer Finanzinstrumente, S. 162 ff. Noch vor zehn Jahren wurde die pflichtmäßige Bildung von Bewertungseinheiten mehrheitlich abgelehnt; vgl. Benne, J. (1991): Einzelbewertung und Bewertungseinheit, S. 2610; Hartung, W. (1990): Zur Bilanzierung bei Kurssicherung, S. 636 f.

Er schreibt Kreditinstituten die gemeinsame Bewertung von Börsentermingeschäften, FRAs sowie Optionen auf der einen und der risikobegründenden Position auf der anderen Seite explizit vor, wenn das eingesetzte Derivat nachweislich der Absicherung eines Bilanzpostens dient.[436] Interpretiert man den begründeten Ausnahmefall dagegen quantitativ, also als die Anzahl möglicher Anwendungsfälle, die eine abweichende Behandlung von den allgemeinen Bewertungsvorschriften rechtfertigen, ließe sich der Einsatz von Sicherungsgeschäften angesichts der Vielzahl der Transaktionen kaum als Ausnahme rechtfertigen.[437]

Die Bildung kompensatorischer Bewertungseinheiten ist an bestimmte Bedingungen geknüpft. Dadurch soll verhindert werden, dass Erfolge aus Geschäften miteinander verrechnet werden, die in keinem nachvollziehbaren Funktionszusammenhang stehen.[438] Die intendierte Sicherungsbeziehung ist daher in nachprüfbarer Form zu dokumentieren und als solche in den Nebenbüchern zu kennzeichnen.[439] Notwendige, keinesfalls aber hinreichende Bedingung für die buchhalterische Akzeptanz der Sicherungsbeziehung ist eine Durchhalteabsicht für das Sicherungsgeschäft.[440] Daneben hat das Unternehmen den Nachweis

---

[436] Vgl. IDW (1993): BFA 2/1993, Abschn. C sowie IDW (1995): BFA 2/1995, Abschn. D; s.a. Göttgens, M./Prahl, R. (1993): Financial Futures, S. 503 ff. und Windmöller, R./Breker, N. (1995): Bilanzierung von Optionsgeschäften, S. 398 f.

[437] So wohl auch Anstett, C.W. (1997): Financial Futures im Jahresabschluß, S. 55 f.; Coenenberg, A.G. (2003): Jahresabschluss, S. 241 f.; Herzig, N./Mauritz, P. (1997): Derivative Finanzinstrumente, S. 146 (Fn. 27); Wiedmann, H. (1995): Bewertungseinheit und Realisationsprinzip, S. 104.

[438] Vgl. Breker, N. (1993): Optionsrechte, S. 188 ff.; Elkart, W. (1995): Finanzinstrumente, S. 377; Grünewald, A. (1993): Finanzterminkontrakte, S. 214 ff.; Happe, P. (1996): Swapvereinbarungen, S. 143 ff.; Prahl, R./Naumann, T.K. (1994): Die Bewertungseinheit am Bilanzstichtag, S. 2 f.; Scharpf, P./Luz, G. (2000): Risikomanagement, S. 270. HERZIG/MAURITZ weisen gleichwohl zutreffend darauf hin, dass es letztlich im Ermessen des Unternehmens steht, Sicherungsbeziehungen bilanziell als solche zu deklarieren oder dies zu unterlassen: „In der Bilanzpraxis herrscht zumindest gegenwärtig in der Tat noch eine Bewertungseinheitenbildung nach Wahl."; Herzig, N./Mauritz, P. (1997): Derivative Finanzinstrumente, S. 151.

[439] Die Designation einer Sicherungsbeziehung oder alternativ ihre Unterlassung durch enstprechende Sachverhaltsgestaltung führen faktisch zu einem Bilanzierungswahlrecht, vgl. Alsheimer, C.H. (2000): Die Rechtsnatur derivativer Finanzinstrumente, S. 165; Breker, N. (1993): Optionsrechte, S. 215 f.; Herzig, N./Mauritz, P. (1998): Bildung von Bewertungseinheiten, S. 106 ff.; Prahl, R./Naumann, T.K. (2000): Financial Instruments, Rn. 183; Staudt, A./Weinberger, G. (1997): Cross-Hedging, S. 46; Schmekel, H. (1995): Diskussionsbeitrag, S. 233; Zielke, W. (1994): Bilanzierung derivativer Geschäfte, S. 520 f.

[440] Die Durchhalteabsicht ist dabei nicht in der Weise zu interpretieren, dass eine kürzere Laufzeit oder eine vorzeitige Auflösung des Sicherungsgeschäfts – bspw. auf Verlangen des Geschäftspartners – per se die Halteintention negiert. Entscheidend ist vielmehr, dass der Sicherungszusammenhang durch entsprechende Anschluss- resp. Ersatzgeschäfte gewahrt bleibt; so auch Scharpf, P./Luz, G. (2000): Risikomanagement, S. 293. BENNE lehnt dagegen die Durchhalteabsicht als notwendiges Kriterium ab. Er vertritt die Ansicht, dass der Nachweis einer vorhandenen Deckung am Bilanzstichtag ausreichend sei, um eine kompensatorische Bewertung zu ermöglichen. Wird die Sicherungsbeziehung im neuen Geschäftsjahr aufgelöst, handelte es sich um eine Entscheidung, die dem alten Geschäftsjahr nicht mehr

zu erbringen, dass sich das *Exposure* eines Geschäfts durch den Abschluss eines Gegengeschäftes tatsächlich reduzieren lässt und dies auch gewollt ist. Unter Rückgriff auf das Bilanzsteuerrecht ist in diesem Zusammenhang häufig von einem ‚einheitlichen Nutzungs- und Funktionszusammenhang' der beiden Geschäfte die Rede.[441]

Der Grad der Risikoreduktion wird üblicherweise über das statistische Maß des Pearson'schen Korrelationskoeffizienten r operationalisiert.[442] Da r Werte im Bereich von -1 bis $+1$ annehmen kann, stellt sich die Frage, welche Ausprägungen aus bilanzieller Sicht akzeptabel sind. Einig sind sich die Autoren lediglich in der Forderung nach „einer hohen negativen Korrelation", häufig allerdings, ohne sie zu quantifizieren oder die getroffene Aussage zu begründen.[443] In der Literatur findet sich folglich eine Bandbreite „zulässiger" Wertebereiche, die von $r \leq -0{,}6$ bis $r \leq -0{,}95$ reichen.[444] Die Festlegung einer starren Grenze mag zwar der Willkürfreiheit dienen, sachlich gerechtfertigt ist sie nicht.[445] Denn zum einen ist der Korrelationskoeffizient ein vergangenheitsorientiertes Maß, das nicht für jede zukünftige Transaktion den gleichen Prognosewert besitzt;[446] zum anderen können auch bei niederigeren Korrelationen zuverlässige Risikoreduktionen erreicht werden, indem andere Parameter der Sicherungsbeziehung (bspw. die Laufzeit oder das Volumen) entsprechend angepasst werden. Der Forderung von PRAHL/NAUMANN, die akzeptierte Höhe der Korrelation von der Güte des internen Risikomanagements abhängig zu machen und über die *Hedge Ratio* zu operationalisieren, ist daher zuzustimmen.[447]

---

zuzurechnen sei; vgl. Benne, J. (1991): Einzelbewertung und Bewertungseinheit, S. 2605 f.; s.a. Tönnies, M./Schiersmann, B. (1997): Die Zulässigkeit von Bewertungseinheiten I, S. 719. Diese Ansicht ist abzulehnen, da sie dem Bilanzierenden eine faktisch unbegrenzte Ergebnisgestaltung durch Abschluss eines Sicherungsgeschäfts in zeitlicher Nähe zum Bilanzstichtag und unmittelbare Glattstellung zu Beginn der Folgeperiode gestatten würde.

[441] Kritisch dazu Herzig, N./Mauritz, P. (1997): Derivative Finanzinstrumente, S. 148; Scheffler, J. (1994): Hedge Accounting, S. 137.

[442] Zum Aussagegehalt vgl. Happe, P. (1996): Swapvereinbarungen, S. 148 f. m.w.N.

[443] S.a. Menninger, J. (1993): Financial Futures, S. 155; Tönnies, M./Schiersmann, B. (1997): Die Zulässigkeit von Bewertungseinheiten I, S. 718.

[444] Für einen Überblick vgl. Anstett, C.W. (1997): Financial Futures im Jahresabschluß, S. 67 m.w.N.; Grünewald, A. (1993): Finanzterminkontrakte, S. 254; Menninger, J. (1993): Financial Futures, S. 155 f.; dies. (1994): Bewertung der Devisen Futures, S. 199; dies. (1994): Die Abbildung von Hedgegeschäften, S. 305 m.w.N.; Schirmer, L. (2000): Die Rechnungslegung von Finanzderivaten, S. 145.

[445] Vgl. Gebhardt, G. (1996): Probleme der bilanziellen Abbildung, S. 573; Prahl, R./Naumann, T.K. (2000): Financial Instruments, Rn. 192 f. „Die Forderung nach hoher Korrelation für das Hedge-Accounting wird in der Literatur überstrapaziert.", so Scheffler, J. (1994): Hedge Accounting, S. 171.

[446] Ähnlich Kuhner, C. (1994): Geschäftszweckgebundene Bewertungskonzeptionen, S. 133.

[447] Vgl. Prahl, R./Naumann, T.K. (1994): Die Bewertungseinheit am Bilanzstichtag, S. 4; ähnlich Scharpf, P. (1995): Derivative Finanzinstrumente, S. 196; Scharpf, P./Luz, G. (2000): Risikomanagement, S. 291 und 299 ff.; Scheffler, J. (1994): Hedge Accounting, S. 173 f.; Tönnies, M./Schiersmann, B.

Damit der Beweis einer erreichten Kompensationswirkung erbracht werden kann, müssen sich die auf einen Risikofaktor zurückzuführenden Wertveränderungen bei Grund- und Sicherungsgeschäft einwandfrei identifizieren und quantifizieren lassen. Am einfachsten gelingt der Nachweis, wenn die wesentlichen Ausstattungsmerkmale von Grundgeschäft und Sicherungsinstrument identisch sind und ein *Pure Hedge* vorliegt.[448] In diesem Fall können sich praktisch keine Wertdifferenzen ergeben. Häufig wird aber der Abschluss eines *Pure Hedges* aus Kostengründen oder infolge mangelnder Verfügbarkeit nicht in Frage kommen, so dass die Sicherungswirkung per definitionem imperfekt sein muss.

Problematisch ist der Nachweis der Kompensation im Fall antizipativer *Hedges*. Da sich der erwartete Eintritt des Grundgeschäfts i.d.R. nur innerhalb einer gewissen zeitlichen Bandbreite konkretisieren lässt und der für die Akzeptanz einer kompensatorischen Bewertung erforderliche, stichtagsbezogene Risikoausgleich folglich nicht nachgewiesen werden kann, ist die h.M., dass die Bildung von Bewertungseinheiten nicht in Frage kommt. Das Sicherungsgeschäft ist daher strikt imparitätisch zu bewerten.[449]

In der Literatur werden i.d.R. weitere Anforderungen an Sicherungsbeziehungen gestellt, damit die Bildung von Bewertungseinheiten akzeptiert wird.[450] Diese Anforderungen sind allerdings häufig nicht mehr als eine Aneinanderreihung kaum operationalisierter oder ope-

---

(1997): Die Zulässigkeit von Bewertungseinheiten I, S. 718; a.A. offensichtlich Alsheimer, C.H. (2000): Die Rechtsnatur derivativer Finanzinstrumente, S. 168 f.; Klein, W./Jonas, M. (1995): Diskussionsbeitrag, S. 232.

[448] Der Gesetzgeber spricht im Rahmen der Währungsumrechnung bei Kreditinstituten in § 340h Abs. 2 HGB von „besonderer Deckung".

[449] Vgl. Benne, J. (1991): Einzelbewertung und Bewertungseinheit, S. 2604; Böcking, H.-J./Benecke, B. (2001): § 340e, Rn. 102; Gebhardt, G. (1997): Entwicklungen in der Berichterstattung, S. 400; Glaum, M./Förschle, G. (2000): Rechnungslegung für Finanzinstrumente, S. 1533 f.; Krumnow, J., et al. (1994): Rechnungslegung der Kreditinstitute, § 340e Tz. 112; Menninger, J. (1993): Financial Futures, S. 165; Prahl, R./Naumann, T.K. (2000): Financial Instruments, Rn. 212; Scharpf, P./Luz, G. (2000): Risikomanagement, S. 328 ff.; Scheffler, J. (1994): Hedge Accounting, S. 213 ff.; Schirmer, L. (2000): Die Rechnungslegung von Finanzderivaten, S. 155 f.; Waldersee, G.G.v. (1999): Bilanzierung von Finanzderivaten, S. 255; Windmöller, R./Breker, N. (1995): Bilanzierung von Optionsgeschäften, S. 398; Zielke, W. (1994): Bilanzierung derivativer Geschäfte, S. 522.

[450] Vgl. AKEU (1997): Bilanzierung von Finanzinstrumenten, S. 638 f.; Brackert, G./Prahl, R./Naumann, T.K. (1995): Neue Verfahren der Risikosteuerung, S. 546 f.; Göttgens, M. (1995): Hedge Accounting, S. 150 f.; Krumnow, J., et al. (1994): Rechnungslegung der Kreditinstitute, § 340e Tz. 103 ff. und 309 ff.; Prahl, R./Naumann, T.K. (2000): Financial Instruments, Rn. 180 ff.; Scharpf, P. (2003): Finanzinnovationen, Rn. 867; Scharpf, P./Luz, G. (2000): Risikomanagement, S. 278 ff.; Schwitters, J./Bogajewskaja, J. (2000): Bilanzierung von derivativen Finanzinstrumenten, Rz. 114 f.; Steiner, M./Tebroke, H.-J./Wallmeier, M. (1995): Rechnungslegung für Finanzderivate, S. 535; Waldersee, G.G.v. (1999): Bilanzierung von Finanzderivaten, S. 249 f.; Wiedmann, H. (1994): Bewertungseinheit, S. 473 ff.

rationalisierbarer Kriterien, deren Notwendigkeit aus finanzwirtschaftlicher Sicht bezweifelt werden kann.[451]

4.5.2.2 Absicherung von Nettoexposures

Eine transaktionsbasierte Absicherung hat u.U. den Nachteil, dass einzelgeschäftsübergreifende Kompensationseffekte unberücksichtigt bleiben. Wird bspw. der Kauf eines festverzinslichen Wertpapiers fristenkongruent durch Aufnahme eines Festsatzkredits refinanziert und stimmen auch die übrigen Ausstattungsmerkmale wie Volumen oder Zinstermine überein, so ist das Zinsänderungsrisiko weitgehend ausgeschaltet.[452] Unter dem Gesichtspunkt einer unternehmensweiten Risikosteuerung würde es keinen Sinn machen, die beiden – bereits kompensatorisch wirkenden – Geschäfte nur für bilanzielle Zwecke mittels derivativer Finanzinstrumente erneut einzeln abzusichern.[453]

Die unternehmensinterne Aufrechnung gegenläufiger Risikopositionen und anschließende Absicherung eines verbleibenden Nettoexposures hat im Vergleich zur Einzelabsicherung den Vorteil, dass Transaktionskosten und Bonitätsrisiken spürbar reduziert werden. Insbesondere in der Kreditwirtschaft sowie in international tätigen Unternehmen (dort vorrangig im Bereich des Fremdwährungsmanagements) werden daher *Exposures* mehrerer/aller Geschäfte, die demselben Risikofaktor unterliegen und deren Wertveränderung durch Schwankungen dieses Risikofaktors induziert sind, global abgesichert.[454] Bei diesem Vorgehen werden regelmäßig Wertveränderungen von *Long-* und *Short-*Beständen, zuweilen auch Ergebnisse unterschiedlicher Produkte gegeneinander aufgerechnet. Durch die dynamische Sicherung wird die Zuordnung von Sicherungsinstrumenten zu einzelnen Grundgeschäften praktisch unmöglich. Anders ausgedrückt:

---

[451] „Die Anzahl potentieller Kompensationskriterien ist Legende.", Herzig, N. (1997): Derivatebilanzierung, S. 42. S.a. beispielhaft die aus Literaturvorschlägen zusammengetragene Übersicht für Kompensationskriterien für Futures-Geschäfte bei Herzig, N./Mauritz, P. (1997): Derivative Finanzinstrumente, S. 145 f.; Mauritz, P. (1997): Bilanzierung derivativer Finanzinstrumente, S. 46 ff.

[452] Die Zinsdifferenz aus Aktiv- und Passivposition stellt einen Konditionsbeitrag des Unternehmens dar, der logischerweise nicht abgesichert werden soll. Eine vollständige Absicherung würde ferner voraussetzen, dass der Emittent des Wertpapiers die gleiche Bonität besitzt wie der Investor, so dass beide Finanzinstrumente anhand der gleichen Zinsstrukturkurve bewertet werden können. Andernfalls verbliebe ein Basisrisiko.

[453] S.a. Ryan. S.G. (2002): Financial Instruments, S. 221; Steiner, M./Tebroke, H.-J./Wallmeier, M. (1995): Rechnungslegung für Finanzderivate, S. 538.

[454] Für Kreditinstitute s. Böcking, H.-J./Benecke, B. (2001): § 340e, Rn. 93; Naumann, T.K. (1992): Fremdwährungsumrechnung, S. 77 f. m.w.N.

4. Bilanzierung von Derivaten und Sicherungsbeziehungen nach deutschem Recht

„Jedes Geschäft ist sowohl Grund- als auch Sicherungsgeschäft."[455]

Da sich Grund- und Sicherungsgeschäft nicht mehr zweifelsfrei identifizieren lassen, tritt an die Stelle einer voraussichtlichen Risikoreduktion die Forderung nach einer effektiven Wertkompensation.[456] Von der Mehrzahl der Autoren wird die bilanzielle Anerkennung einer derartigen *„Macro-Hedge"*-Strategie unter dem gegenwärtigen Bilanzrecht gleichwohl verneint.[457]

In der Kreditwirtschaft wird dagegen die Abbildung einer Absicherung von Nettoexposures mittlerweile nicht mehr kategorisch ausgeschlossen, sondern als gerechtfertigter Ausnahmefall i.S.v. § 252 Abs. 2 HGB angesehen.[458] Zwei unterschiedliche Sicherungsstrategien finden in der Bankpraxis Anwendung:

- der *Macro Hedge* im Bankbuch sowie
- die Portfolio-Bewertung für Handelsbestände.

Das Bankbuch von Kreditinstituten umfasst i.d.R. die Forderungen aus dem Kreditgeschäft, den Wertpapieranlagebestand sowie die dagegen stehende Refinanzierung. Die Bestände werden im Zuge eines *Asset Liability Managements* auf Basis der den Geschäften zugrunde liegenden Zahlungsströme gesteuert. Dabei wird das Ziel verfolgt, verbliebene Festsatzüberhänge zu schließen und das Anlagebuch global gegen das allgemeine Zinsän-

---

[455] Anstett, C.W. (1997): Financial Futures im Jahresabschluß, S. 82. S.a. Buschmann, W.F. (1992): Risiko-Controlling, S. 723; Glaum, M./Förschle, G. (2000): Rechnungslegung für Finanzinstrumente, S. 1527; Krumnow, J., et al. (1994): Rechnungslegung der Kreditinstitute, § 340e Tz. 311.

[456] Vgl. Anstett, C.W. (1997): Financial Futures im Jahresabschluß, S. 83; Brackert, G./Prahl, R./Naumann, T.K. (1995): Neue Verfahren der Risikosteuerung, S. 549; Elkart, W. (1995): Finanzinstrumente, S. 383; Gebhardt, G. (1996): Probleme der bilanziellen Abbildung, S. 573 f.; Sprißler, W. (1996): Derivategeschäft, S. 374; Tönnies, M./Schiersmann, B. (1997): Die Zulässigkeit von Bewertungseinheiten II, S. 759; Wiedmann, H. (1995): Bewertungseinheit und Realisationsprinzip, S. 117.

[457] Vgl. Breker, N. (1993): Optionsrechte, S. 217 f.; Glaum, M. (1997): Bilanzierung von Finanzinstrumenten, S. 1627; Herzig, N./Mauritz, P. (1997): Derivative Finanzinstrumente, S. 152 f.; Häuselmann, H./Wiesenbart, T. (1990): Fragen zur bilanzsteuerlichen Behandlung, S. 642; Köhler, A. (1997): Bilanzierung derivativer Finanzinstrumente, S. 6007 f.; Menninger, J. (1993): Financial Futures, S. 146 ff.; dies. (1994): Die Abbildung von Hedgegeschäften, S. 301; Oestreicher, A. (1992): Bilanzierung von Zinsterminkontrakten, S. 125 f.; Scharpf, P./Luz, G. (2000): Risikomanagement, S. 311; Steiner, M./Tebroke, H.-J./Wallmeier, M. (1995): Rechnungslegung für Finanzderivate, S. 538; Wenk, M.O. (1997): Marktwert im Rechnungswesen, S. 115. Zumindest im Zinsbereich befürwortend Anstett, C.W. (1997): Financial Futures im Jahresabschluß, S. 85 m.w.N.; ebenso Brackert, G./Prahl, R./Naumann, T.K. (1995): Neue Verfahren der Risikosteuerung, S. 545 sowie Elkart, W. (1995): Finanzinstrumente, S. 382 f.

[458] Vgl. Kommission (1988): Zur Bilanzierung von Swap-Geschäften, S. 162; dies. (1990): DTB-Aktienoptionen im Jahresabschluß, S. 213; Krumnow, J., et al. (1994): Rechnungslegung der Kreditinstitute, § 340e Tz. 314. S.a. IDW (1995): BFA 2/1995, Abschn. D.; Naumann, T.K. (1995): Bewertungseinheiten, S. 174 ff. A.A. Herzig, N./Mauritz, P. (1997): Derivative Finanzinstrumente, S. 153 ff.

derungsrisiko zu sichern.[459] Da die Geschäfte des Bankbuches konventionsgemäß keiner marktpreisinduzierten Bewertung unterzogen werden, wird mit derselben Begründung auch auf eine Bewertung der Sicherungsgeschäfte verzichtet.[460] Als Voraussetzung für eine solche Nicht- oder Festbewertung der gegenläufigen Positionen wird in der Literatur die Einbeziehung aller Geschäfte in das Zinsrisikomanagement genannt.[461] Auch wenn die Sicherungsform in der Bankpraxis verbreitet ist, hängt deren bilanzielle Anerkennung de facto in einem rechtsleeren Raum, wie auch PRAHL feststellt:

> *„Allerdings ist zuzugeben, dass der Nachweis von Makro-Bewertungseinheiten zum gegenwärtigen Zeitpunkt stark in das Ermessen des bilanzierenden Unternehmens und seines Abschlußprüfers fällt."*[462]

Weiter fortgeschritten – wenn auch längst noch nicht abschließend geklärt – ist die bilanzrechtliche Diskussion bei der Absicherung von Nettoexposures für auch organisatorisch abgegrenzte, selbstdisponierende Handelsbereiche. Die von den Händlern als *Profit Center* verantworteten Portfolien untergliedern sich üblicherweise nach Risikofaktoren und unterliegen (aus bankaufsichtsrechtlichen Gründen) bereits heute einer mindestens täglichen (Markt-) Bewertung. Es liegt daher nahe, denselben Wertansatz auch für Zwecke der externen Rechnungslegung zu verwenden.[463] Dabei ist allerdings zu berücksichtigen, dass die Bildung und Steuerung der Portfolien nicht primär aus Gründen der Sicherung gegen Marktpreisrisiken erfolgt:

---

[459] Vgl. Krumnow, J., et al. (1994): Rechnungslegung der Kreditinstitute, § 340e Tz. 311.
[460] SPRISSLER vertritt die Ansicht, dass auf eine Bewertung von Swaps zu verzichten sei, wenn diese mit Durchhalteabsicht zur Sicherung oder Steuerung von Bilanzpositionen eingesetzt und dem Anlagebuch zugeordnet würden. Er begründet diese Sichtweise damit, dass langfristig gehaltene Aktiva und Passiva ebenfalls nicht zinsinduziert bewertet würden, vgl. Sprißler, W. (2001): Finanzinstrumente insb. Finanzderivate, Sp. 829; ähnlich Bieg, H./Rübel, M. (1988): Ausweis und Bewertung II, S. 437 ff.; Göttgens, M./Prahl, R. (1993): Financial Futures, S. 508 f.; Krumnow, J., et al. (1994): Rechnungslegung der Kreditinstitute, § 340e Tz. 142 ff. und 280 ff.; Prahl, R./Naumann, T.K. (2000): Financial Instruments, Rn. 104 m.w.N.; Scharpf, P./Luz, G. (2000): Risikomanagement, S. 503; Windmöller, R. (1994): Zinsen in der Bankbilanzierung, S. 892; Diese Sichtweise ist abzulehnen, da sie dem bilanzierenden Unternehmen faktisch ein Bewertungswahlrecht einräumt, das im Gesetz nicht vorgesehen ist; auf die Fristigkeit oder gar die Intention des Bilanzierers kommt es nicht an. So auch Alsheimer, C.H. (2000): Die Rechtsnatur derivativer Finanzinstrumente, S. 165; kritisch im Hinblick auf mögliche Fehlsteuerungen im Risikomanagment Gebhardt, G. (2000): Risikomanagement und Rechnungslegung, S. 76; s.a. Mauritz, P. (1997): Bilanzierung derivativer Finanzinstrumente, S. 204; Scheffler, J. (1994): Hedge Accounting, S. 195.
[461] Vgl. Krumnow, J., et al. (1994): Rechnungslegung der Kreditinstitute, § 340e Tz. 313.
[462] Prahl, R. (1996): Financial Instruments, S. 836.
[463] Vgl. Krumnow, J., et al. (1994): Rechnungslegung der Kreditinstitute, § 340e Tz. 314.

„*Grundidee der hier betrachteten Geschäfte ist nicht, wie bei Geschäften auf Mikro- oder Makro-Ebene, die gezielte Absicherung offener Risikopositionen, sondern das Erzielen von Zusatzerträgen.*"[464]

PRAHL/NAUMANN sehen in der der Portfoliobildung zugrunde liegenden Ertragsgenerierung gleichwohl keinen Zielkonflikt zum Sicherungsgedanken. Sie argumentieren vielmehr, dass

„*alle bei dem Handelsportfolio anfallenden Geschäfte [..] qua Absicherungsvermutung in einem gewollten wirtschaftlichen Zusammenhang [stehen].*"[465]

Das Portfolio wird als Bewertungsobjekteinheit aufgefasst und mithin zum Gegenstand der Rechnungslegung. Da sich die „Sicherungsbeziehungen" infolge der Handelsaktivität (!) aber fortwährend änderten, seien andere Anforderungen an die bilanzielle Akzeptanz dieser Sicherungsstrategie zu stellen.[466] So fordern sie den Nachweis eines umfassenden, funktionstüchtigen Risikomanagement und -controllings, über das sich die wertkompensierende Wirkung aller im Portfolio vorhandenen Geschäfte mindestens täglich nachweisen lässt.[467] Auch seien die Institute gehalten, eine Zurechnung der Portfolioergebnisse zu bestimmten, eindeutig abgegrenzten Unternehmenseinheiten zu ermöglichen und entsprechend zu dokumentieren.[468]

Ähnlich äußern sich KRUMNOW ET AL. Sie schlagen einen Katalog von vier kumulativ zu erfüllenden Kriterien vor, bei dessen Befolgung sie das Einzelbewertungsprinzip <u>wirtschaftlich</u> für gewahrt und eine Globalbewertung für zulässig halten:[469]

---

[464] Anstett, C.W. (1997): Financial Futures im Jahresabschluß, S. 88. S.a. Buschmann, W.F. (1992): Risiko-Controlling, S. 720; Herzig, N./Mauritz, P. (1997): Derivative Finanzinstrumente, S. 153; Steiner, M./Tebroke, H.-J./Wallmeier, M. (1995): Rechnungslegung für Finanzderivate, S. 539.
[465] Prahl, R./Naumann, T.K. (1991): Handelsaktivitäten der Kreditinstitute, S. 735.
[466] Vgl. Prahl, R./Naumann, T.K. (1994): Die Bewertungseinheit am Bilanzstichtag, S. 5; s.a. Krumnow, J., et al. (1994): Rechnungslegung der Kreditinstitute, § 340e Tz. 310. Es sei darauf hingewiesen, dass PRAHL/NAUMANN entgegen der in dieser Schrift verwendeten Terminologie im vorliegenden Fall von einem „Handels-*Macro-Hedge*" sprechen.
[467] Vgl. Prahl, R./Naumann, T.K. (1994): Die Bewertungseinheit am Bilanzstichtag, S. 6; s.a. Anstett, C.W. (1997): Financial Futures im Jahresabschluß, S. 89; Brackert, G./Prahl, R./Naumann, T.K. (1995): Neue Verfahren der Risikosteuerung, S. 553; Elkart, W. (1995): Finanzinstrumente, S. 384; Herzig, N./Mauritz, P. (1998): Bildung von Bewertungseinheiten, S. 103; Tönnies, M./Schiersmann, B. (1997): Die Zulässigkeit von Bewertungseinheiten II, S. 757; Zielke, W. (1994): Bilanzierung derivativer Geschäfte, S. 517.
[468] Vgl. Böcking, H.-J./Benecke, B. (2001) § 340e, Rn. 96; Prahl, R. (1996): Financial Instruments, S. 836; Prahl, R./Naumann, T.K. (1991): Handelsaktivitäten der Kreditinstitute, S. 733; dies. (1992): Moderne Finanzinstrumente im Spannungsfeld, S. 715; dies. (1994): Die Bewertungseinheit am Bilanzstichtag, S. 5; dies. (2000): Financial Instruments, Rn. 225; Scharpf, P./Luz, G. (2000): Risikomanagement, S. 313 ff.; Zielke, W. (1994): Bilanzierung derivativer Geschäfte, S. 518.
[469] Vgl. Krumnow, J., et al. (1994): Rechnungslegung der Kreditinstitute, § 340e Tz. 131 ff.

- Die in ein Portfolio eingestellten Geschäfte müssen auf liquiden Märkten gehandelt werden, damit offene Risikopositionen jederzeit durch Verkauf oder Glattstellung geschlossen werden können;
- die Werte der im Portfolio enthaltenen Geschäfte müssen sich objektiv ermitteln lassen, um den Nachweis der Kompensation erbringen zu können. Das Vorhandensein von Börsen- oder Marktpreisen ist nicht zwingend erforderlich, es reicht die Verwendung anerkannter Bewertungsmodelle;[470]
- die Geschäfte sind fortlaufend zu bewerten, um den Kompensationseffekt nachweisen zu können; und
- Portfolio-Bewertungseinheiten dürfen nur dann bilanziell abgebildet werden, wenn sie zugleich auch organisatorisch als solche geführt werden. Diese Forderung stellt eine Selbstbeschränkung dar, um dem Vorwurf einer willkürlichen Einstellung oder Entnahme von Geschäften vorzubeugen.[471]

Verbleibt bei der Wertkompensation eine unrealisierte Gewinnspitze, so hat diese infolge des Imparitätsprinzips grundsätzlich unberücksichtigt zu bleiben.[472] Infolge des häufigen Umschlags innerhalb der Handelsportfolien halten KRUMNOW ET AL. es gleichwohl für zulässig, einen Erfolgsbeitrag zu berechnen, der einem Portfolio über dessen gewichtete Laufzeit risikofrei entzogen werden kann.[473] Ein derartiger Ansatz läuft faktisch auf eine Marktbewertung des Portfolios hinaus und steht zweifelsfrei im Widerspruch zum Realisationsprinzip; er ist daher vor dem Hintergrund der bestehenden bilanzrechtlichen Vorschriften abzulehnen.[474]

---

[470] Da die erste Bedingung aber bereits liquide Märkte voraussetzt, sollten für die in ein Portfolio eingestellten Geschäfte entsprechend auch Marktwerte vorhanden sein.
[471] Die Selbstbeschränkung halten HERZIG/MAURITZ offensichtlich für nicht tragfähig: „Insbesondere kann ein Dritter kaum eine Aussage darüber treffen, ob die Zuordnung einzelner Geschäfte zum Portfolio erst im nachhinein vorgenommen wurde, z.B. weil dies vom Bilanzierenden als opportun empfunden wird, oder ob das Geschäft bereits bei Abschluß für Zwecke der Portfolio-Steuerung vorgesehen war."; Herzig, N./Mauritz, P. (1997): Derivative Finanzinstrumente, S. 154.
[472] Vgl. Krumnow, J., et al. (1994): Rechnungslegung der Kreditinstitute, § 340e Tz. 315; Schmitz, D. (1997): Portfolio-Accounting, S. 66 f.
[473] Vgl. Krumnow, J., et al. (1994): Rechnungslegung der Kreditinstitute, § 340e Tz. 319; Krumnow, J. (1994): Derivative Instrumente, S. 749; s.a. Prahl, R./Naumann, T.K. (1991): Handelsaktivitäten der Kreditinstitute, S. 737.
[474] So auch Herzig, N./Mauritz, P. (1997): Derivative Finanzinstrumente, S. 155; Wenk, M.O. (1997): Marktwert im Rechnungswesen, S. 112 f.

4.5.2.3 Exkurs: Die branchenspezifische Vorschrift des § 340h HGB

§ 340h HGB regelt die Währungsumrechnung im Jahresabschluss von Kreditinstituten und enthält die gegenwärtig einzige gesetzliche Kodifikation zur Bilanzierung bei Sicherungsbeziehungen.[475]

Nach Absatz 1 der Vorschrift ist bestimmt, mit welchem Kurs die einzelnen Bilanzposten im Jahresabschluss von Kreditinstituten umzurechnen sind:[476]

- Vermögensgegenstände, die wie Anlagevermögen bewertet werden, sind mit dem historischen Anschaffungskurs in den Abschluss einzubeziehen, es sei denn, sie sind „besonders gedeckt".

- Alle sonstigen Vermögensgegenstände sowie alle Schulden und schwebenden Devisenkassageschäfte sind hingegen mit dem Kassa(mittel)kurs des Bilanzstichtags umzurechnen.[477]

- Bei Devisentermingeschäften schließlich erfolgt die Umrechnung zum Stichtags--Terminkurs. Dabei können wahlweise gespaltene oder ungespaltene Kurse herangezogen werden.[478]

Absatz 2 regelt, wie mit Umrechnungsdifferenzen zu verfahren ist. Negative Differenzen sind gem. Satz 1 stets unmittelbar erfolgswirksam zu erfassen; die Vorschrift folgt damit dem allgemeinen Imparitätsprinzip nach § 252 Abs. 1 Nr. 4 HGB. Positive Umrechnungsdifferenzen bleiben entsprechend dem Realisationsprinzip dagegen grundsätzlich unberücksichtigt (Satz 4).

Allerdings sieht der Gesetzgeber zwei Ausnahmen vor, mit denen er faktisch eine kompensatorische Bewertung einführt: Sind Vermögensgegenstände, Schulden oder Terminge-

---

[475] Siehe zum Folgenden ausführlich Böcking, H.-J./Benecke, B. (2001): § 340h; Grewe, W. (1994): § 340h; Krumnow, J., et al. (1994): Rechnungslegung der Kreditinstitute, § 340h; Naumann, T.K. (1992): Fremdwährungsumrechnung; Wenk, M.O. (1997): Marktwert im Rechnungswesen, S. 82 ff. Eine unmittelbare Übertragung der Regelungsinhalte auf Unternehmen anderer Branchen scheidet infolge der Subsumtion unter den branchenspezifischen Vorschriften für Kreditinstitute aus; so auch Alsheimer, C.H. (2000): Die Rechtsnatur derivativer Finanzinstrumente, S. 170; Beckmann, R. (1993): Termingeschäfte und Jahresabschluß, S. 178; Gebhardt, G. (1996): Probleme der bilanziellen Abbildung, S. 570; Menichetti, M.J. (1993): Währungsrisiken, S. 109 f. A.A. offensichtlich Niemann, U. (1997): Bilanzierung von Finanzderivaten, S. 116.

[476] S.a. Böcking, H.-J./Benecke, B. (2001): § 340h, Rn. 16 ff.; Grewe, W. (1994): § 340h, Rz. 29 ff.; Scheffler, J. (1994): Hedge Accounting, S. 176 ff.

[477] Die Verwendung von Geld- und Briefkursen ist sachgerechterweise nur bei offenen Währungsüberhängen vorzunehmen; s.a. Böcking, H.-J./Benecke, B. (2001): § 340h, Rn. 19; Krumnow, J., et al. (1994): Rechnungslegung der Kreditinstitute, § 340h Tz. 16.

[478] Vgl. Krumnow, J., et al. (1994): Rechnungslegung der Kreditinstitute, § 340h Tz. 18 ff. mit Verweis auf die Gesetzesbegründung (BT-Drucks. 11/6275 vom 19.1.1990, S. 24).

schäfte gegen Wechselkursrisiken durch gegenläufige Geschäfte in derselben Währung „besonders gedeckt", so schreibt Satz 2 eine pflichtmäßige Vereinnahmung auch der positiven Umrechnungsdifferenz vor. Der Ausdruck „besonders gedeckt" wird im Gesetz nicht weiter erläutert; in der Gesetzesbegründung wird aber ausgeführt:

> „Voraussetzung für eine besondere Deckung ist, daß ein spezielles Deckungsgeschäft für umzurechnende Vermögensgegenstände, Schulden oder Geschäfte abgeschlossen oder eine besondere Beziehung zwischen Vermögensgegenständen oder Schulden hergestellt worden ist."[479]

Der Formulierung nach handelt es sich bei dem beschriebenen Sachverhalt um einen *Micro Hedge*.[480] Grund- und komplementäres Sicherungsgeschäft sind einander zuzuordnen, und diese Zuordnung ist zu dokumentieren.[481] Eine strikte Fristen- und Betragskongruenz beider Geschäfte, wie WENK sie fordert, ist dagegen aus der Gesetzesvorschrift nicht abzuleiten und erscheint auch nicht sachgerecht.[482] Soweit Unternehmen im Rahmen ihres Risikomanagements eine rollierende Sicherung betreiben und nachweisen können, sollte dies der Vorschrift genüge tun.[483] Unterscheiden sich die Geschäfte hinsichtlich ihrer Volumina, sollte dies eine besondere Deckung ebenfalls nicht ex ante in Frage stellen.[484] Allerdings bezieht sich die besondere Deckung in diesem Fall nur auf den niedrigeren Betrag.

Ebenfalls nicht gefolgt wird der Sichtweise von KRUMNOW ET AL., die auf der anderen Seite die Ansicht vertreten, ein Institut müsse den Nachweis der Deckung nur am Stichtag erbringen und könne die Sicherungsbeziehungen bei jeder Folgebewertung neu deklarieren.[485] Ein derartiges Vorgehen ist nicht mit einer stetigen Bilanzierung und einer tragfähigen Risikopolitik zu vereinbaren und daher abzulehnen. Da explizit eine Deckung in derselben Währung gefordert wird, kommt eine erfolgswirksame Vereinnahmung positiver

---

[479] BT-Drucks. 11/6275 vom 19.1.1990, S. 24.
[480] Vgl. Gebhardt, G./Breker, N. (1991): Bilanzierung von Fremdwährungstransaktionen, S. 1535; Naumann, T.K. (1992): Fremdwährungsumrechnung, S. 74; Scheffler, J. (1994): Hedge Accounting, S. 181.
[481] Vgl. Böcking, H.-J./Benecke, B. (2001): § 340h, Rn. 12; Grewe, W. (1994): § 340h, Rz. 21.
[482] Vgl. Wenk, M.O. (1997): Marktwert im Rechnungswesen, S. 83 f.
[483] Vgl. Bieg, H./Rübel, M. (1988): Ausweis und Bewertung I, S. 258 und 272; Böcking, H.-J./Benecke, B. (2001): § 340h, Rn. 10 f.; Brackert, G./Prahl, R./Naumann, T.K. (1995): Neue Verfahren der Risikosteuerung, S. 547; Grewe, W. (1994): § 340h, Rz. 20; Langenbucher, G./Blaum, U. (2003): Umrechnung von Fremdwährungsgeschäften, Rn. 607 i.V.m. Rn. 652; Seedorf, U. (1988): Erfassung bilanzunwirksamer Finanzinnovationen, S. 122 f.; Wiedmann, H. (1999): Bilanzrecht, § 340h, Rn. 10 f.
[484] Vgl. Grewe, W. (1994): § 340h, Rz. 17; Langenbucher, G./Blaum, U. (2003): Umrechnung von Fremdwährungsgeschäften, Rn. 608 i.V.m. Rn. 652; Wiedmann, H. (1999): Bilanzrecht, § 340h, Rn. 9.
[485] Vgl. Krumnow, J., et al. (1994): Rechnungslegung der Kreditinstitute, § 340h Tz. 35.

Umrechnungsdifferenzen bei *Cross Hedges* nicht in Frage.[486] So scheiden bspw. Zins--Währungsswaps als Sicherungsinstrument aus.

Fehlt dagegen die Zuordnung und sind Vermögensgegenstände, Schulden oder Termingeschäfte gegen Wechselkursrisiken durch gegenläufige Geschäfte in derselben Währung (bloß, d.h. in nicht zurechenbarer Weise) „gedeckt", dürfen positive Umrechnungsdifferenzen nur bis in Höhe negativer Beträge erfolgswirksam vereinnahmt werden (Satz 3). Der Gesetzgeber hat damit einen *Portfolio* oder *Macro Hedge* auf einzelne Währungen faktisch sanktioniert.[487]

Da Termingeschäfte nach h.M. als bilanzunwirksame Geschäfte anzusehen sind, stellt sich die Frage, wie Umrechnungsdifferenzen aus noch nicht abgewickelten Termingeschäften auszuweisen sind. In der Literatur besteht diesbzgl. weitgehend Einigkeit: Kommt es im Zuge der Währungsumrechnung zu erfolgswirksamen Umrechnungsdifferenzen, so sind positive unter den Sonstigen Vermögensgegenständen,[488] negative unter Sonstigen Verbindlichkeiten[489] oder den Rückstellungen[490] auszuweisen. Für erfolgsneutrale Umrechnungsdifferenzen sind wegen des Realisationsprinzips hingegen nur die negativen Beträge von Interesse. Sie sind unter den Sonstigen Rückstellungen oder einem eigenständigem Passivposten zu zeigen.[491]

Formalrechtlich stellt die Regelung eine deutliche Abkehr von fundamentalen Bilanzierungsgrundsätzen – namentlich dem Realisationsprinzip nach § 252 Abs. 1 Nr. 4 HGB – dar, wie NAUMANN zutreffend feststellt:

---

[486] S.a. Krumnow, J., et al. (1994): Rechnungslegung der Kreditinstitute, § 340h Tz. 31 und 44; Naumann, T.K. (1992): Fremdwährungsumrechnung, S. 68; Wenk, M.O. (1997): Marktwert im Rechnungswesen, S. 83. BÖCKING/BENECKE vertreten aber die Meinung, dass *Cross Hedges* in Währungssystemen mit festen Paritäten – wie den Währungen im Euro-Raum – möglich sein sollten, vgl. Böcking, H.-J./Benecke, B. (2001): § 340h, Rn. 9. A.A. IDW (1995): BFA 3/1995, Abschn. E I; Grewe, W. (1994): § 340h, Rz. 16; Langenbucher, G./Blaum, U. (2003): Umrechnung von Fremdwährungsgeschäften, Rn. 652; Wiedmann, H. (1994): Bewertungseinheit, S. 469 (Fn. 74); ders. (1999): Bilanzrecht, § 340h, Rz. 9.

[487] Vgl. Böcking, H.-J./Benecke, B. (2001): § 340h, Rn. 14; Krumnow, J., et al. (1994): Rechnungslegung der Kreditinstitute, § 340h Tz. 36.

[488] Vgl. Böcking, H.-J./Benecke, B. (2001): § 340h, Rn. 39; Wiedmann, H. (1999): Bilanzrecht, § 340h, Rz. 41.

[489] Vgl. Grewe, W. (1994): § 340h, Rz. 68.

[490] Vgl. Wiedmann, H. (1999): Bilanzrecht, § 340h, Rz. 40.

[491] Vgl. Böcking, H.-J./Benecke, B. (2001): § 340h, Rn. 41 m.w.N.; Grewe, W. (1994): § 340h, Rz. 67; Naumann, T.K. (1992): Fremdwährungsumrechnung, S. 91 ff.; Wiedmann, H. (1999): Bilanzrecht, § 340h, Rz. 44.

„*Funktional zeichnet sich die ‚besondere Deckung' sowohl durch ein bemerkenswertes, nicht objektivierungsbedingt gebotenes Verlustantizipationsverbot als auch durch ein im Einzelfall darüber hinausgehendes Nettogewinnrealisierungsgebot aus.*"[492]

4.6 Ausweisvorschriften und Angabepflichten

Nachdem in den vorstehenden Abschnitten die Ansatz- und Bewertungsregeln ausführlich dargestellt wurden, sind abschließend die Ausweisvorschriften zu behandeln. Die Gliederungsschemata für die Bilanz und die Gewinn- und Verlustrechnung nach § 266 und § 275 HGB sehen keine eigenständigen Ausweiszeilen für den Bestand oder das Ergebnis derivativer Finanzinstrumente vor. Ihr Fehlen lässt sich damit begründen, dass Derivate nach h.M. keine Vermögensgegenstände oder Schulden i.S.v. § 246 Abs. 1 darstellen. Bei Abschluss des Geschäfts werden lediglich geleistete bzw. empfangene Prämien oder Vorauszahlungen bilanziert, wobei diese Zahlungen unter den sonstigen Vermögensgegenständen resp. Verbindlichkeiten subsumiert und nicht als beizulegender Zeitwert des Derivats ausgewiesen werden. Auch werden Wertminderungen unter die Anschaffungskosten nicht als negativer beizulegender Zeitwert eines derivativen Finanzinstruments (und damit als Verbindlichkeit), sondern als drohender Verlust aus einem schwebenden Geschäft interpretiert und durch Bildung einer Drohverlustrückstellung passiviert.

Da ein Leser das mit kontrahierten Derivaten verbundene Chancen- und Risikopotenzial aus Bilanz und GuV nicht erkennen kann, würde ein Verzicht auf eine jegliche Berichterstattung der Generalnorm des § 264 Abs. 2 Satz 1 HGB zuwiderlaufen. Aus diesem Grund sind Unternehmen, die derivative Finanzinstrumente einsetzen, zur Offenlegung bestimmter Tatbestände verpflichtet, sofern der Umfang des derivativen Geschäfts für die Darstellung eines den tatsächlichen Verhältnissen entsprechenden Bildes der Vermögens-, Finanz- und Ertragslage des Unternehmens von Bedeutung ist.[493] Allerdings haben sich für Industrieunternehmen – anders als für Kreditinstitute – bislang keine einheitlichen, verbindlich anzuwendenden Ausweisgrundsätze herausgebildet.[494]

---

[492] Naumann, T.K. (1992): Fremdwährungsumrechnung, S. 71 unter Auslassung der Quellenverweise; s.a. Menninger, J. (1993): Financial Futures, S. 105; Scheffler, J. (1994): Hedge Accounting, S. 184; Wenk, M.O. (1997): Marktwert im Rechnungswesen, S. 82 und 87. Zu dem angesprochenen Nettogewinnausweis kommt es i.d.R. dann, wenn das Grundgeschäft ein Vermögensgegenstand oder eine Schuld ist, die mit dem Devisenkassakurs umgerechnet wird, während ein Derivat als Sicherungsgeschäft eingesetzt und mit dem Devisenterminkurs bewertet wird.
[493] Vgl. Köhler, A. (1997): Bilanzierung derivativer Finanzinstrumente, S. 6009.
[494] Vgl. WPH 2000 I, Abschn. F, Tz. 570.

4.6.1 Anhangangaben

Kapitalgesellschaften haben ihren Jahresabschluss nach § 264 Abs. 1 HGB um einen Anhang zu erweitern. Für Genossenschaften, Kreditinstitute und Versicherungsunternehmen sowie für bestimmte Personengesellschaften gilt das Erfordernis entsprechend.[495] Die erläuterungspflichtigen Sachverhalte ergeben sich v.a. aus den §§ 284 und 285 HGB.[496] Nach § 284 Abs. 2 Nr. 1 HGB haben Unternehmen die angewandten Bilanzierungs- und Bewertungsmethoden anzugeben.[497] Im Hinblick auf das derivative Geschäft ist nach h.M. insbesondere über die Bildung von Bewertungseinheiten und die Rechnungslegung für strukturierte Produkte zu berichten.[498] Die Berichtsplicht erstreckt sich dabei vorrangig auf den betraglichen Umfang, die Art sowie die Kriterien für ihre Bildung.[499] Bewerten Kreditinstitute ihre Derivatebestände in Abhängigkeit von deren Zugehörigkeit zum Bank- oder Handelsbuch unterschiedlich, so sollte dieser Sachverhalt ebenfalls offengelegt werden.[500]

Neben der Darstellung der Bilanzierungs- und Bewertungsmethoden hat ein Unternehmen gem. § 284 Abs. 2 Nr. 2 HGB die Grundlagen der Währungsumrechnung anzugeben.[501] Für Kreditinstitute enthält § 35 Abs. 1 Nr. 6 RechKredV darüber hinaus die Verpflichtung, den Gesamtbetrag der auf fremde Währung lautenden Vermögensgegenstände und Schulden in Euro anzugeben.[502] Da die Umrechnung eines Fremdwährungspostens in Euro nicht zuletzt davon abhängt, ob er Teil einer Sicherungsbeziehung ist, sollte im Anhang darüber ebenso berichtet werden wie über den Umrechnungskurs (Geld-, Brief-, Mittelkurs; Spot- oder Terminkurs).[503]

---

[495] Vgl. §§ 264a Abs. 1, 336 Abs. 1, 340a Abs. 1 und 341a Abs. 1 HGB sowie § 5 Abs. 2 PublG.
[496] Das BMJ hat mittlerweile vorgeschlagen, die erläuterungspflichtigen Sachverhalte in § 285 Satz 1 HGB um eine Nr. 18 zu erweitern. Danach wären Art, Volumen und beizulegende Zeitwerte der eingegangenen derivativen Finanzinstrumente anzugeben; vgl. RefE-BilReG, Art. 1 Nr. 6. Eine gleichlautende Vorschrift soll für den Konzernbereich in § 314 Abs.1 Nr. 10 HGB geschaffen werden.
[497] Für Kreditinstitute ergibt sich eine entsprechende Angabepflicht aus § 34 Abs. 1 RechKredV. Vor der Transformation der BBRL in deutsches Recht waren Kreditinstitute von den meisten Anhangangaben befreit; vgl. im Einzelnen Krumnow, J., et al. (1994): Rechnungslegung der Kreditinstitute, § 34 RechKredV, Tz. 1 ff.
[498] Vgl. Fitzner, V. (1997): Derivatepublizität von Kreditinstituten, S. 229 ff. m.w.N.; Grünewald, A. (1993): Finanzterminkontrakte, S. 292 ff.; Happe, P. (1996): Swapvereinbarungen, S. 250; IDW (2001): RH BFA 1.003, Tz. 14; Krumnow, J., et al. (1994): Rechnungslegung der Kreditinstitute, § 340e Tz. 475; Scheffler, J. (1994): Hedge Accounting, S. 242.
[499] Vgl. Menichetti, M.J. (1993): Währungsrisiken, S. 160 f.; Scheffler, J. (1994): Hedge Accounting, S. 242; Steiner, M./Tebroke, H.-J./Wallmeier, M. (1995): Rechnungslegung für Finanzderivate, S. 543.
[500] Vgl. Happe, P. (1996): Swapvereinbarungen, S. 251; Krumnow, J., et al. (1994): Rechnungslegung der Kreditinstitute, § 340e Tz. 476.
[501] Zum Umfang der Berichtspflicht vgl. Krawitz, N. (2001): § 284, Rz. 64.
[502] Die Möglichkeit einer Bestandsumrechnung in DM bestand letztmalig für das Geschäftsjahr 2001.
[503] Vgl. Happe, P. (1996): Swapvereinbarungen, S. 252; Krawitz, N. (2001): § 284, Rz. 65.

Wird von den Allgemeinen Bewertungsgrundsätzen nach § 252 Abs. 1 HGB abgewichen, so sind die Abweichungen (sofern wesentlich) nach § 284 Abs. 2 Nr. 3 HGB anzugeben, zu erläutern und ihre Ergebnisauswirkungen gesondert darzustellen.[504] Ferner haben Unternehmen den Betrag der sonstigen finanziellen Verpflichtungen nach § 285 Abs. 3 HGB anzugeben, sofern dieser wesentlich ist.[505] Bei dem Terminus handelt es sich um einen unbestimmten Rechtsbegriff.[506] Nach gängiger Auffassung handelt es sich dabei um Zahlungsverpflichtungen, die noch nicht Eingang in die Bilanz gefunden haben (bspw. als Drohverlustrückstellung), die am Abschlussstichtag aber zweifelsfrei bestanden und denen sich das Unternehmen nicht sanktionsfrei entziehen kann.[507] Hierunter fallen z.B. zukünftige Zahlungsverpflichtungen aus schwebenden Termingeschäften.[508] Da der Vorschrift nach lediglich der Gesamtbetrag der finanziellen Verpflichtungen anzugeben ist, kann auf eine Aufgliederung in einzelne Sachverhalte nach Art und Fristigkeit verzichtet werden.[509]

Eine davon abweichende Behandlung ist lediglich für Kreditinstitute vorgesehen, die in ihren Anhang nach § 36 RechKredV eine Aufstellung über sämtliche zum Bilanzstichtag noch nicht abgewickelten Termingeschäfte aufzunehmen haben.[510] Die Angabe hat getrennt nach Art des eingesetzten derivativen Finanzinstruments und zugrunde liegendem Risikofaktor (Währungs-/Edelmetallpreis-, Zins- und anderweitige Preisrisiken) zu erfol-

---

[504] S. diesbzgl. ausführlich Krawitz, N. (2001): § 284, Rz. 68 ff.
[505] Kleine Kapitalgesellschaften i.S.v. § 267 Abs. 1 HGB sind gem. § 288 Abs. 1 HGB von der Berichtspflicht befreit.
[506] Vgl. Krawitz, N. (2000): § 285, Rz. 33.
[507] Vgl. Ellrott, H. (2003): § 285, Anm. 22; Grünewald, A. (1993): Finanzterminkontrakte, S. 297 ff.; Krawitz, N. (2000): § 285, Rz. 35.
[508] Vgl. Treuberg, H.G.v./Scharpf, P. (1991): DTB-Aktienoptionen, S. 668; Wiedmann, H. (1999): Bilanzrecht, § 285 Tz. 5; Winter, O. (1997): Bilanzierung von Zinsbegrenzungsvereinbarungen, S. 1991; WPH 2000 I, Abschn. F, Tz. 634 m.w.N.; a.A. wohl ADS⁶, § 285 Tz. 47 und HAPPE, der angesichts der Tatsache, dass ein zukünftig drohender Verpflichtungsüberhang bereits durch eine Rückstellungsbildung hätte erfasst werden müssen, keine darüber hinausgehende zukünftige finanzielle (Netto-)Verpflichtung erkennen kann; vgl. Happe, P. (1996): Swapvereinbarungen, S. 254; gl.A. PRAHL/NAUMANN, die feststellen, „dass für die Berücksichtigung von bilanzunwirksamen Financial Instruments bei der Angabe des Gesamtbetrages der ‚Sonstigen finanziellen Verpflichtungen' nach § 285 Nr. 3 HGB nahezu kein Raum bleibt." Prahl, R./Naumann, T.K. (2000): Financial Instruments, Rn. 169 (im Original teilweise Fettdruck). GRÜNEWALD vertritt demgegenüber die Ansicht, dass sich eine Angabepflicht für „Verpflichtungen aus dem Kauf von Zinsterminkontrakten, deren Erfüllung beabsichtigt ist," ergibt, vgl. Grünewald, A. (1993): Finanzterminkontrakte, S. 302; zur Begründung s. ebenda, S. 295 ff.; bei Optionsgeschäften sieht NIEMEYER Erläuterungspflichten nur auf Seiten des Optionsschreibers; vgl. Niemeyer, M. (1990): Bilanzierung und Ausweis, S. 148 f. und 155 ff.
[509] Vgl. WPH 2000 I, Abschn. F, Tz. 642.
[510] Zum Inhalt noch nicht abgewickelter Termingeschäfte vgl. Krumnow, J., et al. (1994): Rechnungslegung der Kreditinstitute, § 36 RechKredV, Tz. 5 ff.

gen. Für jede Gruppen von Derivaten ist darüber hinaus anzugeben, ob und in welchem Maße sie zu Handels- oder Sicherungszwecken dienen.[511] Wie FITZNER ET AL. aber zutreffend feststellen, lassen sich aus diesen Angaben keine Aussagen darüber generieren, wie risikobehaftet das derivative Geschäft eines Instituts ist.[512] Nach § 285 Nr. 12 HGB ist schließlich der auf Rückstellungen für drohende Verluste aus schwebenden Geschäften entfallende Betrag anzugeben, sofern ein Unternehmen den auf diese Rückstellungsart entfallenden Wert nicht offen ausweist und dieser als wesentlich einzustufen ist.[513]

Über die Pflichtbestandteile hinaus hat ein Unternehmen zusätzliche Angaben zu leisten, sollte der Jahresabschluss ein den tatsächlichen Verhältnissen entsprechendes Bild der Vermögens-, Finanz- und Ertragslage nicht vermitteln. Dieses Erfordernis ergibt sich nicht aus den Vorschriften zur Aufstellung des Anhangs, sondern aus der Generalnorm nach § 264 Abs. 2 Satz 2 HGB.

Die genannten Sachverhalte stellen lediglich einen Mindestkanon berichtspflichtiger Tatbestände dar, der um freiwillige Angaben erweitert werden kann.[514] Nachdem der Ausschuss für Bilanzierung des Bundesverbandes deutscher Banken 1995 seinen Mitgliedern eine einheitliche quantitative Aufschlüsselung des derivativen Geschäfts nach Art und Risiko vorgeschlagen hat,[515] sind zahlenmäßige Angaben zum Einsatz derivativer Finanzinstrumente mittlerweile auch in der Industrie zusehends üblicher geworden. Eine Untersuchung von GEBHARDT aus dem Jahr 1995 zu diesem Punkt ergab, daß von 97 befragten deutschen Großunternehmen 25 explizit und weitere 21 implizit über abgeschlossene Derivativgeschäfte im Anhang berichten.[516] Sofern quantitative Angaben erfolgen, handelt es dabei im Wesentlichen um die kontrahierten Nominalvolumina und – deutlich seltener – um die Marktwerte der Instrumente. Hier ist PRAHL uneingeschränkt zuzustimmen, der die

---

[511] Vgl. Prahl, R. (1996): Informationen über Derivate, S. 142 f.
[512] Vgl. Fitzner, V./Freiling, A./Liedtke, J.-U. (1997): Derivatepublizität deutscher Kreditinstitute, S. 177. Für empirische Befunde siehe ebenda.
[513] S.a. Krawitz, N. (2000): § 285, Rz. 216 ff.; Prahl, R. (1996): Informationen über Derivate, S. 156. Die Vorschrift gilt nach § 340a Abs. 2 HGB nicht für Kreditinstitute.
[514] Vgl. diesbzgl. Scheffler, J. (1994): Hedge Accounting, S. 248 ff.; Winter, O. (1997): Bilanzierung von Zinsbegrenzungsvereinbarungen, S. 1992. Für empirische Befunde zum Ausweisverhalten deutscher Untenehmen s. stellvertretend die beiden Arbeiten von GEBHARDT; Gebhardt, G. (1995): Einsatz derivativer Finanzinstrumente, S. 609 ff., sowie ders. (1997): Entwicklungen in der Berichterstattung, S. 390 ff. Für einen Überblick bzgl. deutscher und internationaler Empfehlungen zur Derivatepublizität s. Fitzner, V. (1997): Derivatepublizität von Kreditinstituten, S. 151 f. und 159 ff.
[515] Vgl. Ausschuss für Bilanzierung des Bundesverbandes deutscher Banken (1995): Bilanzpublizität von Finanzderivaten, S. 3 ff.
[516] Vgl. Gebhardt, G. (1995): Einsatz derivativer Finanzinstrumente, S. 610; s.a. Hartmann, U. (1998): Ausrichtung der Rechnungslegung, S. 262.

Angabe von Nominal- und/oder Marktwerten ohne erläuternde Bemerkungen für wenig aussagekräftig hält:

„Es bleibt allerdings festzuhalten, daß sowohl die Angabe der Nominalwerte – wegen ihrer nur bedingten Aussagekraft mit Blick auf die Risikoneigung – als auch die Angabe von Marktwerten – wegen der möglichen Fehlinterpretation –, soweit erforderlich, ergänzend erläutert werden sollten. Insbesondere bei der Angabe von Marktwerten könnten positive Marktwerte leicht als geschäftlicher Erfolg – negative leicht als ebensolcher Mißerfolg interpretiert werden. Dies gilt umsomehr für den Fall, daß die Angaben sich ausschließlich auf derivative Finanzinstrumente beschränken und somit die vielfach gewollte Wechsel- oder Sicherungswirkung mit anderen Transaktionen unberücksichtigt bleibt."[517]

Insgesamt ist festzuhalten, dass die Berichterstattung im Anhang noch immer recht uneinheitlich ist.[518]

4.6.2 Angaben im Lagebericht

Kapitalgesellschaften haben neben Bilanz, GuV und Anhang nach § 264 Abs. 1 HGB auch einen Lagebericht aufzustellen.[519] Die Pflicht zur Aufstellung eines Lageberichts entfällt, sofern die Kapitalgesellschaft als "klein" i.S.v. § 267 Abs. 1 HGB eingestuft wird. Die größenspezifische Ausnahmevorschrift erstreckt sich aber nicht auf Kreditinstitute und Versicherungen.[520] Die konkrete Berichtspflicht ergibt sich aus § 289 HGB. Im Hinblick auf das derivative Geschäft, die damit verbundenen Risiken sowie getätigte Sicherungsmaßnahmen ist v.a. Absatz 1 der Vorschrift relevant:

„Im Lagebericht sind zumindest der Geschäftsverlauf und die Lage der Kapitalgesellschaft so darzustellen, daß ein den tatsächlichen Verhältnissen entsprechendes Bild vermittelt wird; dabei ist auch auf die Risiken der künftigen Entwicklung einzugehen."[521]

---

[517] Prahl, R. (1996): Informationen über Derivate, S. 146; s.a. Fitzner, V. (1997): Derivatepublizität von Kreditinstituten, S. 204 ff.; Gebhardt, G. (1997): Entwicklungen in der Berichterstattung, S. 396 f.; Neubürger, H.-J. (1995): Financial Instruments und GoB, S. 402.

[518] Vgl. Gebhardt, G. (1995): Einsatz derivativer Finanzinstrumente, S. 616; Prahl, R. (1996): Informationen über Derivate, S. 158.

[519] Ebenso Kapitalgesellschaften gleichgestellte Unternehmen (§ 264a HGB), rechnungslegungspflichtige Unternehmen (§ 5 Abs. 2 PublG) sowie Genossenschaften (§ 336 HGB).

[520] Vgl. § 340a Abs. 1 und § 341a Abs. 1 HGB.

[521] Das BMJ hat im Entwurf zum BilReG vorgeschlagen, § 289 Abs. 1 HGB wie folgt neu zu fassen: „Im Lagebericht sind der Geschäftsverlauf einschließlich des Geschäftsergebnisses und die Lage der Kapitalgesellschaft so darzustellen, dass ein den tatsächlichen Verhältnissen entsprechendes Bild vermittelt wird. Er hat darüber hinaus eine ausgewogene und umfassende, dem Umfang und der Komplexität der Geschäftstätigkeit entsprechende Analyse des Geschäftsverlaufs und der Lage der Gesellschaft zu enthalten. In die Analyse sind die für die Geschäftstätigkeit bedeutsamsten finanziellen Leistungsindikatoren einzubeziehen und unter Bezugnahme auf die im Jahresabschluss ausgewiesenen Beträge und Angaben zu erläutern. Ferner sind im Lagebericht die wesentlichen Ziele und Strategien der gesetzlichen Vertreter der Kapitalgesellschaft zu beschreiben sowie die voraussichtliche Entwicklung mit ih-

Der zweite Halbsatz wurde durch das Gesetz zur Kontrolle und Transparenz im Unternehmensbereich (KonTraG) neu in das HGB eingefügt; eine gleichlautende Verpflichtung ergibt sich für die Aufstellung des Konzernlageberichts (§ 315 Abs. 1 HGB). Damit einher geht eine Erweiterung der Prüfungsvorschriften (§ 317 Abs. 2 HGB).[522] Wie die Darstellung der „Risiken der künftigen Entwicklung" (sog. Risikobericht[523]) nach den §§ 289/315 HGB konkret auszusehen hat, lässt der Gesetzgeber allerdings offen.[524]

Das Deutsche Rechnungslegungs Standards Committee (DRSC) hat mittlerweile einen Standard zur Abfassung eines derartigen Risikoberichts verabschiedet.[525] Die dort genannten Grundsätze sind gemäß DRS 5.3 zwar lediglich für Unternehmen verpflichtend, die einen Konzernlagebericht nach § 315 HGB erstellen; das DRSC empfiehlt die Anwendung des Standards aber auch für den Lagebericht nach § 289 HGB.[526] Der Risikobericht ist grundsätzlich in einer eigenständigen Abhandlung und getrennt vom Prognosebericht anzufertigen.[527]

Im Rahmen der Berichterstattung ist auf alle internen und externen Risiken einzugehen, die für die Adressaten des Konzernberichts von Bedeutung sein könnten.[528] Das bedeutet, dass Mutterunternehmen nicht sämtliche Risiken darstellen sollen, denen der Konzern ausgesetzt ist, sondern entsprechend dem Kriterium der Wesentlichkeit nur über jene berichten,

---

ren wesentlichen Chancen und Risiken zu beurteilen und zu erläutern; zugrunde liegende Annahmen sind anzugeben."; vgl. RefE-BilReG, Art. 1 Nr. 10.

[522] S. diesbzgl. die Gesetzesbegründung, BR-Drucks. 872/97 vom 27. April 1998, S. 70; s.a. ADS⁶, § 289 n.F., Tz. 1; IDW (1999): IDW PS 350; Kajüter, P. (2002): Prüfung der Risikoberichterstattung im Lagebericht, S. 243 ff.; Selch, B. (2000): Lagebericht, S. 363. Für erste empirische Befunde s. Kajüter, P. (2001): Risikoberichterstattung, S. 107 ff.; Kajüter, P./Winkler, C. (2003): Risikoberichterstattung, S. 217 ff.

[523] Der Begriff des Risikoberichts geht auf einen Aufsatz von KÜTING/HÜTTEN zurück, vgl. Küting, K./Hütten, C. (1997): Lageberichterstattung, S. 251; s.a. Krawitz, N. (1999): § 289, Rz. 68 m.w.N.

[524] Vgl. Dörner, D./Bischof, S. (1999): Zweifelsfragen zur Berichterstattung, S. 445 ff.; Dörner, D./Wollmert, P./Bischof, S. (2003): Risikoberichterstattung im Konzern, S. 307; Kajüter, P. (2001): Risikoberichterstattung, S. 105; ders. (2001): Der Entwurf des DRS 5, S. 205; Krawitz, N. (1999): § 289, Rz. 74; Selch, B. (2000): Lagebericht, S. 362.

[525] DRS 5 „Risikoberichterstattung", verabschiedet durch den DSR am 3. April 2001, im Bundesanzeiger bekannt gemacht am 29. Mai 2001. Die branchenspezifischen Standards für Kredit- und Finanzdienstleistungsinstitute (5-10) sowie für Versicherungsunternehmen (5-20) wurden am 30. Dezember 2000 resp. am 29. Mai 2001 im Bundesanzeiger bekannt gemacht. Die Standards waren erstmalig auf Geschäftsjahre anzuwenden, die nach dem 31. Dezember 2000 begannen, vgl. DRS 5.37.

[526] Vgl. DRS 5.8.

[527] Vgl. DRS 5.28 ff.; kritisch demgegenüber Dörner, D./Bischof, S. (1999): Zweifelsfragen zur Berichterstattung, S. 450; Dörner, D./Wollmert, P./Bischof, S. (2003): Risikoberichterstattung im Konzern, S. 324 f.;. A.A. offensichtlich ADS⁶, § 289 n.F., Tz. 21 und 30.

[528] S.a. IDW (1999): IDW RS HFA 1, Abschn. 3.1.3.2 Tz. 34.

die vermutlich Entscheidungen der Kapitalmarktakteure hervorrufen würden.[529] Das DRSC stellt dabei explizit fest, dass nicht nur markt- und branchenbezogene Risiken darzustellen sind, im Gegenteil: Der Schwerpunkt der Darstellung sollte auf den konzernspezifischen Risiken liegen und Angaben zu Geschäfts- und Klumpenrisiken umfassen.[530] Bestandsgefährdende Risiken müssen als solche bezeichnet werden.[531] Bei der Einschätzung der Risikosituation ist dabei ein dem jeweiligen Risiko angemessener Prognosezeitraum zugrunde zu legen. Dieser beträgt nach Einschätzung des DRSC für bestandsgefährdende Risiken i.d.R. ein Jahr, für alle anderen mindestens zwei Jahre.[532]

Die Risiken sind für Zwecke der Berichterstattung entsprechend ihrem Wesen in Kategorien zu bündeln; die Zusammenfassung soll dabei in Anlehnung an das jeweilige Konzernrisikomanagement erfolgen.[533] Die Risiken und mögliche Auswirkungen auf das Unternehmen sind unter Angabe einer Eintrittswahrscheinlichkeit zu beschreiben und – sofern zuverlässig möglich – zu quantifizieren; eine bloße Aufzählung genügt dem Erfordernis danach nicht.[534] Bei der Darstellung dürfen Chancen und Risiken nicht saldiert werden.[535] Eine Berichterstattung über Risiken kann unterbleiben, sofern das Unternehmen bereits gegensteuernde Maßnahmen ergriffen hat; lediglich ungedeckte Restrisiken sind darzustellen.[536] Der Risikobericht ist diesbezüglich als Ergänzung zum Jahresabschluss zu sehen: Alle wesentlichen Risiken, die sich nicht bereits als Abschreibung oder Rückstellung und

---

[529] Vgl. DRS 5.10 f.; gl.A. ADS⁶, § 289 n.F., Tz. 9; Dörner, D./Bischof, S. (1999): Zweifelsfragen zur Berichterstattung, S. 447; Dörner, D./Wollmert, P./Bischof, S. (2003): Risikoberichterstattung im Konzern, S. 313; Krawitz, N. (1999): § 289, Rz. 75. Der HFA beim IDW ist der Ansicht, dass als wesentlich nur solche Risiken einzustufen sind, „die entweder bestandsgefährdend sind oder einen wesentlichen Einfluß auf die Vermögens-, Finanz- oder Ertragslage haben können.", vgl. IDW (1999): IDW RS HFA 1, Abschn. 3.1.3 Tz. 29; so auch ADS⁶, § 289 n.F., Tz. 11.

[530] Vgl. DRS 5.12 f. ; s.a. Dörner, D./Wollmert, P./Bischof, S. (2003): Risikoberichterstattung im Konzern, S. 321 ff.; Küting, K./Hütten, C. (1997): Lageberichterstattung, S. 251 ff.; Selchert, F.W. (1999): Zukunftsorientierte Berichterstattung im Lagericht, S. 408; kritisch Seeberg, T. (1998): Rechnungslegungspublizität, S. 610 f. Die Berichterstattung kann auch besondere Vorgänge nach Schluss des Geschäftsjahrs, wie bspw. Veränderungen der Marktpreise mit einschließen, vgl. Ballwieser, W. (1997): Lageberichte, S. 161; Grünewald, A. (1993): Finanzterminkontrakte, S. 305 f.

[531] Vgl. DRS 5.15; s.a. Dörner, D./Wollmert, P./Bischof, S. (2003): Risikoberichterstattung im Konzern, S. 328 ff.; IDW (1999): IDW RS HFA 1, Abschn. 3.1.3.1 Tz..30 ff.; Krawitz, N. (1999): § 289, Rz. 78.

[532] Vgl. DRS 5.23 f. ; s.a. ADS⁶, § 289 n.F., Tz. 23; Dörner, D./Bischof, S. (1999): Zweifelsfragen zur Berichterstattung, S. 445 m.w.N.; Dörner, D./Wollmert, P./Bischof, S. (2003): Risikoberichterstattung im Konzern, S. 316; IDW (1999): IDW RS HFA 1, Abschn. 3.1.3.1, Tz. 33 und Abschn. 3.1.3.2, Tz. 36.

[533] Vgl. DRS 5.16 f.

[534] Vgl. DRS 5.18 ff.; gl.A. ADS⁶, § 289 n.F., Tz. 19 f.; Krawitz, N. (1999): § 289, Rz. 83; Kajüter, P. (2001): Risikoberichterstattung, S. 111.

[535] Vgl. DRS 5.26; gl.A. ADS⁶, § 289 n.F., Tz. 8.

[536] Das DRSC nennt als Beispiel den Abschluss eines Termingeschäfts, vgl. DRS 5.21 f.; s.a. Dörner, D./ Bischof, S. (1999): Zweifelsfragen zur Berichterstattung, S. 448 („Der Lagebericht unterliegt nicht dem Einzelbewertungsgrundsatz."); Krawitz, N. (1999): § 289, Rz. 84.

damit als Ausfluss des Imparitätsprinzips niedergeschlagen haben, sind in die Berichterstattung aufzunehmen.[537] Neben der Darstellung des Risikoumfelds des Konzerns sind im Risikobericht auch Aussagen über das in diesem eingesetzte Risikomanagement aufzunehmen und Strategie, Aufbau und Ablauf darzulegen.[538]

4.7 Zusammenfassung

Eine Überprüfung der im Hinblick auf eine mögliche Aktivierung bzw. Passivierung (freistehender) derivativer Finanzinstrumente maßgeblichen GoB lieferte folgendes Resultat:

- Für Derivate besteht im deutschen Bilanzrecht a priori weder ein Ansatzverbot noch ein Ansatzwahlrecht. Damit unterliegen sie dem in § 246 Abs. 1 HGB kodifizierten Rahmengrundsatz der Vollständigkeit;
- Derivate sind einzeln be- und verwertbar. Sie sind somit abstrakt ansatzpflichtig und als Vermögensgegenstände resp. Schulden in der Bilanz zu erfassen.

GRÜTZEMACHER kommt in seiner Analyse zum gleichen Ergebnis, das er mit den folgenden Worten zusammenfasst:

> „Wenn die kleinstmöglichen Sachverhalte den Kriterien der Vermögensgegenstände genügen und ein schwebender Vertrag ein derartiger kleinstmöglicher Sachverhalt ist, dann müßten aufgrund des Vollständigkeitsprinzips alle schwebenden Geschäfte bilanziell erfaßt werden."[539]

Dass die h.M. zu einer anderen Auffassung gelangt, ist nach Ansicht des Verfassers auf eine abweichende Argumentationskette zurückzuführen: Statt derivative Finanzinstrumente per se hinsichtlich ihrer Bilanzierungsfähigkeit zu beleuchten, beschränkt man sich (stellvertretend) auf eine Überprüfung der Bilanzierbarkeit schwebender Geschäfte. Zwar sind Derivate bilanzrechtlich als schwebende Geschäfte einzustufen, weil Leistung und Gegenleistung zum Zeitpunkt des Vertragsabschlusses noch ausstehen. Die für diese üblicherweise abgeleitete Nichtbilanzierung steht aber unter dem Vorbehalt, dass sich die jeweils zu erbringenden Verpflichtungen ausgleichen. Diese Ausgeglichenheitsvermutung wird bei Derivaten jedoch widerlegt, und zwar nicht als Ausnahme-, sondern als Regelfall. Deriva-

---

[537] Vgl. ADS⁶, § 289 n.F., Tz. 20; Dörner, D./Bischof, S. (1999): Zweifelsfragen zur Berichterstattung, S. 447; Krawitz, N. (1999): § 289, Rz. 82.
[538] Vgl. DRS 5.28, s.a. Winter, O. (1997): Bilanzierung von Zinsbegrenzungsvereinbarungen, S. 1992. Kritisch dazu KAJÜTER. Da eine obligatorische Darstellung des betrieblichen Risikomanagements weder aus der Gesetzesformulierung noch ihrer Begründung abgeleitet werden könne, schlägt er stattdessen vor, lediglich eine Empfehlung auszusprechen; vgl. Kajüter, P. (2001): Risikoberichterstattung, S. 111; ders. (2001): Der Entwurf des DRS 5, S. 208.
[539] Grützemacher, T. (1989): Finanzinnovationen, S. 199 (unter Auslassung der Quellennachweise).

4. Bilanzierung von Derivaten und Sicherungsbeziehungen nach deutschem Recht

tive Finanzinstrumente sind also prinzipiell (abstrakt) bilanzierungsfähig und damit auch bilanzierungspflichtig.

Die herausgearbeitete uneingeschränkte Ansatzpflicht derivativer Finanzinstrumente wird aber faktisch durch die im HGB kodifizierten Bewertungsvorschriften ausgehebelt:[540]

- Unbedingte Termingeschäfte dürfen nur angesetzt werden, falls die Bewertung zu einem negativen beizulegenden Zeitwert führt; die betreffenden Geschäfte sind dann als Drohverlustrückstellung zu passivieren. Einem Ansatz positiver Marktwerte steht in jedem Fall das Anschaffungswertprinzip entgegen.

- Bedingte Termingeschäfte werden zum Zeitpunkt des Geschäftsabschlusses mit ihrem beizulegenden Zeitwert aktiviert (Käufer) bzw. passiviert (Stillhalter). Die Wertansätze werden aber imparitätisch fortgeschrieben:

  – Eine Zuschreibung der aktivierten Prämie über die Anschaffungskosten der Option hinaus ist wegen des Anschaffungswertprinzips unzulässig. Dieses Ergebnis ist insofern unbefriedigend, weil mit zunehmendem inneren Wert eine Ausübung der Option wahrscheinlicher und damit eine „Forderung" gegen den Stillhalter immer konkreter (greifbarer) wird.[541]

  – Eine Erhöhung der passivierten Prämie über den Gegenwert der erhaltenen Prämie hinaus ist gleichwohl stets geboten; allerdings erfolgt sie der h.M. zufolge nicht über eine Erhöhung der „Sonstigen Verbindlichkeiten", sondern der Bildung/Dotierung einer Drohverlustrückstellung in Höhe des die Prämie übersteigenden Betrags. In diesem kommen der gestiegene innere Wert der Option und damit die drohende Inanspruchnahme des Optionsschreibers zum Ausdruck. Eine Verminderung der Prämie infolge eines gleichbleibenden oder gesunkenen inneren Wertes kommt infolge des Höchstwertprinzips nicht in Betracht.

Bei der bilanziellen Abbildung eingebetteter Derivate steht die Diskussion hingegen noch am Anfang. Vorreiter ist hier abermals die Kreditwirtschaft, für die der BFA in Anlehnung an die internationalen Standards Vorschläge zur Aufspaltung strukturierter Produkte unterbreitet hat. Danach ist eine Zerlegung immer dann geboten, wenn das eingebettete Derivat

---

[540] BALLWIESER weist zu Recht darauf hin, dass unter den „Bewertungsgrundsätzen" auch Prinzipien genannt werden, die Ansatzkonsequenzen haben; vgl. Ballwieser, W. (1999): Grundsätze ordnungsmäßiger Buchführung, Rz. 30; ders. (2001): § 252, Rn. 1 und 55.

[541] Da die Optionsprämie als „Sonstiger Vermögensgegenstand" nach den für das Umlaufvermögen geltenden Grundsätzen zu bewerten ist (§ 253 Abs. 3 HGB), wäre bei gleichbleibendem oder sinkendem inneren Wert infolge des strengen Niederstwertprinzips eine Abschreibung geboten; s.a. IDW (1995): BFA 2/1995, Abschn. B; Windmöller, R./Breker, N. (1995): Bilanzierung von Optionsgeschäften, S. 393 f.

die Risiko- und Zahlungsstruktur des *Compound Instruments* derart verändert, dass sich die zu erzielende Rendite des Trägervertrags allein nach den Charakteristika des Derivats bestimmt. Inwieweit die Vorschriften auch bei Unternehmen aus anderen Branchen zum Tragen kommen, bleibt abzuwarten.

Der Bereich, der hinsichtlich der Bilanzierung derivativer Instrumente gegenwärtig wohl am deutlichsten im Fluss ist, liegt in der bilanziellen Erfassung von Sicherungsbeziehungen. Hier hat offenkundig über die vergangenen zehn Jahre ein deutlicher Stimmungswandel eingesetzt. So wird die Forderung nach einer streng imparitätischen Bewertung für Derivate, die Teil einer Sicherungsbeziehung sind, heutzutage kaum mehr erhoben, im Gegenteil: Die Mehrzahl der Autoren fordert eine kompensatorische Bewertung, sofern eine Einzelbewertung zur bilanziellen Erfassung von Risiken führen würde, die ökonomisch nicht vorhanden sind. Uneingeschränkt gilt dies gleichwohl nur für derivative Sicherungsgeschäfte, mit denen das Marktpreisrisiko eines einzelnen bilanzierten Geschäfts eliminiert oder vermindert werden soll (*Micro Hedge*). Sicherungen antizipierter Geschäfte werden dagegen weiterhin mehrheitlich als nicht abbildbar eingestuft, so dass die zum *Hedging* eingesetzten Derivate imparitätisch zu bewerten sind.

Die bilanzielle Abbildung einer Absicherung von Nettoexposures ist ebenfalls umstritten und wird als branchenübergreifende Bewertungs mehrheitlich weiterhin abgelehnt. Liberaler wird der Sachverhalt für die Rechnungslegung der Kreditinstitute beurteilt. Insbesondere für die Aktivitäten in den Handelsbereichen der Institute zeichnet sich ein Trend zur Portfoliobewertung ab. Nach Ansicht des Verfassers bewegen sich die Befürworter aber auf dünnem Eis, wenn sie versuchen, den Einzelbewertungsgrundsatz durch immer ökonomischere Auslegungen sachgerecht interpretieren zu wollen. Auch wenn viele der unterbreiteten Abbildungsvorschläge zweifelsohne besser geeignet sind, ein den tatsächlichen Verhältnissen entsprechendes Bild der Unternehmensverfassung zu zeichnen, bleibt doch zu konstatieren, dass das geltende Bilanzrecht ein derartiges (wenn auch wünschenswertes) Vorgehen derzeit nicht zulässt.

Hinsichtlich der Angabepflichten wird v.a. die Verabschiedung des KonTraG i.V.m. mit DRS 5 Änderungen im Publizitätsverhalten der Unternehmen bewirken. Diese haben nunmehr in deutlich höherem Maße als bislang üblich über unternehmensinterne Risiken und das implementierte Risikomanagement zu berichten.

5. Bilanzierung von Derivaten und Sicherungsstrategien nach US-amerikanischen Standards

5.1 Das *Financial Instruments Project* des FASB

Das Projekt „Finanzinstrumente" ist eines der umfangreichsten Unterfangen, die der FASB seit seiner Gründung im Jahr 1973 in Angriff genommen hat. Bedingt durch die schnelle Verbreitung von Finanzinnovationen sah sich der Board gezwungen, die bestehenden und in sich nicht konsistenten Regelungen zu Ansatz, Bewertung und Ausweis von Finanzinstrumenten einer kritischen Prüfung zu unterziehen und auf eine konzeptionell einheitliche Grundlage zu stellen.[542] Das Projekt wurde im Mai 1986 offiziell in den Arbeitsplan aufgenommen und untergliedert sich in die drei Themengebiete

- Ausweis und Offenlegung von Finanzinstrumenten;
- Ansatz und Bewertung von Finanzinstrumenten; sowie
- Unterscheidung zwischen Eigen- und Fremdkapital.[543]

Während zu den beiden ersten Gebieten bereits Standards verabschiedet wurden, existiert zum gegenwärtigen Zeitpunkt im Teilprojekt *"Liabilities and Equity"* noch keine abschließende Ausarbeitung. Die nachstehende Tabelle enthält eine chronologische Auflistung jener Verlautbarungen und Dokumente, die das hier zu untersuchende Teilgebiet „Derivate und *Hedging*" betreffen.

Zeitpunkt	Dokument
Oktober 1975	SFAS 8 "Accounting for the Translation of Foreign Currency Transactions" (ersetzt durch SFAS 52)
Dezember 1981	SFAS 52 "Foreign Currency Translation" (ergänzt durch SFAS 133)
August 1984	SFAS 80 "Accounting for Futures Contracts" (ersetzt durch SFAS 133)
Mai 1986	**Aufnahme des Projektes „Financial Instruments"**
November 1987	E-SFAS "Disclosures about Financial Instruments"
März 1990	SFAS 105 "Disclosure of Information about Financial Instruments with Off-Balance-Sheet Risk and Financial Instruments with Concentrations of Credit Risk" (ersetzt durch SFAS 133)
August 1990	Discussion Memorandum "Distinguishing between Liability and Equity Instruments and Accounting for Instruments with Characteristics of Both"
Dezember 1990	E-SFAS "Disclosures about Market Value of Financial Instruments"
Juni 1991	E-FIN "Offsetting of Amounts Related to Certain Contracts"
September 1991	E-SFAS "Accounting for Investments with Prepayment Risk"
September 1991	Research Report "Hedge Accounting: An Exploratory Study of the Underlying Issues" (Bierman/Johnson/Peterson)
November 1991	Discussion Memorandum "Recognition and Measurement of Financial Instruments"
Dezember 1991	SFAS 107 "Disclosures about Fair Value of Financial Instruments" (ergänzt durch SFAS 133)

---

[542] Vgl. SFAS 133.206.
[543] Vgl. FASB (1991): Recognition and Measurement of Financial Instruments, Introduction, Tz. 11 f.; s.a. Ackermann, U. (2001): Marktwertbilanzierung, S. 59 ff.; Lorenz, V. (1997): Bilanzierung von Finanzinstrumenten, S. 85 ff.

5. Bilanzierung von Derivaten und Sicherungsbeziehungen nach US-amerikanischen Standards

Zeitpunkt	Dokument
Januar 1992	Beginn der Beratungen zum Themengebiet „Derivate und *Hedging*"
März 1992	FIN 39 "Offsetting of Amounts Related to Certain Contracts"
Juni 1993	Report "A Report on Deliberations, Including Tentative Conclusions on Certain Issues, related to Accounting for Hedging and Other Risk-Adjusting Activities" (Zusammenfassung der Board-Beschlüsse zwischen 01/92 und 04/93)
Oktober 1994	SFAS 119 "Disclosures about Derivative Financial Instruments and Fair Value of Financial Instruments (ersetzt durch SFAS 133)
Dezember 1994	Sepcial Report "Illustration of Financial Instrument Disclosures" (Anstis)
Oktober 1995	Special Report "Major Issues Related to Hedge Accounting" (Adams/Montesi)
Dezember 1995	Special Report "Review of 1994 Disclosures about Derivative Financial Instruments and Fair Value of Financial Instruments" (Mahoney/Kawamura)
Juni 1996	E-SFAS 133 "Accounting for Derivative and Similar Financial Instruments and for Hedging Activities"
Juni 1998	SFAS 133 "Accounting for Derivative Instruments and Hedging Activities"
ab September 1998	Interpretationen der Derivatives Implementation Group (DIG)
Juni 1999	SFAS 137 "Accounting for Derivative Instruments and Hedging Activities – Deferral of the Effective Date of FASB Statement No. 133"
Juni 2000	SFAS 138 "Accounting for Certain Derivative Instruments and Certain Hedging Activities", an amendment of Statement 133
Mai 2002	E-SFAS "Amendment of Statement 133 on Derivative Instruments and Hedging Activities"
April 2003	SFAS 149 "Amendment of Statement 133 on Derivative Instruments and Hedging Activities"
Mai 2003	SFAS 150 "Accounting for Certain Financial Instruments with Characteristics of both Liabilities and Equity"

Tab. 2: Chronologie des *(Derivative) Financial Instruments Project* des FASB

Das konzeptionell anspruchsvolle Ziel, alle drei Teilprojekte gleichermaßen zügig einer Lösung zuführen zu wollen, wurde durch Veränderungen der Rahmenbedingungen zunichte gemacht: Bis dahin nicht gekannte Unternehmensverluste aus dem Einsatz derivativer Finanzinstrumente sowie infolge von Risikokonzentrationen machten die Defizite in den bestehenden Regeln der Berichterstattung offensichtlich. Börsenaufsicht und Politik schalteten sich ein und forderten der FASB zu einer umfassenden Überarbeitung der Bilanzierungsvorschriften auf.[544] Der Board führte daraufhin eine Priorisierung unter den Teilprojekten durch und lenkte die Ressourcen zunächst auf den Bereich *"Disclosure and Presentation"*.[545] Nachdem mit SFAS 105 und 107 erste Angabepflichten zu beizulegenden Zeit-

---

[544] Vgl. SFAS 133.212. Zum Einfluss von SEC und Politik auf die Arbeit des SEC s. stellvertretend Johnson, L.T./Swieringa, R.J. (1996): Statement No. 115, S. 160 ff.; Kirk, D.J. (1991): Competitive Disadvantage, S. 98 ff.; Schildbach, T. (2002): US-GAAP, S. 32 ff.

[545] Vgl. SFAS 133.213. Die Beratungen zum Teilgebiet *"Liabilities and Equity"* wurden mit der Verabschiedung des Discussion Memorandums zunächst gänzlich unterbrochen und erst 1997 wieder aufgenommen. Im Oktober 2000 veröffentlichte der Board zwei Entwürfe. Dabei handelte es sich um einen Änderungsvorschlag betreffend SFAC 6, mit welchem die darin festgeschriebene Definition einer Schuld überarbeitet werden sollte, sowie um den Entwurf eines Standards zur Rechnungslegung von Finanzinstrumenten, die Charakteristika von Eigen- und/oder Fremdkapital aufweisen. Die Beratungen zu den eingegangenen Zuschriften wurde erst im Dezember 2001 wieder aufgenommen und mit der Veröffentlichung von SFAS 150, *Accounting for Certain Financial Instruments with Characteristics of*

5. Bilanzierung von Derivaten und Sicherungsbeziehungen nach US-amerikanischen Standards

werten und bestimmten Risiken von Finanzinstrumenten eingeführt wurden, wandte man sich der weitaus schwierigeren Frage des Ansatzes und der Bewertung von Finanzinstrumenten zu.[546]

Der Schwerpunkt lag dabei zunächst auf der Ausarbeitung von Bilanzierungsvorschriften für originäre Finanzinstrumente. 1993 wurde mit SFAS 115, *Accounting for Certain Investments in Debt and Equity Securities*, ein Standard verabschiedet, mit dem für weite Teile des Wertpapiervermögens eine Bewertung zum beizulegenden Zeitwert eingeführt wurde.[547] Mit den Standards SFAS 114 und 118, *Accounting by Creditors for Impairment of a Loan*, wurde zudem die bonitätsinduzierte Bewertung von Krediten umfassend neu geregelt.[548] Die zunehmende Verbriefung von Finanzaktiva zu Beginn der neunziger Jahre und die damit einhergehende Ausbuchung der Vermögenswerte wurde mit SFAS 125, *Accounting for Transfers and Servicing of Financial Assets and Extinguishments of Liabilities*, adressiert.[549]

Die Beratungen zur Bilanzierung von derivativen Finanzinstrumenten und *Hedging*-Aktivitäten wurden im Januar 1992 aufgenommen. Nach einer fast dreieinhalb Jahre währenden Konsultations- und Beratungsphase veröffentlichte der FASB im Juni 1996 den ersten Standardentwurf.[550] Mit diesem sollten die bestehenden Unzulänglichkeiten in der Bilanzierung von Derivaten und *Hedging*-Aktivitäten beseitigt werden.[551] Diese sah der Board in den folgenden vier Punkten:[552]

---

[546] *both Liabilities and Equity*, im Mai 2003 zu einem vorläufigen Abschluss gebracht. S.a. Starbatty, N. (2002): Exposure Draft, S. 183 ff.
S.a. Böcking, H.-J./Benecke, B. (2000): Die *fair value*-Bewertung von Finanzinstrumenten, S. 195.
[547] Zur Entstehungsgeschichte und den Inhalten des Standards vgl. Johnson, L.T./Swieringa, R.J. (1996): Statement No. 115, S. 149 ff.; s.a. Shim, E.D./Larkin, J.M. (1998): Mark-to-Market Accounting, S. 33 ff.
[548] SFAS 118 hat die erfolgsmäßigen Auswirkungen und den Ausweis von bonitätsinduzierten Kreditbewertungen zum Gegenstand (*Accounting by Creditors for Impairment of a Loan – Income Recognition and Disclosures*).
[549] Für eine ausführliche Darstellung vgl. Neuhausen, B.S. (1997): Accounting for Securization Transactions, S. 129 ff.
[550] E-SFAS 133; s.a. Barckow, A. (1997): Bilanzierung derivativer Finanzinstrumente, S. 559 ff.; Barckow, A./Rose, S. (1997): Die Bilanzierung von Derivaten und Hedge-Strategien, S. 789 ff.; Beier, R.J./Herz, R.H. (1997): Accounting for "Free Standing" Derivatives, S. 64 ff.; Glaum, M. (1997): Bilanzierung von Finanzinstrumenten, S. 1625 ff.; Johnson, L.T./Swieringa, R.J. (1996): Derivatives, S. 109 ff.; Steckel, R./Klausner, R. (1997): Ansatz und Bewertung, S. 391 ff.
[551] Vgl. FASB (1993): Report on Deliberations, Tz. 36 f.
[552] Vgl. SFAS 133.234 ff.; s.a. Ryan, S.G. (2002): Financial Instruments, S. 220; Smith, G.R./Waters, G./Wilson, A.C. (1998): Improved Accounting for Derivatives and Hedging Activities, S. 15 f.; Wilson, A.C./Smith, R.G. (1997): Proposed Accounting for Derivatives, S. 70 ff.

5. Bilanzierung von Derivaten und Sicherungsbeziehungen nach US-amerikanischen Standards

- Die Auswirkungen des Einsatzes derivater Finanzinstrumente auf die Vermögens-, Finanz- und Ertragslage eines Unternehmens waren dem Jahresabschluss nicht zu entnehmen, weil Derivate nicht durchgehend angesetzt wurden. Erfolge aus dem derivativen Geschäft wurden an der Gewinn- und Verlustrechnung vorbei als eigenständige Vermögens- und Schuldwerte abgegrenzt oder mit den Buchwerten gesicherter Positionen verrechnet. Aus dem Abschluss war damit für Dritte nicht ersichtlich, zu welchem Zweck Derivate abgeschlossen wurden und ob durch ihren Einsatz Rechte oder Pflichten begründet wurden.

- Die Vorschriften zur Rechnungslegung von Derivaten und Sicherungsbeziehungen waren lückenhaft. Bei Aufnahme der Beratungen bestanden explizite Regelungen lediglich für Devisentermingeschäfte (SFAS 52, *Foreign Currency Translation*) und Futures (SFAS 80, *Accounting for Futures Contracts*). Die Bilanzierung anderer Derivate wurde nur auf Basis von Adhoc-Stellungnahmen der *Emerging Issues Task Force (EITF)* adressiert. Gleichwohl verblieben auch unter Berücksichtigung dieser fallweise getroffenen Entscheidungen erhebliche Regelungslücken, welche die Bilanzierungspraxis durch Analogieschlüsse zu den vorhandenen Statements zu lösen suchte.[553] Die uneinheitliche Behandlung derivativer Instrumente führte nicht nur zu einem mangelnden Einblick in die Vermögens-, Finanz- und Ertragslage, sie erschwerte auch den Vergleich mit anderen Unternehmen.

- Die vorhandenen Regelungen zu Ansatz, Bewertung und Ausweis von Derivaten und *Hedging* waren inkonsistent. So hing bspw. die bilanzielle Behandlung bei Bestehen von Sicherungsbeziehungen von der Art des Sicherungsinstruments und des Risikofaktors ab: Einige erwartete Geschäfte qualifizierten als Sicherungsgegenstände, andere nicht; Derivate wurden teilweise zum beizulegenden Zeitwert angesetzt, teilweise nicht. Erschwerend kam hinzu, dass die existierenden Standards unterschiedlichen Risikobegriffen folgten: So erforderte SFAS 52 den Nachweis der Risikominderung auf Transaktions-, SFAS 80 auf Unternehmensebene (s.a. Abschnitt 5.5). Der Board hatte zwischenzeitlich in Erwägung gezogen, lediglich die bestehenden Inkonsistenzen zwischen SFAS 52 und 80 in Bezug auf das *Hedge Accounting* in einem eng abgegrenzten Projekt zu beseitigen. Man nahm von diesem Ansatz aber wieder Abstand, weil Fragen zur

---

[553] S.a. Nair, R.D./Rittenberg, L.E./Weygandt, J.J. (1990): Accounting for Interest Rate Swaps, S. 21.

5. Bilanzierung von Derivaten und Sicherungsbeziehungen nach US-amerikanischen Standards

Zulässigkeit des *Hedge Accountings* im Allgemeinen zwangsläufig aufgekommen und zu adressieren gewesen wären.[554]

- Infolge der Regelungslücken und -inkonsistenzen war die Rechnungslegung für derivative Finanzinstrumente in der Praxis nur schwer umzusetzen. Interimsweise gefundene Bilanzierungsalternativen stellten sich in der Folge häufig als nicht tragfähig heraus und bedurften einer Änderung. Es fehlte an einer grundsätzlichen Leitlinie, der die Unternehmen folgen konnten, wenn ein Sachverhalt nicht explizit geregelt war.

Zu dem Entwurf gingen etwa 300 Stellungnahmen ein, die den vorgeschlagenen Regelungen in der weit überwiegenden Zahl reserviert bis negativ gegenüberstanden.[555] Sechs Unternehmen erklärten sich bereit, an Feldversuchen teilzunehmen und die Vorschriften des Standards einem Praxistest zu unterziehen. Über die dabei erzielten Ergebnisse sowie die eingegangenen Kommentare wurde in der ersten Jahreshälfte 1997 ausführlich beraten. Nach erneuten Konsultationen mit der eigens für das Projekt berufenen *Financial Instruments Task Force* entschloss sich der Board schließlich zu nicht unerheblichen Änderungen am ursprünglichen Entwurf.[556] Die überarbeitete Fassung wurde interessierten Parteien im August 1997 zur Verfügung gestellt – vordergründig, um die Modifikationen auf sprachliche Klarheit und die Regelungen auf ihre Anwendbarkeit zu prüfen.[557]

Der Board erhielt in der auf 45 Tage verkürzten Kommentierungsphase nach eigener Aussage weitere 150 Stellungnahmen.[558] Politik, Kreditwirtschaft und Notenbank schalteten sich erneut massiv in die Debatte ein und ersuchten der FASB darum, den Entwurf zurückzuziehen. Sie fürchteten, dass Unternehmen zur Vermeidung von ex ante nicht kalkulierbaren Erfolgs- und/oder Eigenkapitalschwankungen und damit allein aus bilanziellen Gründen auf den ökonomisch sinnvollen Einsatz derivativer Finanzinstrumente verzichten würden. Darüber hinaus seien die Adressaten des Jahresabschlusses ihrer Ansicht nach auch

---

[554] Vgl. FASB (1993): Report on Deliberations, Tz. 40; s.a. E&Y (2001): Accounting for Derivatives and Hedging Activities, S. 1.3; Lorenz, V. (1997): Bilanzierung von Finanzinstrumenten, S. 142 ff.; Maulshagen, A./Maulshagen, O. (1998): Bilanzierung derivativer Finanzinstrumente, S. 2155.
[555] Vgl. SFAS 133.214; s.a. Barckow, A./Rose, S. (1997): Die Bilanzierung von Derivaten und Hedge-Strategien, S. 789.
[556] Vgl. SFAS 133.214.
[557] Vgl. SFAS 133.215. Aus diesem Grund verzichtete der Board auch darauf, den Entwurf erneut dem offiziellen Standard-Setting-Verfahren (*Due Process*) zuzuführen. Zum *Due Process* siehe stellvertetend Fischer, N./Iannaconi, T.E./Lechner, H.W. (2001): USA – Individual Accounts, S. 2867 ff.; Haller, A. (1994): Die Grundlagen der externen Rechnungslegung in den USA, S. 46 ff.; Kieso, D.J./Weygandt, J.J./Warfield, T.D. (2001): Intermediate Accounting, S. 9 ff.; Pellens, B. (2001): Internationale Rechnungslegung, S. 108 f.; Schildbach, T. (2002): US-GAAP, S. 22 f.; Siebert, H. (1996): Grundlagen der US-amerikanischen Rechnungslegung, S. 48 f.; Zitzelsberger, S. (1998): Überlegungen, S. 255 f.
[558] Vgl. SFAS 133.215.

bei den neuen Bilanzierungsregeln kaum in der Lage, die Jahresabschlüsse in sinnvoller Weise zu interpretieren.[559] Auf der anderen Seite stellten sich die US-amerikanische Börsenaufsicht, die *Securities and Exchange Commission* (SEC), und der Berufsstand der Wirtschaftsprüfer hinter der FASB. Im Juni 1998 – zwei Jahre nach Veröffentlichung des ersten *Exposure Drafts* – wurde der Bilanzierungsstandard als SFAS 133, *Accounting for Derivative Instruments and Hedging Strategies*, einstimmig verabschiedet. Der Standard ersetzt SFAS 80, 105 und 119 und erlangte Gültigkeit für Geschäftsjahre, die am oder nach dem 15. Juli 1999 begannen.

Die Kritik an den Bilanzierungsregeln hielt auch nach der Publikation des Standards an. Neben den bereits bekannten konzeptionellen Vorbehalten machten Unternehmen Schwierigkeiten bei der Umsetzung geltend.[560] Trotz der mehr als 500 Textziffern würden viele Sachverhalte nicht adressiert; entsprechend groß sei die Unsicherheit im Umgang mit den Regeln. Die Implementierung sei zudem kostspielig und erfordere infolge der einschneidenden Änderungen im Risikomanagement einen höheren Zeitbedarf. Der FASB reagierte auf die geäußerte Kritik in zweifacher Hinsicht: Zum einen wurde das Datum der erstmaligen pflichtmäßigen Anwendung um ein Jahr verschoben,[561] zum anderen wurde ein der Board beratendes Gremium einberufen, die *Derivatives Implementation Group (DIG)*.[562] Diese (mittlerweile nur noch adhoc tagende) Arbeitsgruppe besteht aus zwölf Mitgliedern, die sich aus den „Big Five"-Wirtschaftsprüfungsgesellschaften sowie Unternehmensvertretern rekrutieren und steht unter der Leitung des FASB *Directors of Research and Technical Activities*.

Die Arbeitsergebnisse der DIG werden vom Mitarbeiterstab des FASB im Frage-Antwort-Format *(Questions and Answers, Q&A)* zusammengefasst und auf der Website des Standardsetters eingestellt. Da die Auslegungen nicht dem offiziellen *Due Process* unterworfen sind, kommt ihnen auch nicht der gleiche Status zu wie dem Standard. Bis zu ihrer offiziellen Freigabe durch der Board, dem die Stellungnahmen zur Kenntnisnahme vorgelegt werden müssen, besitzen sie ohnehin nur einen vorläufigen Status *(tentative)*. Werden Sie vom Board bestätigt *(cleared)*, erlangen sie den Status von *"FASB Staff Implementation Q&A"*. Per Mitte Oktober 2003 haben 159 Stellungnahmen diese Hürde genommen.

---

[559] Vgl. Barckow, A./Rose, S. (1997): Die Bilanzierung von Derivaten und Hedge-Strategien, S. 789; Zeff, S.A. (2002): "Political" Lobbying, S. 51.
[560] S.a. E&Y (2001): Accounting for Derivatives and Hedging Activities, S. 1.1 f.
[561] Die Verschiebung war einziger Regelungsinhalt von SFAS 137, *Accounting for Derivative Instruments and Hedging Instruments – Deferral of the Effective Date of FASB Statement No. 133*.
[562] Zu Informationen über Zusammensetzung, Arbeitsweise und Stellungnahmen der DIG s. http://www.fasb.org/derivatives/index.shtml (Stand: 15. Oktober 2003).

SFAS 133 ist im Juni 2000 durch SFAS 138, *Accounting for Certain Derivative Instruments and Certain Hedging Strategies*, überarbeitet worden. Zum einen gingen einige Stellungnahmen der DIG über eine reine Interpretation der bestehenden Vorschriften hinaus und erforderten Modifikationen am ursprünglichen Standard. Daneben wollte der FASB den Unternehmen in einigen Sachverhalten entgegen kommen, die sich bei der Umsetzung von SFAS 133 als problematisch herausstellten. Bei den Überarbeitungen handelt es sich nach Ansicht des Boards aber nicht um eine Aufweichung fundamentaler Prinzipien, sondern lediglich um pragmatische Lösungen.[563] An dieser Stelle sei erwähnt, dass SFAS 138 im Gegensatz zu SFAS 133 nicht im Konsens, sondern mit zwei Gegenstimmen verabschiedet wurde. Dies mag die Gratwanderung zwischen Pragmatismus und Aufweichung verdeutlichen.

Im Mai 2002 veröffentlichte der FASB einen weiteren Standardentwurf, mit dem SFAS 133 erneut modifiziert werden sollte. Den Ausgangspunkt der Änderungen bilden einige Interpretationen der DIG, die der Board für unvereinbar mit der gültigen Fassung des Standards hielt, an denen es aber gleichwohl festhalten wollte. Die Einbeziehung dieser Anwendungshinweise in den Text des Standards stellt auf der einen Seite eine erhebliche Aufwertung der betreffenden Interpretationen dar, macht aber andererseits eine Überarbeitung der Derivatedefinition erforderlich.[564] Der Board erhielt auf diesen Entwurf 40 Stellungnahmen aus der Praxis. Die sich daran anschließenden Beratungen wurden mit der Veröffentlichung von SFAS 149, *Amendment of Statement 133 on Derivative Instruments and Hedging Activities*, im April 2003 abgeschlossen.

5.2 Ansatz derivativer Finanzinstrumente dem Grunde nach

5.2.1 Begründung einer generellen Ansatzpflicht über SFAC 6

Die Bilanzierung dem Grunde nach ergibt sich unter US-GAAP[565] aus dem *Conceptual Framework*. Dieser konzeptionelle Rahmen dient dem FASB bei der Entwicklung neuer Standards als Richtschnur. Das Framework, das aus sechs *Statements of Financial Accounting Concepts (SFAC)* besteht, enthält Grundsatzaussagen zu den Zielen, Adressaten und Elementen der Rechnungslegung. In SFAC 6, *Elements of Financial Statements*, werden die Termini Vermögenswert (*Asset*) und Schuld (*Liability*) definiert:[566]

---

[563] Vgl. SFAS 138.8.
[564] Vgl. SFAS 149.A9; s.a. Ryan, S.G. (2002): Financial Instruments, S. 223.
[565] Zu Begriff, Charakter und Umfang der US-GAAP sei stellvertretend auf die Arbeiten von HALLER (1994), NIEHUS/THYLL (2000), PELLENS (2001), SCHILDBACH (2002), SIEBERT (1996) und WÜSTEMANN (1999) verwiesen.
[566] SFAC 6.26 und 36.

5. Bilanzierung von Derivaten und Sicherungsbeziehungen nach US-amerikanischen Standards

> *"An asset has three essential characteristics: (a) it embodies a probable future benefit that involves a capacity, singly or in combination with other assets, to contribute directly or indirectly to future net cash inflows, (b) a particular entity can obtain the benefit and control others' access to it, and (c) the transaction or other event giving rise to the entity's right to or control of the benefit has already occurred."*

> *"A liability has three essential characteristics: (a) it embodies a present duty or responsibility to one or more other entities that entails settlement by probable future transfer or use of assets at a specified or determinable date, on occurrence of a specified event, or on demand, (b) the duty or responsibility obligates a particular entity, leaving little or no discretion to avoid the future sacrifice, and (c) the transaction or other event obligating the entity has already happened."*

Die Abgrenzungen sind inhaltlich vergleichbar mit den abstrakten Aktivierungs- resp. Passivierungsgrundsätzen nach deutschem Bilanzrecht.[567] Vermögens- bzw. Schuldwerte liegen danach vor, wenn ein Unternehmen infolge eines früheren Ereignisses mit einiger Wahrscheinlichkeit zukünftig eine Erhöhung (*Asset*) oder Minderung (*Liability*) seines Schuldendeckungspotenzials verzeichnen wird, von der es andere ausschließen (*Assets*) resp. sich nicht sanktionsfrei entziehen kann (*Liability*). Derivative Finanzinstrumente verkörpern nach Ansicht des FASB Rechte und Pflichten, die im Falle einer angenommenen Auflösung (*Close out*) oder Glattstellung zu einem Zu- oder Abgang von Vermögenswerten führen. Sie stellen damit einen konkreten zukünftigen wirtschaftlichen Vor- oder Nachteil dar (*"future economic benefit/sacrifice"*), welcher als Vermögenswert resp. Schuld zu bilanzieren ist.[568] Die Gegenbuchung der Forderung resp. Verpflichtung erfolgt grundsätzlich erfolgswirksam in der Gewinn- und Verlustrechnung. Nur bei der erstmaligen Anwendung des Standards ist eine bis dato aufgelaufene Wertentwicklung als kumulierter Effekt einer Änderung der Bilanzierungs- und Bewertungsmethoden i.S.v. APB 20 im Periodenergebnis zu zeigen.[569]

Der Board stellte allerdings kategorisch fest, dass nur Sachverhalte bilanziell erfasst werden sollten, die der Definition von *Assets* resp. *Liabilities* entsprechen.[570] Der bis zur Verabschiedung von SFAS 133 gängigen Praxis, Erfolge aus der Bewertung derivativer Instrumente als Vermögenswerte bzw. Schulden anzusetzen, wurde damit ein Riegel vorge-

---

[567] WÜSTEMANN stellt allerdings zutreffend fest, dass *assets* und *liabilties* die Typisierung der Greifbarkeit fehlt; vgl. Wüstemann, J. (1999): Generally Accepted Accounting Principles, S. 138 f.; s.a. Ackermann, U. (2001): Marktwertbilanzierung, S. 30 f.; Siebert, H. (1996): Grundlagen der US-amerikanischen Rechnungslegung, S. 68 ff.

[568] Vgl. SFAS 133.3(a), 17 und 218 f. Zum gleichen Ergebnis kamen bereits 1990 NAIR/RITTENBERG/ WEYGANDT, die bei einer Diskussion verschiedener Bilanzierungsalternativen für die bis dahin nicht durch Standards erfassten Zinsswaps eine Ansatzpflicht konstatieren, vgl Nair, R.D./Rittenberg, L.E./ Weygandt, J.J. (1990): Accounting for Interest Rate Swaps, S. 29.

[569] Vgl. SFAS 133.18(a) und 52 i.V.m. APB 20.20.

[570] Vgl. SFAS 133.3(c) und 229.

schoben. Unternehmen hatten bis dahin häufig negative Marktwerte aus Derivaten aktivisch und positive Marktwerte passivisch abgegrenzt.[571] Auch wenn die Vorgehensweise buchhalterisch gesehen einwandfrei ist – finanzwirtschaftlich sinnvoll lässt sich der so geschaffene Abgrenzungsposten nicht interpretieren: Erlittene und aktivisch abgegrenzte Verluste stellen ebenso wenig ein Recht auf einen zukünftigen Erhalt von Vermögenswerten dar, wie ein erzielter und passivisch abgegrenzter Gewinn eine Verpflichtung widerspiegelt, Vermögenswerte an den Vertragspartner abführen zu müssen.[572] Folglich sollten Erfolge nicht als Vermögenswert oder Schulden ausgewiesen werden.

5.2.2 Ausnahmen vom generellen Ansatzgebot als Derivat trotz Erfüllung der Definitionsmerkmale

Bei der begrifflichen Abgrenzung derivativer Finanzinstrumente in Abschnitt 2.2. wurde bereits darauf hingewiesen, dass der amerikanische Standardsetter in SFAS 133 auf eine kasuistische Aufzählung typischer Kontraktformen verzichtet hat. Stattdessen formulierte er Eigenschaften, die Derivate seiner Ansicht nach zutreffend charakterisieren. Allerdings war sich der Board der Tatsache bewusst, dass diese Eigenschaften – Abhängigkeit von einem Underlying, geringe Anschaffungsauszahlung, mögliche Erfüllung durch Barausgleich – auch auf andere Vertragsformen zutreffen, ohne dass diese nach gängiger Verkehrsauffassung als Derivate betrachtet würden. Der Standard schließt daher bestimmte Geschäfte vom Anwendungsbereich aus.

5.2.2.1 Marktübliche Abwicklung von Wertpapierkassageschäften

Einige Kassageschäfte können aus abwicklungstechnischen und/oder regulatorischen Gründen nicht an dem gleichen Tag erfüllt werden, an dem sie abgeschlossen werden. Dieses ist insbesondere bei Wertpapiergeschäften der Fall. Die Handelsplätze benötigen für die Abwicklungsvorgänge, die eine Kauf- oder Verkaufsorder umgeben (Bestätigungen an die Handelspartner, Anzeigen an die Verwahrstellen etc.) i.d.R. einige Tage (sog. *"Regular-way" Security Trades*).[573] Betrachtet man die Zeitspanne zwischen Abschluss- und Erfüllungstag und prüft man die Charakteristika, für die der FASB eine Ansatzpflicht als Derivat postuliert, müssten diese Abwicklungstransaktionen streng genommen als eigenständige Termingeschäfte bilanziert werden. Der Board verzichtete aber aus zwei Gründen auf eine Einbeziehung dieser Geschäfte in den Regelungsbereich des Standards. Zum einen

---

[571] Vgl. Hutto, G.W. (1998): The New Paradigm, S. 73 f.
[572] Vgl. SFAS 133.229; s.a. Wilson, A.C./Smith, R.G. (1997): Proposed Accounting for Derivatives, S. 71.
[573] In den USA beträgt die börsenübliche Abwicklungsdauer drei, in Deutschland mindestens zwei Börsentage.

würde die Erfassung aller Transaktionen zu einem hohen Buchungsaufwand führen, der angesichts der vergleichsweise kurzen Zeitdauer, über die ein solches „Termingeschäft" zu bilanzieren wäre, nicht zu rechtfertigen sei. Zum anderen müssten Wertpapiere im Falle einer Bilanzierung der „Termingeschäfte" faktisch zwangsweise am Erfüllungstag verbucht werden; die Frage des Erfassungszeitpunkts von Wertpapieren lag jedoch außerhalb des Regelungsbereichs von SFAS 133.[574]

Zwischen Abschluss- und Erfüllungstag eintretende Wertveränderungen der Basis sind also dem Grunde nach nicht als Derivat bilanzierungspflichtig. Eine Nichtbilanzierung ist allerdings an die Bedingung geknüpft, dass es keine Möglichkeit zum Barausgleich gibt (das Wertpapier also effektiv geliefert werden muss), der Vertragsgegenstand jederzeit veräußerbar ist und die Zeitspanne den Usancen des betreffenden Handelsplatzes entsprechen muss.[575] Wäre die übliche Abwicklungsdauer eines Handelsortes bspw. drei Tage und würde an diesem Platz eine Transaktion getätigt, für deren Ausführung ein Zeitraum von zwei Wochen vereinbart wird, müsste das Unternehmen die in dieser Zeitspanne auftretenden Preisveränderungen des Wertpapiers eigenständig als Derivat erfassen.[576]

5.2.2.2 Gängige Kauf- und Verkaufsverträge

Bestellungen im Rahmen der üblichen Geschäftstätigkeit erfüllen ebenfalls die Ansatzkriterien für Derivate. Der FASB hatte allerdings nicht die Intention, gängige Verträge über den Kauf oder Verkauf von Gütern (*Normal Purchases and Sales*) in den Regelungskreis von SFAS 133 einzubeziehen, sofern sie auf eine effektive Lieferung der Güter angelegt sind, tatsächlich auf diese Weise erfüllt und beim Erwerber entweder in dessen Produktionsprozess eingehen oder von ihm im Rahmen seines Geschäftszwecks weiterveräußert werden.[577]

Um als normale Bestellung zu gelten und nicht als Derivat ansatzpflichtig zu werden, durften Kauf- und Verkaufsverträge in der ursprünglichen Fassung von SFAS 133 keine Klausel enthalten, wonach ein Barausgleich möglich gewesen wäre.[578] Derartige Bestimmungen

---

[574] Vgl. SFAS 133.274; s.a. SFAS 149.A10 und A14 f.; KPMG (1998): Derivatives and Hedging Handbook, S. 23 f.
[575] Vgl. SFAS 133.10(a).
[576] Vgl. SFAS 133.58(a) und 275; s.a. PricewaterhouseCoopers (1998): Accounting for Derivative Instruments and Hedging Activities, S. 14.
[577] Vgl. SFAS 133.10(b) und 58(b) i.d.F. v. SFAS 149. E&Y weisen darauf hin, dass Unternehmen durch die vorgenommene Änderung faktisch ein Bilanzierungswahlrecht hätten: Durch Vornahme oder Unterlassung einer entsprechenden Dokumentation könnten sie selbst entschieden, ob ein Kontrakt als marktgängig anzusehen sei und damit von der Ausnahmevorschrift erfasst würde oder als Derivat einzustufen sei; vgl. E&Y (2001): Accounting for Derivatives and Hedging Activities, S. 2.16 ff.
[578] Vgl. 133.10(b) a.F.

sind in der Praxis aber weit verbreitet, z.b. in Form von Regressansprüchen, die fällig werden, wenn eine Vertragspartei aus den vertraglichen Pflichten entlassen werden möchte. Der Betrag, der in diesem Fall zu zahlen wäre, entspricht ökonomisch gerade einer Erfüllung durch Barausgleich. Der Board hat daraufhin mit SFAS 138 die Ausnahmevorschrift dahingehend präzisiert, dass das Bestehen einer Barausgleichsklausel dann unschädlich sei, wenn die in Frage stehenden Verträge eine effektive Lieferung vorsähen und in der weit überwiegenden Zahl der Fälle auch in dieser Weise erfüllt würden.[579]

5.2.2.3 Versicherungsverträge

Versicherungsverträge, die eine Zahlung nur bei Eintritt eines exakt umrissenen, versicherbaren Ereignisses vorsehen (Todesfall, Invalidität, Diebstahl, Feuer, Unwetter etc.), erfüllen zwar die Definitionsmerkmale eines Derivats i.S.d. Standards. Sie wurden aber aus dem Regelungsbereich von SFAS 133 ausgeklammert, da ihre Bilanzierung in anderen Standards geregelt ist.[580] Sofern sich allerdings die Höhe der Zahlung bei Eintritt des Schadensfalls nicht nach der Schadenshöhe richtet, sondern von anderen, mit dem versicherten Risiko in keinerlei direkten Beziehung stehenden Faktoren abhängt (z.B. dem Stand des DAX oder dem Kurs des US-Dollars im Zeitpunkt des Schadensfalls) oder einen Hebel enthält, würden die „Versicherungsverträge" als Derivate eingestuft.[581] Richten sich die zu leistenden Ausgleichszahlungen nur in Teilen nach der effektiven Schadenshöhe, so liegt ein strukturiertes Produkt vor, das den Regelungen von SFAS 133 unterliegt (vgl. dazu Abschnitt 5.4).[582]

5.2.2.4 Finanzielle Garantien und Bürgschaften

Wie die vorstehenden Versicherungsverträge gelten auch klassische Bürgschafts- und Garantieverträge nicht als Derivate, selbst wenn sie die drei Charakteristika für Derivate erfüllen.[583] Entscheidend für eine Klassifizierung als Garantie oder Bürgschaft ist auch in die-

---

[579] Vgl. SFAS 138.4(a) und 11 ff.; s.a. E&Y (2001): Accounting for Derivatives and Hedging Activities, S. 2.18 f.
[580] Vgl. SFAS 133.10(c) und (g) i.d.F. v. SFAS 149 i.V.m. SFAS 60, *Accounting and Reporting by Insurance Enterprises*; SFAS 97, *Accounting and Reporting by Insurance Enterprises for Certain Long-Duration Contracts and for Realized Gains and Losses from the Sale of Investments*; SFAS 113, *Accounting and Reporting for Reinsurance of Short-Duration and Long-Duration Contracts* sowie FTB No. 85-4, *Accounting for Purchases of Life Insurance*. Entscheidend ist, dass Zahlungen ausschließlich im Schadensfall erfolgen und nicht bereits bei einer erhöhten Eintrittswahrscheinlichkeit des versicherten Risikos: Eine Risikolebensversicherung zahlt nicht bei Auftreten chronischer Krankheiten, eine Unwetterschadensversicherung nicht bei Zunahme der jährlichen Niederschlagsmenge usw.
[581] Mit dieser an den ökonomischen Charakteristika der jeweiligen Vertrags orientierten Sichtweise löst sich der Board von dem noch im Entwurf enthaltenen Vorschlag, generell alle Versicherungsverträge vom Gegenstandsbereich auszuklammern; vgl. E-SFAS 133.7 und SFAS 133.280 f.
[582] Vgl. SFAS 133.10(c) und 283.
[583] Vgl. SFAS 133.10(d) i.d.F. v. SFAS 149.

sem Fall, dass ein fest umrissenes, versicherbares Risiko vorliegt und Zahlungen nur bei Ausfall des Primärschuldners und nur in Höhe des finanziellen Schadens fällig werden. Ist der Garantiegeber oder Bürge dagegen bereits zu Ausgleichszahlungen verpflichtet, wenn sich die Bonität des Primärschuldners verschlechtert, dieser aber noch solvent ist, so wird eine derartige Vereinbarung als Derivat i.S.d. Standards definiert, da sie von bestimmten Kreditderivaten (*Credit Spread*-Produkte) nicht zu unterscheiden ist.[584] Im Umkehrschluss werden dann allerdings einige Kreditderivate im finanzwirtschaftlichen Sinne nicht als Derivat, sondern als finanzielle Garantie klassifiziert. Das wäre bspw. bei den marktgängigen *Credit Default Swaps* der Fall, denen als *Credit Event* nach ISDA-Rahmenvertrag der effektive Zahlungsausfall und nicht eine bloße Bonitätsverschlechterung des Referenzschuldners zugrunde liegt.[585]

5.2.2.5 Bestimmte nicht börsengehandelte Verträge

Der FASB knüpft das Vorliegen eines Derivats grundsätzlich nicht an dessen Handelsort. Generell sind alle Finanzinstrumente, auf die die Definitionsmerkmale zutreffen, als Derivate anzusehen und entsprechend zu bilanzieren. Von diesem Grundsatz rückt der Board allerdings für einige nicht börsengehandelte Instrumente ab. Dabei handelt es sich um Verträge, deren Basis

- in einer meteorologischen, geologischen oder anderweitigen physikalischen Größe besteht (bspw. Wetterderivate);[586]
- kein finanzieller Gegenstand ist und sich nur schwer liquidieren lässt (z.B. bestimmte Immobilien oder Kunstwerke); oder
- an bestimmte Umsatzgrößen einer der Vertragsparteien gekoppelt ist.[587]

Die Begründung für die Ausnahme der beiden erstgenannten Vertragsformen vom Geltungsbereich liegt zum einen darin, dass die Bewertung dieser Instrumente zum Zeitpunkt der Veröffentlichung des Standards nicht zufriedenstellend gelöst werden konnte; zum anderen werden die Kontrakte bis dato häufig als Versicherungsverträge eingestuft und nach Ansicht des FASB als solche zutreffend bilanziert.[588] Im letztgenannten Fall liegt die Begründung weniger in einer mangelnden Bewertbarkeit als vielmehr in dem Umstand, dass

---

[584] Vgl. SFAS 133.10(d); s.a. SFAS 149.A20 ff.
[585] Vgl. SFAS 133.59(b); s.a. E&Y (2001): Accounting for Derivatives and Hedging Activities, S. 2.24.
[586] Zur Bilanzierung von Wetterderivaten liegt mittlerweile eine Stellungnahme der EITF vor (EITF 99-2, *Accounting for Weather Derivatives*).
[587] Vgl. SFAS 133.10(e) und 58(c); s.a. die Beispiele bei E&Y (2001): Accounting for Derivatives and Hedging Activities, S. 2.25 f.
[588] Vgl. KPMG (1998): Derivatives and Hedging Handbook, S. 30.

der Wert des Derivats an ein Mengengerüst und nicht an Preisveränderungen des Underlyings gekoppelt ist. Als Beispiel seien Franchise-Verträge genannt, die monatliche Zahlungen in Abhängigkeit von der Menge verkaufter Produkte oder der Anzahl an Besuchern vorsehen.

5.2.2.6 Derivate, die der Verhinderung von Ausbuchungen dienen

Eine weitere Ausnahme stellen Derivate dar, deren einziger Zweck darin besteht, die Ausbuchung von Vermögen auf Seiten des Veräußerers zu verhindern, weil nach den Kriterien von SFAS 125/140, *Accounting for Transfers and Servicing of Financial Assets and Extinguishments of Liabilities*, kein Abgang vorliegt.[589] Besitzt ein Unternehmen das Recht zum Rückerwerb von Vermögenswerten, die es zuvor an ein anderes Unternehmen veräußert hat und die nicht frei am Markt erworben werden können, so wird der „Verkauf" nach US-GAAP buchhalterisch nicht als solcher dargestellt. Vielmehr wird der Sachverhalt als Kreditaufnahme abgebildet, die der Veräußerer beim Erwerber durch Übergabe des Vermögenswertes besichert hat (sog. *Secured/Collateralized Borrowing*).[590] Statt also das Vermögen aus- und das Rückkaufsrecht (= Derivat) einzubuchen, unterbleibt die Ausbuchung des übertragenen Vermögens. Würde nun zusätzlich noch das Derivat den Regelungen von SFAS 133 folgend bilanziert, so käme es zu einer Doppelerfassung ein und desselben Vorgangs.[591] Aus diesem Grund unterbleibt ein Ansatz des Rückkaufrechts, obwohl dieses die Definitionsmerkmale von Derivaten erfüllt.

5.2.2.7 Bestimmte strukturierte Produkte von Pensionsplänen

Bestimmte Anlageformen von Pensionsplänen enthalten Garantiekomponenten, die i.d.R. die Definition eines Derivats i.S.v. SFAS 133 erfüllen. Es handelt sich somit um strukturierte Produkte, für die in einigen Fällen eine Zerlegung vorgeschrieben ist (vgl. Abschnitt 5.4). Diese stünde allerdings im Widerspruch zu der nach anderen Verlautbarungen erforderlichen Abbildungsweise für derartige Verträge.[592] Da der FASB die bilanzielle Behandlung solcher Vertragsformen nicht zu ändern gedachte, wurden sie nachträglich mit SFAS 149 vom Anwendungsbereich der Derivatebilanzierung ausgeschlossen.

---

[589] Vgl. SFAS 133.10(f) und 284.
[590] Vgl. SFAS 140.15.
[591] Vgl. SFAS 133.284.
[592] Vgl. SFAS 133.10(g) und SFAS 149.A25 i.V.m. SFAS 110, *Reporting by Defined Benefit Penion Plans of Investment Contracts*, sowie SOP 94-4, *Reporting of Investment Contracts Held by Health and Welfare Benefit Plans and Defined-Contribution Pension Plans*.

5.2.2.8 Kreditzusagen

Kreditzusagen sind finanzwirtschaftlich gesehen Kaufoptionen: Der Kunde hat das Recht, innerhalb einer bestimmten Frist einen bestimmten Geldbetrag zu bestimmten Konditionen abzurufen. Insofern stellt sich die Frage, ob sie dann nicht auch wie Derivate abzubilden und zu bewerten wären. Dieses erschien dem Board dann sachgerecht, wenn die Kreditzusage nicht durch Ausreichung eines Kredits erfüllt wird, sondern durch Leistung einer Ausgleichszahlung für die mittlerweile eingetretene Zinsdifferenz im Vergleich zum Vertragsabschluss.[593] Diese Ausgleichszahlung stellt einen Barausgleich i.S.v. SFAS 133.9(a) dar, womit alle Definitionsmerkmale für ein derivatives Instrument erfüllt wären. Mehrere Anwender wiesen der FASB darauf hin, dass in diesem Fall allerdings Abgrenzungsprobleme mit SFAS 65, *Accounting for Certain Mortgage Banking Activities*, und SFAS 91, *Accounting for Nonrefundable Fees and Costs Associated with Originating or Acquiring Loans and Initial Direct Costs of Leases*, bestünden und nicht klar sei, ob eine Kreditzusage nach diesen Standards oder gemäß SFAS 133 zu bilanzieren sei. Der Board präzisierte den Derivatestandard in der Weise, dass SFAS 133 (1) nur auf Seiten des Kreditgebers und (2) nur bei Hypothekarkreditzusagen anzuwenden ist, bei denen das Institut den ausgereichten Kredit nicht dauerhaft zu halten gedenkt.[594]

5.2.2.9 Derivate auf das Eigenkapital des bilanzierenden Unternehmens

Finanzinstrumente, deren Wertentwicklung an das Eigenkapital des bilanzierenden Unternehmens gebunden ist und die in der Bilanz als Eigenkapitalinstrumente ausgewiesen werden, unterliegen nicht den Regelungen von SFAS 133.[595] Die Begründung dafür ist vergleichsweise trivial: Der FASB schreibt vor, dass alle Finanzinstrumente, die die eingangs genannten Charakteristika aufweisen, als Vermögens- oder Schuldwerte auszuweisen seien. Wenn auf Seiten des Emittenten ein Instrument bereits als Eigenkapitalinstrument eingestuft wurde, kann es durch die vorliegende Vorschrift sachgerechterweise nicht als Vermögen oder Schuld klassifiziert werden.[596] Der Inhaber des Finanzinstruments muss aber prüfen, ob er dieses nach den Regeln des Standards zu bilanzieren hat.[597]

Aus dem gleichem Grund werden Aktienoptionsprogramme (*Stock Options*) auf Seiten des sie auflegenden Unternehmens nicht als Derivate klassifiziert.[598] Die Bilanzierung dieser Aktienderivate wurde mit SFAS 123, *Accounting for Stock-Based Compensation*, umfas-

---

[593] Vgl. SFAS 133.291 sowie SFAS 149.A27.
[594] Vgl. SFAS 133.10(i) sowie SFAS 149.A28 ff; s.a. SFAS 133 DIG Implementation Issue No. C13.
[595] Vgl. SFAS 133.11(a) und 285 f.
[596] Vgl. SFAS 133.285.
[597] Vgl. KPMG (1998): Derivatives and Hedging Handbook, S. 33.
[598] Vgl. SFAS 133.11(b) und 287.

send adressiert und bedurfte daher keiner erneuten Regelung. Auf Seiten des Begünstigten ist SFAS 133 für die Bilanzierung der Optionsrechte hingegen heranzuziehen – vorausgesetzt, es handelt sich bei dem Optionsinhaber um ein bilanzierungspflichtiges Unternehmen.[599]

Dieselbe Argumentation vertritt der FASB auch bei bedingten Gegenleistungen (*Contingent Considerations*) im Rahmen von Unternehmenszusammensschlüssen.[600] Zahlt ein Unternehmen für den Erwerb eines anderen mit eigenen Aktien und verpflichtet es sich zugleich, den Gegenwert der Aktien über eine gewisse Zeitspanne und erforderlichenfalls durch Übergabe weiterer Aktien sicherzustellen, so fallen derartige Bedingungen ebenfalls nicht unter die Ansatzpflicht nach SFAS 133. Die Bilanzierung dieser impliziten Aktienoptionsverträge wird mit SFAS 141, Business Combinations, adressiert.[601] Wie bei Aktienoptionsprogrammen sind die bedingten Gegenleistungen auf Seiten des Begünstigten aber als Derivat i.S.v. SFAS 133 zu bilanzieren, sofern sie die anderen Definitionsmerkmale erfüllen.[602]

5.3 Ansatz derivativer Finanzinstrumente der Höhe nach

5.3.1 *Fair Value* als maßgeblicher Wertmaßstab für Derivate

Erfüllen Finanzinstrumente die Definitionsmerkmale für Derivate, so sind sie eigenständig als Vermögenswerte resp. Schulden in Höhe ihres beizulegenden Zeitwerts (*Fair Value*) anzusetzen.[603] Der beizulegende Zeitwert wird in SFAS 107, *Disclosures about Fair Value of Financial Instruments*, wie folgt definiert:

> "[T]he fair value of a financial instrument is the amount at which the instrument could be exchanged in a current transaction between willing parties, other than in a forced or liquidation sale."[604]

Im Zuge des *Financial Instrument Projects* hat der FASB eine Reihe möglicher Wertmaßstäbe geprüft (beizulegender Zeitwert, Anschaffungs- und Wiederbeschaffungskosten,

---

[599] Vgl. SFAS 133.287; s.a. E&Y (2001): Accounting for Derivatives and Hedging Activities, S. 2.28; KPMG (1998): Derivatives and Hedging Handbook, S. 33.
[600] Vgl. SFAS 133.11(c) und 288 i.V.m. SFAS 141.25 ff. resp. APB No. 16.78 ff.; s.a. E&Y (2001): Accounting for Derivatives and Hedging Activities, S. 2.28 f.; Williams, J.R. (2002): 2002 Miller GAAP Guide, S. 4.05 ff.
[601] SFAS 141 wurde im Juni 2001 veröffentlicht und ersetzt APB Opinion No. 16, *Business Combinations*, auf die in SFAS 133.11(c) Bezug genommen wird, für Unternehmenszusammenschlüsse, die nach dem 30. Juni 2001 eingeleitet wurden.
[602] Vgl. SFAS 133.289; s.a. KPMG (1998): Derivatives and Hedging Handbook, S. 34.
[603] Vgl. SFAS 133.17.
[604] SFAS 107.5; s.a. SFAS 133.540.

Zerschlagungs-, Markt- und Barwert u.a.m.).[605] Als Ergebnis dieser Untersuchungen wurde festgestellt, dass der beizulegende Zeitwert der aussagekräftigste Bewertungsmaßstab für Finanzinstrumente ist. Ein Ansatz zum beizulegenden Zeitwert sei in aller Regel für die Beurteilung der Liquiditätslage und des Schuldendeckungspotenzials eines Unternehmens relevanter als die Verwendung historischer Kosten. Insbesondere bei Finanzinstrumenten mit längerer Laufzeit bezweifelt der Board die Sinnhaftigkeit einer Bewertung zu Anschaffungskosten.[606]

Für Derivate kommt als Bewertungsmaßstab nach Ansicht des FASB ausschließlich der beizulegende Zeitwert in Frage.[607] Da nahezu sämtliche unbedingten Derivate bei Geschäftsabschluss einen Wert von Null aufweisen, sich dieser aber in Abhängigkeit von der Wertentwicklung der Basis fortwährend ändert, erschien dem Board eine Bewertung in Höhe der Anschaffungskosten nicht sachgerecht.[608]

Die Pflicht zur Verwendung von *Fair Values* gilt unter SFAS 133 uneingeschränkt. SFAS 107 sieht demgegenüber bei der Angabe beizulegender Zeitwerte im Anhang eine Befreiung für jene Finanzinstrumente vor, deren *Fair Value* nicht zuverlässig geschätzt werden kann.[609] Diese Formulierung wurde bewusst nicht in den Standard zur Derivatebilanzierung übernommen, da der Board die Auffassung vertrat, dass ein zuverlässiges Risikomanagement in Lage sein sollte, diese Wertansätze zu liefern.[610] Anders ausgedrückt: Derivative Finanzinstrumente, für die sich ein beizulegender Wert nicht zuverlässig ermitteln lässt, gehören nicht in das Portefeuille eines ordentlichen Kaufmanns.

Wie beizulegende Zeitwerte zu ermitteln sind, regelt SFAS 133 nicht. Stattdessen verweist der Board auf SFAS 107 und die dort genannten Anwendungshinweise. Kritiker wandten

---

[605] S. diesbzgl. ausführlich FASB (1991): Recognition and Measurement of Financial Instruments, S. 11 ff.
[606] Vgl. SFAS 133.221 i.V.m. SFAS 115.40 ff. Auf der anderen Seite verweist der Board zwei Textziffern später selbst auf mögliche Begründungen für einen Ansatz zu Anschaffungskosten bei Gläubigerpapieren, die ein Unternehmen bis zur Fälligkeit und damit langfristig zu halten gedenkt. Der Widerspruch lässt sich wohl nur dadurch erklären, dass das Kriterium der Langfristigkeit hinter jenem der Durchhalteabsicht zurücksteht: Hält ein Investor einen festverzinslichen Titel nämlich tatsächlich bis zu dessen Fälligkeit, so stellen sich über die Laufzeit eingetretene zinsinduzierte Wertveränderungen ex post als irrelevant heraus, weil das Wertpapier i.d.R. zu pari getilgt wird (unabhängig davon, wie sich das Zinsniveau seit dem Kaufdatum verändert hat); s.a. SFAS 115.58. Diese Irrelevanz gilt streng genommen aber nur zum Zeitpunkt der Fälligkeit des Papiers. Bis zu diesem Zeitpunkt stellen die Wertveränderungen Opportunitätsgewinne und -verluste der Entscheidung dar, das mit einem bestimmtem Kupon ausgestattete Wertpapier ungeachtet mittlerweile eingetretener Marktpreisänderungen dennoch zu halten; s.a. Poole, V./Wild, K. (2001): Full Fair Value Accounting, S. 10 f.
[607] Vgl. SFAS 133.3(b) und 221 ff.
[608] Vgl. SFAS 133.223.
[609] Vgl. SFAS 107.10 und 15.
[610] Vgl. SFAS 133.318.

ein, dass diese Grundsätze zu vage formuliert seien, als dass nach ihnen bilanziert werden könne. Der FASB entgegnete darauf mit dem Hinweis, dass der Standard bereits mehrere Jahre in Kraft sei und die Unternehmen mittlerweile mit den Bewertungsverfahren vertraut sein sollten.[611]

Nach SFAS 107.11 werden die folgenden zwei Ausgangssituationen unterschieden, die zugleich eine Hierarchie für die Ermittlung beizulegender Zeitwerte darstellen:[612]

(1) Wird das zu bewertende Finanzinstrument auf einem Markt aktiv gehandelt und liegen entsprechende Preisnotierungen vor, so sind diese der beste Anhaltspunkt für dessen beizulegenden Zeitwert. Wird das Instrument auf mehreren Märkten gehandelt, so schlägt der Board vor, den Preis des aktivsten Marktes zu verwenden.[613] Der Board führt aus, dass sich Märkte entsprechend ihrer Informationseffizienz in vier Ausprägungen unterscheiden ließen:[614]

- Börsen (*Exchange Markets*), die sich i.d.R. durch ein hohes Maß an Transparenz auszeichnen und an denen regelmäßig Schlusspreise und Handelsvolumina verfügbar sind; Wertansätze für Futures- und Optionskontrakte sind auf diese Weise erhältlich.

- Händlermärkte (*Dealer Markets*), auf denen Händler durch Selbsteintritt auf der Angebots- und Nachfrageseite bereit sind, Geld- und Briefkurse zu stellen; die OTC-Derivatemärkte sind Beispiele für derartige Händlermärkte.

- Brokermärkte (*Brokered Markets*), auf denen Geschäfte nicht durch Selbsteintritt eines Händlers, sondern durch Vermittlung von Intermediären zustande kommen. Die aktuellen Angebots- und Nachfragekonditionen sind i.d.R. nur dem Vermittler bekannt, nicht aber den Kontrahenten; für Bewertungszwecke lassen sich dann häufig nur die Konditionen früherer Geschäftsabschlüsse heranziehen.

- Direktgeschäfte (*Principal-to-Principal Markets*), bei denen die handelswilligen Parteien ohne Eintritt oder Vermittlung Dritter unmittelbar die Konditionen miteinander aushandeln. Informationen über gehandelte Volumina oder Preise werden üblicherweise nicht veröffentlicht und stehen somit allein den Kontrahenten zur Verfügung.

---

[611] Vgl. SFAS 133.313.
[612] Vgl. SFAS 133.540; s.a. Barth, M.E./Landsman, W.R. (1995): Fundamental issues, S. 99 sowie die dort zit. Lit.; Foster, J.M./Upton, W.S. (2001): Measuring Fair Value, S. 4 f.; Williams, J.R. (2002): 2002 Miller GAAP Guide, S. 17.07 ff.
[613] Vgl. SFAS 107.20. S.a. Siegel, S. (1997): The Emergence of Fair Value, S. 87.
[614] Vgl. SFAS 107.19. S.a. Smith, J.T. (1997): Valuation – Concepts, S. 269 f.

(2) Sind keine Quotierungen erhältlich, so muss der *Fair Value* durch den „besten Schätzwert" (*Best Estimate*) approximiert werden. Dieser könne nach Ansicht des Boards entweder aus Marktwerten vergleichbar ausgestatteter Finanzinstrumente (sofern verfügbar) oder aus Bewertungsmodellen abgeleitet werden.[615] Bei näherer Betrachtung erweist sich der Ausdruck „bester Schätzwert" als inhaltsleer, da nicht definiert wird, worin die Güte der Schätzung besteht („bester" in Bezug worauf?). SFAS 107 enthält lediglich einige kasuistische Hinweise; so wird bspw. für Zinsswaps und Devisengeschäfte eine Schätzung auf Basis der Wiederbeschaffungskosten für zulässig erachtet.[616] Erst mit der Verabschiedung von SFAC 7, *Using Cash Flow Information and Present Value in Accounting Measurements*, im Februar 2000 wurde der Begriff inhaltlich abgegrenzt. Danach wird der „beste Schätzwert" als Modalwert definiert, also als derjenige Betrag, der aus einer Bandbreite möglicher Wertansätze die höchste Eintrittswahrscheinlichkeit besitzt.[617]

Der FASB hält auch in SFAC 7 die Verwendung von Barwerten zur Generierung von *Fair Values* für sinnvoll. Es lehnt die Verwendung des Modalwertes aber mittlerweile ab, weil es sich bei diesem – im Gegensatz zum Erwartungswert – nicht um einen suffizienten Schätzer handelt:[618] Eine Schätzung beizulegender Zeitwerte müsse alle vorhandenen Informationen über Höhe, Zeitpunkt und Eintrittswahrscheinlichkeit von Zahlungen berücksichtigen.[619] Wird der Barwert zukünftig anfallender Zahlungen über den Modalwert geschätzt, so beruht das Ergebnis ausschließlich auf der wahrscheinlichsten Kombination von Höhe und Zeitpunkt anfallender *Cash Flows* und lässt die Möglichkeit von Variationen beider Faktoren unberücksichtigt. Diesen Mangel besitzen Barwerte, die durch Berechnung von Erwartungswerten generiert wurden (*Expected Present Values*), nicht.[620]

---

[615] Dabei denkt der FASB v.a. an die Berechnung von Barwerten (*Present Values*) bei Finanzinstrumenten mit deterministischen Zahlungsströmen – bspw. Zinsswaps –, Interpolationen (*Matrix Pricing Models*) sowie die Verwendung von Optionspreismodellen (*Option Pricing Models*); s.a. SFAS 133.17. Bei der Berechnung von Barwerten sind grundsätzlich Forward Rates und keine Spot Rates zugrunde zu legen; vgl. SFAS 133.319.
[616] Vgl. SFAS 107.24.
[617] Vgl. SFAC 7 Glossary of Terms; s.a. Trott, E.W./Upton, W.S. (2001): Expected Cash Flows, S. 2 ff.; Ballhaus, W./Futterlieb, C. (2003): Fair Value Accounting, S. 564 ff.
[618] Vgl. SFAC 7.35. Eine Schätzfunktion heißt suffizient, wenn sie alle zur Verfügung stehenden Informationen berücksichtigt; vgl. Kraft, M./Landes, T. (1996): Statistische Methoden, S. 105.
[619] Vgl. SFAS 133.17.
[620] Vgl. Trott, E.W./Upton, W.S. (2001): Expected Cash Flows, S. 2 f.

5. Bilanzierung von Derivaten und Sicherungsbeziehungen nach US-amerikanischen Standards

Aus SFAS 133 lässt sich der Gebrauch von Erwartungswerten bei der Barwertermittlung nicht so deutlich ableiten. Zwar wird auf der einen Seite die Verwendung suffizienter Schätzer gefordert:

*"**All available evidence** shall be considered in developing estimates of expected futures cash flows."*[621]

Zwei Sätze weiter heißt es allerdings zweideutig:

*"If a range is estimated for either the amount or the timing of possible cash flows, **the likelihood of possible outcomes shall be considered** in determining the best estimate of future cash flows."*[622]

Ob „Berücksichtigung von Eintrittswahrscheinlichkeiten" bedeutet, dass sämtliche Szenarien mit der relativen Wahrscheinlichkeit gewichtet in die Schätzung eingehen sollen – dies entspräche einer Erwartungswertberechnung – oder nur diejenige Kombination auszuwählen ist, die die höchste Eintrittswahrscheinlichkeit besitzt (= *Best Estimate*), bleibt unklar.[623]

Bei der Ermittlung des beizulegenden Zeitwerts bleiben Paketzu- oder -abschläge (*Blockage Factors*) außer Ansatz.[624] Der Board begründet diese Sichtweise damit, dass derartige Korrekturen – so gerechtfertigt sie ökonomisch auch sein mögen – die Zuverlässigkeit und Vergleichbarkeit der Schätzwerte beeinträchtigen würden: Würden Preise um *Corner*-Stellungen bereinigt, die nicht am Markt zu beobachten sind, so würde der Bilanzierende der Bewertung ein subjektives Element hinzufügen. Andererseits ist davon auszugehen, dass bei (einem zukünftigen) Verkauf einer marktbeeinflussenden Position gerade nicht die Preise erzielt werden, die (heute) am Markt beobachtbar sind.

---

[621] SFAS 133.17 (Hervorhebung durch den Verfasser).
[622] SFAS 133.17 (Hervorhebung durch den Verfasser).
[623] Es sei darauf hingewiesen, dass eine Übertragung der Argumentation aus SFAC 7 auf SFAS 133 nicht ohne weiteres möglich ist, da die *Concepts Statements* in der Hierarchie der US-GAAP nicht auf derselben Stufe stehen wie die Standards. Sie bilden zwar das Fundament der Rechnungslegung, haben aber keine unmittelbar bindende Wirkung: *"Statements of Financial Accounting Concepts do not establish standards prescribing accounting procedures or disclosure pratices for particular items [...] [A] Statement of Financial Accounting Concepts does not (a) require a change in existing generally accepted accounting principles; (b) amend, modify, or interpret Statements of Financial Accounting Standards, Interpretations of the FASB, Opinions of the Accounting Principles Board, or Bulletins of the Committee on Accounting Procedure that are in effect; or (c) justify either changing existing generally accepted accounting and reporting practices or interpreting the pronouncements listed in item (b) based on personal interpretations of the objectives and concepts in the Statements of Financial Accounting Concepts."* (Einführung zu SFAC 7). Zum Hierarchiegefüge der US-amerikanischen Verlautbarungen siehe stellvertretend Niehus, R.J./Thyll, A. (2000): Rechnungslegung nach U.S. GAAP, S. 16 ff.; Schildbach, T. (2002): US-GAAP, S. 29 ff.
[624] Vgl. SFAS 133.315 i.V.m. SFAS 107.6.

5.3.2 Erfassung der Wertänderungen

Verändert sich der beizulegende Zeitwert eines derivativen Finanzinstruments infolge von Schwankungen der maßgeblichen Risikofaktoren, stellt sich die Frage, wie die eingetretenen Wertänderungen bilanziell zu erfassen sind. Der FASB macht dies davon abhängig, zu welchem Zweck die Derivateposition gehalten wird:[625]

- Wird das Derivat nicht zur Absicherung offener Risikopositionen eingesetzt (*no Hedging Designation*), gilt es als zu spekulativen Zwecken gehalten. In diesem Fall sind auftretende Bewertungsgewinne und -verluste unmittelbar in der GuV zu erfassen.

- Soll mit dem Derivat demgegenüber eine offene Position abgesichert werden und sind die Voraussetzungen für die bilanzielle Anerkennung der Sicherungsbeziehung erfüllt, so unterliegt das Derivat den *Hedge Accounting*-Vorschriften von SFAS 133 (s. Abschnitt 5.5). In Abhängigkeit von der Art des gesicherten Risikos werden die Bewertungserfolge entweder in der GuV (*Fair Value Hedge*) oder unmittelbar im Eigenkapital (*Cash Flow Hedge*) gezeigt. Liegt ein *Overhedge* vor und übersteigen die Wertveränderungen des Derivats jene der zu sichernden Position, so sind die übersteigenden Beträge unabhängig von dem zugrunde liegenden *Hedge-Accounting*-Verfahren erfolgswirksam zu verbuchen (sog. *Ineffectiveness*).

Die buchhalterisch zu erfassenden Beträge ergeben sich aus einem Vergleich der beizulegenden Zeitwerte zu Beginn und Ende einer Abrechnungsperiode. Die ermittelte (Brutto-)Wertveränderung ist um die Abnahme des Zeitwertes infolge der Verkürzung der Restlaufzeit sowie erfolgte Ausgleichs- oder Tilgungszahlungen zu bereinigen.[626]

5.4 Bilanzierung eingebetteter Derivate

5.4.1 Problemstellung: Missbrauchsverhütung versus Handhabbarkeit

Mit SFAS 133 regelt der FASB nicht nur die Bilanzierung freistehender oder zu Sicherungszwecken eingesetzter Derivate, sondern schreibt zugleich vor, wie in strukturierte Produkte eingebettete Derivate zu erfassen sind.[627] Der Board sah sich zu entsprechenden Regelungen gezungen, da man befürchtete, dass Unternehmen andernfalls versuchen würden, freistehende Derivate mit anderen, nicht-derivativen Produkten zu kombinieren und so

---

[625] Vgl. SFAS 133.18.
[626] S.a. Barckow, A./Rose, S. (1997): Die Bilanzierung von Derivaten und Hedgestrategien, S. 792 f.
[627] Einen ausführlichen Überblick über die bilanzielle Behandlung eingebetteter Derivate vor der Verabschiedung von SFAS 133 bietet Johnson, J.A. (1997): Accounting for Embedded Derivatives, S. 93 ff.; aus theoretischer Sicht FASB (1991): Recognition and Measurement of Financial Instruments, S. 93 ff.

die Bilanzierungsregeln von SFAS 133 zu unterlaufen.[628] Das Ergebnis dieser Bemühungen geht de facto aber weit über eine bloße Missbrauchsverhinderungsvorschrift hinaus: Die geforderte Aufspaltung strukturierter Produkte in ihre Komponenten ist zwar konzeptionell einwandfrei und in sich schlüssig; in der Praxis führt sie aber nicht selten zu erheblichen Anwendungsproblemen, weil zur bilanziellen Erfassung dieser Finanzinstrumente im Rechnungswesen finanzwirtschaftliche Kenntnisse erforderlich werden, die dort häufig fehlen.[629]

Da sich der FASB zum Ziel gesetzt hat, sämtliche Derivate einheitlichen Bilanzierungsregeln zu unterwerfen, wäre die einfachste Verfahrensweise gewesen, sämtliche strukturierten Produkte aufzuspalten und die herausgelösten Derivate nach den Vorschriften von SFAS 133 zu erfassen. Ein derartiges Vorgehen musste aber an der praktischen Umsetzbarkeit scheitern, weil eine Vielzahl an Verträgen derivative Komponenten enthält (häufig optionale Bestandteile, bspw. Kündigungsrechte), die in der Praxis traditionell weder einzeln betrachtet noch buchhalterisch separat erfasst werden.

Auf der anderen Seite wollte der Board vermeiden, dass das neu propagierte Bilanzierungskonzept durch Ausnahmen verwässert würde.[630] Man entwickelte daraufhin ein Ablaufschema, anhand dessen dem Grunde nach beurteilt werden kann, ob ein strukturiertes Produkt für Bewertungszwecke in Trägervertrag (*Host Contract*) und eingebettetes Derivat (*Embedded Derivative*) aufzuspalten ist oder nicht. Sind die nachfolgend genannten drei Bedingungen kumulativ erfüllt, verlangt der Board eine Zerlegung des strukturierten Produkts; eine freiwillige Aufspaltung kommt dagegen nicht in Frage.[631]

- Zwischen den wirtschaftlichen Charakteristika und Risiken von Trägervertrag und Derivat besteht „kein eindeutiger und enger Zusammenhang" (*"are not clearly and closely related"*). Eine Aufspaltung strukturierter Produkte kommt also nur dann in Frage, wenn die Wertentwicklungen der einzelnen Bestandteile des strukturierten Produkts auf unterschiedliche Risikofaktoren zurückzuführen sind.[632] Der in Abschnitt 4.4 genannte

---

[628] Vgl. SFAS 133.293 und 297; s.a. KPMG (1998): Derivatives and Hedging Handbook, S. 39; PricewaterhouseCoopers (1998): Accounting for Derivative Instruments and Hedging Activities, S. 33.
[629] Vgl. Bellavite-Hövermann, Y./Barckow, A. (2002): IAS 39, Tz. 39; KPMG (1998): Derivatives and Hedging Handbook, S. 39.
[630] Vgl. im Einzelnen SFAS 133.294 ff.
[631] Vgl. SFAS 133.12; s.a. Barckow, A./Rose, S. (1997): Die Bilanzierung von Derivaten und Hedgestrategien, S. 792 f.; Böcking, H.-J./Benecke, B. (2000): Die *fair value*-Bewertung von Finanzinstrumenten, S. 199 f.; KPMG (1998): Derivatives and Hedging Handbook, S. 40 ff.
[632] S.a. PricewaterhouseCoopers (1998): Accounting for Derivative Instruments and Hedging Activities, S. 34. Abweichend von der generellen Regel ist eine Zerlegung zinstragender strukturierter Produkte auch bei identischem Risikofaktor geboten, wenn das eingebettete Derivat die Rendite des Trägervertrags derart verändert, dass das strukturierte Produkt keine Ähnlichkeit mit klassischen Gläubigertiteln

DAX®-Redemption Bond ist ein Beispiel für ein Finanzinstrument, bei dem Trägervertrag und eingebettetes Derivat nicht demselben Risikofaktor unterliegen: Der Wert der Anleihe hängt v.a. vom Zinsänderungsrisiko ab, während die eingebetteten Indexoptionen ihren Wert aus dem Stand des DAX ableiten. Zwischen Zinsänderungs- und Indexpreisrisiko besteht nach h.M. kein eindeutiger und enger Zusammenhang.

- Das strukturierte Produkt wird nicht zum beizulegenden Zeitwert angesetzt und seine Wertveränderungen werden nicht erfolgswirksam in der GuV erfasst. Da unter US-GAAP für die meisten Vermögenswerte und Verbindlichkeiten entweder eine Bewertung mit einem anderen Wertmaßstab als dem beizulegenden Zeitwert geboten ist (häufig fortgeführte Anschaffungskosten) oder die Gegenbuchung im Eigenkapital erfolgt, ist der Anwendungsbereich dieser Bedingung begrenzt. In Frage kommen v.a. Wertpapiere, die nach SFAS 115 als „zu Handelszwecken gehalten" (*"held for trading"*) eingestuft wurden, sowie strukturierte Derivate, bei denen sowohl Trägervertrag wie eingebettetes Derivat derivative Finanzinstrumente darstellen (bspw. kündbare (*Cancelable*) Swaps).[633] Die Begründung für die Bedingung dürfte weniger in der Formulierung einer inhaltlichen Hürde als vielmehr in der Praktikabilität der Zerlegungsregel bestehen: Wird ein strukturiertes Produkt bereits zum beizulegenden Zeitwert bewertet, dann sollte dieser idealiter der Summe der *Fair Values* seiner Komponenten entsprechen.[634] Streng genommen gilt diese Gleichsetzung natürlich nur auf vollkommenen Kapitalmärkten.

- Das eingebettete Derivat würde – wäre es freistehend –als Derivat i.S.d. Standards klassifiziert.

---

mehr aufweist. Der FASB führt dazu die beiden folgenden Situationen an (vgl. SFAS 133.13 i.d.F. v. SFAS 149; s.a. E&Y (2001): Accounting for Derivatives and Hedging Activities, S. 3.5 f.):
- Bei Erfüllung des Vertrags bekommt ein Investor – zinsinduziert – nicht den wesentlichen Teil seines eingesetzten Kapitals zurück, wobei die Wesentlichkeitsschwelle in der Praxis bei 90% gesetzt wird. Dies kann nur dann der Fall sein, wenn die mit dem eingebetteten Derivat erzielte Rendite (1) negativ und (2) betragsmäßig deutlich größer ist als die Verzinsung des Trägervertrags. Ein Beispiel für ein solchermaßen strukturiertes Produkt wäre ein *Reverse Floater* ohne *Cap*. Entscheidend ist, dass die Negativverzinsung nicht auf willentliches Tun des Investors zurückzuführen sein darf (keine Option); s.a. SFAS 133 DIG Implementation Issue No. B5.
- Der Investor kann u.U. eine Rendite erzielen, die bei einem bestimmten Zinsszenario um mehr als das Doppelte über der dann gültigen Marktrendite liegt, die mit vergleichbar ausgestatteten Papieren – d.h. gleicher Restlaufzeit, gleicher Kupon, gleiche Schuldnerbonität etc. – erzielt werden könnte. In diesem Fall enthält das Derivat eine Leverage-Komponente, mit der die üblicherweise zu erzielenden Zinserträge und/oder Tilgungsbeträge maßgeblich übertroffen werden.

[633] S.a. E&Y (2001): Accounting for Derivatives and Hedging Activities, S. 3.3; KPMG (1998): Derivatives and Hedging Handbook, S. 41.
[634] S.a. PricewaterhouseCoopers (1998): Accounting for Derivative Instruments and Hedging Activities, S. 48.

Sind die drei Bedingungen erfüllt, ist abschließend zu prüfen, ob sich das Derivat zweifelsfrei isolieren und bewerten lässt. Der Board geht dabei von der (widerlegbaren) Vermutung aus, dass Unternehmen, die strukturierte Produkte im Rahmen ihrer Investitions- und Finanzierungspolitik einsetzen, in der Lage sein sollten, sich die entsprechenden Informationen zu beschaffen.[635] Sieht sich ein Unternehmen dennoch außer Stande, Derivat und Trägervertrag voneinander zu trennen, hat es das strukturierte Produkt fortan mit dem beizulegenden Zeitwert anzusetzen und eingetretene Wertveränderungen erfolgswirksam in der GuV zu erfassen.[636] Auch dürfen derlei Finanzinstrumente nicht mehr als Sicherungsinstrument im Rahmen des *Hedge Accountings* eingesetzt werden. Der FASB versucht auf diese Weise, den Druck auf die Unternehmen zu erhöhen und einen Anreiz zu schaffen, sich um eine Bewertung zu bemühen.[637]

Lässt sich das Derivat hingegen isolieren und bewerten, ist es vom Trägervertrag abzutrennen und entsprechend den Bestimmungen von SFAS 133 zu bilanzieren.

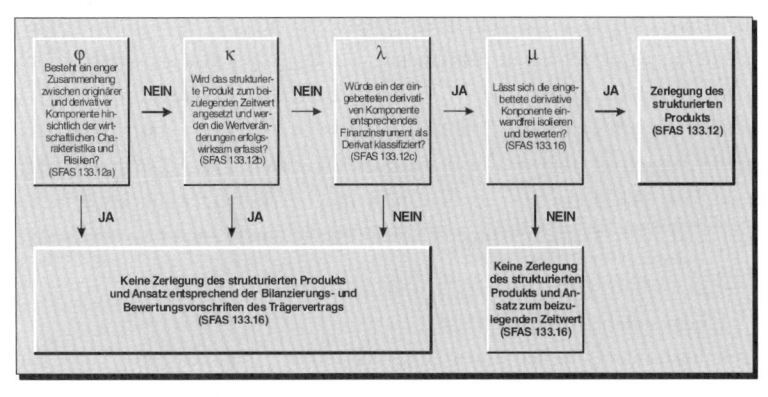

Abb. 20: Zerlegung strukturierter Produkte nach SFAS 133
Quelle: In Anlehnung an KPMG (1998): Derivatives and Hedging Handbook, S. 55.

---

[635] Vgl. SFAS 133.301; s.a. KPMG (1998): Derivatives and Hedging Handbook, S. 54. In der Praxis wird das Rechnungswesen eines Unternehmens häufig nicht in der Lage sein, die geforderte Zerlegung samt anschließender Bewertung der Komponenten vorzunehmen. Hier bedarf es eines engen Zusammenspiels von Front- und Backoffice, ggf. unter Einschaltung eines Kreditinstituts.
[636] Vgl. SFAS 133.16. In der Praxis kann dieser Sachverhalt bei strukturierten Produkten auftreten, die exotische Derivate(kombinationen) enthalten. So emittieren bspw. Investmentbanken strukturierte Finanzinstrumente, indem sie ein gewünschtes Risikoprofil erstellen und dieses im Wege einer mehrstufigen Monte-Carlo-Simulation duplizieren (sog. *Financial Engineering by Simulation*). Die Anzahl der Iterationen beträgt dabei zuweilen 1.000 Schritte. Bei dem endgültigen Produkt lässt sich dann häufig nur noch feststellen, dass dieses optionale Bestandteile enthält; in einzelne Verträge können diese Strukturen i.d.R. aber nicht mehr heruntergebrochen werden; s.a. E&Y (2001): Accounting for Derivatives and Hedging Activities, S. 3.29.
[637] Vgl. SFAS 133.302.

Enthält ein strukturiertes Produkt mehr als nur ein Derivat, so sind alle eingebetteten derivativen Bestandteile zu bündeln und als strukturiertes Derivat (*Compound Derivative*) abzuspalten. Das gilt selbst dann, wenn nach der vorstehenden Zerlegungsregel nur eine eingebettete Komponente herauszutrennen wäre.[638] Die Bilanzierung des Trägervertrags richtet sich nach den für diesen geltenden Rechnungslegungsstandards, also den Ansatz- und Bewertungsvorschriften für Eigenkapitaltitel, Gläubigerpapiere, Leasingverträge, Forderungen, Versicherungsverträge usw. Die nachfolgende Grafik fasst die Schrittfolge noch einmal zusammen.

5.4.2 Unterschiedliche Risikofaktoren als wesentliche Voraussetzung für eine Aufspaltung

Nach SFAS 133.12(a) ist eine Zerlegung strukturierter Produkte grundsätzlich immer dann geboten, wenn deren Einzelbestandteile nicht demselben Risikofaktor unterliegen.[639] Dabei wird der Risikobegriff vergleichsweise eng ausgelegt: Es reicht nicht aus, dass Trägervertrag und Derivat bspw. beide dem Aktienpreisrisiko unterliegen; vielmehr müssen die Wertveränderungen beider Finanzinstrumente von <u>demselben</u> Aktienpreisrisiko abhängen, also Basiswertidentität gegeben sein.[640] Gleiches gilt für das Wechselkurs- oder Zinsänderungsrisiko. Ob die Risiko- und Zahlungsstromprofile von Trägervertrag und eingebettetem Derivat demselben Risikofaktor unterliegen und damit eine Aufspaltung der Struktur geboten ist, lässt sich am besten entscheiden, wenn die Werttreiber üblicher Trägerverträge wie Eigen- und Fremdkapitalinstrumente sowie Versicherungs- und Leasingverträge untersucht werden.[641]

5.4.2.1 Eigenkapitalinstrumente

Eigenkapitalinstrumente stellen einen Anspruch auf das Reinvermögen eines Unternehmens dar. Werden in solche Finanzinstrumente Derivate eingebettet, die einen Anspruch auf Barmittel oder anderweitige Finanzinstrumente darstellen, so wäre das Derivat abzuspalten, da zwischen einer geldwerten Zahlung und einem Residualanspruch auf das Vermögen eines Unternehmens keine unmittelbare Beziehung besteht. Der FASB nennt beispielhaft eine – in Deutschland nicht handelbare – Aktie, bei der der Investor das Recht

---

[638] Vgl. SFAS 133 DIG Implementation Issue No. B15.
[639] Vgl. SFAS 133.304 ff.
[640] Vgl. SFAS 133.60.
[641] S.a. KPMG (1998): Derivatives and Hedging Handbook, S. 22.

besitzt, diese gegen Barmittel oder anderweitige Finanzinstrumente an den Emittenten zurückzugeben (*Puttable Common Stock*, Stammaktien mit eingebettetem Put).[642]

Auf eine möglicherweise gebotene Auspaltung hin wären ferner einige in Deutschland nicht gehandelte Formen von Vorzugsaktien zu überprüfen, die Wandlungsrechte verbriefen (*Convertible Preferred Stock*). Obwohl es sich rechtlich um Anteilspapiere handelt, besitzen einige dieser Vorzüge ökonomisch gesehen mehr Ähnlichkeit mit Gläubigerpapieren. Dies ist bspw. bei pflichtmäßig rückzahlbaren Vorzugsaktien (*Preferred Redeemable Stock*) der Fall, die nicht am Gewinn teilhaben, sondern fest und bevorzugt bedient werden und diesen Anspruch auch kumulieren. Sie werden daher bilanziell auch als Fremdkapitalinstrument behandelt. Wenn nun derartige Vorzugsaktien mit Wandlungsrechten in Stammaktien begeben würden, bestünde zwischen der Vorzugs„aktie" und der Wandeloption kein enger Zusammenhang: Die Aktie würde als Fremdkapital, die Wandeloption als Eigenkapitalinstrument eingestuft. Das strukturierte Produkt „Rückzahlbare Vorzugsaktie mit Wandlungsrecht" wäre demnach in seine Bestandteile aufzuspalten, sofern die anderen beiden Bedingungen ebenfalls erfüllt sind.[643]

5.4.2.2 Fremdkapitalinstrumente

Der Wert eines Fremdkapitalinstruments bestimmt sich über dessen vertraglich vereinbarten Zinssatz. Dieser ergibt sich als Summe aus risikofreiem Zins (*Risk-free Rate*) und einem Zuschlag, in dem die Inflations- und Ausfallrisikoerwartungen sowie die Liquiditätspräferenz der Anleger zum Ausdruck kommen. Zwischen der Höhe des Zuschlags und seinen Bestimmungsfaktoren besteht eine gleichgerichtete Beziehung: Dieser Zuschlag ist umso höher,

- je größer die Gefahr einer Abnahme der Kaufkraft über die Laufzeit,
- je höher das Emittentenausfallrisiko und
- je länger die Restlaufzeit des Finanzinstruments ist.[644]

Wenn der Wert des eingebetteten Derivats von Veränderungen des risikofreien Zinssatzes oder einem bzw. mehreren der drei vorstehenden Werttreiber abhängt, besteht ein eindeutiger Zusammenhang zwischen den Risiken von Fremdkapitalinstrument und derivativer Komponente. Das strukturierte Produkt wäre in diesem Fall nicht in seine Bestandteile

---

[642] Vgl. SFAS 133.61(e) und 308. U.U. kommt eine Zerlegung in diesem Fall nur auf Seiten des Investors in Frage, weil die eingebettete Option auf eigene Anteile aus Sicht des Emittenten selbst ein Eigenkapitalinstrument darstellt und dann aus dem Anwendungsbereich von SFAS 133 ausgeklammert wäre.
[643] Vgl. SFAS 133.61(l); KPMG (1998): Derivatives and Hedging Handbook, S. 43.
[644] Vgl. KPMG (1998): Derivatives and Hedging Handbook, S. 42 f.

auszuspalten. SFAS 133 enthält eine ganze Reihe von Beispielen für Finanzinstrumente, die keine Zerlegung erfordern:[645]

- Anleihen mit variabler Verzinsung (*Floating Rate Notes* und *Delevered Floating Rate Notes*), die sich theoretisch in eine Festzinsanleihe und einen klassischen oder einen *Delevered Payer Swap* aufspalten lassen;[646]

- Inflationsanleihen (*Inflation Bonds*), die eine höhere Verzinsung bei einem Anstieg der Inflationsrate vorsehen;[647]

- Bonitätsanleihen (*Credit-Sensitive Bonds*), bei denen Verzinsung und/oder Tilgung steigen, wenn die Bonität des Schuldners sinkt;[648]

- Anleihen mit Schuldner- oder Gläubigerkündigungsrecht (*Callable/Putable Bonds*), solange deren Rückzahlung nicht mit erheblichen Kurszu- oder -abschlägen erfolgt oder die Option nur ausgeübt werden kann, wenn ein im Voraus definiertes Zins- oder Bonitätsereignis eingetreten ist;[649]

- variabel verzinsliche Anleihen mit eingebettetem Zinsbegrenzungsvertrag (*Capped/ Floored/Collared Floating Rate Notes*), sofern der *Cap* (*Floor*) dem Marktzins entspricht oder darüber (darunter) liegt und im Verhältnis zur Anleihe keinen Hebel aufweist;[650]

- variabel verzinsliche Anleihen mit eingebetteten Digitaloptionen, die eine über dem Referenzzins liegende Verzinsung gewähren, wenn dieser innerhalb einer vorgegebenen Bandbreite liegt (*Range Floater*). Verlässt der Referenzzins das vorgegebene Intervall, erhält der Investor keine oder eine unter dem Marktzins liegende Verzinsung;[651]

---

[645] Vorbehaltlich der Regelungen in SFAS 133.13, s.o.; s.a. SFAS 133.176 ff.; E&Y (2001): Accounting for Derivatives and Hedging Activities, S. 3.14 ff.; KPMG (1998): Derivatives and Hedging Handbook, S. 46 ff.
[646] Vgl. SFAS 133.61(a) und 180.
[647] Vgl. SFAS 133.61(b) und 191.
[648] Vgl. SFAS 133.61(c) und 190. N.B.: Eine Aufspaltung ist nur dann entbehrlich, wenn der Wert des eingebetteten Derivats an die Bonität des Anleiheschuldners gekoppelt ist; als Beispiel sei eine Anleihe angeführt, deren Verzinsung sich im Falle einer Herabstufung der Kreditwürdigkeit des Emittenten um eine Ratingstufe automatisch um 0,5 Prozentpunkte erhöht. Als Gegenbeispiel lassen sich die meisten *Credit Linked Notes* nennen (zur Produktbeschreibung vgl. Abschnitt 3.1.4.3): Da deren Rückzahlung von der Bonität eines Referenzaktivums abhängig und nicht von der Bonität des emittierenden Unternehmens, sind die Wertveränderungen von Trägervertrag und eingebettetem Derivat auf unterschiedliche Risikofaktoren zurückzuführen und daher zu trennen.
[649] Vgl. SFAS 133.61(d) i.V.m. SFAS 133 DIG Implementation Issue No. B16; E&Y (2001): Accounting for Derivatives and Hedging Activities, S. 3.25 ff.
[650] Vgl. SFAS 133.61(f); s.a. SFAS 133.13 i.d.F. v. SFAS 149 sowie SFAS 149.A34 ff.
[651] Vgl. SFAS 133.181.

5. Bilanzierung von Derivaten und Sicherungsbeziehungen nach US-amerikanischen Standards

- variabel verzinsliche Anleihen mit eingebetteten ge- und verkauften Zinsoptionen, durch die ein Intervall zwischen dem Referenzzins für die abgelaufene Periode und jenem für die Folgeperiode geschaffen wird (*Ratchet Floater*);[652]

- festverzinsliche Anleihen, in die ein *Forward Payer Swap* eingebettet wurde und deren Verzinsung sich während der Laufzeit von fest in variabel ändert (*Fixed-to-Floating Note*);[653]

- Amortisationsanleihen, bei denen die Tilgung aufgrund von eingebetteten Digitaloptionen teilweise oder vollständig vor Endfälligkeit des Papiers erfolgt. Die Digitaloptionen sind üblicherweise an einen *Mortgage Backed Security* (MBS)- oder anderweitigen Zinsindexes gekoppelt (*Indexed Amortizing Note*);[654]

- Stufenzinsanleihen (*Step-Up-/Step-Down-Bonds*), die eine Kombination aus einer Festzinsanleihe und eingebetteten Zinsoptionen darstellen;[655]

- Anleihen, in die Kapital-/Zinsströme in fremder Währung eingebettet wurden (z.B. Doppelwährungsanleihen, *Dual Currency Bonds*), weil nach SFAS 52 grundsätzlich die Erfolgswirkungen des gesamten strukturierten Produkts in der GuV zu erfassen sind und eine Aufspaltung daher nicht statthaft ist;[656]

- Produkte, die kein Finanzinstrument als Underlying haben (bspw. Warenverträge) und Zahlungen in fremder Währung vorsehen, wobei diese entweder die funktionale Währung einer der beiden Vertragsparteien darstellt oder die für die betreffende Warengattung übliche Valuta ist (bspw. US-Dollar bei Rohöl).[657]

Umgekehrt sieht der FASB bei den nachfolgend genannten Strukturen eine Zerlegung in Trägervertrag und eingebettetes Derivat vor:[658]

- Festzinsanleihen, in die ein klassischer oder *Leveraged Payer Swap* eingebettet wurde (*Reverse/Inverse Floating Rate Note* und *Levered Reverse Floating Rate Note*) und deren Zinszahlungen sich umgekehrt proportional zur Entwicklung eines Referenzzinses (bspw. 9% – 6-Monats-Euribor), im Falle eines *Levered Reverse Floater* sogar über-

---

[652] Vgl. SFAS 133.182.
[653] Vgl. SFAS 133.183.
[654] Vgl. SFAS 133.184.
[655] Vgl. SFAS 133.189.
[656] Vgl. SFAS 133.194.
[657] Vgl. SFAS 133.15, 97 und 311; KPMG (1998): Derivatives and Hedging Handbook, S. 51 ff. Vgl. SFAS 133 DIG Implementation Issue No. B4 und B21 für Gegenbeispiele.
[658] S.a. SFAS 133.176 ff.; E&Y (2001): Accounting for Derivatives and Hedging Activities, S. 3.14 ff.; KPMG (1998): Derivatives and Hedging Handbook, S. 49 ff.; PricewaterhouseCoopers (1998): Accounting for Derivative Instruments and Hedging Activities, S. 38 ff.

proportional (z.B. 15% − 2,25 × 6-Monats-LIBOR) verhalten. Infolge ihres Risikoprofils könnten sie zu einer negativen Verzinsung und damit im ungünstigsten Fall zu einem Rückzahlungsbetrag führen, bei dem der Investor nicht den wesentlichen Teil seines eingezahlten Kapitals zurückerlangt. Wenn allerdings eine eingebettete Zinsoption Negativzinsen verhindert (im Beispiel also ein Anstieg des 6-Monats-Euribor auf 11% den Investor nicht zu einer Zahlung von Zinsen verpflichtet) und die insgesamt erzielte Rendite das Zweifache der ursprünglichen Verzinsung nicht übersteigt, unterbleibt eine Zerlegung;[659]

- Anleihen, in die eine Option auf Verlängerung der Laufzeit (*Term-Extending Options*) eingebettet wurde, ohne dass im Zeitpunkt der Verlängerung eine Zinsanpassung vorgesehen ist;[660]

- Anleihen, deren Verzinsung und/oder Rückzahlung vom Kursverlauf einer Aktie abhängt (*Equity-Indexed Note/Equity-Linked Bonds*);[661]

- Anleihen mit indexabhängiger Tilgungszahlung (*Variable Principal Redemption Bonds*);[662]

- Anleihen, deren Verzinsung und/oder Rückzahlungshöhe an die Entwicklung eines Rohstoffpreises gekoppelt ist (bspw. *Crude Oil Knock-In Notes* und *Gold-Linked Bull Notes*);[663]

- Wandelanleihen (*Convertible Debt*), die aus einer Festzinsanleihe und einer Umtauschoption bestehen. Wird das Umtauschrecht ausgeübt, geht die Anleihe unter und der Investor erhält eine vertraglich fixierte Anzahl an Aktien. Nach SFAS 133 wird eine Wandelanleihe aus Investorensicht immer getrennt, aus Sicht des Emittenten dagegen nur dann, wenn die Verpflichtung, eigene Aktien liefern zu müssen, durch eine Andienung anderer Finanzinstrumente ersetzt werden kann;[664]

---

[659] Vgl. SFAS 133.61(a) und 178 f.
[660] Vgl. SFAS 133.61(g). Die DERIVATIVES IMPLEMENTATION GROUP hat ferner festgelegt, dass die Zerlegung nur dann in Frage kommt, wenn es sich bei dem Trägervertrag um ein Fremdkapitalinstrument handelt; vgl. SFAS 133 DIG Implementation Issue No. B17. Optionen auf Laufzeitverlängerung sind aber gerade auch bei Leasingverträgen durchaus gängig und führen der Stellungnahme zufolge dort nicht zu einer Aufspaltung; s.a. E&Y (2001): Accounting for Derivatives and Hedging Activities, S. 3.12.
[661] Vgl. SFAS 133.61(h), 185 und 193.
[662] Vgl. SFAS 133.186.
[663] Vgl. SFAS 133.61(i) und 187 f.
[664] Vgl. SFAS 133.61(k) und 133.199; s.a. SFAS 133 DIG Implementation Issue No. B3.

- Katastrophenanleihen (*Disaster Bonds*), die eine Verzinsung über dem gegenwärtigen Marktniveau gewähren, deren Tilgung aber bei Eintreten eines in den Anleihebedingungen festgelegten Katastrophenfalls (z.B. Erdbeben oder Überschwemmungen) ausfällt.[665]

5.4.2.3 Anderweitige Vertragsformen

Als weitere gängige Vertragsformen, die in der Praxis strukturiert werden, sind v.a. Versicherungs- und Leasingverträge zu nennen. Ihr Wert hängt wie bei Fremdkapitalinstrumenten von den ihnen zugrunde liegenden Zinssätzen und den Inflationserwartungen der Versicherungs- bzw. Leasingnehmer ab. Daneben sind versicherungsmathematische Annahmen wie Wahrscheinlichkeitsverteilungen, erwartete Schadensfälle etc. als Werttreiber von Versicherungsverträgen zu berücksichtigen; bei Leasinginstrumenten hängt der Wert neben den eingangs genannten Bedingungen von dem mit dem Leasinggut erzielten oder erzielbaren Betrag ab.

Ist in einen Versicherungs- resp. Leasingvertrag ein Derivat eingebettet, das seinen Wert aus einem Wechselkurs, einem Aktienkurs oder -index, einem Warenpreis oder -korb oder einem Schadensindex ableitet, so besteht zwischen Trägervertrag und derivativer Komponente kein unmittelbarer ökonomischer Zusammenhang; das strukturierte Produkt wäre bei Erfüllung der beiden übrigen Bedingungen aufzuspalten.[666] Nicht zu trennen sind auf der anderen Seite Vertragsformen mit einer Kopplung des Zinses an die Inflationsrate oder einen anderweitigen Zinsindex sowie Leasingverträge, deren Eintritt von bestimmten Verkäufen des Leasingnehmers abhängig ist.[667]

5.4.3 Das Vorgehen bei der Aufspaltung strukturierter Produkte

SFAS 133 enthält keine Anleitung, wie eingebettete Derivate buchhalterisch vom Trägervertrag abzutrennen sind. Die *Derivatives Implementation Group* hat sich in mehreren Stellungnahmen mit dieser Frage auseinander gesetzt. Für strukturierte Produkte, denen ein Fremdkapitalinstrument zugrunde liegt, stellte sie fest, dass bei der Zerlegung keine Elemente isoliert werden dürfen, die nicht aus dem Zahlungsprofil des strukturierten Produkts hervorgingen oder in dessen Verkaufsprospekt nicht explizit oder implizit genannt seien.[668] Falls entsprechende Angaben fehlten, müsse das bilanzierende Unternehmen selbst ab-

---

[665] Vgl. SFAS 133.192. Eine Trennung steht allerdings unter dem Vorbehalt, dass es sich bei dem eingebetteten Derivat nicht um einen Versicherungsvertrag handelt.
[666] Vgl. SFAS 133 DIG Implementation Issue No. B10. S.a. E&Y (2001): Accounting for Derivatives and Hedging Activities, S. 3.20; KPMG (1998): Derivatives and Hedging Handbook, S. 44.
[667] Vgl. SFAS 133.61(j); s.a. E&Y (2001): Accounting for Derivatives and Hedging Activities, S. 3.13.
[668] Vgl. SFAS 133 DIG Implementation Issue No. B19.

schätzen, ob der Trägervertrag als fest-, variabel oder unverzinsliches Finanzinstrument zu bilanzieren sei. Dabei seien neben anderen Sachverhalten v.a. die Ausstattungsmerkmale des strukturierten Produkts, der Emittent sowie das Marktumfeld, in dem der Bond begeben wurde, zu berücksichtigen.[669]

Mit dem Verfahren der Zerlegung setzt sich die DIG in der Stellungnahme B6, *Embedded Derivatives: Allocating the Basis of a Hybrid Instrument to the Host Contract and the Embedded Derivative*, auseinander. Theoretisch bestehen drei Möglichkeiten für eine Verteilung des beizulegenden Zeitwerts des strukturierten Produkts auf seine Komponenten:

(1) Für den Trägervertrag und das eingebettete Derivat werden zunächst isoliert deren beizulegende Zeitwerte ermittelt und ins Verhältnis gesetzt. Nach demselben Verhältnis wird anschließend der *Fair Value* des strukturierten Finanzinstrumentes auf die beiden Bestandteile verteilt (Methode der relativen beizulegenden Zeitwerte). In aller Regel wird die Summe der beizulegenden Zeitwerte dabei nicht mit den Anschaffungskosten des strukturierten Produkts überstimmen, so dass die eingangs ermittelten beizulegenden Zeitwerte entsprechend nach oben oder unten korrigiert werden müssen.

(2) Die Anschaffungskosten des eingebetteten Derivats werden als Residualgröße ermittelt, indem der beizulegende Zeitwert des Trägervertrags vom Anschaffungswert des strukturierten Produkts subtrahiert wird („Mit-und-ohne"-Methode auf der Basis des *Fair Values* des Trägervertrags).

In beiden vorgenannten Fällen würde das eingebettete Derivat mit einem Wert angesetzt, der nicht seinem beizulegenden Zeitwert entspricht – ein Verstoß gegen eine der vier Grundregeln von SFAS 133. Bei der nächsten Folgebewertung käme es dann zwangsläufig zur Erfassung eines Erfolgs, selbst wenn sich der beizulegende Zeitwert nicht verändert hätte.[670] Die DIG hält dies nicht für sachgerecht und fordert daher eine Wertaufteilung nach der dritten Methode:

(3) Die Anschaffungskosten des Trägervertrags werden als Residualgröße ermittelt, indem der beizulegende Zeitwert des eingebetteten Derivats vom Anschaffungswert des strukturierten Produkts subtrahiert wird („Mit-und-ohne"-Methode auf der Basis des beizulegenden Zeitwerts des Derivats).

---

[669] SFAS 133 DIG Implementation Issue No. B19; s.a. E&Y (2001): Accounting for Derivatives and Hedging Activities, S. 3.11.

[670] Bei der Folgebewertung würden in jedem Fall jene „Anschaffungsnebenkosten" aufwandswirksam, die der Investor für die Strukturierung des Finanzinstruments verdeckt an den Emittenten entrichtet hat. S.a. E&Y (2001): Accounting for Derivatives and Hedging Activities, S. 3.7.

5. Bilanzierung von Derivaten und Sicherungsbeziehungen nach US-amerikanischen Standards

Handelt es sich bei dem eingebetteten Derivat nicht um eine optionale Komponente, ist dessen beizulegender Zeitwert im Zeitpunkt des Kaufs resp. der Emission des strukturierten Produkts mit Null anzusetzen. Die DIG kommt zu diesem Schluss, da derivative Finanzinstrumente mit symmetrischem Risikoprofil bei Abschluss üblicherweise keine Anschaffungskosten besitzen. Zwar sei es möglich, dass Trägervertrag und eingebettetes Derivat jeweils nicht marktgerecht (*off-market*) bepreist seien, in Kombination aber zu einem marktgerechten Wert für das strukturierte Produkt führten. Da es aber unendlich viele verschiedene Wertkombinationen gäbe, bestünde Raum für erfolgsgestalterische Maßnahmen. Um dies zu verhindern, müsse der Wert des Derivats mit Null angesetzt werden – es sei denn, dass aus den Anleihebedingungen des strukturierten Produkts explizit andere Vertragsgestaltungen erkennbar seien.[671]

Da der FASB in SFAS 133 lediglich den Ansatz und die Bewertung von Derivaten regelt und zu Ausweisfragen keine Stellung bezieht, stellt sich abschließend die Frage, wie die Komponenten eines strukturierten Produkts im Falle einer Zerlegung ausgewiesen werden sollen. Die Formulierung *"shall be separated from the host contract and accounted for as a derivative"* in SFAS 133.12 deutet darauf hin, dass herausgetrennte derivative Bestandteile eigenständig bilanziert (*accounted*), d.h. angesetzt und bewertet werden sollen. In diesem Sinne äußern sich auch die Wirtschaftsprüfungsgesellschaften in ihren Veröffentlichungen zu SFAS 133.[672]

Die *Division of Corporation Finance* der SEC, die mit der Überprüfung von Jahresabschlüssen gelisteter Unternehmen befasst ist, hat mittlerweile zur Bilanzierung strukturierter Finanzinstrumente Stellung genommen. Entgegen der verbreiteten Meinung stellten ihre Vertreter klar, dass ein getrennter Ausweis von Trägervertrag und Derivat(en) nicht in Frage kommt:

> *"Although bifurcated for measurement purposes, embedded derivatives should be presented on a combined basis with the host contract."*[673]

---

[671] Vgl. SFAS 133 DIG Implementation Issue No. B20. N.B.: Diese Vorschrift gilt ausschließlich für nicht-optionale Derivate. Für optionale eingebettete Komponenten hat die DIG festgestellt, dass der Ausübungspreis der Option nicht künstlich an den Marktpreis zum Zeitpunkt des Vertragsabschlusses angepasst werden soll (die Anschaffungskosten der Option bestünden in diesem Fall nur aus dem Zeitwert); vgl. SFAS 133 DIG Implementation Issue No. B22.

[672] Vgl. E&Y (2001): Accounting for Derivatives and Hedging Activities, S. 3.14 ff.; KPMG (1998): Derivatives and Hedging Handbook, S. 54 sowie 293; PricewaterhouseCoopers (1998): Accounting for Derivative Instruments and Hedging Activities, S. 37.

[673] SEC Division of Corporation Finance: Current Accounting and Disclosure Issues, II D 1. Formal Documentation under Statement 133, 31. August 2001, Internet-Adresse http://www.sec.gov/divisions/corpfin/acctdisc.htm (Stand: 15. Oktober 2002).

5. Bilanzierung von Derivaten und Sicherungsbeziehungen nach US-amerikanischen Standards

Die Begründung für diese Auffassung ist darin zu sehen, dass es sich bei einem strukturierten Produkt juristisch um ein Finanzinstrument handelt, auch wenn dieses ökonomisch aus mehreren Komponenten besteht. Die SEC vertritt die Ansicht, ein getrennter Ausweis könne Bilanzadressaten fälschlicherweise zu der Vermutung veranlassen, dass die Bestandteile eines strukturierten Produktes auch einzeln veräußerbar seien. Da dies aber gerade nicht der Fall sei, käme ein getrennter Ausweis nicht in Frage.

5.5 Bilanzierung derivativer Finanzinstrumente bei Bestehen von Sicherungsbeziehungen

5.5.1 Grundlagen

In den Abschnitten 5.2 und 5.3 wurden die zentralen Vorschriften der Derivatebilanzierung nach SFAS 133 dargelegt: Derivate sind als Vermögenswerte resp. Verbindlichkeiten bilanzierungspflichtig und zum beizulegenden Zeitwert anzusetzen – diese Grundsätze besitzen unabhängig von dem Einsatzzweck des Derivats Gültigkeit. Bilanziell kann das zu einem Problem führen: Da die zu sichernden Risikopositionen häufig noch nicht bilanzwirksam geworden sind (bspw. Bestellungen in fremder Währung oder zukünftige Refinanzierungen) oder mit einem anderen Bewertungsmaßstab als dem beizulegenden Zeitwert angesetzt werden (i.d.R. ein kostenbasierter Wertansatz), werden geschlossene Risikopositionen u.U. bilanziell als offene abgebildet. Will man diese widersinnige Situation vermeiden, bedarf es eines Mechanismusses, mit dem die Erfolge aus Grund- und Sicherungsgeschäft in derselben Periode vereinnahmt werden können.[674]

Der FASB hat im Rahmen seiner sechs Jahre dauernden Beratungen vier alternative *Hedge-Accounting*-Ansätze diskutiert.[675] Jedes Konzept wurde darauf untersucht, ob es mit den aufgestellten Axiomen des Ansatzes und der Zeitwertbilanzierung von Derivaten vereinbar war und ob es eine dem ökonomischen Sachgehalt der Sicherungsbeziehung entsprechende bilanzielle Abbildung ermöglichte. Das erklärte Fernziel des Boards ist eine durchgängige Bewertung aller Finanzinstrumente zum beizulegenden Zeitwert.[676] Eine

---

[674] Vgl. SFAS 133.3(d), 230 und 320 ff.
[675] Vgl. SFAS 133.330 ff.; s.a. Bierman, H./Johnson, L.T./Peterson, D.S. (1991): Hedge Accounting, S. 24 ff.; ausführlich FASB (1993): Report on Deliberations; Johnson, L.T./Swieringa, R.J. (1996): Derivatives, S. 116 ff.
[676] JOHNSON/SWIERINGA führen in einem Beitrag zur Chronologie der Entstehung von SFAS 115 an, dass der damalige SEC Chairman Breeden die treibende Kraft hinter dem Paradigmenwechsel in Richtung Zeitwertbilanzierung war; vgl. Johnson, L.T./Swieringa, R.J. (1996): Statement No. 115, S. 158 f. Auch das FINANCIAL ACCOUNTING STANDARDS COMMITTEE (FASC) der American Accounting Association (AAA) hat sich gegenüber dem FASB wiederholt dafür ausgesprochen, Finanzinstrumente zum beizulegenden Zeitwert anzusetzen, vgl. stellvertretend AAA FASC (1993): Response to the

derartige Wertkonzeption hätte den Vorteil, dass sie im Konsens mit den eingangs genannten Grundsätzen stände und ein *Hedge Accounting* weitgehend überflüssig machen würde.[677] Man war allerdings der Meinung, dass die Einführung einer durchgängigen *Fair-Value*-Bewertung aller Finanzinstrumente einen erheblichen Paradigmenwechsel bedeutet hätte, dessen Folgen noch nicht in allen Einzelheiten absehbar seien. Bis auf weiteres benötige man daher eigenständige Regeln für die bilanzielle Abbildung von Sicherungsbeziehungen. Folgende Konzepte wurden geprüft:[678]

- Der erste betrachtete Ansatz ist die bereits in Abschnitt 2.6 vorgestellte Marktbewertungsmethode, die quasi ein Unterfall einer durchgängigen Zeitwertbilanzierung ist (*Mark-to-Fair-Value Hedge Accounting*). Bei der Marktbewertungsmethode werden die eingetretenen Wertveränderungen von Grund- und Sicherungsgeschäft in jeder Periode erfolgswirksam vereinnahmt und der ökonomische erzielte Risikoausgleich so auch bilanziell nachvollzogen. Der Board entschied sich im Verlauf der Beratungen aus zwei Gründen gegen die alleinige Verwendung der Martkbewertungsmethode. Zum einen lässt die Methode Raum für bilanzgestalterische Maßnahmen, weil bei Deklaration einer Sicherungsbeziehung auch Erfolge aus dem Grundgeschäft vereinnahmt werden, die dieses bis zum Abschluss des Sicherungsgeschäftes kumuliert hat. Zum anderen werden bei einer Marktbewertung auch jene Wertveränderungen erfolgswirksam in der GuV erfasst, die nicht Gegenstand der Sicherung gewesen sind.[679]

- Der zweite diskutierte Ansatz sah vor, Derivate entsprechend ihres Einsatzzwecks zu bilanzieren (*Comprehensive Income Approach*): Wertveränderungen aus Derivaten, die zu Spekulationszwecken gehalten werden, sollten unmittelbar in der GuV erfasst werden. Wird das derivative Finanzinstrument dagegen im Rahmen des betrieblichen Risikomanagements eingesetzt, sollte die Ausweis der Wertänderungen erfolgsneutral unter der Rubrik *Other Comprehensive Income (OCI)* im Eigenkapital vollzogen werden;[680]

FASB Discussion Document, S. 95 ff., sowie AAA FASC (1995): Response to the FASB Discussion Document, S. 87 ff.
[677] Die Möglichkeit eines Verzichts auf eigenständige Bilanzierungsregeln bestände gleichwohl nur bei der Absicherung von Vermögensrisiken; s.a. SFAS 133.335; Schildbach, T. (2002): US-GAAP, S. 234 f.
[678] Vgl. SFAS 133.331 ff.
[679] Vgl. SFAS 133.335 ff.
[680] Das OCI bildet zusammen mit dem realisierten Periodenergebnis (*Net Income/Earnings*) den vollständigen Periodenerfolg (*Comprehensive Income*). Die Angabe dieses vollständigen Periodenergebnisses wurde zwar bereits seit 1985 als Bestandteil eines Jahresabschlusses gefordert (vgl. SFAC 5.13), blieb aber bis zur Verabschiedung von von SFAS 130, *Reporting Comprehensive Income*, im Juni 1997 inhaltlich weitgehend unausgefüllt. Unter OCI werden alle Eigenkapitalvorgänge ausweisen, die sich nicht auf Handlungen der Eigentümer zurückführen lassen (Erhöhung oder Minderung des gezeich-

sofern es allerdings zu einer Erfolgsrealisierung gekommen wäre (z.b. beim Auslaufen eines zur Sicherung eingesetzten Future-Kontrakts), sollte auch bei zu Sicherungszwecken eingesetzten Derivaten eine Erfassung der Erfolge in der GuV vorgenommen werden. Gegen die ausschließliche Anwendung dieses Konzepts sprachen nach Ansicht des FASB ebenfalls die Möglichkeit zu bilanzpolitischen Maßnahmen aus der Aufteilung der Erfolge aus Sicherungsgeschäften in realisierte und unrealisierte Bestandteile sowie der häufig nicht zu erzielende bilanzielle Ausgleich der Wertveränderungen von Grund- und Sicherungsgeschäft.[681]

- Eine dritte Alternative bestand in der Beibehaltung der in SFAS 80 vorgeschriebenen Abgrenzungsmethode (*Full-Deferral Hedge Accounting*). Bei diesem Ansatz werden die Wertveränderungen des Derivats mit den Anschaffungskosten der gesicherten Position verrechnet (*Basis Adjustment*) oder als eigenständiger Vermögens- resp. Schuldposten bilanziert, wenn das Grundgeschäft selbst noch keinen Eingang in die Bilanz gefunden hat (bspw. bei erwarteten Geschäften). Im Gegensatz zur Marktbewertungsmethode kommt der bilanzielle Risikoausgleich also dadurch zustande, dass die Wertveränderungen des Sicherungsgeschäft solange erfolgsneutral gehalten werden, bis die Erfolgswirkungen aus dem Grundgeschäft in die GuV laufen. Der Board verwarf diese bis dahin überaus populäre Methode v.a. mit der Begründung, dass aktivierte bzw. passivierte Erfolge keine Vermögenswerte resp. Schulden i.S.v. SFAC 6 darstellten und daher mit der Forderung, dass nur Vermögens- und Schuldwerte bilanziert werden sollten, nicht in Einklang zu bringen seien.[682]

- Der letzte diskutierte Ansatz stellt eine aus der Bilanzierungspraxis heraus entwickelte Methode dar (*Synthetic Instrument Accounting*), die Ähnlichkeiten mit der deutschen Bewertungseinheit aufweist: Grund- und Sicherungsgeschäft(e) werden zu einem synthetischen Finanzinstrument verbunden, das entsprechend den für dieses geltenden Vorschriften bilanziert wird.[683] Der Board verwarf diesen Ansatz primär mit der Begründung, dass er im offenen Widerspruch zu der Forderung stände, wonach alle Deri-

---

neten Kapitals; Dotierung von, Entnahmen aus und Umwandlung von Rücklagen; Periodenergebnis). Bspw. werden hier der Ausgleichsposten aus der Währungsumrechnung und die Wertveränderungen von *Available-for-Sale*-Wertpapieren gezeigt; vgl. Ackermann, U. (2001): Marktwertbilanzierung, S. 39 ff.; Holzer, H.P./Ernst, C. (1999): (Other) Comprehensive Income, S. 353 ff.; Johnson, L.T./Reither, C.L./Swieringa, R.J. (1995): Toward Reporting Comprehensive Income, S. 128 ff.; Robinson, L.E. (1991): Comprehensive Income, S. 107 ff.

[681] Vgl. SFAS 133.338 ff.
[682] Vgl. SFAS 133.345 ff. S.a. Crawford, L.E./Wilson, A.C./Bryan, B.J. (1997): Using and Accounting for Derivatives, S. 116 ff.
[683] Vgl. Adams, J.B./Montesi, C.J. (1995): Hedge Accounting, S. 57 ff.; FASB (1993): Report on Deliberations, S. 53 ff.; s.a. Scharpf, P. (2001): Financial Instruments, S. 183.

vate anzusetzen und mit dem beizulegenden Zeitwert zu bewerten seien.[684] Ferner sah der FASB keine konzeptionelle Rechtfertigung darin, Ansprüche und Verpflichtungen miteinander zu verrechnen:

> *"Synthetic instrument accounting also is not conceptually defensible because it results in netting assets against liabilities (or vice versa) for no reason other than **an asserted 'connection'** between the netted items."*[685]

Der FASB hat für seine Hedge Accounting-Konzeption in SFAS 133 Elemente aus allen o.g. Ansätzen übernommen – mit Ausnahme der Bilanzierung synthetischer Instrumente.

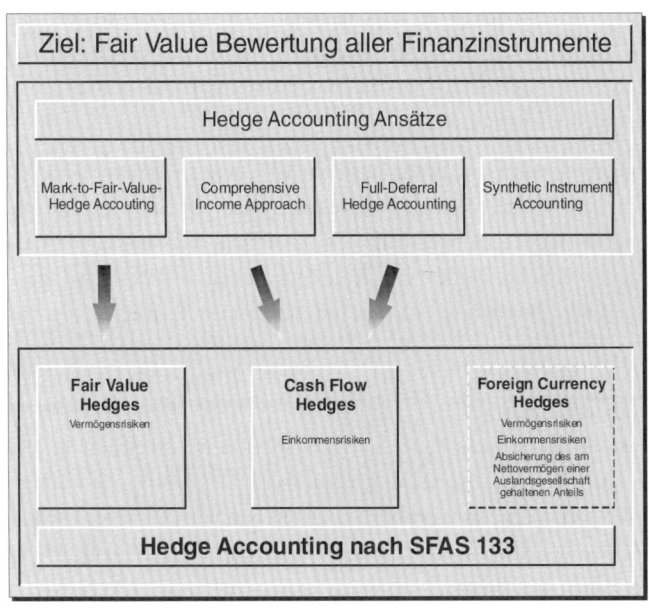

```
Ziel: Fair Value Bewertung aller Finanzinstrumente

  Hedge Accounting Ansätze

  Mark-to-Fair-Value-   Comprehensive      Full-Deferral        Synthetic Instrument
  Hedge Accouting       Income Approach    Hedge Accounting     Accounting

                              ↓

  Fair Value            Cash Flow          Foreign Currency
  Hedges                Hedges             Hedges
  Vermögensrisiken                         Vermögensrisiken
                        Einkommensrisiken  Einkommensrisiken
                                           Absicherung des am
                                           Nettovermögen einer
                                           Auslandsgesellschaft
                                           gehaltenen Anteils

  Hedge Accounting nach SFAS 133
```

Abb. 21: Die *Hedge-Accounting*-Konzeption von SFAS 133

Der Board ist der Ansicht, dass die vorlegten Regeln konsistent mit den vier propagierten Axiomen sind:[686]

- Die bilanzielle Abbildung der Absicherung von (Rein-)Vermögensrisiken (*Fair Value Risks*), die im Standard als *Fair Value Hedge* bezeichnet wird, erfolgt durch Rückgriff

---

[684] Vgl. SFAS 133.349 f.
[685] SFAS 133.350 (Hervorhebung durch den Verfasser).
[686] Vgl. SFAS 133.351. S.a. Ackermann, U. (2001): Marktwertbilanzierung, S. 86 f.; KPMG (1998): Derivatives and Hedging Handbook, S. 84 ff.; Schildbach, T. (2002): US-GAAP, S. 214 f. Kritisch dazu AAA FASC (1997): Response to FASB Exposure Draft, S. 157 ff.

auf eine leicht modifizierte Form der Marktbewertungsmethode. Die Modifikation besteht darin, dass das Grundgeschäft nicht mit seinem beizulegenden Zeitwert angesetzt, sondern lediglich im Hinblick auf den gesicherten Risikofaktor marktpreisinduziert bewertet wird.[687]

- Die Bilanzierung der Absicherung von Einkommensrisiken (*Cash Flow Risks*) wird in SFAS 133 als *Cash Flow Hedge* bezeichnet und erfolgt durch eine Kombination aus *Comprehensive Income Approach* und Abgrenzungsmethode. Bei diesem Verfahren werden die Wertveränderungen des Sicherungsgeschäfts nicht in der GuV erfasst, sondern solange erfolgsneutral im Eigenkapital (*Other Comprehensive Income*) abgegrenzt, bis die gegenläufige Erfolgswirkung aus dem Grundgeschäft eintritt. Die Verrechnung mit den Anschaffungskosten der gesicherten Position, wie sie unter SFAS 80 erfolgte, ist nicht mehr zulässig.

- Der Absicherung von Fremdwährungsrisiken (*Foreign Currency Risks*), die bis dato teilweise in SFAS 52 geregelt war, wurde ein eigener Abschnitt gewidmet. Bei den dort zusammengefassten Regelungen handelt es sich nicht um eigenständige Bilanzierungsvorschriften; vielmehr werden die Konzepte des *Fair Value* und des *Cash Flow Hedgings* auf die Absicherung von Währungsexposures übertragen.

5.5.2 *Fair Value Hedges*

5.5.2.1 Charakterisierung

Als *Fair Value Hedge* bezeichnet der FASB eine Form der Absicherung, bei denen Vermögenswerte und Verbindlichkeiten durch den Einsatz derivativer Sicherungsinstrumente vollständig oder partiell gegen Wertschwankungen immunisiert werden sollen.[688] Die beizulegenden Zeitwerte der zu sichernden Position schwanken, weil maßgebliche Preisfaktoren des betreffenden Instruments vertraglich fixiert wurden (Zinssatz, Wechselkurs, Warenpreis etc.). Wenn sich diese Preisbestimmungsfaktoren an den Märkten im Zeitablauf ändern, muss sich der beizulegende Wert des zu sichernden Geschäfts anpassen, damit die jeweils aktuelle Marktrendite erzielt wird, da andernfalls Arbitrageprozesse ausgelöst würden. Durch den Abschluss des Sicherungsgeschäfts wird die ursprüngliche Fixierung gelöst und die Position damit gegen Wertschwankungen gesichert.[689]

---

[687] Vgl. SFAS 133.364 ff.
[688] Vgl. SFAS 133.20. Im Rahmen des betrieblichen Risikomanagements wird zumeist nicht das gesamte *Exposure* einer Position abgesichert, sondern nur ein bestimmtes Teilrisiko, z.B. das allgemeine Zinsänderungs- oder das Wechselkursrisiko.
[689] Vgl. E&Y (2001): Accounting for Derivatives and Hedging Activities, S. 5.1; Steiner, M./Wallmeier, M. (1998): Bilanzierung von Finanzinstrumenten, S. 318 f.

Bei der Absicherung risikobehafteter Grundgeschäfte gegen Wertschwankungen kann ein Unternehmen bei Erfüllung bestimmter Voraussetzungen die Regeln des *Fair Value Hedge Accountings* für sich nutzen.[690] Dieses ist dann sinnvoll, wenn Grund- und Sicherungsgeschäft unterschiedlichen Bewertungsmaßstäben unterliegen und die kompensatorischen Effekte der Sicherungsbeziehung andernfalls nicht sachgerecht abgebildet werden können. Das ist insbesondere der Fall bei der Absicherung von Geschäften, die standardmäßig zu fortgeführten Anschaffungskosten bewertet werden (bspw. aufgenommene und ausgereichte Kredite, Warenbestände oder begebene Schuldverschreibungen).[691] Damit eine Sicherungsbeziehung für das Hedge Accounting qualifiziert, müssen die beiden nachfolgend genannten Bedingungen erfüllt sein:[692]

(a) Bei Begründung der Sicherungsbeziehung, d.h. im Zeitpunkt der Zuordnung des Sicherungsgeschäfts zu einem Grundgeschäft, wird diese formal dokumentiert.[693] Diese Dokumentation schließt die explizite Bennung von Grund- und Sicherungsgeschäft ein. Aus der Dokumentation muss ferner hervorgehen,

– welche Ziele und Strategien das Unternehmen mit seinem Risikomanagement verfolgt;
– welcher Risikofaktor durch das Sicherungsgeschäft abgesichert wird; sowie
– wie die Güte der Absicherung, die sog. Effektivität der Sicherungsbeziehung (*Hedge Effectiveness*), ermittelt werden soll.[694] Die Effektivität gibt an, in welchem

---

[690] Es sei daran erinnert, dass die Deklaration einer Sicherungsbeziehung und die Inanspruchnahme entsprechender Abbildungsregeln ein faktisches Wahlrecht darstellt: Es ist möglich, dass eine Sicherungsbeziehung besteht, diese im Rahmen der Bilanzierung aber nicht entsprechend abgebildet wird; vgl. Abschnitte 2.6 und 5.6.1 dieser Arbeit; s.a. E&Y (2001): Accounting for Derivatives and Hedging Activities, S. 4.2.
[691] S.a. SFAS 133.362.
[692] Vgl. SFAS 133.20.
[693] Die formale Anforderung rechtfertigt der Board damit, dass Unternehmen ohne Bestehen von Dokumentationserfordernissen faktisch die Möglichkeit retrospektiver Zuordnungen und damit ergebnisgestaltender Maßnahmen offen stände; vgl. SFAS 133.385 und 515 i.V.m. SFAS 133 DIG Implementation Issue No. J3.
[694] Vgl. SFAS 133.20(a) und 386. Der FASB schreibt im Standard bewusst keine Methode vor, da sich das Risikomanagement je nach Unternehmen anders gestalte und sich diese Verschiedenheit i.d.R. auch in der Effektivitätsmessung niederschlage. Neben einem auf absoluten Wertgrößen basierenden, periodisch oder kumuliert durchgeführten Vergleich (sog. *Dollar-Offset Approach*) kommen v.a. Regressionsverfahren, historische und Monte-Carlo-Simulationen in Betracht; s.a. SFAS 133 DIG Implementation Issue Nos. E7 und E8; ausführlich E&Y (2001): Accounting for Derivatives and Hedging Activities, S. 4.39 ff.; Finnerty, J.D./Grant, D. (2002): Testing Hedge Effectiveness, S. 96 ff.; Kawaller, I.G./Koch, P.D. (2000): Meeting the "Highly Effective Expectation" Criterion, S. 81 ff.; KPMG (1998): Derivatives and Hedging Handbook, S. 95 ff.
Der Board führt ferner aus, dass es einem Unternehmen freisteht, bei der Berechnung der Effektivität auch bestimmte Wertkomponenten aus der Wertveränderung des Sicherungsgeschäfts auszublenden, z.B.

Maß jene Wertveränderungen des Grundgeschäfts, die durch Schwankungen des gesicherten Risikofaktors hervorgerufen wurden, durch gegenläufige Wertveränderungen des getätigten Sicherungsgeschäfts kompensiert wurden.

(b) Die Sicherungsbeziehung muss bei Deklaration als in hohem Maße effektiv (*highly effective*) eingestuft werden können; die Annahme – ex ante – ist durch entsprechende Berechnungen zu unterlegen und fortwährend, mindestens aber quartalsweise – ex post – zu überprüfen.[695] Bei Finanzinstrumenten mit asymmetrischem Risikoprofil muss die Kompensationswirkung für Marktpreise oberhalb (Kaufoptionen) resp. unterhalb des Strikes (Verkaufsoption) zu erwarten sein. Fehlte eine derartige explizite Vorschrift, könnten Optionen, die am oder aus dem Geld sind, nicht als Sicherungsinstrumente eingesetzt werden, da sie den Effektivitätstest nicht erfüllen würden.

Die Ausführungen zum Effektivitätstest sind auffallend vage gehalten. In den Erläuterungen zum Standard räumt der FASB ein, dass man ursprünglich präzisere Vorschriften hatte veröffentlichen wollen, um *Hedge Accounting* auf wohl definierte Ausnahmen zu begrenzen und eine konsistente Anwendung der Vorschriften durch die Unternehmen sicherzustellen.[696] Im ersten Entwurf wurde – in Anlehnung an die Forderung in SFAS 80 nach einer hohen (negativen) Korrelation – entsprechend der Ausgleich „praktisch sämtlicher" Wertveränderungen (*"substantially all"*) von Grund- und Sicherungsgeschäft verlangt.[697] Unternehmen wandten gegen diese Formulierung ein, dass ihnen damit faktisch die Möglichkeit zur Anwendung bestimmter Sicherungsstrategien genommen werde. So ließen sich dynamische Verfahren wie delta-neutrales *Hedging* oder *Roll-over*-Strategien nicht aufrechterhalten.[698] Auch beständen unterschiedliche Auffassungen über die Zielsetzung und die daraus abgeleiteten Strategien des Risikomanagements.

Veränderungen des gesamten Zeitwertes oder eines Teils davon bei Optionsgeschäften, soweit dieser auf Zeitablauf (Theta), Veränderungen der Volatilität (Vega) oder Zinssatzänderungen (Rho) zurückzuführen ist, oder Veränderungen des Swapsatzes bei Forward- und Futuresgeschäften. Diese Wertänderungen werden dann unmittelbar erfolgswirksam erfasst; vgl. SFAS 133.63 i.V.m. SFAS 133 DIG Implementation Issue No. E19; s.a. E&Y (2001): Accounting for Derivatives and Hedging Activities, S. 4.58 ff.; Kawaller, I.G./Koch, P.D. (2000): Meeting the "Highly Effective Expectation" Criterion, S. 86 (Fn. 6).

[695] Vgl. SFAS 133.20(b) i.V.m. 20(a)(2) und 63. Es ist zulässig, die Sicherungsbeziehung über eine kürzere Zeitdauer zu deklarieren als über die vertragliche Laufzeit von Grund- und Sicherungsgeschäft, bspw. revolvierend über drei Monate. Voraussetzung für die bilanzielle Anerkennung einer derartigen Strategie ist eine entsprechende Dokumentation; vgl. SFAS 133 DIG Implementation Issue No. F5.

[696] Vgl. SFAS 133.387.

[697] Vgl. E-SFAS 133.12(e). Die Schwelle für *"substantially all"* wird gemeinhin bei 90% angesetzt, d.h. die Kompensationswirkung darf nicht unter 90 Prozent liegen; vgl. Hutto, G.W. (1998): The New Paradigm, S. 78.

[698] Vgl. SFAS 133.388; s.a. Barckow, A./Rose, S. (1997): Die Bilanzierung von Derivaten und Hedgestrategien, S. 795.

Da dem Board daran gelegen war, Unternehmen die Aufrechterhaltung ihrer Sicherungsansätze zu ermöglichen, gleichzeitig aber eine praktikable Vorschrift zu erarbeiten, wurde die ursprüngliche Formulierung aufgegeben und stattdessen lediglich ein hohes Maß an Effektivität gefordert. Quasi als Ausgleich für die gewährte Freiheit sah es der Board als sachgerecht an, die Dokumentationserfordernisse zu verschärfen und eine eingehende Darstellung des implementierten Risikomanagements zu verlangen. Zudem behielt man sich die Einführung spezifischer Tests vor, sollten die angewendeten Meßmethoden zu sehr differieren oder die eingeräumte Flexibilität nicht i.s.d. Standards genutzt werden.

Bezüglich der inhaltlichen Belegung des Ausdrucks „in hohem Maße effektiv" verweist der FASB auf die Formulierung aus SFAS 80, dem zufolge eine „hohe [negative] Korrelation" (*"High Correlation"*) zwischen Grund- und Sicherungsgeschäft bestehen muss.[699] Jedoch wurde auch in SFAS 80 von einer numerischen Angabe abgesehen. Es war die SEC, die bei der Regelüberprüfung eines Abschlusses eine zu hohe Bandbreite als nicht sachgerecht moniert und daraufhin festgelegt hat, dass von hoher Korrelation erst ab Werten von $r \geq 80\%$ ausgegangen werden könne.[700] Je nach Aufstellung des Quotienten ergibt sich daraus eine Bandbreite von 80 bis 125% Prozent.

Ob eine Sicherungsbeziehung ex ante als in hohem Maße effektiv angesehen werden kann, hängt maßgeblich von dem zu sichernden Risikofaktor und der Art des eingesetzten Sicherungsinstruments ab. Entsprechen sich die maßgeblichen Ausstattungsmerkmale (*Critical Terms*) von Grund- und Sicherungsgeschäft, können Unternehmen unterstellen (*"could conclude"*), dass der *Hedge* perfekt ist und vermutlich keine Ineffektivitäten auftreten werden.[701] Die Annahme einer vollkommenen Sicherungsbeziehung befreit aber grundsätzlich nicht von der Durchführung eines Effektivitätstests am Ende der Berichtsperiode. Lediglich in einem einzigen Fall gestattet der FASB, auf die Überprüfung zu verzichten, nämlich bei der Absicherung zinstragender Positionen mit Zinsswaps. Dieses als *Shortcut Method*

---

[699] Vgl. SFAS 133.388 f. Wenn *"highly effective"* i.S.v. *"High Correlation"* zu verstehen ist, stellt sich die Frage, warum der Board unter diesen Umständen nicht gleich die Formulierung aus SFAS 80 beibehalten, sondern stattdessen einen neuen, unbestimmten Rechtsbegriff eingeführt hat.

[700] E&Y und PRICEWATERHOUSECOOPERS weisen darauf hin, dass nicht alle Board-Mitglieder des FASB diese Interpretation teilen, sondern eine hohe Effektivität vielmehr erst bei 90% als gegeben sehen. Mitarbeiter der SEC haben in öffentlichen Vorträgen weitere Unsicherheit geschürt, indem sie abweichend von der h.M. unterstellten, dass nicht der Korrelationskoeffizient, sondern das <u>Bestimmtheitsmaß R^2</u> Werte von mindestens 0,8 aufweisen müsse, was aber unmittelbar zur Folge haben, dass der Korrelationskoeffizient mindestens bei 90% zu liegen hätte; vgl. E&Y (2001): Accounting for Derivatives and Hedging Activities, S. 4.29 f. und 4.46 f.; PricewaterhouseCoopers (1998): Accounting for Derivative Instruments and Hedging Activities, S. 87. S.a. KPMG (1998): Derivatives and Hedging Handbook, S. 95.

[701] Vgl. SFAS 133.65. Maßgeblich i.S.v. wertbeeinflussend sind v.a. das Nominalvolumen, die Laufzeit, der Basiswert und die Zeitpunkte, zu denen Zahlungen erfolgen.

bezeichnete Vorgehen stellt für die betriebliche Praxis eine erhebliche Erleichterung dar.[702] Danach können Unternehmen auf die Durchführung des Effektivitätstests verzichten, wenn

- sich die Nominalbeträge und Fälligkeiten von Grund- und Sicherungsgeschäft entsprechen;
- das Grundgeschäft nicht vorzeitig kündbar ist oder im Falle einer vorzeitigen Kündigung nicht zu einem Erfolgsvorteil für die kündigende Partei führt;[703]
- der Swap bei Abschluss einen beizulegenden Zeitwert von Null aufweist;
- die im Swap festgelegte Zinsdifferenz zwischen fester und variabler Seite konstant bleibt und die variable Seite keine Zinsbegrenzungsvereinbarung enthält; und
- die variable Seite im Swap den zu sichernden Referenzzins widerspiegelt und Zinsanpassungen mindestens alle sechs Monate vorgenommen werden.[704]

Nicht erforderlich ist dagegen die Übereinstimmung der Festzinssätze oder der Bonitäten von Sicherungsgegenstand und -instrument.[705] Die DIG hat sich in der Stellungnahme E4, *Hedging – General: Application of the Shortcut Method*, mit der Shortcut-Methode befasst. In dieser Interpretation wird klargestellt, dass die Annahme einer perfekten Sicherungsbeziehung nicht zwangsläufig bedeutet, dass sich die Wertänderungen von Grund- und Sicherungsgeschäft tatsächlich ausgleichen. So sei auch ein exakt auf das zugrunde liegende *Exposure* zugeschnittener Swap wegen des Spreadrisikos unvollkommen; allerdings gestattet der FASB den Unternehmen, auf die bilanzielle Abbildung dieser Ineffektivitäten zu verzichten.[706]

5.5.2.2 Die Bestandteile der Sicherungsbeziehung

5.5.2.2.1 Sicherungsinstrumente: Derivative Instrumente

Grundsätzlich geht der FASB davon aus, dass Unternehmen zur Absicherung von Marktpreis- oder Kreditrisiken ausschließlich derivative Finanzinstrumente einsetzen. Die Verwendung originärer Finanzinstrumente als Sicherungsinstrument akzeptiert der Board mit Ausnahme der Sicherung von Währungsrisiken nicht für die Nutzung des *Hedge Accountings*.[707] Diese Vorschrift stellt insbesondere für Unternehmen, die eine Aktiv-Passivsteu-

---

[702] Vgl. SFAS 133 DIG Implementation Issue No. E4; E&Y (2001): Accounting for Derivatives and Hedging Activities, S. 4.34 f.
[703] S.a. E&Y (2001): Accounting for Derivatives and Hedging Activities, S. 4.37 f.
[704] Vgl. SFAS 133.68.
[705] Vgl. SFAS 133.69 f.
[706] Vgl. SFAS 133.66, 70 und 88 ff. sowie SFAS 133 DIG Implementation Issue No. E4 (General Comments).
[707] Vgl. SFAS 133.20 und 246 f.; s.a. Abschnitt 5.5.5.1.

erung (*Asset Liability Management*, ALM) implementiert haben und im Rahmen ihrer Sicherung v.a. natürliche Hedges einsetzen, einen erheblichen Eingriff in das Risikomanagement dar. Der Board begründet seine restriktive Haltung damit, dass Unternehmen andernfalls faktisch eine *Fair-Value*-Bilanzierung nach Wahl eröffnet würde und dies Möglichkeiten zu bilanzgestalterischen Maßnahmen eröffnet hätte. Es sei allerdings darauf hingewiesen, dass sich die kompensatorischen Effekte bei natürlichen Sicherungsbeziehungen häufig auch trotz dieses Verbots erzielen lassen, da sich im ALM vielfach Positionen gegenüber stehen, die beide zu fortgeführten Anschaffungskosten angesetzt werden. GEBHARDT/REICHARDT/WITTENBRINK sprechen in diesem Zusammenhang zutreffenderweise von einer „kompensatorischen Fehlbewertung".[708]

Ein derivatives Finanzinstrument muss nicht zur Gänze, sondern kann auch anteilsmäßig als Sicherungsinstrument deklariert werden (*Proportion*). Durch eine prozentuale Aufteilung wird sichergestellt, dass sich jeder Anteil proportional zum Risikoprofil des gesamten Instruments verhält und die gleiche Wertentwicklung aufweist. Die Zerlegung eines Derivats in Teile (*Portions*), wie sie bei Grundgeschäften zulässig ist – bspw. in einzelne Risikofaktoren oder Zahlungsströme –, untersagt der FASB.[709] Derivate höherer Ordnung (*Compound Derivatives*) wie *Cancellable Swaps* oder *Indexed Amortizing Swaps* dürfen damit nicht in ihre Bestandteile zerlegt und als einzelne Sicherungsinstrumente deklariert werden.

Werden im Rahmen des Risikomanagements geschriebene Optionen eingesetzt, so lässt der FASB ihre Einbindung in das *Hedge Accounting* nur dann zu, wenn die Sicherungsbeziehung insgesamt ein symmetrisches Risikoprofil aufweist. Da verkaufte Optionen ein theoretisch unbegrenztes Verlustpotenzial aufweisen können – dies ist bei *Short Calls* der Fall –, steht ihre Verwendung in einem inhaltlichen Widerspruch zum Gedanken einer Sicherung.[710] Der Board fordert daher, dass die Kombination aus Grund- und Sicherungsgeschäft oder der simultane Einsatz von ge- und verkauften Optionen nicht zu Risiken führen

---

[708] Vgl. Gebhardt, G./Reichardt, R./Wittenbrink, C. (2002): Financial Instruments, S. 19.
[709] Vgl. SFAS 133.18, 360 f. und 435; s.a. PricewaterhouseCoopers (1998): Accounting for Derivative Instruments and Hedging Activities, S. 64.
[710] Vgl. SFAS 133.396. Im Entwurf war die bilanzielle Abbildung von Sicherungsstrategien, die den Einsatz von Stillhalterpositionen als Sicherungsinstrument vorsahen, noch gänzlich verboten. Der Board begründete seine ablehnende Haltung damit, dass der Einsatz geschriebener Optionen das Verlustpotenzial der Grundpositionen unverändert lassen und lediglich die Gewinnchance (auf die erhaltene Prämie) begrenzen würde.

darf, die über das ursprünglich zu sichernde *Exposure* hinausgehen. Der Nachweis ist für jede Ausprägung des Preisrisikofaktors zu erbringen.[711]

Unternehmen nutzen Stillhalterpositionen häufig zur Senkung von Transaktionskosten, bspw. im Rahmen eines *Zero-Cost-Collars*. Aber nicht nur im simultanen Einsatz von ge- und verkauften Optionen lassen sich Kostenvorteile erzielen. Viele Unternehmen refinanzieren sich durch Emission strukturierter (und damit vergleichsweise intransparenter) Produkte, die durch den simultanen Abschluss von Derivaten synthetisch in Standardprodukte tranformiert werden. So erfreuten sich in den letzten Jahren z.b. kündbare Anleihen (*Callable/Putable Debt*) großer Beliebtheit, deren Kündigungskomponente i.d.R. durch Swaptions modelliert wird. Zur Absicherung des daraus entstehenden *Exposures* geht der Emittent dann häufig eine gegenläufige Position ein, indem er eine Option schreibt. Wird die geschriebene Option zur Absicherung des aus der eingebetteten gekauften Option resultierenden *Exposures* deklariert, hält der FASB den Einsatz von Stillhalterpositionen für sachgerecht.[712] Die in der Praxis weit verbreiteten „Absicherungen" im Rahmen einer *Covered-Call*-Strategie qualifizieren dagegen nicht für das *Hedge Accouting*. Die Begründung für diese Haltung besteht darin, dass die Kombination aus Kassainstrument (i.d.R. eine Aktie) und geschriebener Option ein asymmetrisches und nicht das geforderte symmetrische Risikoprofil aufweist.[713] Der Begründung hätte es gleichwohl gar nicht bedurft: Der Begriff *Covered Call* beinhaltet bereits, dass hier nicht die Aktie durch die Option gesichert wird, sondern der *Short Call* durch einen vorhandenen Basiswert gedeckt ist. Da originäre Finanzinstrumente aber nur dann als Sicherungsinstrument qualifizieren, wenn sie zur Sicherung von Währungsrisiken eingesetzt werden, ergibt sich das Verbot auch über diesen Argumentationsstrang.

5.5.2.2.2 Mögliche Sicherungsgegenstände

Als Grundgeschäft im Rahmen eines *Fair Value Hedges* kommen gemäß SFAS 133.20(a) bereits bilanzierte Vermögenswerte und Verbindlichkeiten sowie bilanziell bis dato nicht erfasste feste Verpflichtungen (*Firm Commitments*)[714] in Frage. Dabei kann der Siche-

---

[711] Vgl. SFAS 133.20(c), 398 und 400 sowie SFAS 133 DIG Implementation Issue No. E2; s.a. E&Y (2001): Accounting for Derivatives and Hedging Activities, S. 4.13 ff.; KPMG (1998): Derivatives and Hedging Handbook, S. 101 ff.
[712] Vgl. SFAS 133.397; s.a. SFAS 133.91 f.
[713] Vgl. SFAS 133.399.
[714] Bei diesen Verpflichtungen handelt es sich nach deutschem Bilanzierungsverständnis um schwebende Geschäfte, die im Gegensatz zu lediglich erwarteten Geschäften (*Forecasted Transactions*) aber eine vertragliche Grundlage haben, bei der ein Preisfaktor fixiert wurde und der sich keine Partei sanktionsfrei entziehen kann; vgl. SFAS 133.440 ff. Feste Verpflichtungen, bspw. Bestellungen oder Lieferverpflichtungen, bleiben grundsätzlich auch nach US-amerikanischen Bilanzierungsgrundsätzen außer Ansatz; vgl. PricewaterhouseCoopers (1998): Accounting for Derivative Instruments and Hedging Ac-

rungsgegenstand in einer einzelnen Risikoposition (*Micro Hedge*) oder einem Portfolio gleichartiger Grundgeschäfte oder einem abgrenzten Teil eines Geschäfts oder Portfolios (*Portion*) bestehen.[715] Die Gleichartigkeit bezieht sich zum einen auf den zugrunde liegenden Risikofaktor, zum anderen auf Stärke und Richtung, mit der die jeweiligen Grundgeschäfte auf Veränderungen des Risikofaktors reagieren. Der FASB fordert, dass sich die Wertveränderungen der in einem Portfolio enthaltenen Geschäfte annähernd proportional zur Wertveränderung des Portfolios insgesamt verhalten müssen – ohne allerdings die Formulierung „annähernd proportional" betraglich abzugrenzen. Es wird lediglich festgehalten, dass eine Absicherung i.H.v. 10% vom Mittelwert akzeptabel sei, eine von 30% hingegen nicht; wo genau aber die Grenze anzusetzen ist, klärt der Board nicht.

Solchermaßen zusammengestellte Portfolien haben mit den in der Praxis vorkommenden Portfolien allerdings wenig zu tun: In der betrieblichen Risikosteuerung werden zur Erzielung risikomindernder Effekte gerade solche Geschäfte zusammengefasst, die sich nicht gleichläufig entwickeln.[716] Außerdem bestehen die Portfolien i.d.R. aus *Long*- und *Short*-Positionen, die sich per definitionem gegenläufig entwickeln. Aus diesem Grund erscheint es auch nicht sinnvoll, die in SFAS 133 beschriebene Form der Sicherung aggregierter, aber gleichartiger Grundgeschäfte als *Portfolio Hedge* zu bezeichnen.

Neben der Aggregation mehrerer Grundgeschäfte qualifiziert u.U. auch die nur partielle Absicherung eines Grundgeschäfts oder eines Portfolios für eine bilanzielle Abbildung. Dazu ist es erforderlich, den gesicherten resp. zu sichernden Anteil eindeutig zu spezifizieren – bspw. als festen Prozentsatz oder durch die Benennung bestimmter Zahlungsströme oder eines Teilrisikos.[717]

Um als Sicherungsgegenstand unter SFAS 133 anerkannt zu werden, muss das Grundgeschäft das Unternehmen einem Wertrisiko aussetzen, das ergebniswirksam werden könnte,

---

tivities, S. 118. Viele *Firm Commitments* werden nach der Verabschiedung von SFAS 133 aber die Definitionsmerkmale für Derivate erfüllen und wären dann auch als solche zu bilanzieren. Sie können gleichwohl als Sicherungsinstrument für die aus der festen Verpflichtung erwartete Transaktion eingesetzt werden (sog. *All-in-one Hedge*); vgl. E&Y (2001): Accounting for Derivatives and Hedging Activities, S. 5.3.

[715] Vgl. SFAS 133.21(a)(1) und 444 sowie SFAS 133 DIG Implementation Issue No. F11. E&Y setzen in ihrer Kommentierung den Grenzwert bei einer Abweichung von ± 20%, vgl. E&Y (2001): Accounting for Derivatives and Hedging Activities, S. 4.25; s.a. Adams, J.B./Montesi, C.J. (1995): Hedge Accounting, S. 38; Barth, H./Porlein, N. (2000): Rechnungslegung für derivative Instrumente und Sicherungsgeschäfte, S. 19.

[716] Vgl. SFAS 133.443 und 449; s.a. E&Y (2001): Accounting for Derivatives and Hedging Activities, S. 4.24 f.; Maulshagen, A./Maulshagen, O. (1998): Bilanzierung derivativer Finanzinstrumente, S. 2155.

[717] Vgl. SFAS 133.21(a)(2) und 433 ff.

wobei sich Schwankungen im beizulegenden Zeitwert des Grundgeschäfts auf Veränderungen des gesicherten Risikofaktors zurückführen lassen.[718] Vermögenswerte oder Verbindlichkeiten, die ohnehin zum beizulegenden Zeitwert angesetzt und deren Veränderungen erfolgswirksam erfasst werden (bspw. Derivate sowie Wertpapiere, die nach SFAS 115 der Bewertungskategorie *Held-for-Trading* zugeordnet wurden), sind von einer Designation allerdings explizit ausgenommen. Für diese Grundgeschäfte sieht der FASB keine Veranlassung, sie in ein *Hedge Accounting* einzubinden, weil die (sichernden) Derivate ebenfalls zum beizulegenden Zeitwert angesetzt werden und sich die Wertveränderungen von Grund- und Sicherungsposition idealiter automatisch ausgleichen sollten. Es sei darauf hingewiesen, dass diese Aussage grundsätzlich nur für den gesicherten Risikofaktor gilt; bei einer vollständigen *Fair-Value*-Bewertung würden dagegen auch jene Wertveränderungen sichtbar, die nicht Gegenstand der Sicherungsbeziehung sind, bspw. das Bonitäts- oder das spezifische Zinsänderungsrisiko. Der Board nimmt diese Asymmetrie aber bewusst in Kauf:

> "*[A] standard on hedge accounting should not provide the opportunity to change the accounting for an asset of a liability that would otherwise be reported at fair value with changes in fair value reported in earnings.*"[719]

Beteiligungen an assoziierten oder verbundenen Unternehmen,[720] Minderheitsbeteiligungen an Konzernunternehmen, feste Verpflichtungen auf Durchführung eines Unternehmenszusammenschlusses oder eines Kaufs resp. Verkaufs einer Beteiligung sowie Eigenkapitalinstrumente können ebenfalls nicht als Grundgeschäft deklariert werden. Der Board begründet diese Ausnahmen damit, dass für die genannten Finanzinstrumente bereits Bilanzierungs- und Bewertungsvorschriften bestünden, die mit SFAS 133 nicht geändert werden sollen.[721]

Nachdem die Grundgeschäfte der Art nach abgegrenzt wurden, ist als nächstes zu prüfen, welche Sicherungen von *Exposures* im Rahmen eines *Fair Value Hedge Accountings* für eine Abbildung qualifizieren. Der Board lässt ausschließlich die Absicherung der nachfolgend genannten Risikoarten zu:[722]

---

[718] Vgl. SFAS 133.402 f. Durch diese Vorschrift wird die Abbildung einer Absicherung konzerninterner Geschäfte sowie der Ausgabe oder des Rückkaufs eigener Aktien bis auf wenige Ausnahmen faktisch untersagt; vgl. SFAS 133.404. S.a. EITF 96-13, *Accounting for Derivative Financial Instruments Indexed to, and Potentially Settled in, a Company's Own Stock.*
[719] SFAS 133.405.
[720] S.a. KPMG (1998): Derivatives and Hedging Handbook, S. 112 f.
[721] Vgl. SFAS 133.21(c); s.a. SFAS 133.451 ff.
[722] Vgl. SFAS 133.21(f) und 408 ff.

5. Bilanzierung von Derivaten und Sicherungsbeziehungen nach US-amerikanischen Standards

(1) das gesamte einem Geschäft zugrunde liegende Risiko, d.h. sämtliche Wertveränderungen unabhängig vom zugrunde liegenden Risikofaktor;[723]

(2) das Zinsänderungsrisiko, definiert als Schwankungen des beizulegenden Zeitwerts infolge einer Veränderung des risikofreien Zinses oder eines bestimmten Referenzzinssatzes (*Benchmark Interest Rate*), bspw. LIBOR;[724]

(3) das Wechselkursrisiko; sowie

(4) das Bonitätsrisiko, das sowohl Veränderungen in der Kreditwürdigkeit des Schuldners als auch Veränderungen im Credit Spread zwischen risikofreien und risikobehafteten Anlagen umfasst.

Anstatt ein Finanzinstrument gegen sämtliche Risiken oder nur eines der Teilrisiken zu immunisieren, kommt alternativ auch eine simultane Absicherung mehrerer Teilrisiken in Frage. In der Praxis ist diese Strategie insbesondere bei der gleichzeitigen Sicherung von Zinsänderungs- und Wechselkursrisiken mittels Zins-Währungsswaps verbreitet. Sofern der Sicherungsgegenstand kein Finanzinstrument ist, lässt der FASB partielle Absicherungen einzelner Risikofaktoren allerdings nicht zu, da man eine Zuordnung eingetretener Wertveränderungen auf einzelne Marktpreisfaktoren zum gegenwärtigen Zeitpunkt nicht für möglich hält.[725]

Bei Gläubigerpapieren, die nach SFAS 115 der Bewertungskategorie *Held-to-Maturity* zugeordnet wurden, kommt nur eine Absicherung des Bonitäts- oder des Währungs-, nicht aber des Zinsänderungsrisikos in Frage, es sei denn, dass der Sicherungsgegenstand eine in

---

[723] In diesem Fall käme wohl nur ein *Total Return Swap* als Sicherungsinstrument in Frage.

[724] Vgl. SFAS 133.21(f) i.d.F. v. SFAS 138.4(b)(3) und 14 ff. Die ursprüngliche Fassung von SFAS 133 sah demgegenüber zinsinduzierte Wertveränderungen als Schwankungen des Marktzinsniveaus an (definiert als risikofreier Zinssatz zzgl. eines Bonitätsaufschlags für das zu sichernde Finanzinstrument); vgl. SFAS 133.21(f)(2) a.F. i.V.m. SFAS 133 DIG Implementation Issue No. E1; s.a. Barth, H./Porlein, N. (2000): Rechnungslegung für derivative Instrumente und Sicherungsgeschäfte, S. 20. Der FASB erhielt mehrere Stellungnahmen von Unternehmen, in denen darauf hingewiesen wurde, dass der Terminus „Marktzinsniveau" im betrieblichen Risikomanagement anders aufgefasst werde, als es Standard und DIG Issue vorsähen. Im Board kam man überein, dass Veränderungen des *Credit Spreads* nicht unter dem Zinsänderungs-, sondern dem Bonitätsrisiko abgegolten werden sollten. Als einzige Determinante des Zinsänderungsrisikos verblieb somit der risikofreie Zins, den man als Zinssatz US-amerikanischer Staatsanleihen festlegte. Da Zinsänderungsrisiken in den USA zumeist mit Zinsswaps, deren variable Seite auf LIBOR basiert, gehedget werden, ließ der Board ferner zu, dass Unternehmen die Schwankungen des LIBOR als zu sicherndes Risiko definieren, auch wenn es sich bei diesem Referenzins nicht um einen risikofreien Zins handelt. Auf anderen Märkten seien entsprechende Referenzzinssätze heranzuziehen (z.B. EURIBOR); vgl. SFAS 138.15 ff.

[725] Vgl. SFAS 133.21(e) und 416 ff.

das Wertpapier eingebettete Kündigungsoption darstellt.⁷²⁶ V.a. für Banken bewirkt diese Vorschrift erhebliche Änderungen gegenüber der bisherigen Praxis, weil die „bis zur Fälligkeit gehaltenen" Wertpapiere i.d.R. wie alle anderen zinstragenden Titel gegen das allgemeine Zinsänderungsrisiko kurswertgesichert werden.⁷²⁷ Da diese Wertpapiere aber ex definitione keinen Kurswertrisiken ausgesetzt sind, sofern sie tatsächlich bis zur Fälligkeit gehalten und nicht vorzeitig veräußert werden, versagt der Board die bilanzielle Anerkennung für derartige Absicherungen.⁷²⁸

5.5.2.3 Bilanzielle Erfassung der Erfolgswirkungen

Qualifiziert eine Sicherungsbeziehung für *Fair Value Hedge Accounting*, so sind die Veränderungen des beizulegenden Zeitwerts wie folgt zu erfassen:⁷²⁹

- Die Wertänderungen des (derivativen) Sicherungsinstruments werden in der Periode, in der sie entstehen, in der Gewinn- und Verlustrechnung erfasst; die Deklaration eines Derivats als Sicherungsinstrument hat also keinen Einfluss auf die Verbuchung seiner Wertänderungen.

- Die Wertveränderungen des Grundgeschäfts werden ungeachtet anders lautender Bilanzierungsvorschriften ebenfalls erfolgswirksam in der GuV verbucht, allerdings nur insoweit, wie sie durch den gesicherten Risikofaktor induziert wurden. Anderweitig eingetretene Wertänderungen werden bilanziell nicht⁷³⁰ oder an anderer Stelle ausgewiesen.⁷³¹ Der Board spricht folgerichtig auch nicht von einer *Fair-Value*-Bewertung des

---

[726] Vgl. SFAS 133.21(d) i.d.F. v. SFAS 138.4(b)(1) und 429 ff. In der ursprünglichen Fassung von SFAS 133 war die Absicherung des Wechselkursrisikos von bis zur Fälligkeit zu haltenden Geschäften ebenfalls noch unzulässig; vgl. SFAS 133.21(d) a.F.

[727] Die Aufgabe der bankbetrieblichen Risikosteuerung besteht darin, die Zinsrisikoposition so abzusichern, dass das gesamte Institut bei einer angenommenen Glattstellung seiner Positionen keine (größeren) Kursabschläge hinnehmen muss. Dabei spielen die vertraglichen oder bilanziellen Fristigkeiten keine Rolle. Aus diesem Grunde werden auch jene Positionen im Rahmen der Risikosteuerung abgesichert, für die aus bilanzieller Sicht keine Notwendigkeit zur Absicherung bestünde; s.a. SFAS 133.427.

[728] S.a. SFAS 133.426 ff. Der Board argumentiert, dass die Intention, ein Wertpapier bis zur Fälligkeit halten zu wollen, konterkariert würde, wenn man eine zinsinduzierte Absicherung zuließe; Kurswertrisiken könnten nur schlagend werden, wenn der Titel entgegen der Intention doch vorzeitig veräußert würde.

[729] Vgl. SFAS 133.22 und 364; s.a. Barckow, A./Rose, S. (1997): Die Bilanzierung von Derivaten und Hedge-Strategien, S. 795 f.; KPMG (1998): Derivatives and Hedging Handbook, S. 119 ff.

[730] Dies ist bei Geschäften, die üblicherweise zu Anschaffungskosten oder zum Niederstwert bewertet werden, sowie bei festen Verpflichtungen der Fall.

[731] Bei Geschäften, für die US-GAAP eine erfolgsneutrale Verbuchung der Wertveränderungen im Eigenkapital vorsehen (bspw. gehaltene Wertpapiere, die als *Available-for-Sale* deklariert wurden), wird jener Teil der Wertveränderung, der auf Schwankungen des gesicherten Risikofaktors zurückzuführen ist, abweichend von der Regel erfolgswirksam erfasst, um die Erfolgswirkungen des Sicherungsgeschäfts kompensieren zu können; vgl. SFAS 133.23. S.a. KPMG (1998): Derivatives and Hedging Handbook, S. 128 ff.

Grundgeschäfts, sondern lediglich von einer „Anpassung" (*Adjustment*) seines Buchwerts, also einer Zu- oder Abschreibung. Ungeachtet der Einbindung in eine Sicherungsbeziehung ist das Grundgeschäft regelmäßig auf Wertminderungen (*Impairment*) zu überprüfen. Diese Prüfung und sich möglicherweise daraus ergebende Wertberichtigungen sind erst vorzunehmen, <u>nachdem</u> die Anpassungen im Rahmen des *Hedge Accountings* vorgenommen wurden.[732]

Eine Besonderheit ergibt sich bei der Absicherung fester Verpflichtungen. Diese Geschäfte werden, sobald sie Teil einer Sicherungsbeziehung sind, in Höhe des Betrags bilanzierungspflichtig, der im Falle einer angenommenen Auflösung von der Gegenpartei empfangen würde (Aktivum) resp. an diese zu entrichten wäre (Passivum). Die Vorschrift führt in der Praxis mitunter aus zwei Gründen zu erheblichen Implementierungsschwierigkeiten. Zum einen entsprechen die zu bilanzierenden Wertveränderungen nicht der gesamten Wertveränderung des Geschäfts, sondern nur jenem Teil, der auf den gesicherten Risikofaktor zurückzuführen ist; zum anderen werden die Wertschwankungen dieser Verpflichtungen systemseitig bis dato häufig nicht abgebildet.[733] Der FASB nahm diese Umsetzungsprobleme aber bewusst in Kauf, weil man auf keinen Fall die Bilanzierungsweise des derivativen Sicherungsinstruments ändern wollte. Da das Ziel des *Hedge Accountings* aber in dem Ausgleich (*Matching*) der Wertänderung liegt, war die Einführung einer Bilanzierungspflicht für feste Verpflichtungen unabdingbar.

Idealiter sollten sich die Erfolge einer Sicherungsbeziehung ausgleichen. Finanzwirtschaftlich ist ein vollständiger Wertausgleich (*Perfect Hedge*) aber selbst bei weitgehender Identität der Ausstattungsmerkmale von Grund- und Sicherungsgeschäft infolge des Spreadrisikos unmöglich. Als Beispiel sei eine Sicherungsbeziehung genannt, bei der eine emittierte festverzinsliche Obligation über einen exakt auf die Ausstattungsmerkmale der Schuldverschreibung (d.h. Nominalvolumen, Zinssatz und -termin, Laufzeit, Bonität etc.) zugeschnittenen Zinsswap gegen Zinsänderungsrisiken gesichert wird. Selbst wenn beide Finanzinstrumente nominal (absolut) die gleichen Zinszahlungsströme generieren, werden sich die durch Schwankungen des Marktzinsniveaus hervorgerufenen Wertveränderungen

---

[732] Vgl. SFAS 133.27 und 495.
[733] Vgl. E&Y (2001): Accounting for Derivatives and Hedging Activities, S. 5.3 f.; KPMG (1998): Derivatives and Hedging Handbook, S. 92; Labude, M./Wienken, R. (2000): Bilanzierung von Derivaten und Sicherungsbeziehungen, S. 21; PricewaterhouseCoopers (1998): Accounting for Derivative Instruments and Hedging Activities, S. 118.

nicht ausgleichen, weil die zukünftig erwarteten Cash Flows anhand unterschiedlicher Zinsstrukturkurven abgezinst werden.[734]

Bilanziell lässt sich allerdings ein „quasi-perfekter" Ausgleich erreichen, wenn das zu sichernde Risiko bei Eingehung der Sicherungsbeziehung so definiert wird, dass es exakt den Wertveränderungen des Sicherungsinstruments entspricht.[735] Gleichen sich die Wertentwicklungen von Grund- und Sicherungsgeschäft nicht exakt aus, gilt die Sicherungsbeziehung in Teilen als ineffektiv. Diese Ineffektivität (*Ineffectiveness*) zeigt sich buchhalterisch in der Abbildung eines Nettoergebnisses in der GuV. Dabei ist es unerheblich, ob die Ergebniswirkung Ausdruck einer Über- (*Overhedge*) oder Untersicherung (*Underhedge*) ist.[736]

Die bilanzielle Abbildung der Sicherungsbeziehung ist prospektiv zu beenden, wenn einer der folgenden drei Sachverhalte vorliegt:[737]

- Die Sicherungsbeziehung erfüllt eine der notwendigen Voraussetzungen nicht mehr (bspw. das Kriterium hoher Effektivität);
- das Derivat läuft aus, wird veräußert, glattgestellt oder ausgeübt; oder
- das Unternehmen hebt die Zuordnung des Sicherungsgeschäftes zum Grundgeschäft auf.[738]

Der Abbruch des *Hedge Accountings* führt dazu, dass die gewünschte buchhalterische Kompensation der Wertentwicklungen von Grund- und Sicherungsgeschäft fortan ausbleibt. Das Derivat wird zwar weiterhin zum beizulegenden Zeitwert angesetzt und seine Wertänderungen in der GuV erfasst; das Grundgeschäft erfährt aber ex nunc keine Anpassungen seines Buchwertes mehr. Sofern es sich bei dem Grundgeschäft um eine zinstragende Position handelt, ist das durch Zu- bzw. Abschreibungen entstandene Agio resp. Disagio planmäßig – d.h. unter Verwendung der Effektivzinsmethode[739] – über die verbleibende Restlaufzeit erfolgswirksam aufzulösen.[740] Bestand der Sicherungsgegenstand in

---

[734] Für das Wertpapier wird üblicherweise die risikoadjustierte Zinsstrukturkurve für Staatsanleihen verwendet, für den Swap die Swapkurve. S.a SFAS 138.22.
[735] Vgl. SFAS 133.369.
[736] Vgl. SFAS 133.22 und 367 f.
[737] Vgl. SFAS 133.25, 67 und 489 ff.
[738] De facto stellt dieser Sachverhalt ein den Unternehmen explizit eingeräumtes Wahlrecht dar.
[739] So auch E&Y (2001): Accounting for Derivatives and Hedging Activities, S. 5.43 ff.; KPMG (1998): Derivatives and Hedging Handbook, S. 133.
[740] Vgl. SFAS 133.24. Genau genommen verlangt der FASB, mit der Amortisierung des entstandenen Unterschiedsbetrags nicht später zu beginnen als zum Zeitpunkt der Beendigung des Sicherungszusammenhangs. Es ist aber davon auszugehen, dass kaum ein Unternehmen die aufgelaufenen Beträge bei

einer festen Verpflichtung und wurde diese von einer Vertragspartei gelöst, sind die bis dato als Vermögenswert resp. Schuld erfassten Wertveränderungen unverzüglich erfolgswirksam auszubuchen.[741] Bei Beendigung einer Sicherungsbeziehung steht es dem Unternehmen frei, die nun freistehenden Finanzinstrumente prospektiv erneut in eine Sicherungsbeziehung einzubinden bzw. – im zweiten Fall – dem Grundgeschäft ein anderes Derivat zuzuweisen.[742]

5.5.3 Cash Flow Hedges

5.5.3.1 Charakterisierung

Unter der Bezeichnung *Cash Flow Hedge* subsumiert der FASB Sicherungsbeziehungen, bei denen ein Derivat zur <u>Sicherung, d.h. Fixierung zukünftiger, der Höhe nach unbestimmter Zahlungsströme</u> eingesetzt wird. Die Höhe der zu sichernden Cash Flows hängt unmittelbar von einem Marktpreisfaktor ab, dessen Wert bei Eingehung der Risikoposition noch nicht feststeht (Stand des EURIBOR in zwei Jahren; Wechselkurs USD/EUR in sechs Monaten; etc.). Durch die unmittelbare Anbindung der Geschäfte an den jeweils aktuellen Wert des Risikofaktors unterliegen diese praktisch keinerlei Vermögensrisiken, da stets die aktuelle Marktrendite erzielt wird. Da bei Begründung der Positionen aber ex ante nicht absehbar ist, wie sich die Marktpreisfaktoren zukünftig entwickeln werden, besteht ein Einkommens- oder Erfolgsrisiko. Dieses Einkommensrisiko ist Gegenstand der Sicherung bei einem *Cash Flow Hedge*.[743]

Als Gegenstand der Besicherung kommen sowohl bereits bilanzierte Vermögenswerte resp. Verbindlichkeiten (z.B. Zahlungsströme einer gehaltenen oder emittierten variabel verzinslichen Anleihe) als auch antizipierte Geschäfte (*Forecasted Transactions*) wie bspw. erwartete Ein- und Verkäufe in fremder Währung in Betracht. Da in beiden Fällen zukünftig anfallende, der Höhe nach unsichere Zahlungsströme gesichert werden sollen, besteht in der bilanziellen Abbildung kein Unterschied; auf eine differenzierte Darstellung kann folglich verzichtet werden.[744]

Vornahme eines *Basis Adjustments* ratierlich auflösen wird, weil die planmäßige Verteilung und die gleichzeitige erneute Anpassung des Buchwertes systemtechnisch überaus aufwändig ist. S.a. PricewaterhouseCoopers (1998): Accounting for Derivative Instruments and Hedging Activities, S. 110 f.
[741] Vgl. SFAS 133.26.
[742] Vgl. SFAS 133.25.
[743] Vgl. SFAS 133.28 und 353. S.a. Barckow, A./Rose, S. (1997): Die Bilanzierung von Derivaten und Hedgestrategien, S. 796; KPMG (1998): Derivatives and Hedging Handbook, S. 151 f.; Steiner, M./ Wallmeier, M. (1998): Bilanzierung von Finanzinstrumenten, S. 320 f.
[744] S.a. SFAS 133.28 (Fn. 10).

Wie bei der Absicherung von Vermögensrisiken gestattet der FASB auch für das *Hedging* von Einkommensrisiken die Anwendung von *Hedge Accounting*, allerdings nur in engen Grenzen.[745] Mit Hilfe des *Cash Flow Hedge Accountings* lassen sich die Ergebniswirkungen des Sicherungsinstruments in jene Perioden verschieben, in denen die gegenläufigen Erfolge der zu sichernden Position anfallen. Im Gegensatz zum *Fair Value Hedge* kommt es beim *Cash Flow Hedge* allerdings nicht zu einem Ausgleich der Vermögensänderungen von Grund- und Sicherungsgeschäft. Der Grund dafür liegt in der zu sichernden Risikoposition, die entweder noch keinen Eingang in die Bilanz gefunden hat (antizipierte Geschäfte) oder infolge der fortwährenden Anpassung an den jeweils aktuellen Stand des Marktpreisfaktors stets einen beizulegenden Zeitwert in der Nähe ihres Nennwerts aufweist (bilanzierte Geschäfte). In beiden Fällen verzeichnet der Sicherungsgegenstand keine bilanzierungsfähigen Wertänderungen, die zur Kompensation der Wertveränderungen des Derivats herangezogen werden könnten.

Damit die laufende Erfolgsrechnung nicht einseitig durch die Veränderungen des beizulegenden Zeitwerts des Derivats verzerrt wird, sieht der FASB vor, dessen Wertänderungen erfolgsneutral abzugrenzen. Da die Abgrenzung im Gegensatz zur Verfahrensweise vor der Verabschiedung von SFAS 133 aber im Eigenkapital vorzunehmen ist und sich dort ebenso wenig ein Wertausgleich ergibt wie in der GuV, ist *Cash Flow Hedge Accounting* systemimmanent mit Eigenkapitalvolatilität verbunden! Diese ist ursächlich auf die gebotene Zeitwertbilanzierung des derivativen Sicherungsinstruments zurückzuführen.[746] Wie SMITH/WATERS/WILSON zutreffend darlegen, führen die neuen Bilanzierungsregeln zwar zur Abbildung von Volatilität, sind aber nicht deren Ursache:

> *"The new requirements do not create volatility, but only unmask it. It requires the reporting of volatility that always existed, but was not reported."*[747]

---

[745] Der Board macht keinen Hehl daraus, dass es die Anwendung des *Hedge Accountings* ausschließlich für bereits bilanzierte Grundgeschäfte zulassen wollte. Antizipierte Geschäfte beruhen nach seiner Ansicht lediglich auf Annahmen des Managements, die nicht intersubjektiv nachprüfbar seien. Infolge der verbreiteten Praxis, erwartete Transaktionen zu sichern, räumte der Board den Unternehmen schließlich aber die Möglichkeit zum *Cash Flow Hedging* ein, behielt sich aber zugleich vor, diese Entscheidung im Rahmen der Ausarbeitung eines Standards zu revidieren; s. ausführlich SFAS 133.322 ff., 371 ff. und 382 ff.

[746] Vgl. Smith, G.R./Waters, G./Wilson, A.C. (1998): Improved Accounting for Derivatives and Hedging Activities, S. 19; s.a. Benecke, B. (2000): Internationale Rechnungslegung und Management Approach, S. 133.

[747] Smith, G.R./Waters, G./Wilson, A.C. (1998): Improved Accounting for Derivatives and Hedging Activities, S. 19; s.a. Barckow, A./Rose, S. (1997): Die Bilanzierung von Derivaten und Hedgestrategien, S. 797; Labude, M./Wienken, R. (2000): Bilanzierung von Derivaten und Sicherungsbeziehungen, S. 21.

Das Ausmaß möglicher Schwankungen hängt im Wesentlichen von der Gesamtrisikoposition des Unternehmens sowie der Volatilität des zu sichernden Risikofaktors ab. Im Zinsbereich sind Veränderungen von ± 100 Basispunkten p.a. bei den Referenzzinssätzen EURIBOR und LIBOR keine Seltenheit; und auch im Währungsbereich liegen die jährlichen Wechselkursschwankungen von Dollar und Yen zum Euro häufig bei 20 Prozent. Je nach Ausgangssituation kann dies zu erheblichen Auswirkungen auf das bilanzierte Eigenkapital führen; dieser Effekt wird auch als *Accounting Risk* bezeichnet.[748]

Die Bedingungen, die bei Anwendung des *Cash Flow Hedge Accountings* erfüllt sein müssen, gleichen in weiten Teilen den beschriebenen Voraussetzungen des *Fair Value Hedge Accountings*:[749]

(a) Bei Begründung der Sicherungsbeziehung ist eine formale Dokumentation beizubringen, aus der die verfolgte Sicherungsstrategie, das eingesetzte Sicherungsinstrument, die risikobehaftete Grundposition sowie der gesicherte Risikofaktor hervorgehen. Auch ist darzulegen, auf welche Weise die Effektivität der Sicherungsbeziehung nachgewiesen werden soll. Da es sich bei dem gesicherten Grundgeschäft um einen zukünftig erwarteten Zahlungsstrom handelt, verlangt der FASB weitergehende Informationen, um ihn gegen andere, nicht gesicherte, aber in derselben Periode anfallende Zahlungsströme zweifelsfrei abgrenzen zu können. Dies schließt v.a. die Angabe des Zeitpunkts oder der Periode ein, zu dem/in der mit dem Eintritt des gesicherten Zahlungsstroms gerechnet wird. Ist der Zahlungsstrom in fremder Währung denominiert und soll dieser gegen Wechselkursrisiken gesichert werden, ist der Fremdwährungsbetrag anzugeben. Bei einer Absicherung anderer Risikofaktoren wie bspw. Zinsänderungs- oder Warenpreisrisiken ist die dem Zahlungsstrom zugrundeliegende Menge zu benennen.[750]

(b) Die Sicherungsbeziehung muss hinsichtlich der Kompensation gegenläufiger Zahlungsströme ex ante als in hohem Maße effektiv (*highly effective*) eingestuft werden können und einer entsprechenden periodischen Überprüfung ex post standhalten.[751] Die Über-

---

[748] Die auftretenden Eigenkapitalschwankungen beeinflussen entsprechend die Ermittlung bilanzanalytischer Kennzahlen wie die Eigenkapitalrendite oder den Verschuldungsgrad. S.a. E&Y (2001): Accounting for Derivatives and Hedging Activities, S. 6.13; zur Bedeutung bilanzanalytischer Kennzahlen grundlegend Baetge, J. (1998): Bilanzanalyse, S. 140 ff.; Coenenberg, A.G. (2003): Jahresabschluss, S. 934 ff.; Gräfer, H. (2001): Bilanzanalyse, S. 40 ff.; Walton, P. (2000): Financial Statement Analysis, S. 155 ff.
[749] S.a. Munter, P. (1998): Cash Flow Hedges, S. 28 f.
[750] Vgl. SFAS 133.28(a) i.V.m. SFAS 133 DIG Implementation Issue No. G13. S.a. KPMG (1998): Derivatives and Hedging Handbook, S. 155 ff.
[751] Vgl. SFAS 133.28(b) und 379 ff. Hinsichtlich der Interpretation des Ausdrucks *highly effective* wird auf die Ausführungen in Abschnitt 5.5.2.1 verwiesen. Bzgl. möglicher Methoden zur Bestimmung der (In-)Effektivität s. SFAS 133 DIG Implementation Issue Nos. G7, G20 und G21. S.a. die Ausführun-

prüfung ist insbesondere dann vergleichsweise einfach, wenn alle maßgeblichen Preisbestimmungsfaktoren des Sicherungsinstruments auf das erwartete Grundgeschäft abgestimmt wurden.[752] Die Anwendung der *Shortcut*-Methode ist statthaft, sofern eine variabel verzinsliche Position durch Einsatz eines Zinsswaps gegen Zinsänderungsrisiken abgesichert werden soll und

- sich die Nominalbeträge von Grund- und Sicherungsgeschäft entsprechen;
- der Swap bei Abschluss einen *Fair Value* von Null aufweist;
- die im Swap festgelegte Zinsdifferenz zwischen fester und variabler Seite konstant bleibt und die variable Seite keine Zinsbegrenzungsvereinbarung enthält; das Vorhandensein einer Zinsbegrenzungsvereinbarung auf der variablen Seite ist dann unschädlich, wenn eine entsprechende Vereinbarung auch der zu sichernden Position zugrunde liegt;
- das Grundgeschäft nicht vorzeitig kündbar ist oder im Falle einer vorzeitigen Kündigung nicht zu einem Erfolgsvorteil für die kündigende Partei führt;
- die variable Seite im Swap den zu sichernden Referenzzins widerspiegelt;
- sämtliche über die Laufzeit des Swaps empfangenen resp. geleisteten Zinszahlungsströme aus dem variabel verzinslichen Grundgeschäft Gegenstand der Besicherung sind und nach dem Auslaufen des Swaps keine weitere Absicherung vorgesehen ist; und
- sich die Zinsanpassungstermine von Swap und Grundgeschäft entsprechen.[753]

Bei der Überprüfung der Effektivität sollte dem Grunde nach der Zeitwert in die Berechnungen eingehen; dieses ist v.a. dann sachgerecht, wenn es – wie bei Absicherungen mittels Futures – zu regelmäßigen Barausgleichszahlungen kommt.[754] Werden Sicherungsinstrumente mit asymmetrischem Risikoprofil eingesetzt (Optionen), muss zu erwarten sein, dass die Zahlungsmittelzuflüsse resp. -abflüsse aus dem Sicherungsinstrument entsprechende Zahlungsmittelabflüsse bzw. -zuflüsse der zu sichernden Position ausgleichen.

---

gen in E&Y (2001): Accounting for Derivatives and Hedging Activities, S. 6.15 ff. sowie KPMG (1998): Derivatives and Hedging Handbook, S. 213 ff.
[752] Vgl. SFAS 133 DIG Implementation Issue No. G9.
[753] Vgl. SFAS 133.68 und 131 ff.; s.a. E&Y (2001): Accounting for Derivatives and Hedging Activities, S. 6.16.
[754] Vgl. SFAS 133.64.

5.5.3.2 Die Bestandteile der Sicherungsbeziehung

5.5.3.2.1 Sicherungsinstrumente: ausschließlich Derivative Instrumente

Als Sicherungsinstrument im Rahmen des *Cash Flow Hedge Accountings* qualifizieren ausschließlich derivative Sicherungsinstrumente. Die Einbindung originärer Finanzinstrumente in das *Hedge Accounting* wird explizit untersagt.[755] Der Einsatz geschriebener Optionen ist wie beim *Fair Value Hedge Accounting* nur zulässig, solange die Kombination aus Grund- und Sicherungsgeschäft über sämtliche Ausprägungen des zu sichernden Preisrisikofaktors zumindest ein symmetrisches Zahlungsstromprofil aufweist.[756]

Eine Besonderheit ergibt sich bei der Absicherung variabel verzinslicher Positionen mittels Basisswaps, bei denen zwei unterschiedliche Referenzzinssätze getauscht werden (bswp. 6-Monats-EURIBOR gegen 3-Monats-EURIBOR oder 3-Monats-EURIBOR gegen 3-Monats-LIBOR). Mit dieser Swapkonstruktion wird das ursprüngliche Zahlungsstromrisiko nicht ausgeschaltet, sondern in ein anderes umgewandelt.[757] Der FASB fordert für eine Anerkennung von Basisswaps als Sicherungsinstrument im Rahmen des *Cash Flow Hedge Accountings* daher, dass die Zinsrisikoposition eines Unternehmens auf unterschiedliche Zinsanbindungen von Aktiv- und Passivposten zurückzuführen sein muss, die durch Eintritt in den Swap vereinheitlicht werden soll. M.a.W.: Der Einsatz eines Basisswaps kommt nur dann in Frage, wenn sich dadurch ein Basisrisiko vermindern lässt.[758] Hat ein Unternehmen z.B. einen Kredit aufgenommen, der auf Basis des 3-Monats-EURIBOR verzinst wird, und die Mittel in eine Anleihe investiert, deren Verzinsung sich am Stand des 6-Monats-LIBOR orientiert, so kann das Unternehmen das Zinsänderungsrisiko eliminieren, indem es einen Basisswap abschließt, unter dem es den 6-Monats-LIBOR zahlt und 3-Monats-EURIBOR empfängt.[759]

5.5.3.2.2 Antizipierte Grundgeschäfte als Sicherungsgegenstand

An die Sicherungsgegenstände eines *Cash Flow Hedges* stellt der FASB eine Reihe an Bedingungen, die kumulativ erfüllt sein müssen, damit ein Unternehmen die *Hedge-Accounting*-Vorschriften für sich nutzen kann. Die meisten Voraussetzungen sind bereits aus dem Abschnitt über *Fair Value Hedges* bekannt:

(a) Als erwartetes, zu sicherndes Geschäft ist ein bestimmter Geschäftsvorfall (*Micro Hedge*) oder eine Gruppe einzelner Geschäftsvorfälle, die dasselbe Risikoprofil aufwei-

---

[755] Vgl. SFAS 133.28 und 247.
[756] Vgl. SFAS 133.28(c).
[757] So auch E&Y (2001): Accounting for Derivatives and Hedging Activities, S. 6.63.
[758] So auch KPMG (1998): Derivatives and Hedging Handbook, S. 168 f.
[759] Vgl. SFAS 133.28(d) und 391 ff. S.a. E&Y (2001): Accounting for Derivatives and Hedging Activities, S. 6.63 ff.; KPMG (1998): Derivatives and Hedging Handbook, S. 169 ff.

sen, festzulegen. Wie beim *Fair Value Hedge Accounting* dürfen Long- und Short-Positionen nicht aggregiert werden;[760]

(b) der Eintritt des erwarteten Geschäfts muss wahrscheinlich (*probable*) sein. Der Board bestimmt, dass die Einschätzung aus objektiven Sachverhalten wie der Häufigkeit vergleichbarer Geschäfte in der Vergangenheit oder der Fähigkeit des Unternehmens, die erwartete Transaktion durchzuführen, abzuleiten sei. Auch müsse die Eintrittswahrscheinlichkeit deutlich größer als 50% sein, wobei auf die Terminologie in SFAS 5, *Accounting for Contingencies*, verwiesen wird. Der Eintritt eines Ereignisses werde c.p. umso unwahrscheinlicher, je weiter dieses in der Zukunft liege und je umfangreicher die Transaktion sei;[761]

(c) Schwankungen in der Höhe der zukünftig erwarteten Zahlungsströme stellen ein Risiko dar, das einen Einfluss auf die Erfolgslage des Unternehmens haben könnte. Obwohl der Hinweis auf die mögliche Ergebnisbeeinflussung eine explizite Betonung nicht mehr erfordert hätte, weist der FASB darauf hin, dass es sich bei der zu sichernden Risikoposition nicht um ein internes Geschäft handeln darf;[762]

(d) bei dem zukünftig erwarteten Geschäft handelt es sich nicht um den Erwerb von Vermögenswerten oder die Begründung von Verbindlichkeiten, die im Hinblick auf den gesicherten Risikofaktor zum beizulegenden Zeitwert angesetzt werden. Werden Einkommensrisiken bereits bilanzierter Geschäfte abgesichert, dürfen diese nicht zum beizulegenden Zeitwert bewertet werden;[763]

(e) sofern die Zahlungsströme einem Wertpapier zuzurechnen sind, das nach SFAS 115 als „bis zur Endfälligkeit zu halten" eingestuft wurde, qualifizieren lediglich Absicherungen des Bonitäts- und/oder Währungsrisikos für das *Hedge Accounting*. Jener Teil der Schwankungen zukünftig erwarteter Zahlungsströme, der auf Zinsänderungen zurückzuführen ist, berechtigt nicht zur Inanspruchnahme der speziellen Abbildungsregeln;[764]

---

[760] Vgl. SFAS 133.29(a) und 458 ff.
[761] Vgl. SFAS 133.29(b) und 463 ff. i.V.m. SFAS 133 DIG Implementation Issue No. G3 und 16.
[762] Vgl. SFAS 133.29(c) und 469 ff.
[763] Vgl. SFAS 133.29(d) und 405 ff.
[764] Vgl. SFAS 133.29(e) und 428. Der Standpunkt des Boards, eine Zulassung von *Hedge Accounting* bei der Absicherung gegen Zinsänderungsrisiken widerspreche der Zuordnung der betreffenden Risikoposition zur Bewertungskategorie *Held to Maturity*, ist beim *Cash Flow Hedge* anders als beim *Fair Value Hedge* konzeptionell nicht überzeugend. Bei der Sicherung festverzinslicher, bis zur Fälligkeit gehaltener Positionen treten buchhalterisch ex definitione keine Einkommensrisiken und infolge der Bewertung zu fortgeführten Anschaffungskosten (qua Vorschrift!) auch „keine" Vermögensrisiken auf, solange das Finanzinstrument tatsächlich bis zur Fälligkeit gehalten wird. Variabel verzinsliche Positionen verzeichnen bilanziell dagegen definitionsgemäß kein zinsinduziertes Vermögensrisiko – sofern die Zinsanpassungstermine dicht genug aufeinander folgen –, wohl aber Einkommensrisiken infolge

(f) bei dem erwarteten Geschäft handelt es sich weder um einen Unternehmenszusammenschluss noch um einen zu sichernden Dividendenstrom bzw. einen erwarteten Kauf oder Verkauf

- einer Beteiligung an assoziierten oder verbundenen Unternehmen,
- einer Minderheitsbeteiligung an Konzernunternehmen oder
- eigener Eigenkapitalinstrumente;[765]

(g) falls es sich bei dem zu sichernden Sachverhalt um den erwarteten Kauf oder Verkauf eines nicht-finanziellen Vermögenswertes handelt, kommt als sicherbarer Risikofaktor lediglich das Währungsrisiko in Frage, sofern nicht das gesamte Preisrisiko des betreffenden Vermögenswertes eliminiert werden soll.[766]

Handelt es sich bei der zu sichernden Transaktion um den Kauf oder Verkauf eines Vermögenswertes bzw. die Begründung oder Rückzahlung einer Schuld, ihnen zuzurechnende Zinszahlungen oder Zahlungsmittelzu- oder -abflüsse eines bereits bilanzierten Vermögenswertes resp. einer Schuld, so qualifzert die Absicherung folgender *Exposures* für die Nutzung des *Cash Flow Hedge Accountings*:[767]

(1) das Risiko jeglicher Veränderungen der zu sichernden Zahlungsströme, unabhängig vom zugrunde liegenden Risikofaktor;

(2) das Zinsänderungsrisiko, definiert als Variabilität der Zahlungsströme infolge einer Veränderung eines Referenzzinssatzes. Der gesicherte Referenzzinssatz ist im Rahmen der Dokumentation ausdrücklich zu benennen. Die Verwendung eines Sicherungsinstruments, das an einen anderen Referenzzinssatz gekoppelt ist als den des zu sichernden Geschäfts, ist unzulässig;[768]

(3) das Wechselkursrisiko; sowie

(4) das Bonitätsrisiko, das sowohl Veränderungen in der Kreditwürdigkeit des Schuldners als auch Veränderungen im *Credit Spread* zwischen risikofreien und risikobehafteten Anlagen umfasst.

---

schwankender Referenzzinssätze. Eine mögliche Fixierung der Zinszahlungen mittels Zinsswaps würde zu einer synthetischen Festsatzposition führen; da der FASB aber die Bilanzierung synthetischer Positionen untersagt, hat die Absicherung auf den anzusetzenden Wert des gehaltenen Finanzinstruments buchhalterisch keine Auswirkung. Auch wird die Entscheidung, das Instrument bis zur Fälligkeit halten zu wollen, dadurch in keinster Weise konterkariert.

[765] Vgl. SFAS 133.29(f), 455 ff. und 472 f.
[766] Vgl. SFAS 133.29(g), 79 und 416 ff. SFAS 133 DIG Implementation Issue No. G5.
[767] Vgl. SFAS 133.28(h) i.d.F. SFAS 138.4(c) sowie SFAS 133.411 ff.
[768] S.a. SFAS 133 DIG Implementation Issue No. G19.

Wie bei *Fair Value Hedges* kommt alternativ zur Absicherung eines Finanzinstrumentes gegen sämtliche Risiken oder nur eines der Teilrisiken auch eine simultane Absicherung mehrerer Teilrisiken in Frage. In der Praxis ist diese Strategie insbesondere bei der gleichzeitigen Sicherung von Zinsänderungs- und Wechselkursrisiken mittels Zins-Währungsswaps verbreitet.

5.5.3.3 Bilanzielle Erfassung der Erfolgswirkungen

Bei der bilanziellen Behandlung von *Cash Flow Hedges* weicht der FASB von seiner grundsätzlichen Linie ab, nach der sämtliche Wertveränderungen von derivativen Finanzinstrumenten erfolgswirksam vereinnahmt werden sollen.[769] Da jede Form von *Hedge Accounting* zum Ziel hat, die Erfolge von Sicherungsinstrument und Grundgeschäft in derselben Periode zu erfassen, das zu sichernde Grundgeschäft bei einem *Cash Flow Hedge* aber ein zukünftig anfallendes Geschäft darstellt, dürfen die Wertveränderungen des Derivats nicht fortlaufend in der GuV erfasst werden. Der Board bestimmt, dass die zwischen dem Datum der Begründung des *Hedges* und dem Eintritt der gesicherten Transaktion eintretenden Wertänderungen erfolgsneutral im Eigenkapital unter der Rubrik *Other Comprehensive Income (OCI)* abzugrenzen sind.

Veränderungen des beizulegenden Zeitwerts, die auf eine Ineffektivität der Sicherungsbeziehung zurückzuführen sind, werden dagegen unmittelbar erfolgswirksam erfasst. Entsprechendes gilt für jenen Teil der Wertänderungen, der nicht in die Berechnung der Effektivität eingeht (bspw. Veränderungen des Zeitwerts beim *Hedging* mit Optionen, sofern das Unternehmen die Effektivität nur auf Basis von Veränderungen des Inneren Wertes ermittelt). Werden zukünftig erwartete Fremdwährungszahlungsströme aus bereits bilanzierten Vermögenswerten resp. Verbindlichkeiten, die am Bilanzstichtag nach SFAS 52 zum Spotkurs umzurechnen sind, gesichert, so sind Beträge in Höhe der Veränderung des Wechselkurses von OCI in die GuV umzubuchen.[770]

Die in OCI abgegrenzten Beträge werden zu dem Zeitpunkt erfolgswirksam vereinnahmt, in dem die Erfolgswirkungen aus dem erwarteten Grundgeschäft (Umsätze, Abschreibungen, Zinszahlungen etc.) die Gewinn- und Verlustrechnung berühren; dieser Vorgang wird

---

[769] Vgl. Barckow, A./Rose, S. (1997): Die Bilanzierung von Derivaten und Hedgestrategien, S. 797.
[770] Vgl. SFAS 133.30(a) – (c) und 371 ff. Ineffektivität kann dabei nur auftreten, wenn die Veränderungen des Zahlungsprofils beim Derivat die prognostizierten Zahlungsströme des Sicherungsgegenstands übertreffen (*Overhedge*); vgl. SFAS 133.379. S.a. Barckow, A./Rose, S. (1997): Die Bilanzierung von Derivaten und Hedgestrategien, S. 797; Barth, H./Porlein, N. (2000): Rechnungslegung für derivative Instrumente und Sicherungsgeschäfte, S. 20; E&Y (2001): Accounting for Derivatives and Hedging Activities, S. 6.8 ff.; Labude, M./Wienken, R. (2000): Bilanzierung von Derivaten und Sicherungsbeziehungen, S. 18.

5. Bilanzierung von Derivaten und Sicherungsbeziehungen nach US-amerikanischen Standards

als *Recycling* bezeichnet. Die Umbuchung der im Eigenkapital akkumulierten Beträge in die GuV erfolgt also nicht unbedingt bei Eintritt des antizipierten Geschäfts, sondern bei Eintritt seiner Erfolgswirkungen. Bei der Absicherung eines Umsatzes in fremder Währung stimmen die Zeitpunkte überein; wurde dagegen der Kauf einer in US-Dollar fakturierten Maschine gesichert, so erfolgt die Auflösung der Rücklage ratierlich über den Abschreibungszeitraum der Maschine.

Von dieser Verfahrensweise ist nur dann abzuweichen, wenn der in OCI erfasste Betrag negativ und zu befürchten ist, dass ihm zukünftig kein entsprechender Ertrag entgegenstehen wird (bspw. bei einem nachhaltig gesunkenen Wiederverkaufspreis von noch zu erwerbenden Waren). In diesem Fall ist in Höhe des drohenden Verlusts eine Umbuchung zu Lasten des Periodenergebnisses vorzunehmen.[771]

Die bilanzielle Abbildung der Sicherungsbeziehung ist prospektiv zu beenden, wenn einer der folgenden drei Sachverhalte vorliegt:[772]

- Die Sicherungsbeziehung erfüllt eine der notwendigen Voraussetzungen nicht mehr (bspw. die Bedingung, dass der Eintritt des erwarteten Geschäfts als wahrscheinlich eingestuft werden kann[773]);

- das Derivat läuft aus, wird veräußert, glattgestellt oder ausgeübt; oder

- das Unternehmen revidiert die Designation des Sicherungsgeschäftes.

Bei Abbruch des *Hedge Accountings* stellt sich die Frage, was mit den im Eigenkapital abgegrenzten Erfolgsbeiträgen geschehen soll. Um zu verhindern, dass Periodenergebnisse durch willkürliche Deklaration und Auflösung der Sicherungsbeziehung beeinflusst und den Unternehmen bilanzpolitische Spielräume eröffnet werden, sah man sich zu einer restriktiven Handhabung gezwungen. Der FASB bestimmt, dass die Rücklage grundsätzlich nicht aufgelöst werden darf, es sei denn, dass der akkumulierte Betrag negativ oder der

---

[771] Vgl. SFAS 133.31, 34 f. und 498 f.; s.a. das Beispiel bei E&Y (2001): Accounting for Derivatives and Hedging Activities, S. 6.69 ff.

[772] Vgl. SFAS 133.32.

[773] Der Board gesteht den Unternehmen zu, dass der ursprünglich erwartete Eintrittszeitpunkt um bis zu zwei Monate überschritten werden darf, ohne dass es zu einer zwangsweisen Beendigung des *Hedge Accountings* kommt. Bei zeitlichen Verzögerungen über diesen Zeitraum hinaus darf bilanziell nur dann an der Sicherungsbeziehung festgehalten werden, wenn die Verzögerung außerhalb des Einflussbereichs des Unternehmens liegt und von ihm nicht zu vertreten ist; vgl. SFAS 133.32 f.; s.a. SFAS 133 DIG Implementation Issue Nos. G17 und G18. Sollte ein Unternehmen wiederholt zu dem Schluss kommen, dass erwartete Transaktionen nicht mehr eintreten werden, stellt dies nach Ansicht des Boards die bilanzielle Absicherung antizipierter Transaktionen gänzlich in Frage und darf dann fortan nicht mehr zur Anwendung gelangen; vgl. SFAS 133.494. S.a. SFAS 133 DIG Implementation Issue No. G3 sowie E&Y (2001): Accounting for Derivatives and Hedging Activities, S. 6.44 ff.

Eintritt des Grundgeschäfts unwahrscheinlich geworden ist; in diesen Fällen wäre der abgegrenzte Betrag erfolgswirksam zu vereinnahmen. Im Falle einer zwangsweisen Auflösung der bilanziellen Sicherungsbeziehung steht es dem Unternehmen frei, das Sicherungsinstrument prospektiv erneut in eine Sicherungsbeziehung einzubinden.[774]

5.5.4 Exkurs: *Fair Value* oder *Cash Flow Hedge* bei der Absicherung von Zinsänderungsrisiken?

In den Abschnitten 5.5.2 und 5.5.3 wurden die Regelungen des Standards zum *Fair Value* und *Cash Flow Hedge Accounting* eingehend dargestellt. Die bilanzielle Behandlung des Grundgeschäfts (bilanziert vs. nicht bilanziert und fest kontrahiert vs. nicht bilanziert und erwartet) sowie das zugrunde liegende *Exposure* (Zinsänderungs-, Währungs-, Preisrisiko etc.) geben i.d.R. das jeweils zulässige und zu wählende *Hedge-Accounting*-Verfahren vor. Eine Besonderheit ergibt sich bei der bilanziellen Abbildung von Sicherungen des Zinsexposures bilanzierter Grundgeschäfte.[775]

Eine Absicherung zinsrisikobehafteter bilanzierter Grundgeschäfte ist nur dann notwendig und sinnvoll, wenn die Positionen auf der Aktiv- und der Passivseite unterschiedliche Zinsbindungen aufweisen (d.h. fix/variabel bzw. variabel/variabel bei unterschiedlichen Referenzzinssätzen). Entsprechen sich dagegen die Zinsläufe beider Bilanzseiten (fest/fest oder variabel/variabel mit identischem Referenzzins), erübrigt sich eine Absicherung und damit auch ein *Hedge Accounting*. Diese Ausgangssituation dürfte in vielen Unternehmen nicht gegeben sein: Häufig weist eine Bilanzseite einen Festsatzüberhang gegenüber der anderen auf, woraus sich infolge unterschiedlicher Zinsreagibilitäten ein Zinsänderungsrisiko ergibt. Aufgabe der betrieblichen Risikosteuerung ist es, derartige Inkongruenzen durch den Einsatz derivativer Instrumente zu beseitigen. Dies sei anhand eines Beispiels aus der Kreditwirtschaft verdeutlicht.

---

[774] Vgl. SFAS 133.32 f. und 492 f. Vgl. diesbzgl. auch die Ausführungen bei Barckow, A./Rose, S. (1997): Die Bilanzierung von Derivaten und Hedgestrategien, S. 797 f.; PricewaterhouseCoopers (1998): Accounting for Derivative Instruments and Hedging Activities, S. 168 f.; E&Y (2001): Accounting for Derivatives and Hedging Activities, S. 6.24 ff.

[775] Die nachfolgenden Aussagen lassen sich auch auf die Absicherung von bislang nicht bilanzierten festen Fremdwährungsverpflichtungen beziehen. Da die Sicherung von *Firm Commitments* nach SFAS 133 über das Verfahren des *Fair Value Hedgings* abgebildet werden, sie in Folge schwankender Wechselkurse aber auch einem Einkommensrisiko unterliegen, hat die DIG entschieden, dass Unternehmen wählen können, welches *Hedge Accounting*-Verfahren sie anwenden; vgl. SFAS 133 DIG Implementation Issue No. H5. S.a. E&Y (2001): Accounting for Derivatives and Hedging Activities, S. 7.28 f.

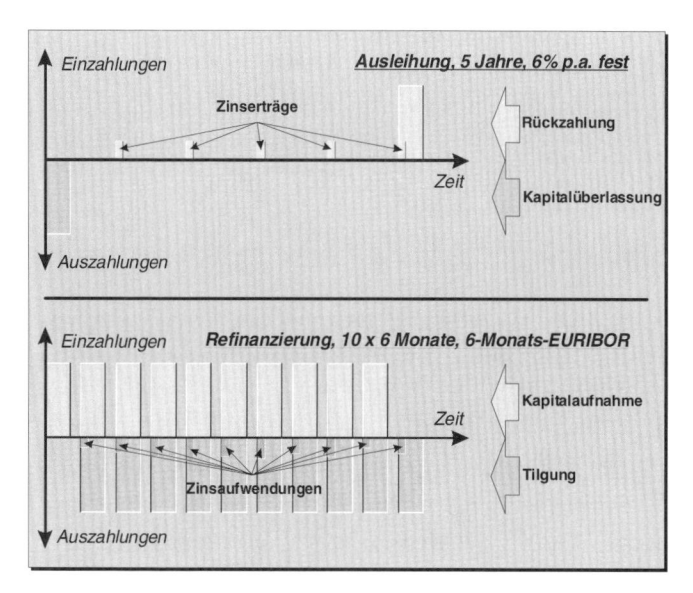

5. Bilanzierung von Derivaten und Sicherungsbeziehungen nach US-amerikanischen Standards

Abb. 22: *Hedging* von Zinsänderungsrisiken: Ausgangslage

Angenommen, ein Unternehmen hätte eine Ausleihung mit einer Laufzeit von fünf Jahren zu einem festen Zinssatz von 6% p.a. getätigt und durch Aufnahme von Sechsmonatsgeld refinanziert. Die Einlage werde zum 6-Monats-EURIBOR nachschüssig verzinst und bei Auslaufen durch eine entsprechende Anschlussfinanzierung prolongiert. Die Zahlungsströme beider Geschäfte lassen sich dann wie folgt darstellen (vgl. Abb. 22): In jedem Betrachtungszeitpunkt kürzen sich die Nominalbeträge heraus; übrig bleiben die festen Zinseinzahlungen aus der Ausleihung und die variablen Zinsauszahlungen aus der aufgenommenen Refinanzierung.

Um das aus der Fristeninkongruenz resultierende Zinsänderungsrisiko vollständig zu eliminieren, müsste der Treasurer eine Position eingehen, unter der er Zinsen i.H.d. 6-Monats-EURIBOR empfängt und 6% p.a. fix zahlt. In diesem Fall wäre das Risiko vollständig ausgeschaltet. Diese Position lässt sich durch Eintritt in einen *Payer Swap* erreichen, der genau das beschriebene Zahlungsprofil aufweist.

175

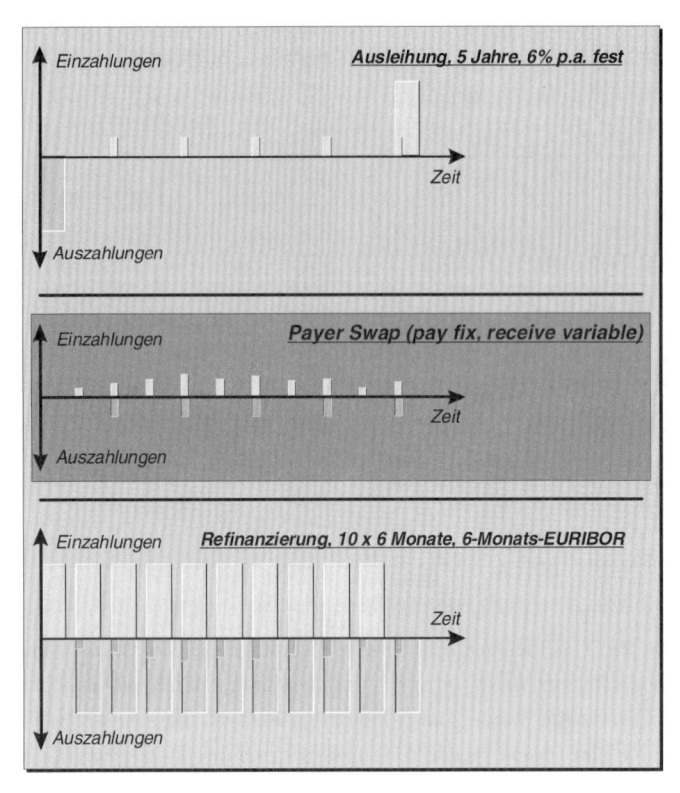

5. Bilanzierung von Derivaten und Sicherungsbeziehungen nach US-amerikanischen Standards

Abb. 23: *Hedging* von Zinsänderungsrisiken – Eintritt in einen Zinsswap

Aus Sicht des Risikomanagements wäre mit Eintritt in das Swapgeschäft das Ziel erreicht: Das Unternehmen unterläge keinerlei Zinsänderungsrisiken mehr.[776] Im Rechnungswesen wird dieses Ergebnis aber nur dann abgebildet, wenn das Verfahren des *Fair Value Hedgings* gewählt und der Swap als Sicherungsinstrument für den ausgereichten Kredit designiert wird.[777] In diesem Fall wird die Ausleihung im Hinblick auf Veränderungen des Referenzzinsatzes 6-Monats-EURIBOR zinsinduziert bewertet. Die dabei auftretenden Bewertungsveränderungen werden in der GuV durch entgegengesetzte Wertveränderungen des Swaps vollständig kompensiert, solange keines der Geschäfte Ausfallrisiken verzeichnet. Die Refinanzierung wird als freistehendes Geschäft mit dem für finanzielle Verbindlich-

---

[776] Allerdings würde bei dieser Fallkonstruktion auch das gesamte Ertragspotenzial des Instituts „gehedget"!
[777] S.a. Ryan, S.G. (2002): Financial Instruments, S. 236 f.

keiten vorgesehen Bewertungsmaßstab erfasst (fortgeführte Anschaffungskosten, in diesem Fall mit dem Nennwert).

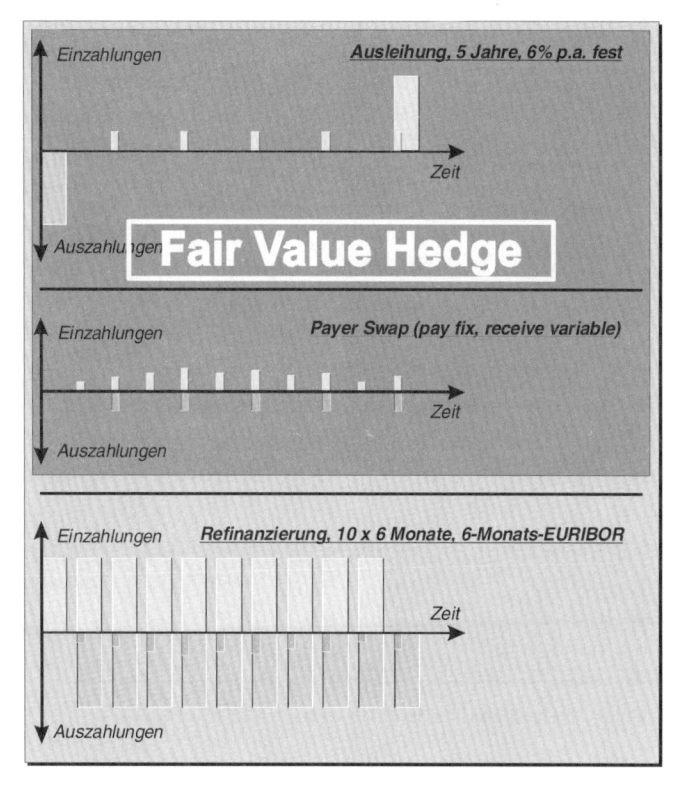

Abb. 24: *Hedging* von Zinsänderungsrisiken – Abbildung als *Fair Value Hedge*

Wird dagegen das Verfahren des *Cash Flow Hedgings* gewählt, kann der gewünschte (und ökonomisch auch erreichte!) Effekt bilanziell nicht abgebildet werden: Die Wertveränderung des Swaps wird in diesem Fall nicht durch gegenläufige Erfolge egalisiert, weil das Grundgeschäft – anders als beim *Fair Value Hedge* – praktisch kaum Wertänderungen verzeichnet. Der die Swapbewertung kompensierende Erfolg ist bekanntlich in dem Darlehen gebunden und bleibt unsichtbar, da die Ausleihung aus bilanzieller Sicht ungesichert und folglich mit seinen fortgeführten Anschaffungskosten anzusetzen ist. Fazit: Ein aus Sicht des Risikomanagements nicht mehr bestehendes Risiko wird im Rechnungswesen als offene Position ausgewiesen (*Accounting Risk*).

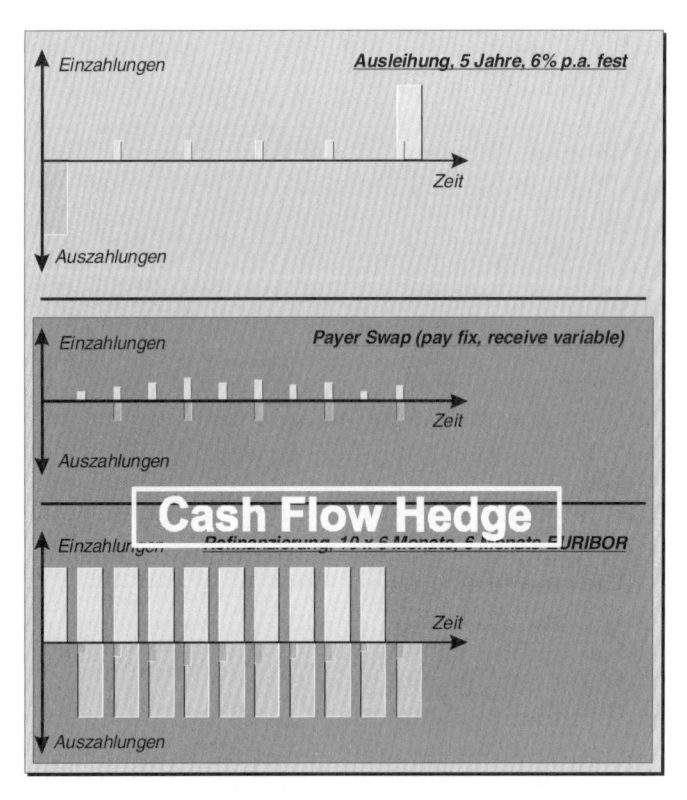

Abb. 25: *Hedging* von Zinsänderungsrisiken – Abbildung als *Cash Flow Hedge*

5.5.5 Foreign Currency Hedges

Die bilanzielle Abbildung der Absicherung von Währungsrisiken war bereits in SFAS 52, *Foreign Currency Translation*, adressiert worden. Im Rahmen seiner Beratungen zu SFAS 133 kam der Board zu dem Entschluss, die in SFAS 52 enthaltenen Ansatz- und Bewertungsvorschriften nicht von Grund auf zu überdenken. Vielmehr kam man überein, die dort genannten Inhalte terminologisch und konzeptionell an die Abbildungsregeln für die Sicherung anderer *Exposures* anzupassen und in den neuen Standard zu integrieren.[778] Die bilanzielle Darstellung der Fremdwährungssicherung unterscheidet sich folglich nicht von den

---

[778] Vgl. SFAS 133.474 f.; E&Y (2001): Accounting for Derivatives and Hedging Activities, S. 7.1 ff.; KPMG (1998): Derivatives and Hedging Handbook, S. 233; PricewaterhouseCoopers (1998): Accounting for Derivative Instruments and Hedging Activities, S. 143.

in den Abschnitten 5.5.2 und 5.5.3 dargestellten Verfahren;[779] lediglich hinsichtlich der zu erfüllenden Voraussetzungen für eine Inanspruchnahme des *Hedge Accountings* bestehen Unterschiede, die eine separate Abhandlung rechtfertigen. Neben der Sicherung von Vermögens- und Einkommensrisiken aus Währungsexposures (*Foreign Currency Fair Value* resp. *Cash Flow Hedges*) äußert sich der Board auch zur Darstellung von Absicherungen des aus einer Beteiligung an einer ausländischen Teileinheit resultierenden Währungsexposures (*Hedges of the Foreign Currency Exposure of a Net Investment in a Foreign Operation*). Das *Hedge Accounting* wird damit auf die Sicherung von Translationsrisiken ausgeweitet.[780]

5.5.5.1 Foreign Currency Fair Value Hedges

Im Zuge einer Absicherung von Währungsrisiken kommen als Sicherungsinstrument grundsätzlich nur derivative Instrumente in Frage.[781] Eine Ausnahme von dieser Regel sieht der FASB lediglich für die Absicherung von festen Verpflichtungen gegen Wechselkursschwankungen vor, was mit praktischen Erwägungen begründet wird.[782] Hier qualifizieren auch originäre Finanzinstrumente, die in fremder Währung denominiert sind, als Sicherungsinstrument im Zuge des *Hedge Accountings*. In Abweichung von seiner generellen Linie akzeptiert der Board im Fremdwährungsbereich auch die Abbildung konzerninterner Geschäfte, sofern dem internen Geschäft nachweislich ein externes Geschäft mit einem Konzernfremden gegenübersteht. Bei der Absicherung von Vermögensrisiken beharrt der FASB gleichwohl darauf, dass die Besicherung auf einer 1:1-Basis erfolgen muss; die Absicherung einer Nettoposition qualifiziert also nicht für die Inanspruchnahme des *Hedge Accountings*.[783]

Als Gegenstand einer Absicherung von Währungsrisiken kommen neben festen Verpflichtungen und Wertpapieren, die nach SFAS 115 als „zur Veräußerung verfügbar" eingestuft

---

[779] S.a. Labude, M./Wienken, R. (2000): Bilanzierung von Derivaten und Sicherungsbeziehungen, S. 18 f.; Williams, J.R. (2002): 2002 Miller GAAP Guide, S. 17.17.

[780] Vgl. SFAS 133.36 i.d.F. SFAS 138.4(j). S.a. Barckow, A./Rose, S. (1997): Die Bilanzierung von Derivaten und Hedgestrategien, S. 798.

[781] Der FASB verlangt gleichwohl keine Basiswertidentität von Grund- und Sicherungsgeschäft, sondern fordert im Rahmen des Effektivitätstests lediglich einen weitgehenden <u>wertmäßigen</u> Ausgleich. Anders als im deutschen Bilanzrecht ist damit die bilanzielle Abbildung von *Cross Hedging* unter SFAS 133 zulässig, solange die verwendeten Währungen hochkorreliert sind. S.a. E&Y (2001): Accounting for Derivatives and Hedging Activities, S. 7.2 f.; KPMG (1998): Derivatives and Hedging Handbook, S. 242; PricewaterhouseCoopers (1998): Accounting for Derivative Instruments and Hedging Activities, S. 150.

[782] Vgl. SFAS 133.37 n.F., 37A, 38 n.F. sowie 476.

[783] Vgl. SFAS 133.36 n.F. i.V.m. SFAS 138.30 ff.; s.a. KPMG (1998): Derivatives and Hedging Handbook, S. 236.

wurden, auch bereits bilanzierte Fremdwährungspositionen in Betracht.[784] In der ursprünglichen Fassung von SFAS 133 war die bilanzielle Abbildung von Sicherungsbeziehungen, denen ein Vermögenswert oder eine Schuld in fremder Währung zugrunde lag, noch unzulässig. Der Board schloss ein *Hedge Accounting* mit der Begründung aus, dass bereits bilanzierte Fremdwährungsgeschäfte nach SFAS 52.15 zum Spotkurs umgerechnet und die dadurch induzierten Wertänderungen in der GuV erfasst würden. Zudem seien Geschäfte, deren zu sichernde Wertänderungen ohnehin erfolgswirksam verbucht werden, gem. SFAS 133.21(c) vom *Fair Value Hedge Accounting* ausgeschlossen. Schließlich hielt man *Hedge Accounting* für überflüssig, weil sich infolge der stets gebotenen Bewertung des Sicherungsgeschäfts zum beizulegenden Zeitwert auch ohne ausdrückliche Zuordnung beider Geschäfte zueinander ein kompensierender Effekt in der GuV einstellt.[785]

Mehrere Unternehmen machten geltend, dass risikobehaftete und risikomindernde Positionen ohne Designation als Sicherungsbeziehung unterschiedlich bewertet würden und die unterschiedliche Bewertung zu Ergebnisvolatilität führe.[786] Dieser Effekt trete v.a. dann auf, wenn bei Zinsrisikopositionen in fremder Währung beide Risikofaktoren simultan durch Zins-Währungsswaps gesichert würden. Der Board stellte mit SFAS 138 klar, dass eine Umrechnung einer Fremdwährungsposition in die funktionale Währung des Unternehmens keine *Fair-Value*-Bewertung i.S.v. SFAS 133.21(c) darstelle und eine Einbindung auch bereits bilanzierter Geschäfte in das *Hedge Accounting* zulässig sei, vorausgesetzt, dass alle sonstigen Bedingungen ebenfalls erfüllt seien.[787]

Die bilanzielle Erfassung wird entsprechend der *Fair-Value-Hedge-Accounting*-Vorschriften vorgenommen, d.h. die Wertänderungen von gesicherter und sichernder Position werden erfolgswirksam erfasst; dies gilt auch für die währungsinduzierten Wertveränderungen von Wertpapieren, die der Bewertungskategorie *"Available-for-sale"* zugeordnet wurden. Bei festen Verpflichtungen kommt es zu einer Bilanzierung der Wertveränderungen aus

---

[784] Vgl. SFAS 133.37 n.F., 37A, 38 n.F. und 479 ff.; s.a. SFAS 133 DIG Implementation Issue H1. Bei der Absicherung von Beteiligungspapieren, die der Bewertungskategorie *"Available-for-sale"* zugeordnet wurden, gestattet der FASB die Inanspruchnahme von *Hedge Accounting* nur dann, wenn die Papiere ausschließlich an Plätzen gehandelt werden, an denen der Kurs in einer anderen als der funktionalen Währung des Unternehmens festgestellt wird. Zudem müssen alle zukünftig erwarteten Zahlungsströme (bspw. Dividenden oder Verkaufserlöse) einheitlich in der gesicherten Fremdwährung erfolgen; vgl. SFAS 133.38.
[785] Vgl. E&Y (2001): Accounting for Derivatives and Hedging Activities, S. 7.37.
[786] Vgl. SFAS 138.25 f.
[787] Vgl. SFAS 133.26 n.F. i.V.m. SFAS 138.26 f. und 29.

dem schwebenden Geschäft, soweit diese durch den gesicherten Risikofaktor – also Wechselkursschwankungen – induziert sind.[788]

5.5.5.2 Foreign Currency Cash Flow Hedges

Für die bilanzielle Abbildung von Absicherungen währungsinduzierter Einkommensrisiken lässt der FASB ausschließlich derivative Sicherungsinstrumente zu. Die Verwendung konzerninterner Derivate ist zulässig, und zwar im Gegensatz zum *Fair Value Hedge Accounting* auch auf Nettobasis.[789] Das exakte Durchreichen einer Risikoposition an einen Konzernfremden ist also nicht erforderlich; es genügt der Nachweis, dass die extern abgeschlossenen Sicherungsinstrumente in toto den gewünschten Absicherungseffekt erbringen.[790] Der FASB formuliert für die Anerkennung einer Währungsabsicherung auf Nettobasis fünf Bedingungen. U.a. wird gefordert, dass das Währungsrisiko der externen Seite jenem der internen Derivate betraglich (in etwa) entsprechen muss; sofern ein einziges Gegengeschäft abgeschlossen wird, dürfen sich die Fälligkeiten der internen Derivate nur um maximal einen Monat unterscheiden und müssen dieselbe Währung wie das externe Geschäft aufweisen (in diesem Fall werden *Cross Hedges* also nicht anerkannt!). Diese Erleichterung ist eine der wesentlichen Änderungen, die mit SFAS 138 eingeführt wurden. Der FASB macht die Anerkennung der Sicherungsbeziehung aber von einer Reihe von Bedingungen abhängig, die kumulativ erfüllt sein müssen:[791]

(a) Das Sicherungsderivat wurde entweder von der Konzerngesellschaft abgeschlossen, bei der die offene Währungsrisikoposition entstanden ist, oder von einer anderen Konzerngesellschaft, die dieselbe funktionale Währung wie die risikoverursachende Einheit hat. Im letztgenannten Fall darf keine Konzerngesellschaft mit einer anderen funktionalen Währung zwischengeschaltet sein;[792]

---

[788] Vgl. SFAS 133.39.
[789] Vgl. SFAS 133.40 und 40A(b). Eine Absicherung auf Nettobasis qualifiziert allerdings nur für die bilanzielle Abbildung, wenn der Sicherungsgegenstand ein antizipiertes Geschäft oder eine feste Verpflichtung ist. Sollen bestehende Positionen abgesichert werden, sollen, muss nach wie vor jedem internen genau ein externes Geschäft gegenüberstehen. Der Board begründet seine restriktive Haltung damit, dass eine vollständige Freigabe faktisch zur Einführung eines *Macro Hedge Accountings* geführt hätte, gegen das man sich bereits im Vorfeld ausgesprochen habe; vgl. SFAS 133.40C und 482 ff. i.V.m. SFAS 138.32 ff. und SFAS 133 DIG Implementation Issue No. E3.
[790] Vgl. SFAS 133.40B.
[791] Vgl. SFAS 133.40 n.F.; ausführlich E&Y (2001): Accounting for Derivatives and Hedging Activities, S. 7.16 ff.
[792] Dieses kann in einem mehrstufigen Konzern der Fall sein. Beispiel: Wenn die Konzernobergesellschaft den Euro als funktionale Währung besitzt, eine Zwischenholding den US-Dollar und eine ihr zugehörige Tochtergesellschaft das britische Pfund, so qualifiziert ein Sicherunggeschäft Euro gegen Pfund auf Ebene der Konzernobergesellschaft nicht als Sicherungsinstrument i.s.v. SFAS 133, weil der Abschluss der Tochter zunächst in die funktionale Währung der Zwischenholding (i.e. US-Dollar) umzu-

(b) das zu sichernde Geschäft ist nicht in der funktionalen Währung des sichernden Unternehmens denominiert;

(c) abgesehen von der generell gebotenen Verwendung konzernexterner Sicherungsgeschäfte sind alle anderen Voraussetzungen für das *Cash Flow Hedge Accounting* erfüllt;[793]

(d) sofern mehrere erwartete Zahlungsströme in fremder Währung gesamthaft gesichert werden, dürfen Ein- und Auszahlungen nicht genettet werden;

(e) sofern bilanzierte Positionen gegen Wechselkursschwankungen abgesichert werden, müssen durch die Absicherung sämtliche währungsinduzieren Erfolgsrisiken eliminiert werden.[794]

Sind alle vorstehenden Kriterien erfüllt, erfolgt die bilanzielle Darstellung entsprechend den bekannten Regeln des *Cash Flow Hedge Accountings*.[795]

5.5.5.3 *Hedges of the Foreign Currency Exposure of a Net Investment in a Foreign Operation*

Bei der Absicherung von Translationsrisiken aus der Nettoinvestition an einer ausländischen Teileinheit stand der FASB vor der Frage, ob die bestehende Möglichkeit zum *Hedge Accounting* aus SFAS 52.20 übernommen werden sollte. Dagegen sprach aus Sicht des Board v.a., dass es sich hierbei um die Absicherung eines Nettoexposures handelt und SFAS 133 in allen anderen Fällen die bilanzielle Abbildung einer derartigen Sicherungsstrategie versagt. Mit Verweis auf die bestehenden Rechnungslegungsstandards, die eine solche Darstellung explizit zulassen, entschied man sich jedoch, die Vorschriften unverändert zu übernehmen.[796]

Soll das Translationsrisiko abgesichert und diese Sicherung bilanziell abgebildet werden, können dafür derivative und/oder originäre Finanzinstrumente herangezogen werden.[797] Die Verwendung konzerninterner Geschäfte ist zulässig, bedarf aber des Nachweises eines mit einem Konzernfremden abgeschlossenen, kongruenten Gegengeschäfts; eine Nettoabsicherung qualifiziert also nicht für das *Hedge Accounting*. Da die bei der Einbeziehung ausländischer Teileinheiten in einen Konzernabschluss auftretenden Währungsdifferenzen

---

rechnen ist und dabei der Sicherungszusammenhang verloren geht; vgl. SFAS 133.40(a), Asterisk, und 487. S.a. SFAS 133 DIG Implementation Issue No. H14.
[793] S. diesbzgl. auch SFAS 133 DIG Implementation Issue Nos. H4 und H5.
[794] Vgl. SFAS 133 DIG Implementation Issue H16.
[795] Vgl. SFAS 133.41 i.V.m. SFAS 133 DIG Implementation Issue No. H13. S.a. Abschnitt 5.5.3.3 sowie E&Y (2001): Accounting for Derivatives and Hedging Activities, S. 7.7 ff.
[796] Vgl. SFAS 133.477; s.a. PricewaterhouseCoopers (1998): Accounting for Derivative Instruments and Hedging Activities, S. 144.

gem. SFAS 52 erfolgsneutral im Eigenkapital abgebildet werden, bestimmt der FASB, dass auch die Wertveränderungen aus dem Sicherungsderivat im Ausgleichsposten aus der Währungsumrechnung zu zeigen sind.[798] Mit Ausnahme des Ausweises folgt die Verbuchung der Wertänderungen den Regeln für das *Cash Flow Hedge Accounting*.

5.6 Ausweisvorschriften und Angabepflichten

Nach der Darstellung der Ansatz- und Bewertungsvorschriften ist abschließend noch auf den Ausweis derivativer Geschäfte (*Presentation*) sowie zugehörige Angaben (*Disclosures*) einzugehen.

Anders als im deutschen Bilanzrecht kennen die US-GAAP kein starres Ausweisschema. Der FASB schreibt in seinen Verlautbarungen i.d.R. nur vor, dass Sachverhalte auszuweisen sind, nicht aber, an welcher Stelle dies zu erfolgen hat. Im Rahmen des *Financial Instruments Projects* wurde lediglich die Frage adressiert, ob Geschäfte mit Finanzinstrumenten saldiert oder unsaldiert darzustellen sind. Der Board hat mit der Verabschiedung von FIN 39, *Offsetting of Amounts Related to Certain Contracts*, wie folgt Stellung genommen: Ist ein Unternehmen mit einer anderen Partei zwei gegenläufige und betraglich bestimmbare Positionen eingegangen und besitzt es ein durchsetzbares Recht zur Aufrechnung, das wahrgenommen werden soll, dann sind die Transaktionen miteinander aufzurechnen und lediglich der verbleibende Überhang auszuweisen. Diese Regelung gilt explizit auch für Derivate.[799]

In SFAS 133 finden sich keine weitergehenden Ausweisvorschriften – entsprechend groß ist die in der Praxis anzutreffende Gestaltungsvielfalt:[800] Während einige Unternehmen bspw. bereitwillig Auskunft darüber geben, unter welchem Bilanzposten die beizulegenden Zeitwerte der Derivate erfasst wurden,[801] schweigen sich andere gänzlich darüber aus[802] oder erwähnen es nur beiläufig.[803]

---

[797] Vgl. SFAS 133.42 i.V.m. SFAS 133 DIG Implementation Issue No. H10.
[798] Vgl. SFAS 133.42 und 45(c). S.a. SFAS 133 DIG Implementation Issues Nos. H1, H6 und H9 sowie E&Y (2001): Accounting for Derivatives and Hedging Activities, S. 7.62; PricewaterhouseCoopers (1998): Accounting for Derivative Instruments and Hedging Activities, S. 149; Williams, J.R. (2002): 2002 Miller GAAP Guide, S. 17.17. Bzgl. des Effektivitätstests bei *Hedges of a Net Investment in a Foreign Operation* s. SFAS 133 DIG Implementation Issue Nos. H7 und H8.
[799] Vgl. FIN 39.5 und 8 ff.
[800] S.a. E&Y (2001): Accounting for Derivatives and Hedging Activities, S. 8.11; KPMG (1998): Derivatives and Hedging Handbook, S. 289 ff.; PricewaterhouseCoopers (1998): Accounting for Derivative Instruments and Hedging Activities, S. 179 f. sowie die Ausweisbeispiele auf S. 182 ff.
[801] Siehe stellvertretend die Geschäftsberichte 2001 von IBM und McDonalds.
[802] Z.B. Boeing, Geschäftsbericht 2001.
[803] So z.B. in den Geschäftsberichten 2001 von General Electric und General Motors.

Die bezüglich des Einsatzes derivativer Finanzinstrumente zu leistenden Angaben sind hingegen deutlich umfangreicher als nach deutschem Bilanzrecht. Über Finanzinstrumente ist schon seit geraumer Zeit zu berichten. Bereits im März 1990 verabschiedete der FASB einen Standard (SFAS 105), mit denen Unternehmen zur Bekanntgabe der mit Finanzinstrumenten verbundenen außerbilanziellen Risiken und Kreditrisikokonzentrationen gezwungen wurden.[804] Mit SFAS 107, *Disclosures about Fair Value of Financial Instruments*, verlangte der Board erstmals die Angabe beizulegender Zeitwerte von Finanzinstrumenten. Sofern die *Fair Values* aus Modellen abgeleitet werden, sind diese darzustellen und die maßgeblichen, in die Berechnung eingehenden Parameter zu nennen.[805]

Auch wenn Derivate von den beiden vorstehenden Regelungen bereits erfasst wurden, erachteten FASB und SEC es für erforderlich, die Angabepflichten zu verschärfen; dies erfolgte mit der Verabschiedung von SFAS 119, *Disclosure about Derivative Financial Instruments and Fair Value of Financial Instruments*.[806] In Abwesenheit eines Bilanzierungsstandards sollten die Adressaten des Jahresabschlusses zumindest erfahren, im welchem Umfang und zu welchem Zweck Derivate in Unternehmen eingesetzt werden. Auch über die Art der verwendeten Instrumente und das kontrahierte Volumen war zu berichten. Die Abgabe quantitativer Informationen wurde den Unternehmen lediglich nahegelegt, nicht aber zur Pflicht erhoben. Mit der Veröffentlichung von SFAS 133 wurden die meisten bestehenden Angabepflichten zu derivativen Finanzinstrumenten zusammengeführt und die Standards 105 und 119 aufgehoben.[807]

---

[804] Vgl. SFAS 105, *Disclosure of Information about Financial Instruments with Off-Balance-Sheet Risk and Financial Instruments with Concentrations of Credit Risk*. Die Regelungen wurden mit der Verabschiedung von SFAS 133 aufgehoben.

[805] Vgl. SFAS 107.10.

[806] Vgl. dazu ausführlich Anstis, C.M. (1994): Financial Instrument Disclosures; Lorenz, V. (1997): Bilanzierung von Finanzinstrumenten, S. 85 ff.; Mahoney, J.P./Kawamura, Y. (1995): Disclosures about Financial Instruments; Pfeffer, A. (1995): Publizitätspflichten, S. 411 ff. Es sei darauf hingewiesen, dass eine ganze Reihe von Angabepflichten, die noch in den Entwürfen enthalten waren, auf Druck der Unternehmen nicht in die endgültig verabschiedeten Standards SFAS 105, 107 und 119 aufgenommen wurden. Vgl. diesbzgl. Goldberg, S.R./Tritschler, C.A./Godwin, J.H. (1995): Financial Reporting for Foreign Exchange Derivatives, S. 1 und 4. Auch bei der Verabschiedung von SFAS 133 wurden mehrere Angabeerfordnisse aus dem Entwurf nicht in den endgültigen Standard übernommen, vgl. SFAS 133.506 ff. Die Aussagekraft der von SFAS 119 geforderten Informationen ist Gegenstand zahlreicher empirischer Studien gewesen; ein eindeutiger Befund ergibt sich danach nicht. Vgl. Stellvertetend Schrand, C.M. (1997): Association, S. 99 ff.; Skinner, D.J. (1996): disclosures about bank derivatives, S. 395 ff.; Venkatachalam, M. (1996): Value-relevance, S. 327 ff.; Wong, M.H.F. (2000): Association, S. 387 ff.

[807] Vgl. SFAS 133.502 und 509 ff. Für einen ausführlichen Vergleich der Angabepflichten zum derivativen Geschäft vor und nach der Verabschiedung von SFAS 133 vgl. E&Y (2001): Accounting for Derivatives and Hedging Activities, S. 8.13 ff.

5.6.1 Angabepflichten nach SFAS 133

Setzt ein Unternehmen Derivate ein, hat es die mit der Eingehung der Position angestrebte Zielsetzung anzugeben und zu erläutern. In diesem Zusammenhang ist auch auf die Strategie einzugehen, mit der das Unternehmen das Ziel zu erreichen sucht. Bei der Darstellung sind Derivate (und nicht-derivative Instrumente), die als Sicherungsinstrument im Rahmen eines *Fair Value*, *Cash Flow* oder *Hedges of a Net Investment* qualifizieren, getrennt von den übrigen Instrumenten abzuhandeln. Die bei den drei Arten von Sicherungsbeziehungen zum Tragen kommende Risikopolitik ist ebenso offenzulegen wie die Information, welche Bilanzposten oder Transaktionen Gegenstand der Absicherung sind. Für Derivate, die nach SFAS 133 nicht als Sicherungsinstrumente anerkannt werden und/oder aus anderen Gründen eingegangen wurden, ist der Zweck ihres Einsatzes darzustellen.[808] Der FASB legt Unternehmen nahe, die Erläuterung der Ziele und Strategien des Derivateeinsatzes im Rahmen einer umfassenden Darstellung des Risikomanagements vorzunehmen.[809]

Werden Derivate zu Sicherungszwecken eingesetzt und unter SFAS 133 als solche anerkannt, sind in Abhängigkeit der Art der Sicherungsbeziehung weitere Informationen beizubringen:[810]

- *Fair Value Hedges*
  - Sofern es sich bei der Sicherungsbeziehung nicht um einen perfekten *Hedge* handelte, ist der Betrag der aufgetretenen Ineffektivität anzugeben. Hat das Unternehmen bei der Berechnung der Effektivität zulässigerweise bestimmte Wertveränderungen ausgeklammert (bspw. den Zeitwert bei Sicherungen mit Optionen), ist dies ebenfalls berichtspflichtig. In beiden Fällen ist die GuV-Position zu nennen, unter der die Beträge erfasst wurden.

---

[808] Die Unternehmen weisen diesbzgl. in ihren Geschäftsberichten praktisch durchgängig darauf hin, dass die eingesetzten Derivate zwar zu Sicherungszwecken eingesetzt werden, dieser Zweck aber bilanziell nicht abbildbar ist. Häufig liegt dies an der Verwendung einer Sicherungsstrategie, die nicht der in SFAS 133 geforderten Einzelabsicherung entspricht (Absicherung von Netteoexposures, Verwendung interner Geschäfte etc.) oder an einem expliziten Bilanzierungsverbot (bspw. bei der Absicherung von *Held-to-Maturity*-Beständen gegen Zinsänderungsrisiken).

[809] Vgl. SFAS 133.44 f. S.a. Barckow, A./Rose, S. (1997): Die Bilanzierung von Derivaten und Hedgestrategien, S. 799.

[810] Vgl. SFAS 133.45. Einige Unternehmen schlugen in ihren Stellungnahmen zum Entwurf vor, die Angaben in Abhängigkeit des gesicherten Risikofaktors und nicht nach der Art der Sicherungsbeziehung zu leisten. Der Board konzedierte in seinen Beratungen, dass eine derartige Darstellung zweifelsohne einen hohen Informationswert besäße, man aber andererseits die neu geschaffene Bilanzierungsweise durch einen flankierenden Ausweis verständlicher gestalten wolle. Eine mehrstufige, beiden Belangen gerecht werdende Darstellung würde zu einer sehr komplexen Ausarbeitung führen, die den Unternehmen nicht aufgebürdet werden könne. Der Board beließ es daher bei den ursprünglichen Angabeerfordernissen; vgl. SFAS 133.504 f.; s.a. KPMG (1998): Derivatives and Hedging Handbook, S. 268 f.

- Wurde eine feste Verpflichtung gegen Vermögensrisiken abgesichert und qualifiziert diese nicht mehr für die Inanspruchnahme von *Hedge Accounting*, ist der aus der Auflösung der Sicherungsbeziehung resultierende und in der GuV erfasste Nettoerfolg anzugeben.

- Cash Flow Hedges

  - Wie bei *Fair Value Hedges* ist auch bei *Cash Flow Hedges* der Betrag aufgetretener Ineffektivität anzugeben. Hat das Unternehmen bei der Berechnung der Effektivität zulässigerweise bestimmte Wertveränderungen ausgeklammert, ist dies zu berichten. In beiden Fällen ist die GuV-Position zu nennen, unter der die Beträge erfasst wurden.
  - Ferner ist darzulegen, durch welche Transaktionen die spätere Umgliederung der abgegrenzten Erfolge aus dem Eigenkapital in die GuV veranlasst wird. Dabei ist auch der Betrag anzugeben, der vermutlich in den folgenden 12 Monaten umgegliedert werden wird.[811]
  - Im Hinblick auf antizipierte Geschäfte ist der maximale Sicherungszeitraum zu nennen. Bei der Ermittlung sind zukünftig erwartete Zahlungsströme bestehender variabel verzinslicher Geschäfte nicht in Ansatz zu bringen.
  - Schließlich sind jene Erfolge anzugeben, die zur Sicherung eines erwarteten Geschäfts erfolgsneutral in OCI abgegrenzt, in der laufenden Periode aber in die GuV umgegliedert wurden, weil der Eintritt der zu sichernden Position selbst bei Inanspruchnahme der zweimonatigen Karenzfrist nicht mehr als wahrscheinlich einzustufen ist.

- Hedges of a Net Investment in a Foreign Operation

  - Angabepflichtig sind jene Erfolge aus der Umrechnung von als Sicherungsinstrument qualifizierenden Fremdwährungsposten, die in der laufenden Periode erfolgsneutral im Ausgleichsposten aus der Währungsumrechnung erfasst wurden.

5.6.2 Angabepflichten nach *Financial Reporting Release No. 48*

Neben den nach SFAS 107 und SFAS 133 bestehenden Angabepflichten müssen börsennotierte Unternehmen zusätzlich die Vorschriften der *Securities and Exchange Commission (SEC)* beachten. In diesem Zusammenhang ist v.a. das *Financial Reporting Release No. 48* (FRR 48) zu nennen, welches die Unternehmen zur Angabe der verwendeten Bilanzie-

---

[811] Da diese Ermittlung auf Transaktionsebene zu erfolgen hat, kann der umzugliedernde Betrag größer sein als derjenige, der am vorhergehenden Stichtag netto in OCI ausgewiesen wird; s.a. SFAS 133 DIG Implementation Issue No. I2.

rungs- und Bewertungsmethoden für Derivate sowie der eingegangenen Marktpreisrisiken verpflichtet.[812] Die Berichtsvorschrift ist ein unmittelbares Ergebnis einer Untersuchung, bei der die SEC den Informationsgehalt der bei ihr eingereichten Jahresabschlüsse der Jahre 1994 und 1995 erhoben hat. Dabei wurde zwar festgestellt, dass der im Oktober 1994 erlassene Standard SFAS 119 zu einer Verbesserung der Berichterstattung geführt habe. Gleichwohl wurden Defizite bei drei Sachverhalten festgestellt:

> *"1. Footnote disclosures of accounting policies for derivatives often were too general to convey adequately the diversity in accounting that exists for derivatives. Thus, it often was difficult to determine the impact of derivatives on Registrants' statements of financial position, cash flows, and results of operations.*
>
> *2. Disclosures about different types of market risk sensitive instruments often were reported separately. Thus, it was difficult to assess the aggregate market risk exposures inherent in these instruments.*
>
> *3. Disclosure about reported items in the footnotes to the financial statements, MD&A, schedules, and selected financial data may not have reflected adequately the effect of derivatives on such reported items. Thus, information about the reported items may have been incomplete and could be misleading."*[813]

Mit FRR 48 wurden einige Angaben, die auf Druck der Unternehmenslobby nicht in die endgültig verabschiedeten Standards SFAS 105, 107 und 119 aufgenommen wurden, nachträglich zumindest für börsennotierte Unternehmen eingefordert.[814] Dabei hatte sich die SEC auch der Einflussnahme durch den Kongress zu erwehren, brachte aber ihren Entwurf weitgehend unverändert durch.[815]

---

[812] Vgl. SEC (1997): FRR 48; s.a. E&Y (1997): SEC's Market Risk Disclosure Rules; Hodder, L./ Koonce, L./McAnally, M.L. (2001): SEC Market Risk Disclosures, S. 49 ff.; KPMG (1998): Derivatives and Hedging Handbook, S. 296 ff.; Laupenmühlen, M./Münz, S.M. (1998): Die neue SEC-Berichtsvorschrift, S. 2025 ff.; Linsmeier, T.J./Pearson, N.D. (1997): SEC Release, S. 107 ff.; Roulstone, D.T. (1999): SEC Financial Reporting Release No. 48, S. 343 ff.; Ryan, S.G. (2002): Financial Instruments, S. 259 ff., jeweils m.w.N. Mit der Verabschiedung von SFAS 133 sind einige Angabeerfordernisse zwar faktisch redundant geworden (bspw. die Angabe der Bilanzierungs- und Bewertungsmethoden); sie wurden aber bislang nicht formal aufgehoben, so dass die Unternehmen bei der Einreichung ihrer Abschlüsse bei der SEC dem Berichtserfordernis weiter nachkommen müssen. Dieses muss umso mehr erstaunen, als nach der Vorschrift spätestens nach drei Jahren eine gründliche Durchsicht und Überprüfung der Regeln durch die Kommission vorgesehen ist; vgl. SEC (1997): FRR 48, S. 8.
[813] SEC (1997): FRR 48, S. 18; s.a. E&Y (1997): SEC's Market Risk Disclosure Rules, S. 10 ff.; Linsmeier, T.J./Pearson, N.D. (1997): SEC Release, S. 108 f.
[814] S. diesbzgl. noch einmal Goldberg, S.R./Tritschler, C.A./Godwin, J.H. (1995): Financial Reporting for Foreign Exchange Derivatives, S. 1 ff.
[815] Vgl. SEC (1996): E-FRR 48; s.a. E&Y (1997): SEC's Market Risk Disclosure Rules, S. 1; Lipe, R.C. (1998): Recent Financial Reporting Issues, S. 422.

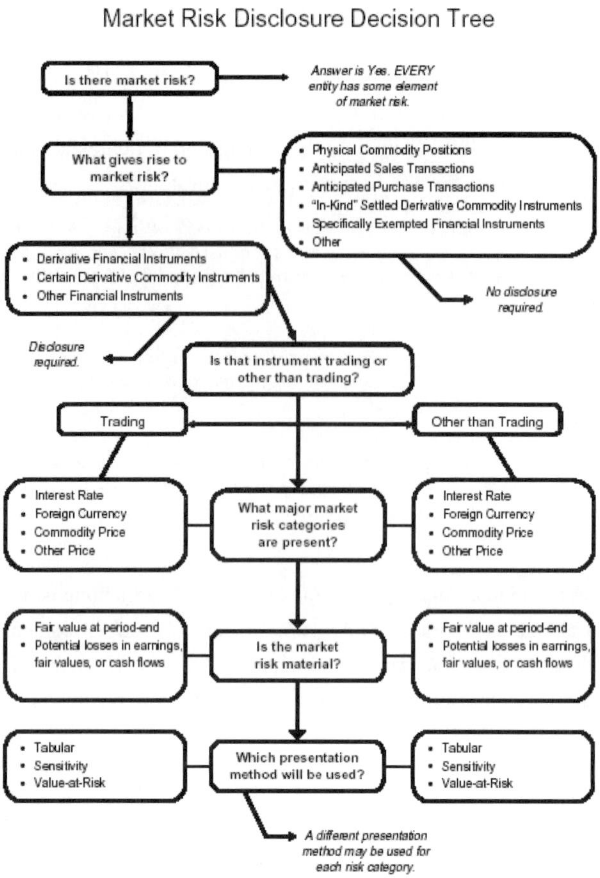

5. Bilanzierung von Derivaten und Sicherungsbeziehungen nach US-amerikanischen Standards

Market Risk Disclosure Decision Tree

Abb. 26: Entscheidungsbaum zur Marktrisikoberichtspflicht nach FRR 48.
Quelle: E&Y (1997): SEC's Market Risk Disclosure Rules, S. 9.

Im Wesentlichen präzisiert und erweitert die SEC mit der Vorschrift bestehende Berichtspflichten und adressiert damit die vorstehenden Schwachstellen:

- Unternehmen haben die angewandten Bilanzierungs- und Bewertungsmethoden für die im Bestand befindlichen Derivate im Anhang anzugeben. Zwar werden die berichtspflichtigen Sachverhalte aufgeführt; wie der Ausweis aber konkret auszusehen hat, lässt die SEC offen. Unternehmen können somit entscheiden, ob sie der Berichtspflicht separat für jedes eingesetzte Instrument oder in toto für sämtliche Derivate nachkommen.[816]

- Für sämtliche originären und derivativen Finanzinstrumente, die Marktpreisrisiken unterliegen, sind pflichtmäßig qualitative und quantitative Informationen für jedes eingegangene Marktpreisrisiko abzugeben.[817] Die Angaben sollen explizit außerhalb des Jahresabschlusses (z.B. in der *Management Discussion and Analysis, MD&A*) und getrennt nach zu Handelszwecken gehaltenen und aus anderweitigen Gründen eingegangenen Finanzinstrumenten erfolgen.[818] Hinsichtlich der geforderten quantitativen Informationen können Unternehmen zwischen drei Darstellungsformen wählen (wobei für jeden Risikofaktor eine andere Darstellungsweise gewählt werden kann):[819]

  - einer Aufgliederung in tabellarischer Form, aus welcher der beizulegende Zeitwert und die wesentlichen Merkmale der im Bestand befindlichen Finanzinstrumente hervorgehen; oder

  - einer Sensitivitätsanalyse, bei der die mögliche negative Auswirkung auf marktsensitive Instrumente über eine vorbestimmte Periode durch eine hypothetische Veränderung von Marktpreisfaktoren simuliert wird (bspw. der Effekt aus einer Parallelverschiebung der Zinsstrukturkurve um ± 100 Basispunkte);[820] oder

---

[816] Durch FRR 48 wurden Regulation S-X (Rule 210.4-08(n)) und S-B (Item 310) geändert. Für eine ausführliche Darstellung der Änderungen und beispielhafte Ausweisformate sei auf E&Y (1997): SEC's Market Risk Disclosure Rules, S. 61 ff. verwiesen. Die meisten Sachverhalte sind mit der Verabschiedung von SFAS 133 obsolet geworden. Lediglich die pflichtmäßig zu erbringende Angabe, unter welchem Bilanzposten und in welcher Zeile der Kapitalflussrechnung Derivate ausgewiesen wurden, stellt eine zusätzliche Information dar. S.a. Laupenmühlen, M./Münz, S.M. (1998): Die neue SEC-Berichtsvorschrift, S. 2027; für erste empirische Befunde s. Roulstone, D.T. (1999): SEC Financial Reporting Release No. 48, S. 351 f.

[817] FRR 48 führt hier zu einer Änderung der Regulation S-K (Einfügung eines neuen Items 305) sowie der Form 20-F (Einfügung Item 9A). Da viele der unter FRR 48 geforderten qualitativen Angaben mittlerweile durch SFAS 133 ebenfalls eingefordert werden, unterbleibt an dieser Stelle eine ausführlichere Darstellung. Stattdessen sei verwiesen auf E&Y (1997): SEC's Market Risk Disclosure Rules, S. 54 ff.; KPMG (1998): Derivatives and Hedging Handbook, S. 309 f. Roulstone, D.T. (1999): SEC Financial Reporting Release No. 48, S. 357 ff.

[818] Vgl. SEC (1997): FRR 48, S. 53. Von der Vorschrift sind lediglich Forderungen und Verbindlichkeiten aus Lieferungen und Leistungen ausgenommen, soweit deren Buchwert ihrem beizulegenden Zeitwert entspricht.

[819] Vgl. SEC (1997): FRR 48, S. 28 ff.; Linsmeier, T.J./Pearson, N.D. (1997): SEC Release, S. 110 f.; Ryan, S.G. (2002): Financial Instruments, S. 262 ff.; für erste empirische Befunde s. Roulstone, D.T. (1999): SEC Financial Reporting Release No. 48, S. 352 ff.

[820] Vgl. E&Y (1997): SEC's Market Risk Disclosure Rules, S. 44 ff.; Laupenmühlen, M./Münz, S.M. (1998): Die neue SEC-Berichtsvorschrift, S. 2029 f.; Linsmeier, T.J./Pearson, N.D. (1997): SEC Release, S. 114 ff.

– einer *Value-at-Risk*-Analyse zur Abschätzung des innerhalb eines festgelegten Zeitraums mit einer bestimmten Eintrittswahrscheinlichkeit auftretenden maximalen Verlusts aus nachteiligen Veränderungen der Marktpreisfaktoren.[821]

Für jedes gewählte Verfahren sind die wesentlichen Modellannahmen anzugeben (Diskontierungsfaktoren, Konfidenzniveau, maximale Haltedauer etc.). Andere Ausweisformate lässt die SEC nicht zu. Nutzt ein Unternehmen im Rahmen seines Risikomanagements andere Berichtsstandards, so sind diese in der Weise zu modifizieren, dass das Unternehmen der Berichtspflicht nach FRR 48 nachkommen kann.[822]

Wie E&Y zutreffend anmerken, ist die tabellarische Form der Darstellung von den drei möglichen zwar die am leichtesten zu erfüllende Variante; sie birgt aber infolge der umfangreichen Offenlegungen die Gefahr in sich, dass die Risikomanagementstrategie auch für Wettbewerber transparent wird und sich das Unternehmen folglich in einen komparativen Wettbewerbsnachteil begibt. Auch kann nicht ausgeschlossen werden, dass Analysten aufgrund der zur Verfügung gestellten Daten zu anderen Einschätzungen über die Risikosituation als das bilanzierende Unternehmen kommen.[823] In diese Richtung deuten auch die Ergebnisse einer Studie von ROULSTONE, der Berichte von 25 bei der SEC registrierten Unternehmen für die Jahre vor und nach der Verabschiedung von FRR 48 untersuchte.[824]

5.7 Zusammenfassung

Die Bilanzierung von Derivaten und Sicherungsstrategien wurde mit der Verabschiedung von SFAS 133 im Juni 1998 erstmals umfassend geregelt. Zuvor bestanden Ansatz- und Bewertungsvorschriften lediglich für Währungsderivate (SFAS 52) und *Futures*-Kontrakte (SFAS 80) sowie für eine Vielzahl von eher kasuistisch adressierten Sachverhalten (Stellungnahmen der EITF). Im Juni 2000 wurden einige Ansatz- und Bewertungsregeln durch

---

[821] Die SEC verwendet den Ausruck „*Value at Risk*-Analyse" als Platzhalter für probabilistische Verfahren. In Frage kommen u.a. historische Simulationen, Monte-Carlo-Simulationen und Varianz-Covarianz-Analysen. S.a. E&Y (1997): SEC's Market Risk Disclosure Rules, S. 48 ff.; Laupenmühlen, M./Münz, S.M. (1998): Die neue SEC-Berichtsvorschrift, S. 2030 f.; Linsmeier, T.J./Pearson, N.D. (1997): SEC Release, S. 117 ff. Zum *Value-at-Risk*-Ansatz grundlegend Jorion, P. (1997): Value at Risk; zum Aussagegehalt des Maßes s. stellvertretend die Studien von Jorion, P. (2002): Value-at-Risk Disclosures, S. 911 ff., sowie von Linsmeier, T.J. et al. (2002): Market Risk Disclosures, S. 343 ff.
[822] Vgl. E&Y (1997): SEC's Market Risk Disclosure Rules, S. 7.; für exemplarische Darstellungen s. KPMG (1998): Derivatives and Hedging Handbook, S. 311 ff.
[823] Vgl. E&Y (1997): SEC's Market Risk Disclosure Rules, S. 33 ff.
[824] Vgl. Roulstone, D.T. (1999): SEC Financial Reporting Release No. 48, S. 353 ff. S.a. Linsmeier, T.J./ Pearson, N.D. (1997): SEC Release, S. 111 ff.

5. Bilanzierung von Derivaten und Sicherungsbeziehungen nach US-amerikanischen Standards

die Verabschiedung von SFAS 138 modifiziert, um die Anwendung des Standards zu erleichtern und erste Präzisierungen vorzunehmen.

Vier Kernaussagen bilden das Fundament des Standards:

- Derivate stellen Ansprüche und Verpflichtungen dar, die den Ansatzkriterien von SFAC 6 genügen. Sie sind damit als Vermögenswert resp. Schuld abstrakt bilanzierungspflichtig.

- Der einzig sachgerechte Wertmaßstab derivativer Finanzinstrumente ist der beizulegende Zeitwert. Sofern Geschäfte mit Derivaten gegen Finanzrisiken gesichert werden, ist ihr Buchwert um den Betrag anzupassen, der sich aus einer risikofaktorinduzierten Bewertung ergibt. Für die Ermittlung des beizulegenden Zeitwertes verweist der Board auf SFAS 107 i.V.m. SFAC 7.

- Es sind ausschließlich Posten bilanziell zu erfassen, die den Ansatzkriterien nach SFAC 6 entsprechen. Die bis zur Verabschiedung von SFAS 133 häufig gebildeten Abgrenzungsposten aus Sicherungsbeziehungen qualifizieren damit nicht mehr für einen Ansatz und sind aufzulösen.

- Zur Adressierung von Ansatz- und Bewertungsinkongruenzen werden spezielle Abbildungsregeln bei Bestehen von Sicherungsbeziehungen eingeführt (*Hedge Accounting*). Diese können aber nur in Anspruch genommen werden, wenn bestimmte Voraussetzungen erfüllt sind.

SFAS 133 gilt dem Grunde nach für sämtliche Unternehmen und ist auf alle kontrahierten derivativen Instrumente anzuwenden. Der FASB verzichtete auf eine explizite Nennung derivativer Verträge, um keine neuen Ausweichtatbestände zu schaffen und Unternehmen die Möglichkeit zu geben, durch Strukturierung Produkte zu kreieren, die dasselbe Zahlungs- und Risikoprofil wie Derivate aufweisen, aber nicht in der Liste enthalten wären. Stattdessen werden derivative Instrumente anhand ihrer vorherrschenden Eigenschaften definiert. Vertragsformen, die alle nachfolgend genannten Kriterien kumulativ erfüllen, gelten als Derivat i.S.d. Standards und sind dementsprechend zu bilanzieren:

- Der Wert des Instruments ergibt sich unmittelbar aus der Verknüpfung von Nominalvolumen und einem Basiswert;

- der Vertrag erfordert keine oder nur eine deutlich geringere Anschaffungsauszahlung, verglichen mit einer unmittelbaren Investition in die Basis;

- das Instrument sieht eine Erfüllung im Wege eines Barausgleichs vor oder lässt diese zu (ggf. durch Andienung und unmittelbare Liquidierung).

5. Bilanzierung von Derivaten und Sicherungsbeziehungen nach US-amerikanischen Standards

Die abstrakte Definition kann dazu führen, dass auch Vertragsformen als Derivat bilanzierungspflichtig werden, die in der Praxis üblicherweise nicht als Derivat angesehen werden (bspw. klassische Bestellungen und Lieferverträge). Da deren Bilanzierung durch SFAS 133 aber grundsätzlich nicht berührt werden soll, enthält der Standard eine Vielzahl an Befreiungsregeln.

Die in einer Berichtsperiode eingetretenen Wertveränderungen eines derivativen Finanzinstruments sind grundsätzlich erfolgswirksam zu verbuchen. Davon ist nur abzusehen, wenn das Derivat als Sicherungsinstrument im Rahmen eines *Cash Flow Hedges* eingesetzt wird. In diesem Fall werden die Veränderungen des beizulegenden Zeitwerts in dem Maße erfolgsneutral im Eigenkapital (OCI) abgegrenzt, wie die Sicherungsbeziehung als effektiv eingestuft wird. Die dort eingestellten Beträge sind in die GuV umzubuchen (sog. *Recycling*), wenn das gesicherte Grundgeschäft erfolgswirksam wird.

Besondere Vorschriften bestehen darüber hinaus für Derivate, die in strukturierte Produkte eingebettet sind. Der FASB bestimmt, dass eingebettete derivative Finanzinstrumente für Bewertungszwecke vom originären Instrument abzuspalten sind wenn

- Trägervertrag und Derivat unterschiedlichen Risikofaktoren unterliegen;
- das strukturierte Produkt nicht mit dem beizulegenden Zeitwert angesetzt und die auftretenden Wertänderungen nicht erfolgswirksam in der GuV erfasst werden; und
- das abgespaltete Instrument die Definitionsmerkmale eines Derivats erfüllt.

Das herausgetrennte Derivat ist in diesem Fall wie ein freistehendes derivatives Finanzinstrument zu bewerten. Die bilanzielle Behandlung des verbleibenden Trägervertrags richtet sich nach dem für diesen geltenden Standard.

Die Bilanzierung von Sicherungsbeziehungen wurde umfassend neu geregelt. Dabei wurde die Konzeption einer Einzelrisikosteuerung aus SFAS 52 – zu Lasten der Absicherung von Nettoexposures aus SFAS 80 – übernommen und erweitert. Die bilanzielle Abbildung richtet sich nunmehr danach, ob ein Vermögens- oder ein Einkommensrisiko Gegenstand der Absicherung ist:

- Die Absicherung von Vermögensrisiken (*Fair Value Hedge*) folgt einem modifizierten Marktbewertungsansatz: Der <u>Sicherungsgegenstand</u> wird dazu einer Bewertung unterzogen. Die in einer Periode aufgetretene Bruttowertveränderung wird aber nur in dem Maße bilanziell berücksichtigt, wie sie auf den gesicherten Risikofaktor zurückzuführen ist. Der so berechnete Betrag führt zu einer Buchwertanpassung des Grundgeschäfts und einer erfolgswirksamen Gegenbuchung in der GuV.

5. Bilanzierung von Derivaten und Sicherungsbeziehungen nach US-amerikanischen Standards

- Bei der Absicherung von Einkommensrisiken (*Cash Flow Hedges*) wird die Abgrenzungsmethode mit dem *Comprehensive Income*-Ansatz kombiniert: Die in einer Periode eingetretene Wertänderung des Sicherungsinstruments wird entgegen der Regel nicht erfolgswirksam erfasst, sondern erfolgsneutral abgegrenzt. Die Neuerung von SFAS 133 besteht darin, dass die Abgrenzung im Eigenkapital vorzunehmen ist und nicht als Vermögenswert resp. Schuld ausgewiesen wird.

In beiden Fällen haben die Unternehmen einen umfangreichen und restriktiven Kriterienkatalog zu erfüllen. Von der Einhaltung dieser Kriterien ist abhängig, ob eine im Rahmen der betrieblichen Risikosteuerung eingegangene Sicherungsbeziehung auch bilanziell abgebildet werden darf. Dieses ist dem Grunde nach abschlägig zu beurteilen, wenn ein Unternehmen seine Risiken auf der Basis von Nettoexposures steuert (*Portfolio* oder *Macro Hedging*). Der Einsatz interner Geschäfte, mit denen das Risiko innerhalb eines Unternehmens oder Konzerns auf bestimmte Einheiten transferiert wird, wird unter SFAS 133 nur dann anerkannt, wenn dem internen nachweislich ein externes Geschäft mit Dritten folgt. Eine Ausnahme sieht der FASB nur bei der Absicherung von Einkommensrisiken aus bestimmten Währungsgeschäften vor.

Angabepflichten für das derivative Geschäft bestanden bereits mit SFAS 105 (außerbilanzielle Risiken), SFAS 107 (*Fair Value*) und SFAS 119 (derivative Finanzinstrumente). Mit der Verabschiedung von SFAS 133 wurden die Vorschriften aus den Standards 105 und 119 übernommen und um Regelungen zur Darstellung des Risikomanagements und des *Hedge Accountings* erweitert.

6. Bilanzierung von Derivaten und Sicherungsbeziehungen nach *International Financial Reporting Standards*

6.1 Das *Financial Instruments Project* des IASC/IASB

Das *International Accounting Standards Committee* (IASC) begann die Arbeiten zum Themengebiet *Financial Instruments* im Jahr 1989. Vier Jahre zuvor hatte man mit IAS 25, *Accounting for Investments*, bereits einen Standard zur Bilanzierung von Finanzinvestitionen verabschiedet. Neben erworbenen Wertpapieren fielen auch Renditeimmobilien (*Investment Property*) in den Regelungsbereich dieses Standards. Abgesehen davon, dass viele Sachverhalte nicht oder nur rudimentär geregelt wurden – emittierte Wertpapiere, strukturierte Produkte, *Hedge Accounting* etc. –, ließ IAS 25 dem Bilanzierer im Hinblick auf die Bewertung der Instrumente große Freiheiten: Eine Bewertung zu Anschaffungskosten war ebenso statthaft wie ein Ansatz zum Markt- oder Niederstwert. Die Vielzahl der expliziten und faktischen Wahlrechte führte dazu, dass gleichartige Sachverhalte in den Bilanzen der Unternehmen völlig unterschiedlich abgebildet wurden und damit der Vergleichbarkeit der Abschlüsse abträglich waren.[825]

Um die Vorschriften konsistenter zu gestalten und zugleich ungeregelte Bereiche einer Lösung zuzuführen, schloss sich das IASC mit dem *Accounting Standards Board* (AcSB) des *Canadian Institute of Chartered Accountants* (CICA) zusammen.[826] Anders als in den USA plante man dabei nicht, den Themenkomplex in einzelne Teile aufzuspalten. Vielmehr sollten die Regelungen zu Ansatz, Bewertung, Ausweis und Angaben in einem Dokument zusammengefasst werden.[827] Im Frühjahr und Spätherbst 1990 wurden zwei Grundsatzpapiere veröffentlicht, in dem sich IASC und CICA für eine weitgehende Marktbewertung aussprachen. Im September 1991 wurde mit E 40, *Financial Instruments*, ein erster Standardentwurf unterbreitet; er wurde von einer deutlichen Mehrheit der Unternehmen zurückgewiesen. Auch die Bilanzierungsvorschläge des überarbeiteten Entwurfs E 48, *Financial Instruments*, stießen auf wenig Gegenliebe. Nach Sichtung der eingegangenen Kommentare fassten IASC und AcSB im November 1994 den Entschluss, das Vorhaben eines einheitlichen Standards nicht weiter zu verfolgen. Stattdessen sollten die vergleichsweise wenig kritisierten Vorschläge zu Ausweis und Angaben vorab verabschiedet wer-

---

[825] Vgl. IASC Insight December 1998, S. 7; Pellens, B. (2001): Internationale Rechnungslegung, S. 462.
[826] Vgl. Barckow, A. (1997): Bilanzierung derivativer Finanzinstrumente, S. 564; Deloitte & Touche (2001): International Accounting Standards, S. 418; Niemeyer, K. (2003): Bilanzierung von Finanzinstrumenten, S. 8; Pacter, P. (1998): The IASC's financial instruments project, S. 44.
[827] S.a. Ackermann, U. (2001): Marktwertbilanzierung, S. 65.

den.[828] Im Juni 1995 wurde IAS 32, *"Financial Instruments: Disclosure and Presentation"*, beschlossen. Der Standard war erstmals ab dem Geschäftsjahr anzuwenden, das am oder nach dem 1.1.1996 begann.

Die Erarbeitung der Ansatz- und Bewertungsvorschriften stellte sich dagegen als weitaus komplexeres Unterfangen heraus. Unter Bezugnahme auf den Vorwurf, die in E 40 und 48 geforderte resp. zugelassene Marktbewertung sei konzeptionell nicht ausreichend durchdacht, wurden die Argumente für und wider eine *Fair-Value*-Bewertung in einem 200-seitigen Diskussionspapier zusammengetragen.[829] Dieses Dokument wurde zwar für seine theoretische Brillianz gelobt, fiel bei den bilanzierenden Unternehmen aber ebenso wie die beiden vorangegangenen Entwürfe als zu revolutionär und nicht praxisnah genug durch.[830] Der Board nahm die geäußerte Kritik wie folgt auf:

> *"IASC recognises that the proposals in its March 1997 Discussion Paper represent far-reaching changes from traditional accounting practices for financial instruments and that a number of difficult technical issues (which were discussed in the Discussion Paper) need to be resolved before standards fully reflecting those proposals could be put in place. IASC also believes that a programme of development work, field testing, preparation of guidance material, and education will be necessary to enable those principles to be effectively implemented."*[831]

Ungeachtet der geäußerten Kritik blieb das IASC – wie auch der FASB in den USA – bei seiner Auffassung, dass eine umfassende *Fair-Value*-Bilanzierung für (nahezu) alle Finanzinstrumente die zukunftsweisendere Alternative darstelle und die finanzwirtschaftlichen Vorgänge in den Unternehmen sachgerechter abbilde als eine Bewertung zu Anschaffungskosten. Gemeinsam mit zehn anderen Standardsettern schuf man eine Arbeitsgruppe, die *Financial Instruments Joint Working Group of Standard Setters (JWG)*. Sie sollte auf der Grundlage des *Discussion Papers* einen endgültigen Standard(entwurf) ausarbeiten.[832]

---

[828] Vgl. Alexander, D./Archer, S. (2001): International Accounting Standards, S. 16.04 ff.; Barckow, A. (1997): Bilanzierung derivativer Finanzinstrumente, S. 564 f.; Barckow, A./Gräfer, H. (1997): Aktuelle Entwicklungen und Tendenzen, S. 1190; Cairns, D. (1999): Applying International Accounting Standards, S. 797 ff.; Hallauer, P./Milburn, A./Hague, I. (1997): Rechnungslegung für Finanzinstrumente, S. 257 f.; Pacter, P. (1998): The IASC's financial instruments project, S. 45; Prahl, R./Naumann, T.K. (2000): Financial Instruments, Rn. 255; Schwitters, J./Bogajewskaja, J. (2000): Bilanzierung von derivativen Finanzinstrumenten, Rz. 208 f.

[829] Vgl. IASC (1997): Discussion Paper, *Accounting for Financial Assets and Financial Liabilities*. S.a. Andersen (2001): Financial Instruments, S. 5; Barckow, A. (1997): Bilanzierung derivativer Finanzinstrumente, S. 565 ff.; Barckow, A./Gräfer, H. (1997): Aktuelle Entwicklungen und Tendenzen, S. 1193; Hallauer, P./Milburn, A./Hague, I. (1997): Das IASC zur Rechnungslegung für Finanzinstrumente, S. 259 ff.; Pacter, P. (1998): The IASC's financial instruments project, S. 44 ff.

[830] Vgl. Barckow, A./Rose, S. (1997): Die Bilanzierung von Derivaten und Hedgestrategien, S. 800.

[831] IAS 39 a.F., Introduction, Tz. 10.

[832] S.a. IAS 39 a.F., Introduction, Tz. 2 ff.; Barckow, A. (1997): Bilanzierung derivativer Finanzinstrumente, S. 564 ff.; Deloitte & Touche (2001): International Accounting Standards, S. 418 f.; Neuß, A.

Da eine kurzfristige Lösung der Problematik nicht absehbar schien, unterbreitete der damalige Generalsekretär des IASC, SIR BRYAN CARSBERG, den Vorschlag, interimsweise die US-amerikanischen Vorschriften zu übernehmen und anschließend gemeinsam mit den anderen Standardsettern einen dauerhaften Standard auszuarbeiten. Dieses Vorhaben stieß aber bereits innerhalb des Boards auf erhebliche Vorbehalte und wurde rasch wieder verworfen.[833] Stattdessen wurde ein dritter Entwurf erarbeitet (E 62, *Financial Instruments: Recognition and Measurement*), der zwar die Einführung einer Bewertung zum beizulegenden Zeitwert vorsah, jedoch nur noch für Handelsbestände inkl. Derivate sowie für bestimmte Wertpapiere. Der Entwurf wurde im Juni 1998 veröffentlicht und nach weiteren Beratungen und weitgehenden Änderungen im Dezember 1998 auf einer Sondersitzung des Boards in Frankfurt als IAS 39, *Financial Instruments: Recognition and Measurement*, verabschiedet.[834] Der Standard wurde im März 1999 veröffentlicht und gilt für Geschäftsjahre, die am oder nach dem 1. Januar 2001 begannen.

Mit der Verabschiedung von IAS 39 wurde zugleich das sog. *Core Set of Standards* abgeschlossen. Im Mai 1995 trafen die internationale Vereinigung der Börsenaufsichtsgremien, die *International Organisation of Securities Commissions (IOSCO)*, und das IASC eine Übereinkunft. Danach erklärte sich das IASC bereit, Bilanzierungsvorschriften zu 40 Sachverhalten bis Ende 1999 vorzulegen. Im Gegenzug sicherte IOSCO zu, seinen Mitgliedsorganisationen die Anerkennung von IAS-Abschlüssen für Zwecke des Kapitalmarktzugangs zu empfehlen, sofern der vorgelegte Kanon an Standards als qualitativ hochwertig eingestuft werden könne. Die Prüfung erfolgte über die folgenden 15 Monate durch die mit Bilanzierungsfragen befasste *Working Party No. 1*, einem Unterausschuss des *Technical Committee* von IOSCO. Der offizielle Abschlussbericht des *Technical Committee* wurde auf der Jahrestagung in Sydney im Mai 2000 vorgestellt. Danach emp-

---

(1998): Finanzinstrumente in IAS-Konzernabschlüssen, S. 165 ff.; Stauber, J. (2001): Die Bilanzierung von Finanzinstrumenten, S. 687.

[833] Vgl. Barckow, A./Rose, S. (1997): Die Bilanzierung von Derivaten und Hedgestrategien, S. 800; Bellavite-Hövermann, Y./Barckow, A. (2002): IAS 39, Tz. 2.

[834] Einen grundlegenden Überblick vermitteln Andersen (2001): Financial Instruments; Bellavite-Hövermann, Y./Barckow, A. (2002): IAS 39; Deloitte & Touche (2001): International Accounting Standards, S. 417 ff.; DTT (2001): Financial Instruments; Gebhardt, G./Naumann, T.K. (1999): IAS 39, S. 1461 ff.; KPMG (2000): Financial Instruments Accounting; Langenbucher, G./Blaum, U. (2003): IAS 39; Pellens, B. (2001): Internationale Rechnungslegung, S. 462; Prahl, R./Naumann, T.K. (2000): Financial Instruments, Rn. 254 ff.; Scharpf, P. (2000): Financial Instruments (I) – (IV), S. 125 ff., 208 ff., 284 ff. und 372 ff.; ders. (2001): Financial Instruments; Schmidbauer, R. (2003): Bewertung von Finanzinstrumenten, S. 287 ff.; Stauber, J. (2001): Die Bilanzierung von Finanzinstrumenten, S. 687 ff.; s. ferner die Beiträge von Brenner, H.-D./Weber, C.; Eckes, B./Gehrer, J.; Hanenberg, L./Hillen, K.-H.; Kehm, P./Lauinger, R./Rave, H.; Kemmer, M./Naumann, T.K. (1) und (2); Paul, S./Brütting, C./Weber, N. in den Heften 11 und 14/2003 der ZfgK.

fiehlt der Ausschuss zwar die Anerkennung von nach IAS erstellten Jahresabschlüssen für eine Börsenzulassung; auf Druck der SEC, die in der *Working Party No.1* eine führende Rolle einnimmt, wurde aber ein Passus in das Abschlussdokument aufgenommen, wonach nationalen Zulassungsgremien die Möglichkeit zugestanden wird, zusätzliche Angaben einzufordern, sollten die nach dem *Core Set of Standards* ermittelten Informationen nicht ausreichen.[835]

Wie in den USA stellte sich die Implementierung des Standards überaus komplex dar; Anwendungsprobleme ergaben sich v.a. im Finanzsektor.[836] Das IASC kam dem Wunsch der Unternehmen nach mehr Anwendungshinweisen mit der Gründung des *IAS 39 Implementation Guidance Committee* (IGC) im März 2000 nach.[837] Diese Arbeitsgruppe war ähnlich strukturiert wie die DIG in den USA und hatte gleichfalls die Aufgabe, den Standard im Frage-und-Antwort-Stil (*Question & Answer, Q&A*) zu erläutern. Insgesamt wurden sechs Tranchen (*Batches*) von Q&As veröffentlicht, mit denen ca. 200 Sachverhalte adressiert wurden.[838] Anders als die vergleichbaren Stellungnahmen der DIG stellten die Q&As des IGC keine offizielle Verlautbarung des IASC/IASB dar. Zwar wurden sie zunächst als Entwurf veröffentlicht; sie sind aber – anders als in den USA – dem Board nicht zur Freigabe vorgelegt worden, galten daher lediglich als *best practice* und besaßen nicht den Stellenwert eines Standards oder einer Interpretation.[839]

Auf Anraten des IGC wurde IAS 39 bereits im Oktober 2000 (also noch vor dem erstmaligen Inkrafttreten!) durch E 66 in fünf Sachverhalten geändert. Dabei handelte es sich nicht um fundamentale Überarbeitungen; vielmehr wurden einzelne Formulierungen präzisiert,

---

[835] Vgl. IOSCO (2000): IASC Standards; s.a. Achleitner, A.-K./Behr, G. (2000): International Accounting Standards, S. 46 f.; Atteslander, J./Hallauer, P. (2000): Das IASC im Spannungsfeld, S. 1356; Barckow, A. (1999): Der Abschluss des Core Set, S. 1173; Bellavite-Hövermann, Y./Barckow, A. (2002): IAS 39, Tz. 3; Fuchs, M./Stibi, B. (2000): IOSCO – SEC – EU-Kommission, S. 1 ff.; Glaum, M./Förschle, G. (2000): Rechnungslegung für Finanzinstrumente, S. 1529; Hayn, S. (1997): Internationale Rechnungslegung, S. 176 ff.; Kleekämper, H./Kuhlewind, A.-M./Alvarez, M. (2002): Ziele, Organisation, Entwicklung und Bedeutung des IASB, Tz. 122 ff.; Pacter, P. (1998): The IASC's financial instruments project, S. 45; Pellens, B. (2001): Internationale Rechnungslegung, S. 433 f.; Schwitters, J./Bogajewskaja, J. (2000): Bilanzierung von derivativen Finanzinstrumenten, Rz. 210; Zeff, S.A. (1998): The Coming Confrontation, S. 89 ff.; ders. (1998): The IASC's Core Standards, S. 67 ff.

[836] Es sei daran erinnert, dass der Fokus von IAS 39 weit über jenen von SFAS 133 hinausgeht, da nicht nur derivative, sondern sämtliche Finanzinstrumente in den Gegenstandsbereich des Standards fallen.

[837] Vgl. IASC (2000): Update March, S. 1.

[838] Vgl. IASB (2001): IAS 39 IGQ&A.

[839] Im Rahmen des *Improvement Projects* sind die Stellungnahmen des IGC in toto ersetzt worden. Einige Verlautbarungen wurden dabei in den Kernstandard oder die *Application Guidance* aufgenommen und somit deutlich aufgewertet. Die meisten Verlautbarungen sind hingegen in weitgehend unveränderter Form als *Guidance on Implementing IAS 39* dem Standard angefügt worden, ohne dass sich nennenswerte Änderungen im Wortlaut ergeben hätten. Fünfzehn Stellungnahmen wurden ersatzlos gestrichen.

andere gestrichen oder erweitert. Änderungen im Bereich der Bilanzierung derivativer Finanzinstrumente wurden mit Ausnahme der Streichung einiger nunmehr redundanter Ausweisvorschriften in IAS 32 nicht vorgenommen.

Nach erfolgter Restrukturierung nahm der *International Accounting Standards Board* (IASB) das Thema *Financial Instruments* erneut auf. Dabei ging es dem neu konstituierten Board nicht um die Erarbeitung eines endgültigen Bilanzierungsstandards. Vielmehr sollten lediglich bestehende Inkonsistenzen zwischen IAS 32 und 39 sowie Wahlrechte in IAS 39 beseitigt und der Bilanzierungsstandard in einigen Sachverhalten näher an die US-amerikanischen Vorschriften gebracht werden. Zugleich wollte man den Unternehmen Erleichterungen bei der Umsetzung des Standards verschaffen, ohne die Fundamentalprinzipien in Frage zu stellen, auf denen IAS 39 fußt. Im Juli 2002 wurde ein entsprechender Entwurf verabschiedet, der bis zum Oktober 2002 zur Kommentierung stand (*"Improvements Project"*).[840]

Aus den mehr als 170 eingegangenen Stellungnahmen ergab sich, dass viele Unternehmen auch den vorgeschlagenen Änderungen skeptisch gegenüberstanden. Vor allem die Kreditwirtschaft wiederholte ihre Kritik an den (weitgehend unverändert gebliebenen) Vorschriften zum *Hedge Accounting*. Der Board lud daraufhin im März 2003 zu neun Roundtable-Gesprächen nach Brüssel und London, bei denen jeweils sechs Board-Mitglieder mit zwölf Kommentatoren diskutierten.[841] Als Ausfluss dieser Gespräche trat der IASB in einen Dialog mit dem europäischen Bankenverband ein, in dessen Rahmen Lösungsmöglichkeiten für die Abbildung von Sicherungsbeziehungen sondiert werden sollten.[842]

Auch wenn sich der Board nicht in allen Bereichen der Sichtweise der Kreditwirtschaft angeschlossen hat, war man schlussendlich zu weiteren Änderungen an IAS 39 bereit. Noch vor dem Abschluss der Beratungen zum ersten Entwurf wurde im August 2003 ein zweites Dokument veröffentlicht. In diesem schlägt der IASB die Einführung eines *Fair Value Hedge Accountings* auf Portfolioebene für Zinsänderungsrisiken vor. Kommentare wurden bis Mitte November 2003 angenommen.[843] Im gleichen Monat wurden die Überarbeitungen an IAS 32 und 39 aus dem *Improvements Project* abgeschlossen und im Dezem-

---

[840] Vgl. E-IAS 32 und E-IAS 39; s.a. Kropp, M./Klotzbach, D. (2002): Exposure Draft, S. 1010 ff.; Lüdenbach, N. (2002): Geplante Neuerungen, S. 2113 ff.; Pape, J./Bogajewskaja, J./Borchmann, T. (2002): Änderung von IAS 32 und IAS 39, S. 219 ff.; Schmidbauer, R. (2003): Bewertung von Finanzinstrumenten, S. 287 ff.
[841] Vgl. E-Portfolio Hedge, Background, Tz. 2 f.; s.a. IASB Insight April 2003, S. 6 und 13.
[842] Vgl. IASB Update May 2003, S. 3; s.a. FBE (2003): Macro Hedging.
[843] Vgl. Abschn. 6.5.5 der Arbeit; s.a. Kropp, M./Klotzbach, D. (2003): Macro Hedge Accounting, S. 1180 ff. ; Kuhn, S./Scharpf. P. (2003): Portfolio Hedging, S. 2293 ff.

ber 2003 in überarbeiteter Form veröffentlicht. Die vorgeschlagenen Änderungen am *Hedge Accounting* sollen – eine positive entsprechende Aufnahme vorausgesetzt – im März 2004 verabschiedet werden. Die chronologische Abfolge des *Financial Instruments Projects* ist abschließend noch einmal tabellarisch wiedergegeben.

Zeitpunkt	Ereignis
Oktober 1984	E 26 "Accounting for Investments"
März 1986	IAS 25 "Accounting for Investments"
Juni 1989	**Aufnahme des *Financial Instruments Projects***
März 1990	DSOP "Financial Instruments"
November 1990	SOP "Financial Instruments"
September 1991	E 40 "Financial Instruments"
Januar 1994	E 48 "Financial Instruments"
November 1994	Teilung des Projekts in „Ansatz und Bewertung" sowie „Angaben und Ausweis"
Juni 1995	IAS 32 "Financial Instruments: Disclosure and Presentation"
März 1997	DP "Accounting for Financial Assets and Financial Liabilities"
November 1997	Aufnahme der Arbeit der JWG on Financial Instruments
Juni 1998	E 62 "Financial Instruments: Recognition and Measurement"
Dezember 1998	IAS 39 "Financial Instruments: Recognition and Measurement"
März 2000	Gründung des IAS 39 Implementation Guidance Committees (IGC)
Juli 2000	E 66 "Proposed Limited Revisions to International Accounting Standard IAS 39, Financial Instruments: Recognition and Measurement, and Other Related Standards"
Oktober 2000	Verabschiedung von E 66
Dezember 2000	DP "Accounting for Financial Instruments and Similar Items" (Draft Standard and Basis for Conclusions der JWG)
Juli 2002	Exposure Draft of "Proposed Amendments to IAS 32, Financial Instruments: Disclosure and Presentation, and IAS 39, Financial Instruments: Recognition and Measurement"
März 2003	Roundtable-Gespräche in Brüssel und London
August 2003	Exposure Draft of "Proposed Amendments to IAS 39, Financial Instruments: Recognition and Measurement: Fair Value Hedge Accounting for a Portfolio Hedge of Interest Rate Risk"
November 2003	Verabschiedung von IAS 32 und IAS 39 in überarbeiteter Form
März 2004	Geplante Verabschiedung der Regelungen zum *Portfolio Hedge Accounting*

Tab. 3: Das *Financial Instruments Project* des IASC/IASB
Quelle: in Anlehnung an DTT (2001): Financial Instruments, S. 17.

Auch wenn der ursprüngliche Vorschlag nach Übernahme der drei amerikanischen Standards SFAS 115, 125 und 133 im Board keine Akzeptanz fand, fußt IAS 39 – auch nach erfolgter Überarbeitung – konzeptionell, terminologisch und inhaltlich in weiten Teilen auf diesen Regeln.[844] Dieses gilt insbesondere für die Bilanzierung derivativer Finanzinstrumente und Sicherungsbeziehungen. Es erscheint daher sachgerecht, die Ansatz- und Bewertungsvorschriften nicht erneut in toto darzustellen, sondern lediglich die wesentlichen

---

[844] Vgl. Ackermann, U. (2001): Marktwertbilanzierung, S. 104 ff.; Barckow, A./Rose, S. (1997): Die Bilanzierung von Derivaten und Hedgestrategien, S. 799 f.; Bellavite-Hövermann, Y./Barckow, A. (2002): IAS 39, Tz. 2; Pellens, B. (2001): Internationale Rechnungslegung, S. 463 ff.; Stauber, J. (2001): Die Bilanzierung von Finanzinstrumenten, S. 687; Zeff, S.A. (1998): The Coming Confrontation, S. 102; ders. (1998): The IASC's Core Standards, S. 72. Für einen ausführlichen Vergleich der Vorschriften mit den US-amerikanischen Regelungen s. Porter, T.L./Traficanti, R.M. (1999): Comparative Analysis, S. 463 ff.

Punkte aufzugreifen und die verbliebenen Unterschiede zwischen IAS 39 und SFAS 133 herauszuarbeiten. Daneben sollen die Kernpunkte der im August 2003 vorgeschlagenen Änderungen sowie die von der JWG unterbreiteten Vorschläge dargestellt werden, soweit sie für die Bilanzierung derivativer Finanzinstrumente von Belang sind.

6.2 Ansatz derivativer Finanzinstrumente dem Grunde nach

6.2.1 Begründung einer generellen Ansatzpflicht über das *Framework*

Wie unter US-GAAP ergibt sich die Bilanzierung dem Grunde nach unter IAS/IFRS aus dem *Framework for the Preparation and Presentation of Financial Statements*, kurz *Framework*. Dieses Rahmenkonzept enthält die Definitionen für Vermögenswerte (*Assets*) und Schulden (*Liabilities*):[845]

> "*An asset is a resource controlled by the enterprise as a result of past events and from which future economic benefits are expected to flow to the enterprise.*"

> "*A liability is a present obligation of the enterprise arising from past events, the settlement of which is expected to result in an outflow from the enterprise of resources embodying economic benefits.*"

Die Definitionen entsprechen inhaltlich jenen aus SFAC 6: Vermögens- bzw. Schuldwerte liegen vor, wenn ein Unternehmen infolge eines früheren Ereignisses eine Erhöhung (*Asset*) oder Minderung (*Liability*) seines Schuldendeckungspotenzials erwartet. Der IASB fordert in IAS 39 den Ansatz sämtlicher Finanzinstrumente, sobald man Vertragspartei eines solchen geworden ist. Die Vorschrift wird explizit auf derivative Instrumente ausgedehnt, so dass sich IAS 39 und SFAS 133 in diesem Punkt entsprechen.[846]

6.2.2 Ausnahmen vom generellen Ansatzgebot als Derivat trotz Erfüllung der Definitionsmerkmale

Wie in SFAS 133 werden auch in IAS 39 einige Vertragsformen vom Anwendungsbereich ausgeschlossen. Dabei handelt es sich nicht nur um derivative, sondern auch um originäre Finanzinstrumente wie bspw. Anteile an verbundenen oder assoziierten Unternehmen. Unter den verbleibenden Ausgrenzungen finden sich sechs der neun auch von SFAS 133 ausgeklammerten Sachverhalte.[847] Der IASB verzichtet in den meisten Fällen auf eine explizite Erläuterung, warum die Ausgrenzung vorgenommen wurde. Existiert eine solche Begründung, ist diese weitgehend deckungsgleich mit jener in SFAS 133, so dass auf die in

---

[845] F.49.
[846] Vgl. IAS 39.14 i.V.m. AG34 f.; s.a. Gebhardt, G./Naumann, T.K. (1999): IAS 39, S. 1464; Pellens, B. (2001): Internationale Rechnungslegung, S. 464 f.
[847] S. ausführlich Deloitte & Touche (2001): International Accounting Standards, S. 542 ff.

6. Bilanzierung von Derivaten und Sicherungsbeziehungen nach IFRS

Abschnitt 5.2.2 der Arbeit getätigten Ausführungen verwiesen wird. Konkret handelt es sich bei den Ausnahmetatbeständen um:

- die marktübliche Abwicklung von Wertpapierkassageschäften;[848]

- gängige Kauf- und Verkaufsverträge;[849] es sei daran erinnert, dass der IASB bei der Definition eines Derivats die Möglichkeit zur Erfüllung durch Barausgleich – anders als der FASB in SFAS 133 – nicht als notwendige Bedingung ansieht (vgl. Abschnitt 2.2). Das bedeutet, dass Warentermingeschäfte, die sowohl physisch als auch durch Barausgleich erfüllt werden können, unter IAS 39 nachträglich in den Anwendungsbereich des Standards aufgenommen werden mussten, sofern nicht eine physische Lieferung explizit gewollt war. Demgegenüber wurden Warentermingeschäfte aus dem Gegenstandsbereich von SFAS 133 ausgeklammert, die mittels effektiver Andienung des betreffenden Gutes erfüllt werden sollten;[850]

- Ansprüche und Verpflichtungen aus Versicherungsverträgen; Derivate, die in Versicherungsverträge eingebettet wurden, fallen dagegen in den Anwendungsbereich von IAS 39;[851]

- Ausfallbürgschaften und Garantien; sofern die Zahlung von der Veränderung eines bestimmten Marktrisikofaktors abhängt, ist IAS 39 ungeachtet dessen anzuwenden;[852]

- Verträge, deren Zahlung sich nach dem Eintritt bestimmter klimatischer, geologischer oder anderweitiger physikalischer Ereignisse bestimmt; derivative Finanzinstrumente, die in solche Verträge eingebettet wurden, unterliegen gleichwohl den Regelungen von IAS 39;[853]

- Verträge mit bedingter Gegenleistung im Rahmen eines Unternehmenszusammenschlusses auf Seiten des Erwerbers;[854]

---

[848] Vgl. IAS 39.AG12; s.a. Deloitte & Touche (2001): International Accounting Standards, S. 544 f.
[849] Vgl. IAS 39.5 f. i.V.m. Guidance on Implementing IAS 39, A.1; s.a. Porter, T.L./Traficanti, R.M. (1999): Comparative Analysis, S. 479.
[850] S.a. Bellavite-Hövermann, Y./Barckow, A. (2002): IAS 39, Tz. 11; Deloitte & Touche (2001): International Accounting Standards, S. 543 f.; Kropp, M./Klotzbach, D. (2002): Exposure Draft, S. 1011 f.
[851] Vgl. IAS 39.2(d) und AG4. S.a. Bellavite-Hövermann, Y./Barckow, A. (2002): IAS 39, Tz. 9.
[852] Vgl. IAS 39.2(f) und 3; s.a. Deloitte & Touche (2001): International Accounting Standards, S. 546 f.
[853] Vgl. IAS 39.2(h) und AG1. S.a. Bellavite-Hövermann, Y./Barckow, A. (2002): IAS 39, Tz. 10; Deloitte & Touche (2001): International Accounting Standards, S. 547 f. Sofern eine Aufspaltung des strukturierten Produktes nicht möglich ist, unterliegt der gesamte Kontrakt den Regelungen von IAS 39, s. IAS 39.12.
[854] Vgl. IAS 39.2(g).

- Kreditzusagen, soweit sie nicht als finanzielle Verbindlichkeit freiwillig zum beizulegenden Zeitwert angesetzt werden sollen oder die aus ihnen resultierende Kreditforderung in der Vergangenheit üblicherweise veräußert worden ist;[855] sowie

- Derivate, deren Zweck darin besteht, die Ausbuchung von Vermögen auf Seiten des Veräußerers zu verhindern, weil nach den Vorschriften des Standards kein Abgang vorliegt.[856]

Die nicht in IAS 39 angesprochenen Sachverhalte betreffen Ausnahmeregelungen, die der FASB infolge von Abgrenzungsproblemen mit anderen Verlautbarungen vorgenommen hat, für die es aber unter IFRS keine Entsprechung gibt (bspw. strukturierte Produkte von Pensionsplänen, bestimmte Versicherungsverträge).

Neben den vorstehenden Ausnahmen vom Anwendungsbereich hat der IASB bestimmt, dass Ansprüche und Verpflichtungen aus Leasingverhältnissen keine Finanzinstrumente i.S.d. Standards seien, dass aber in Leasingverhältnisse eingebettete Derivate den Regelungen von IAS 39 unterlägen.[857]

6.3 Ansatz derivativer Finanzinstrumente der Höhe nach

6.3.1 *Fair Value* als maßgeblicher Wertmaßstab für Derivate

Derivative Finanzinstrumente sind im Zugangszeitpunkt zum beizulegenden Zeitwert zu bewerten, wobei eventuelle Transaktionskosten unmittelbar erfolgswirksam erfasst und nicht als Anschaffungsnebenkosten aktiviert oder passiviert werden.[858] Außer Ansatz bleiben ferner zukünftig – d.h. bei Verkauf, Auflösung, Glattstellung oder Ausübung des Derivats – anfallende Transaktionskosten.[859] Soweit das Finanzinstrument nicht *off-market* bepreist wird, entsprechen die Anschaffungskosten damit dessen beizulegenden Zeitwert,[860] der in IAS 32 wie folgt definiert wird:

> "*Fair value is the amount for which an asset could be exchanged, or a liability settled, between knowledgable, willing parties in an arm's length transaction.*"[861]

---

[855] Vgl. IAS 39.4.
[856] Vgl. IAS 39.14 i.V.m. AG49; s.a. Bellavite-Hövermann, Y./Barckow, A. (2002): IAS 39, Tz. 101 ff.
[857] Vgl. IAS 39.2(b)(iii).
[858] Vgl. IAS 39.43 und AG64; s.a. Bellavite-Hövermann, Y./Barckow, A. (2002): IAS 39, Tz. 134 ff.; Gebhardt, G./Naumann, T.K. (1999): IAS 39, S. 1466; Scharpf, P. (2000): Financial Instruments (III), S. 287 ff.
[859] Vgl. IAS 39.46. S.a. Bellavite-Hövermann, Y./Barckow, A. (2002): IAS 39, Tz. 120.
[860] S.a. Bellavite-Hövermann, Y./Barckow, A. (2002): IAS 39, Tz. 29; Prahl, R./Naumann, T.K. (2000): Financial Instruments, Rn. 266 ff.
[861] IAS 32.11 sowie IAS 39.AG69.

Die Folgebewertung erfolgt nach IAS 39 wie unter SFAS 133 grundsätzlich zum beizulegenden Zeitwert. Eine explizite Ausnahme von dieser Regelung besteht lediglich für Derivate, deren Basis ein nicht börsengehandeltes, wertmäßig nicht zu bestimmendes Eigenkapitalinstrument ist, das bei Erfüllung effektiv zu liefern ist. Für solche Finanzinstrumente sieht der IASB eine Folgebewertung zu Anschaffungskosten vor.[862] Wie in SFAS 107 werden bei der Bestimmung von *Fair Values* zwei Ausgangssituationen unterschieden:[863]

- Wird ein Finanzinstrument in einem liquiden Markt gehandelt und liegt regelmäßig eine Preisnotierung (*Quoted Price*) vor, wird grundsätzlich angenommen, dass diese den besten Schätzwert für den beizulegenden Zeitwert des Instruments darstellt. Ob die den Preis veröffentlichende Stelle eine Börse, ein Händler oder Broker, eine Aufsichtsbehörde oder ein Verband ist, spielt dabei keine Rolle; entscheidend ist lediglich, dass sich vertragswillige Parteien ohne Zwang auf einen Preis geeinigt haben. Sollten für ein Finanzinstrument mehrere Notierungen vorliegen, weil es bspw. auf mehreren Märkten gleichzeitig gehandelt wird, ist grundsätzlich auf den für das Unternehmen vorteilhaftesten Wert (und nicht, wie unter SFAS 133, auf den liquidesten Markt) abzustellen.[864]

- Liegen für das Finanzinstrument hingegen keine Marktpreise vor, weil dieses entweder überhaupt nicht oder nicht regelmäßig gehandelt wird, so ist der beizulegende Zeitwert durch modelltheoretische Überlegungen zu ermitteln. In Frage kommen diesbzgl. v.a. Marktpreise vergleichbarer Finanzinstrumente – die an die Ausstattungsmerkmale des zu bewertenden Instruments anzupassen sind (hinsichtlich Laufzeit, Volumen, Rating usw.) –, Händlerindikationen, *Discounted-Cash-Flow*-Berechnungen sowie aus Optionspreismodellen abgeleitete Werte. Dabei sollen die Inputfaktoren so gewählt werden, wie unabhängige Dritte sie zugrundelegen würden. Das bedeutet bspw., dass auf die Verwendung unternehmensspezifischer Parameter weitestgehend zu verzichten ist.[865]

---

[862] Vgl. IAS 39.46(c) und AG80 f.; Deloitte & Touche (2001): International Accounting Standards, S. 479; Pellens, B. (2001): Internationale Rechnungslegung, S. 465.
[863] Vgl. Bellavite-Hövermann, Y./Barckow, A. (2002): IAS 39, Tz. 29 f. und 135 ff.; Heuser, P.J./Theile, C. (2003): IAS-Handbuch, Rz. 538; Niemeyer, K. (2003): Bilanzierung von Finanzinstrumenten, S. 52 ff.
[864] Vgl. IAS 39.AG71 ff. i.V.m. Guidance on Implementing IAS 39, E.2.2.
[865] Vgl. IAS 39.AG74 ff., insbesondere AG82; IASC (1997): Discussion Paper, Ch. 5 Tz. 5.6 ff. und Bellavite-Hövermann, Y./Barckow, A. (2002): IAS 39, Tz. 29 f.; Deloitte & Touche (2001): International Accounting Standards, S. 480 ff.

6.3.2 Erfassung der Wertänderungen

Die bilanzielle Erfassung eingetretener Wertänderungen ist wie bei US-GAAP davon abhängig, zu welchem Zweck die Derivateposition gehalten wird:

- Werden derivative Finanzinstrumente nicht zur Absicherung offener Risikopositionen eingesetzt oder qualifizieren sie nicht für die Inanspruchnahme von *Hedge Accounting*, gelten sie als zu spekulativen Zwecken gehalten. In diesem Fall werden sie der Bewertungskategorie *Held for Trading* zugeordnet[866] und aufgetretene Wertveränderungen unmittelbar in der GuV erfasst.[867] Bei der erstmaligen Anwendung des Standards wird die kumulierte Wertentwicklung – anders als nach US-GAAP – nicht in der GuV gezeigt, sondern erfolgsneutral unter den Gewinnrücklagen ausgewiesen.[868]

- Wird das Derivat demgegenüber zur Absicherung einer offenen Risikoposition eingesetzt und sind die Voraussetzungen für die bilanzielle Anerkennung der Sicherungsbeziehung erfüllt, so unterliegt das Instrument den *Hedge-Accounting*-Vorschriften von IAS 39 (s. Abschnitt 6.5). Die Bewertungserfolge werden dann wie nach SFAS 133 entweder in der GuV (*Fair Value Hedge*) oder unmittelbar im Eigenkapital (*Cash Flow Hedge*) gezeigt. Sind die Wertveränderungen des Derivats größer als jene der zu sichernden Position, so sind die übersteigenden Beträge in jedem Fall erfolgswirksam zu erfassen (*Ineffectiveness*).

6.4 Bilanzierung eingebetteter Derivate

Im Hinblick auf die Bilanzierung eingebetteter Derivate bestehen zwischen IAS 39 und SFAS 133 praktisch keine Unterschiede, so dass im Großen und Ganzen auf die Ausführungen in Kapitel 5.4 verwiesen werden kann.[869] Wie unter US-GAAP sind strukturierte Produkte in ihre Bestandteile aufzuspalten, wenn die nachfolgend genannten drei Bedingungen kumulativ erfüllt sind:[870]

---

[866] Vgl. IAS 39.9(a)(iii). N.B.: Anders als nach US-GAAP (SFAS 115) erstrecken sich die Bewertungskategorien nicht nur auf gehaltene Wertpapiere, sondern auf sämtliche finanziellen Vermögenswerte und Schulden.
[867] Vgl. IAS 39.46 und 55(a). S.a. Bellavite-Hövermann, Y./Barckow, A. (2002): IAS 39, Tz. 122 und 132; Gebhardt, G./Naumann, T.K. (1999): IAS 39, S. 1465; Prahl, R./Naumann, T.K. (2000): Financial Instruments, Rn. 270 und 285.
[868] Vgl. IAS 39.105.
[869] Vgl. Porter, T.L./Traficanti, R.M. (1999): Comparative Analysis, S. 480.
[870] Vgl. IAS 39.11 i.V.m. AG27 ff.; s.a. Bellavite-Hövermann, Y./Barckow, A. (2002): IAS 39, Tz. 38 ff.; Bertsch, A. (2003): Bilanzierung strukturierter Produkte, S. 559 ff.; Deloitte & Touche (2001): International Accounting Standards, S. 553 ff.; Dombek, M. (2002): Bilanzierung von strukturierten Produk-

6. Bilanzierung von Derivaten und Sicherungsbeziehungen nach IFRS

(a) Zwischen Derivat und Trägervertrag besteht in Bezug auf die ökonomischen Charakteristika und die ihnen zugrundeliegenden Risikofaktoren kein enger Zusammenhang;

(b) ein dem eingebetteten Derivat vergleichbares Finanzinstrument würde die Definitionsmerkmale eines Derivats i.S.d. Standards erfüllen;

(c) das strukturierte Produkt wird nicht zum beizulegenden Zeitwert angesetzt und seine Wertveränderungen werden nicht erfolgswirksam in der GuV erfasst.

Ist die Zerlegung eines strukturierten Produkts nach dieser Vorgabe geboten, aber unmöglich, weil das eingebettete Derivat nicht verlässlich bewertet werden kann, so ist zunächst zu prüfen, ob sich der Wert des Trägervertrags zuverlässig ermitteln lässt. Wenn dem so ist, ergibt sich der Wert des Derivats als Differenz aus Preis des strukturierten Produkts abzüglich Wert des Trägervertrags. Nur wenn diese Verfahrensweise nicht zum Erfolg führt, ist der gesamte Kontrakt als zu Handelszwecken gehalten einzustufen und zum beizulegenden Zeitwert anzusetzen.[871] Ist eine isolierte Bewertung des Derivats hingegen möglich, ist dieses wie ein freistehendes derivatives Finanzinstrument zu bewerten; eine Designation als Sicherungsinstrument ist dabei wie unter SFAS 133 zulässig. Die Bilanzierung des verbleibenden Trägervertrags richtet sich nach den für diese Instrumente geltenden Bilanzierungsregeln.[872]

IAS 39 enthält wie SFAS 133 keinen Hinweis, wie die Abtrennung eingebetteter Derivate zu erfolgen hat. Fest steht allerdings, dass bei der Aufspaltung keine Bestandteile isoliert werden dürfen, die nicht aus dem Zahlungsprofil des strukturierten Produkts ableitbar oder in dessen Verkaufsprospekt genannt sind.[873] Da isolierte derivative Finanzinstrumente wie andere freistehende Derivate grundsätzlich zum beizulegenden Zeitwert anzusetzen sind, ergibt sich der Wert des verbleibenden Trägerkontraktes als Residuum, indem der beizulegende Zeitwert des Derivats von jenem des strukturierten Produkts subtrahiert wird. Nur auf diese Weise kann vermieden werden, dass es im Zuge der Zerlegung zu einer unmittelbaren Erfolgserfassung kommt.[874]

---

ten, S. 1066 ff.; Gebhardt, G./Naumann, T.K. (1999): IAS 39, S. 1463 f.; Scharpf, P. (2000): Financial Instruments (II), S. 214 ff.
[871] Vgl. IAS 39.12 f.; s.a. Guidance on Implementing IAS 39, C.11; s.a. Bellavite-Hövermann, Y./Barckow, A. (2002): IAS 39, Tz. 39.
[872] Vgl. IAS 39.11(c); s.a. Bellavite-Hövermann, Y./Barckow, A. (2002): IAS 39, Tz. 48; Deloitte & Touche (2001): International Accounting Standards, S. 555.
[873] Vgl. IAS 39.AG29 i.V.m. Guidance on Implementing IAS 39, C.1 und 6. S.a. Bellavite-Hövermann, Y./Barckow, A. (2002): IAS 39, Tz. 40.
[874] Vgl. IAS 39.AG28 i.V.m. IAS 32.31 f. S.a. Bellavite-Hövermann, Y./Barckow, A. (2002): IAS 39, Tz. 49; Deloitte & Touche (2001): International Accounting Standards, S. 555 ff.

Eine Zerlegung strukturierter Produkte kommt ausschließlich dann in Frage, wenn die eingangs genannten Bedingungen kumulativ erfüllt sind; eine freiwillige Aufspaltung ist nicht statthaft.[875] Die Regelung ist nicht unproblematisch, weil sie zu nicht sachgerechten Ergebnissen beim *Hedge Accounting* führen kann.[876] Diese lassen sich allerdings weitgehend vermeiden, wenn ein Unternehmen von der im Zuge der Überarbeitung eingeführten Option einer freiwilligen *Fair-Value*-Bewertung Gebrauch macht. Danach kann jedes Finanzinstrument im Zeitpunkt der Einbuchung unwiderruflich als „zu Handelszwecken gehalten" deklariert und dadurch einer Zeitwertbilanzierung zugeführt werden.[877] Da in diesem Fall die dritte Bedingung der Zerlegungsregel formal nicht erfüllt wäre, käme eine Aufspaltung zwar nicht in Frage; jedoch ließe sich nun die ökonomisch erzielte Sicherungswirkung auch bilanziell erreichen, indem sowohl das strukturierte Produkt als auch die gegenläufige Sicherungsposition der Bewertung zum beizulegenden Zeitwert unterworfen wird.

Ein Unterschied zu den US-amerikanischen Vorschriften ergibt sich im Ausweis zerlegungspflichtiger strukturierter Produkte. In Abschnitt 5.4.3 wurde dargelegt, dass sich die SEC gegen einen getrennten bilanziellen Ausweis ausgesprochen hat, weil es sich bei der Struktur juristisch um ein Produkt handele und dieses dementsprechend auszuweisen sei. Demgegenüber hat der IASB den Unternehmen bei der Anwendung von IAS 39 ein explizites Wahlrecht eingeräumt.[878] Geboten ist lediglich ein separater Ausweis von Vermögenswerten, die zu Anschaffungskosten bewertet werden, und solchen, die mit dem beizulegenden Zeitwert angesetzt werden.[879]

6.5 Bilanzierung derivativer Finanzinstrumente bei Bestehen von Sicherungsbeziehungen

6.5.1 Vorbemerkungen

Nachdem das IASC mit seinem im Diskussionspapier unterbreiteten Vorschlag nach einer umfassenden *Fair Value*-Bewertung aller Finanzinstrumente bei den Unternehmen kein Gehör fand, stellte sich die Frage nach der bilanziellen Abbildung von Sicherungszusammenhängen infolge der Ansatz- und Bewertungsinkongruenzen zwischen Grund- und Sicherungsgeschäft.[880] Dabei lehnte sich das IASC abermals deutlich an die Regelungen in

---

[875] Vgl. IAS 39.AG33.
[876] S. diesbzgl. Bellavite-Hövermann, Y./Barckow, A. (2002): IAS 39, Tz. 47.
[877] Vgl. IAS 39.9.
[878] Vgl. IAS 39.11(c).
[879] Vgl. IAS 32.55, 86 und 90.
[880] Vgl. Bellavite-Hövermann, Y./Barckow, A. (2002): IAS 39, Tz. 152; KPMG (2000): Financial Instruments Accounting, S. 88; Gebhardt, G./Naumann, T.K. (1999): IAS 39, S. 1467; Prahl, R./Naumann, T.K. (2000): Financial Instruments, Rn. 296 f.

SFAS 133 an. Dessen ungeachtet bestehen die wesentlichen Unterschiede in der Derivatebilanzierung beider Standards auf eben diesem Gebiet; infolge der jüngsten Vorschläge zum *Portfolio Hedge Accounting* bei der Absicherung von Zinsänderungsrisiken werden sie sogar noch ausgeweitet (vgl. diesbzgl. Abschn. 6.5.5).[881]

Die wichtigsten Unterschiede seien nachfolgend aufgelistet:

- Bei der Absicherung fester Verpflichtungen, die zur Einbuchung eines Vermögenswertes oder einer Schuld führen werden (z.B. ein kontrahierter Kauf einer Maschine in fremder Währung), erfolgt eine Anpassung des Buchwertes um die zwischenzeitlich im Eigenkapital aufgelaufenen Erfolge *(Basis Adjustment)*. Eine ratierliche Auflösung der Rücklage, wie sie der FASB in SFAS 133 vorsieht, ist – obwohl im Entwurf E 62 noch als alternative Verfahrensweise erwogen – nicht zulässig;[882]

- Im Gegensatz zu der Regelung unter US-GAAP ist es nach IAS 39 statthaft, frei bestimmbare Teile *(Portions)* eines Sicherungsinstruments zur Absicherung heranzuziehen. Der FASB fordert dagegen bei einer partiellen Zurechnung des Sicherungsinstruments zu einem Sicherungsgegenstand, dass sich die Wertveränderung jedes Teils proportional zur Gesamtveränderung des Instruments verhält *(Proportions)*;[883]

- Werden zinstragende Geschäfte mit Swaps gegen Zinsänderungsrisiken gesichert, ist in jedem Fall ein Effektivitätstest durchzuführen. Die *Shortcut Method* aus SFAS 133 ist nicht anwendbar;[884]

- Die Absicherung über lediglich einen Teil der Laufzeit des Grundgeschäfts (sog. *Partial-term Hedging*) ist im Gegensatz zu SFAS 133 zulässig;[885]

---

[881] S.a. Porter, T.L./Traficanti, R.M. (1999): Comparative Analysis, S. 485 ff. hinsichtlich der Unterschiede zwischen IAS 39 a.f. und den US-amerikanischen Regelungen.

[882] Vgl. IAS 39.97 f.; Ackermann, U. (2001): Marktwertbilanzierung, S. 110; Pacter, P. (1999): Side by Side, S. 76; Porter, T.L./Traficanti, R.M. (1999): Comparative Analysis, S. 490. E 62 sah für die bilanzielle Abbildung von Absicherungen fester Verpflichtungen zwei alternative Verfahrensweisen vor, von denen eine nach Erhalt und Durchsicht der Stellungnahmen eliminiert werden sollte. Als Variante A wurde das Verfahren der Buchwertanpassung vorgeschlagen. Demgegenüber beinhaltete Variante B die aus SFAS 133 bekannte Verfahrensweise, wonach die im Eigenkapital aufgelaufenen Erfolge in den Perioden in die GuV umgebucht werden sollten, in denen das Grundgeschäft Erfolgswirkungen zeigt; vgl. E 62.A92 ff. und B92 ff. Der Board entschied sich auf seiner Sitzung im November 1998 zugunsten der ersten Alternative; vgl. IASC Update November 1998, S. 2.

[883] Vgl. IAS 39.72.

[884] Vgl. IAS 39.BC132 ff. i.V.m. Guidance on Implementing IAS 39, F.4.7. S.a. DTT (2001): Financial Instruments, S. 181.

[885] Vgl. Guidance on Implementing IAS 39, F.1.11 und 2.17. S.a. DTT (2001): Financial Instruments, S. 148.

- IAS 39 gestattet bei bis zur Fälligkeit zu haltenden Wertpapierbeständen keine Abbildung der Absicherung von Kündigungsrisiken;[886] *Hedge Accounting* ist im Gegensatz zu SFAS 133 dagegen anwendbar bei der Absicherung dieser Wertpapierbestände gegen Währungsrisiken;[887]

- Bei der Absicherung von Währungsrisiken qualifizieren nicht-derivative Instrumente in jedem Fall als Sicherungsinstrument; der FASB gestattet ihren Einsatz in SFAS 133 lediglich beim *Hedging* von festen Verpflichtungen und von gehalten Anteilen an einer ausländischen Teileinheit.[888]

In 32 Textziffern legt der Board dar, bei welchen Formen von Absicherungen eine besondere bilanzielle Behandlungsweise gewährt wird.[889] Wie der FASB unterscheidet auch der IASB zwischen der Absicherung von Vermögensrisiken (*Fair Value Hedges*) und der Absicherung von Einkommensrisiken (*Cash Flow Hedges*).[890] Und wie im amerikanischen Standard ist *Hedge Accounting* auch nach IAS 39 nur statthaft, wenn bestimmte Voraussetzungen erfüllt sind; andernfalls sind Sicherungsinstrument und -gegenstand entsprechend der für diese Geschäfte geltenden Bewertungsmaßstäbe einzeln zu erfassen.[891]

6.5.2 Die Bestandteile der Sicherungsbeziehung

6.5.2.1 Sicherungsinstrumente: Derivate

Wie der FASB ging auch das IASC bei der Abfassung von IAS 39 offensichtlich davon aus, dass Unternehmen primär derivative Finanzinstrumente als Sicherungsinstrument eingesetzen. Im Gegensatz zum US-amerikanischen Standardsetter machte das IASC (und nach ihm der IASB) aber praktisch keine weitergehenden Vorgaben; Ausnahmen bestehen lediglich hinsichtlich einer eingeschränkten Verwendung geschriebener Optionen (s.u.)

---

[886] Vgl. IAS 39.79.
[887] Vgl. Deloitte & Touche (2001): International Accounting Standards, S. 593; DTT (2001): Financial Instruments, S. 145 f.
[888] Vgl. Ackermann, U. (2001): Marktwertbilanzierung, S. 111; Deloitte & Touche (2001): International Accounting Standards, S. 606; Pacter, P. (1999): Side by Side, S. 76; Porter, T.L./Traficanti, R.M. (1999): Comparative Analysis, S. 486.
[889] Vgl. IAS 39.71 bis 102.
[890] Vgl. IAS 39.85 ff. S.a. Bellavite-Hövermann, Y./Barckow, A. (2002): IAS 39, Tz. 153; Gebhardt, G./ Naumann, T.K. (1999): IAS 39, S. 1467; Hommel, M./Hermann, O. (2003): Hedge-Accounting, S. 2502 ff.; Jamin, W./Krankowsky, M. (2003): Die Hedge-Accounting-Regeln, S. 505 ff.; Rutishauser, D. (2000): IAS 39, S. 295; PricewaterhouseCoopers (2000): Understanding IAS 39, S. 44 und 53 ff.; dies. (2004): Revised IAS 32 and IAS 39, S. 27 ff.; PwC Deutsche Revision (1999): IAS für Banken, S. 184 ff.; Scharpf, P. (2000): Financial Instruments (IV), S. 376 ff. Daneben äußert sich der Board auch zu Absicherungen des an einer ausländischen Teileinheit gehaltenen Anteils (*Hedges of a Net Investment in a Foreign Operation*).
[891] Vgl. IAS 39.71; Bellavite-Hövermann, Y./Barckow, A. (2002): IAS 39, Tz. 152; Gebhardt, G./Naumann, T.K. (1999): IAS 39, S. 1467.

und von Derivaten auf nicht gehandelte Beteiligungstitel, für die sich ein beizulegender Zeitwert nicht ermitteln lässt.[892] Damit besitzen Unternehmen faktisch eine erheblich höhere Flexibilität bei der Designierung ihrer Sicherungsbeziehungen, weil anders als nach SFAS 133 auch Teile (*Portions*) eines Derivates und nicht nur Anteile (*Proportions*) eingesetzt werden können (bspw. einzelne Zahlungsströme oder Risikofaktoren).[893]

Die Kennzeichnung eines derivativen Finanzinstruments als Sicherungsinstrument braucht nicht bei Eingehung des Kontrakts zu erfolgen: Der IASB hat es für zulässig befunden, ein zunächst freistehendes („zu Handelszwecken gehaltenes") Derivat zu einem späteren Zeitpunkt in eine Sicherungsbeziehung einzubringen und entsprechend zu deklarieren.[894] Auch kann ein Derivat, das bereits einmal in eine Sicherungsbeziehung eingebunden war, erneut in eine Sicherungsbeziehung eingebunden werden.[895]

Werden bei der Absicherung von Risikopositionen optionale Komponenten eingesetzt, ist dies für das *Hedge Accounting* solange unschädlich, wie das Unternehmen als Optionskäufer auftritt. Der Eingehung einer Stillhalterposition hingegen versagt der IASB die bilanzielle Anerkennung als Sicherungsinstrument, sofern das theoretisch bestehende Verlustpotenzial nicht durch eine gegenläufige Optionsposition im Grundgeschäft mindestens kompensiert wird.[896] Anwendungsrelevanz dürfte dieser Fall lediglich bei einer Option besitzen, die in ein strukturiertes, nicht zerlegungspflichtiges Produkt eingebettet wurde (bspw. *Callable Debt*). In allen anderen Fällen wären die Optionen als freistehend und damit als zu Handelszwecken gehalten zu kategorisieren, so dass *Hedge Accounting* infolge der gebotenen Bewertung zum beizulegenden Zeitwert nicht erforderlich ist.[897]

Neben derivativen kommen nach IAS 39 auch originäre finanzielle Vermögenswerte und Verbindlichkeiten als Sicherungsinstrument in Betracht. Sie dürfen aber wie in SFAS 133 nur dann als Sicherungsinstrumente designiert werden, wenn sie zur Absicherung von

---

[892] Vgl. IAS 39.AG94 und 96.
[893] Vgl. IAS 39.72 sowie 74. S.a. DTT (2001): Financial Instruments, S. 163. Nicht zulässig ist dagegen eine Aufteilung des Sicherungsinstruments in verschiedene Laufzeitabschnitte, die dann einzelnen Grundgeschäften zugeordnet werden; vgl. IAS 39.75 und 77 i.V.m. Guidance on Implementing IAS 39, F.2.17. Ein gleichlautender Vorschlag wurde vom Board im Zuge der Beratungen zur Überarbeitung von IAS 39 verworfen, vgl. IASB Update July 2003, S. 6.
[894] Vgl. Guidance on Implementing IAS 39, F.3.9. S.a. Bellavite-Hövermann, Y./Barckow, A. (2002): IAS 39, Tz. 154.
[895] Vgl. Guidance on Implementing IAS 39, F.1.1.
[896] Vgl. IAS 39.72, 77 und AG94 i.V.m. Guidance on Implementing IAS 39, F.1.3; s.a. Bellavite-Hövermann, Y./Barckow, A. (2002): IAS 39, Tz. 156; KPMG (2000): Financial Instruments Accounting, S. 99; PricewaterhouseCoopers (2000): Understanding IAS 39, S. 46.
[897] Vgl. Bellavite-Hövermann, Y./Barckow, A. (2002): IAS 39, Tz. 155.

Währungsrisiken eingesetzt werden.[898] Im Unterschied zum US-amerikanischen Standard muss der Sicherungsgegenstand dabei nicht zwingend eine feste Verpflichtung oder ein an einer ausländischen Teileinheit gehaltener Anteil sein. Die Designation setzt voraus, dass die währungsinduzierten Wertveränderungen des Finanzinstruments zuverlässig ermittelbar sind.[899] Eigenkapitalinstrumente des eigenen Unternehmens sind wie unter US-GAAP von einer Deklaration als Sicherungsinstrument ausgeschlossen.[900]

Wie im US-amerikanischen Standard qualifizieren Sicherungsinstrumente nach IAS 39 nur dann für eine Einbindung in das *Hedge Accounting*, wenn der Kontraktpartner des Geschäfts ein Unternehmens- bzw. Konzernfremder ist. Für bilanzielle Zwecke ist die Absicherung mittels interner Geschäfte damit unzulässig, und zwar im Unterschied zu SFAS 133 i.d.F. von SFAS 138 ohne Ausnahme.[901]

6.5.2.2 Mögliche Sicherungsgegenstände

Als Gegenstand einer Absicherung kommen nach IAS 39 die gleichen Transaktionen in Frage wie nach SFAS 133. Im Einzelnen handelt es sich um:[902]

- bilanzierte Vermögenswerte und Verbindlichkeiten mit Ausnahme von Derivaten und Anteilen an verbundenen oder assoziierten Unternehmen;[903]

- bilanziell nicht erfasste feste Verpflichtungen;

- erwartete, aber mit hoher Wahrscheinlichkeit tatsächlich eintretende Geschäfte ohne rechtliche Verpflichtung (*forecasted transactions*); sowie

- die Absicherung des an einer unselbständigen Teilheit gehaltenen Anteils.

Der Sicherungsgegenstand kann entweder in einem einzelnen Geschäft oder einer aggregierten Position bestehen. Eine Zusammenfassung setzt aber voraus, dass die einzelnen Geschäfte demselben Risikofaktor unterliegen und sich hinsichtlich ihrer Wertveränderun-

---

[898] Vgl. IAS 39.72 und BC144 f. i.V.m. Guidance on Implementing IAS 39, F.1.1 und 2; s.a. IASB Update June 2003, S. 5. Obgleich redundant, wird die Vorschrift explizit auf bis zur Endfälligkeit zu haltende Vermögenswerte ausgedehnt, vgl. IAS 39.AG95.
[899] Vgl. IAS 39.95 f.; s.a. Bellavite-Hövermann, Y./Barckow, A. (2002): IAS 39, Tz. 154.
[900] Vgl. IAS 39.AG97.
[901] Vgl. IAS 39.73 sowie BC165 ff. (insbesondere 171) i.V.m. Guidance on implementing IAS 39, F.2.16; s.a. IASB Update May 2003, S. 3 und September 2003, S. 6. Kritisch dazu FBE (2003): Comments, S. 4; Prahl, R./Naumann, T.K. (2000): Financial Instruments, Rn. 309 f.; PricewaterhouseCoopers (2000): Understanding IAS 39, S. 100; Scharpf, P. (2001): Financial Instruments, S. 195 f.
[902] Vgl. IAS 39.78 f und AG98 ff.
[903] Vgl. IAS 39.AG99. Derivative Finanzinstrumente können grundsätzlich nicht als Grundgeschäft designiert werden. Als explizite Ausnahme von dieser Vorschrift ist eine *Long Position* in Optionen zu nennen, die durch Eingehen einer Stillhalterposition „gehedged" werden soll; vgl. Guidance on implementing IAS 39, F.2.1.

gen annähernd proportional (*approximately proportional*) zum Aggregat verhalten; Aktien- und Index-Portfolien qualifizieren nicht mehr als absicherbares Grundgeschäft. Auch können *Long* und *Short Positionen* nicht demselben Portfolio zugeordnet werden, wodurch die Absicherung von Nettopositionen unmöglich wird.[904] Zudem qualifizieren nur mit Dritten kontrahierte Transaktionen als Grundgeschäft; konzerninterne Geschäfte dürfen nur insoweit als Sicherungsgegenstand designiert werden, als es sich um monetäre Fremdwährungspositionen handelt, das ihnen zugrunde liegende Währungsrisiko abgesichert werden soll und aus der Anwendung von IAS 21, *The Effects of Changes in Foreign Exchange Rates*, Konsolidierungsdifferenzen resultieren.[905]

Der Hinweis in IAS 39.AG101, wonach sich ein dem *Net Position Hedging* vergleichbarer Effekt erzielen lasse, indem aus der Bilanzseite mit dem nominellen Überhang einzelne Geschäfte in Höhe der Nettoposition als Grundgeschäft isoliert werden, ist als sachfremd zu verwerfen. Ein derartiges Vorgehen wäre nur dann denkbar, wenn sämtliche finanziellen Vermögenswerte und Schulden mit Ausnahme der Volumina die gleichen Ausstattungsmerkmale besäßen, also die gleiche Restlaufzeit, die gleiche Verzinsung, das gleiche Ausfallrisiko usw. Da die Geschäfte aber regelmäßig unterschiedliche Risikosensitivitäten aufweisen, dürfte die Anwendungsrelevanz der im Standard beschriebenen Methode begrenzt sein.[906]

Finanzielle Vermögenswerte und Verbindlichkeiten können vollständig oder in Teilen (*Portion*) als Sicherungsgegenstand designiert werden. Eine partielle Absicherung bspw. einzelner Zahlungsströme oder Risikofaktoren setzt aber voraus, dass der Sicherungserfolg (*Effectiveness*) messbar ist.[907] Ungeachtet der Messbarkeit ist die bilanzielle Absicherung von bis zur Endfälligkeit zu haltenden Vermögenswerten gegen Zinsänderungs- oder Kündigungsrisiken wie in SFAS 133 explizit ausgeschlossen.[908] Sollen Finanzinstrumente si-

---

[904] Vgl. IAS 39.78 f. und 83 f. i.V.m. Guidance on implementing IAS 39, F.2.15 und 20 f. sowie F.6.1 und 2; s.a. Bellavite-Hövermann, Y./Barckow, A. (2002): IAS 39, Tz. 160; PricewaterhouseCoopers (2000): Understanding IAS 39, S. 56; PwC Deutsche Revision (1999): IAS für Banken, S. 179. A.A. Scharpf, P. (2000): Financial Instruments (IV), S. 373. Zum Änderungsentwurf bzgl. des *Portfolio Hedge Accountings* für die Absicherung von Zinsänderungsrisiken vgl. Abschn. 6.5.5.

[905] Vgl. IAS 39.80.

[906] Kreditinstitute generieren einen zuweilen nicht unerheblichen Teil ihres Erfolgs aus der unterschiedlichen Struktur von Aktiva und Passiva (Fristen- und Risikotransformation).

[907] Vgl. IAS 39.81; s.a. Guidance on implementing IAS 39, F.2.8 und 12, 4.6 sowie 6.2.

[908] Vgl. IAS 39.78 f. i.V.m. Guidance on implementing IAS 39, F.2.9. Diese Sichtweise wurde im Rahmen der gegenwärtig durchgeführten Überarbeitung noch einmal bestätigt, vgl. IASB Update June 2003, S. 6. Die Sicherung des gültigen Marktzinsniveaus für den geplanten Erwerb finanzieller Vermögenswerte, die im Kaufzeitpunkt als „bis zur Endfälligkeit zu halten" deklariert werden sollen, ist aber ebenso zulässig wie die Absicherung künftiger Zinszahlungen aus *Held-to-Maturity*-Wertpapieren; vgl. Guidance on implementing IAS 39, F.2.10 f.

multan mit einem Sicherungsinstrument gegen mehrere Risikofaktoren gesichert werden, ist zudem eine entsprechende Dokumentation beizubringen.[909] Demgegenüber lässt der IASB – analog zum FASB – eine Teilabsicherung bei nicht-finanziellen Geschäften lediglich beim *Hedging* von Währungsrisiken zu.[910]

6.5.3 Formale Anforderungen an Sicherungsbeziehungen

Der IASB hat in IAS 39 einen Kriterienkatalog vorgegeben, der kumulativ erfüllt sein muss, damit die *Hedge-Accounting*-Vorschriften zur Anwendung gelangen dürfen.[911] Die einzelnen Anforderungen entsprechen dabei zumeist den Vorschriften aus SFAS 133:

(a) Bei Begründung der Sicherungsbeziehung sind der Absicherungszusammenhang sowie die Ziele und Strategien, die das bilanzierende Unternehmen mit seinem Risikomanagement verfolgt, zu dokumentieren. Zu einer solchen Dokumentation gehört die Benennung von Grund- und Sicherungsinstrument und des gesicherten Risikofaktor sowie eine Darlegung, wie die Einschätzung der Effektivität der Sicherung erfolgen soll. Eine rückwirkende Deklaration von Sicherungsbeziehungen ist unzulässig.[912]

(b) Das Sicherungsinstrument muss ex ante und über die Dauer der Sicherungsbeziehung als in hohem Maße effektiv (*highly effective*) bei der Kompensation von Wertänderungen resp. Zahlungsstromschwankungen zu erwarten sein und im Einklang mit der ursprünglich niedergelegten Sicherungsstrategie stehen. Von einer hohen Effektivität ist grundsätzlich dann auszugehen, wenn der Quotient aus den Wertveränderungen resp. Zahlungsstromschwankungen des Grundgeschäfts und jenen des Sicherungsinstruments in einem Intervall zwischen 80 und 125% liegt. Für den ex ante-Test besteht der Board allerdings auf einem zu erwartenden nahezu vollständigen Ausgleich (*almost fully offset*). Mit der Vorgabe eines Effektivitätsintervalls unterscheidet sich der IASB von den US-amerikanischen Vorschriften, in denen bekanntlich auf eine explizite Intervallangabe verzichtet wurde.[913]

SCHARPF vertritt die Ansicht, dass Banken den Nachweis einer hohen Effektivität unter bestimmten Bedingungen auch dadurch erbringen könnten, dass sie diese zwischen dem

---

[909] Vgl. IAS 39.76; Guidance on implementing IAS 39, F.1.12 f. und 2.18.
[910] Vgl. IAS 39.82 und AG100; s.a. IASB Update May 2003, S. 3.
[911] Vgl. IAS 39.88; s.a. Bellavite-Hövermann, Y./Barckow, A. (2002): IAS 39, Tz. 169 ff.; KPMG (2000): Financial Instruments Accounting, S. 100 ff.; Scharpf, P. (2001): Financial Instruments, S. 207 ff.
[912] Vgl. IAS 39.88(a) i.V.m. Guidance on implementing IAS 39, F.3.8 f., 4.1 f., 6.2, sowie IFRS 1.60.
[913] Vgl. IAS 39.88(b) und AG105 i.V.m. Guidance on implementing IAS 39, F.4.4 bis 6 und 6.2 sowie SFAS 133.20a und b i.V.m. SFAS 80.4b und 14; s.a. IASB Update July, S. 6; Bellavite-Hövermann, Y./Barckow, A. (2002): IAS 39, Tz. 169 ff.; Porter, T.L./Traficanti, R.M. (1999): Comparative Analysis, S. 488.

Grund- und einem internem Sicherungsgeschäft nachweisen.[914] Diese in der Bankenrechnungslegung als *Warehouse*-Konzept bezeichnete Sichtweise ist aus zwei Gründen abzulehnen. Erstens steht ein derartiges Vorgehen im offensichtlichen Widerspruch zu IAS 39.134, wonach interne Geschäfte als im externen Rechnungswesen nicht existent anzusehen sind. Ergo können sie dann auch nicht für den Effektivitätstest herangezogen werden, weil dieser expressis verbis zwischen Grund- und externem Sicherungsgeschäft durchzuführen ist. Zweitens ist auch bei einer Durchreichung der Risiken via interne Geschäfte die Effektivität nicht auf Ebene der beteiligten Organisationseinheiten, sondern auf Unternehmensebene und damit zwischen den externen Geschäften nachzuweisen. Sachlich ließe sich die von den Banken propagierte Verfahrensweise – vorbehaltlich des expliziten Verbots – nur dann rechtfertigen, wenn tatsächlich sämtliche Risiken, die vom Bank- in das Handelsbuch transferiert werden, vom Handel ohne Marge extern glattgestellt werden. Dieses widerspräche aber nicht nur der derzeitigen Steuerungsphilosophie, sondern auch dem Selbstverständnis des Handels als selbstdisponierende, gewinnorientierte Einheit.

(c) Sofern es sich bei dem Sicherungsgegenstand um ein zukünftig erwartetes Geschäft handelt, muss mit dessen Eintritt hinreichend sicher gerechnet werden können (*highly probable*). Das zu sichernde Geschäft muss das Unternehmen einem Einkommensrisiko aussetzen und letzten Endes das Ergebnis beeinflussen.[915]

(d) Die Effektivität der Sicherungsbeziehung muss bestimmbar sein. Dazu ist es erforderlich, dass die Wertveränderungen resp. Zahlungsstromschwankungen von Grund- und Sicherungsgeschäft hinreichend zuverlässig bestimmbar sind. Bei der Bestimmung der Effektivität ist das Ausfallrisiko des Kontrahenten zu berücksichtigen.[916]

(e) Die Wirksamkeit des *Hedges* ist fortlaufend zu überprüfen und als in hohem Maße gegeben festzustellen. Der Nachweis ist bei Aufstellung eines jeden Jahres- oder Zwischenabschlusses, mindestens aber jährlich durchzuführen. Im Gegensatz zu den US-amerikanischen Vorschriften ist der Verzicht auf die Durchführung des Effektivitäts-

---

[914] Vgl. Scharpf, P. (2001): Financial Instruments, S. 197.
[915] Vgl. IAS 39.88(c). Das IGC hat den Ausdruck *"highly probable"* in einer Stellungnahme ausgelegt. Dabei wird festgestellt, dass die Eintrittswahrscheinlichkeit deutlich über jenen 50 Prozent liegen muss (*"more likely than not"*), mit denen wahrscheinliche (*probable*) von möglichen (*possible*) Ereignissen abgegrenzt werden. Eine numerische Angabe gibt das IGC aber nicht vor, vgl. Guidance on implementing IAS 39, F.3.7 und 10 f. sowie 6.2. Die Literatur schlägt Eintrittswahrscheinlichkeiten von größer oder gleich 80 Prozent vor; dies erscheint sachgerecht und dürfte in der weit überwiegenden Mehrzahl auch der betrieblichen Unternehmenspraxis entsprechen. S.a. Bellavite-Hövermann, Y./Barckow, A. (2002): IAS 39, Tz. 169 m.w.N.
[916] Vgl. IAS 39.88(d) und AG110; s.a. Guidance on implementing IAS 39, F.2.8, 4.3 und 6.2.

tests aber selbst dann nicht statthaft, wenn die wesentlichen Preisbestimmungsfaktoren von Grund- und Sicherungsgeschäft aufeinander abgestimmt wurden; es existiert also keine *Shortcut*-Methode.[917]

Wie der Effektivitätstest konkret zu erfolgen hat, lässt der IASB offen; man verweist lediglich darauf, dass die zu wählende Methode i.d.R. von der betrieblichen Risikosteuerung abhänge. Einem Unternehmen sei im Rahmen seiner dokumentierten Sicherungsstrategie ferner freigestellt, ob die Effektivität periodisch oder kumulativ nachgewiesen wird. Bei der Berechnung der Effektivität sind allerdings der Einfluss des Zeitwertes, das Risiko einer möglichen vorzeitigen Rückzahlung (bspw. bei Finanzinstrumenten, in die Kündigungsrechte eingebettet sind) sowie mögliche Ausfallrisiken zu berücksichtigen.[918]

Sobald eine Sicherungsbeziehung eines der vorstehenden Kriterien nicht mehr erfüllt, muss das *Hedge Accounting* abgebrochen werden. Von diesem Zeitpunkt an werden Grund- und Sicherungsgeschäft wieder einzeln bewertet. Sofern zur Sicherung Derivate eingesetzt wurden, sind diese fortan als zu Handelszwecken gehalten zu deklarieren und entsprechend zu bewerten. Eine erneute Deklarierung als Sicherungsinstrument ist gleichwohl möglich, jedoch lediglich prospektiv.[919]

6.5.4 Bilanzierung der Sicherungsbeziehungen

6.5.4.1 Bilanzierung von *Fair Value Hedges*

Die Verfahrensweise bei der Bilanzierung von *Fair Value Hedges* entspricht dem Vorgehen nach SFAS 133: Sind alle formalen Kriterien über die Berichtsperiode hinweg erfüllt gewesen, so sind die Wertveränderungen des Sicherungsinstruments unmittelbar erfolgswirksam zu erfassen; gleiches gilt für jene Wertveränderungen des Grundgeschäfts, die auf den gesicherten Risikofaktor zurückzuführen sind. Dies ist auch dann der Fall, wenn der Sicherungsgegenstand normalerweise nicht bewertet wird (z.B. finanzielle Verbindlichkeiten) oder seine Wertveränderungen unmittelbar im Eigenkapital zu zeigen sind (bspw. bei Wertpapieren, die als „zur Veräußerung verfügbar" deklariert wurden).[920]

---

[917] Vgl. IAS 39.88(e) und AG 107 ff. i.V.m. Guidance on implementing IAS 39, F.4.7; kritisch dazu Bellavite-Hövermann, Y./Barckow, A. (2002): IAS 39, Tz. 172; PricewaterhouseCoopers (2000): Understanding IAS 39, S. 52; Scharpf, P. (2000): Financial Instruments (IV), S. 375.
[918] Vgl. IAS 39.AG105, 107 f. und 111 i.V.m. Guidance on implementing IAS 39, F.4.2 bis 4 und 6.2.
[919] Vgl. IAS 39.AG113.
[920] Vgl. IAS 39.89; s.a. Bellavite-Hövermann, Y./Barckow, A. (2002): IAS 39, Tz. 174; Gebhardt, G./ Naumann, T.K. (1999): IAS 39, S. 1468.

6. Bilanzierung von Derivaten und Sicherungsbeziehungen nach IFRS

Wird eine feste Verpflichtung abgesichert, existiert noch kein zugehöriger Bilanzposten, dessen Buchwert angepasst werden kann. Die erste „Buchwertanpassung" wird daher zur Verbuchung eines Vermögenswertes resp. einer Verbindlichkeit in Höhe der eingetretenen Wertveränderung führen, der in den folgenden Perioden entsprechend um aufgetretene, dem abgesicherten Risikofaktor zuzurechnende Wertschwankungen zu adjustieren ist.[921] Der gebildete Bilanzposten entspricht mithin den kumulierten Wertveränderungen im Hinblick auf das gesicherte Risiko, nicht aber dem Wert der Verpflichtung per se. Mündet die feste Verpflichtung im Kauf eines Vermögenswertes oder der Eingehung einer Schuld, ist der Wertveränderungsposten mit den Anschaffungskosten des Vermögens resp. der Schuld zu verrechnen (*Basis Adjustment*).[922]

Handelt es sich bei dem Sicherungsgegenstand um ein zinstragendes Geschäft, sind die infolge der Buchwertanpassungen entstandenen Agien resp. Disagien über die verbleibende Restlaufzeit erfolgswirksam nach der Effektivzinsmethode aufzulösen. Die Amortisierung der Differenzbeträge kann erfolgen, sobald die erste Buchwertanpassung erfolgt ist; sie ist zwingend zu beginnen bei Beendigung der Sicherungsbeziehung.[923]

Das *Hedge Accounting* ist prospektiv zu beenden, wenn das Sicherungsgeschäft ausgelaufen, veräußert oder ausgeübt worden ist, die genannten Kriterien nicht mehr erfüllt sind oder das Unternehmen die Sicherungsbeziehung bewusst aufhebt. Ein Überrollen der Sicherungsinstrumente im Zuge einer dokumentierten *Roll-over*-Strategie ist dabei explizit zulässig.[924]

6.5.4.2 Bilanzierung von *Cash Flow Hedges*

Wie bereits in Abschnitt 6.5.1 ausgeführt wurde, ergeben sich bei der Abbildung von *Cash Flow Hedges* die deutlichsten Unterschiede zu US-GAAP. Diese bestehen v.a. in der Verbuchung der erfolgsneutral abgegrenzten Erfolge bei der Absicherung erwarteter Geschäfte.

Soll ein bereits bilanziertes Geschäft gegen Einkommensrisiken abgesichert werden und sind die unter Abschnitt 6.5.3 aufgeführten Kriterien erfüllt, entspricht die Bilanzierung jener nach SFAS 133. Statt die Wertveränderungen des Sicherungsgeschäfts wie gewöhnlich erfolgswirksam zu verbuchen, werden sie in dem Maße, wie die Sicherung als effektiv gilt, erfolgsneutral im Eigenkapital erfasst. Der ineffektive Teil der Sicherung geht dage-

---

[921] Vgl. IAS 39.93.
[922] Vgl. IAS 39.94.
[923] Vgl. IAS 39.92; s.a. Bellavite-Hövermann, Y./Barckow, A. (2002): IAS 39, Tz. 174.
[924] Vgl. IAS 39.91.

gen wie gewohnt in das Periodenergebnis ein.[925] Die unmittelbar im Eigenkapital verbuchten Beträge sind im Eigenkapitalspiegel separat auszuweisen, bspw. als „Rücklage für Cash Flow Hedges". Sollte der Barwert der kumulierten, zukünftig erwarteten Zahlungsströme aus dem Grundgeschäft den in der Rücklage eingestellten Wert unterschreiten, ist diese entsprechend auf den niedrigeren Betrag abzuwerten.[926] Diese Vorgehensweise kann sich in der Praxis als überaus komplex darstellen, weil die vorstehende Überprüfung für jede Sicherungsbeziehung getrennt durchzuführen ist.

Die Bilanzierung des *Cash Flow Hedges* hängt nun davon ab, ob der zukünftig eintretende bzw. erwartete Vorgang unmittelbar in der GuV erfasst oder als Vermögenswert resp. Schuld bilanziert wird; im zweitgenannten Fall ist zusätzlich von Bedeutung, ob es sich bei dem erwarteten Geschäft um ein Finanzinstrument handelt oder nicht:

- Besteht der Sicherungsgegenstand in einem zukünftig erwarteten Finanzinstrument (z.B. einer erforderlichen Prolongation aufgenommener Mittel), bleiben die in der Rücklage verbuchten Beträge bei Eintritt des Grundgeschäfts zunächst im Eigenkapital. Die Rücklage wird vielmehr über die Zeit in dem Maße aufgelöst, wie durch die Sicherung zukünftige Erfolgswirkungen aus dem Grundgeschäft die GuV berühren.[927] Wenn ein Unternehmen bspw. aus seinem Finanzplan in zwei Jahren mit dem Auslaufen einer Refinanzierung rechnet und sich für die notwendig Anschlussfinanzierung das gegenwärtige Zinsniveau sichern möchte, laufen die Wertveränderungen des zur Sicherung getätigten Derivats ins Eigenkapital (Effektivität vorausgesetzt). In zwei Jahren wird dann die Refinanzierung zum dann gültigen Zinsniveau aufgenommen. Sind seit dem Abschluss des Sicherungsgeschäfts die Zinsen gestiegen, verteuert sich die Bedienung der Schuld und belastet das Ergebnis mit einem – im Vergleich zu heute – höheren Zinsaufwand. Dieser wird nun durch ratierliche Auflösung der Rücklage kompensiert, so dass sich in toto das gewünschte Zinsergebnis abbildet. Es sei darauf hingewiesen, dass diese Verfahrensweise eine wesentliche Änderung gegenüber der ursprünglichen Version von IAS 39 darstellt.

- Handelt es sich demgegenüber bei dem erwarteten Grundgeschäft nicht um ein Finanzinstrument, besitzt das Unternehmen ein Wahlrecht: Es kann entweder in gleicher Wei-

---

[925] Vgl. IAS 39.95.
[926] Vgl. IAS 39.95 f.; s.a. Guidance on implementing IAS 39, F.5.2 und 3 sowie 6.2; s.a. Ausschuss für Bilanzierung des Bundesverbandes deutscher Banken (2001): Bilanzierung von Sicherungsgeschäften nach IAS 39, S. 351 ff.; Bellavite-Hövermann, Y./Barckow, A. (2002): IAS 39, Tz. 176; KPMG (2000): Financial Instruments Accounting, S. 120 ff.; Prahl, R./Naumann, T.K. (2000): Financial Instruments, Rn. 320.
[927] Vgl. IAS 39.97.

se verfahren bei der Absicherung antizipierter Finanzinstrumente oder die Rücklage im Zeitpunkt des Eintritts des Sicherungsgeschäfts mit dessen Anschaffungskosten verrechnen (*Basis Adjustment*). Das gewählte Verfahren ist einheitliche auf alle Sicherungen erwarteter nicht-finanzieller Vermögenswerte und Schulden einheitlich anzuwenden.[928]

- Ist der Sicherungsgegenstand nicht ansatzfähig, sondern wird der Vorgang unmittelbar erfolgswirksam erfasst (bspw. erwartete Fremdwährungsumsätze), ist die gebildete Rücklage unmittelbar bei Eintritt des erwarteten Geschäfts erfolgswirksam aufzulösen.[929]

Das *Hedge Accounting* ist prospektiv zu beenden, wenn das Sicherungsgeschäft ausgelaufen, verkauft oder ausgeübt worden ist oder die Sicherungsbeziehung willentlich aufgehoben wird. Ein Überrollen im Zuge einer dokumentierten *Roll-over*-Strategie ist wie bei *Fair Value Hedges* zulässig. Die gebildete Rücklage bleibt aber ungeachtet dessen solange im Eigenkapital stehen, bis das erwartete Geschäft eintritt.[930] Dasselbe gilt, wenn zwar die Kriterien für das *Hedge Accounting* nicht mehr erfüllt sind, mit dem Geschäft aber noch gerechnet wird.[931] Nur wenn dessen Eintritt mittlerweile unwahrscheinlich geworden sein sollte, sind die im Eigenkapital abgegrenzten Erfolge des Sicherungsgeschäfts erfolgswirksam aufzulösen.[932]

6.5.4.3 Bilanzierung von *Hedges of a Net Investment in a Foreign Entity*

Absicherungen des am Reinvermögen einer Auslandsgesellschaft gehaltenen Anteils wurden vor der Verabschiedung von IAS 39 bereits durch IAS 21, *The Effects of Changes in Foreign Exchange Rates*, adressiert. Die Vorschriften wurden lediglich terminologisch an IAS 39 angepasst. Die Bilanzierung dieser Sicherungsbeziehungen folgt der für das *Cash Flow Hedge Accounting*. Mit Ausnahme der nach IAS 39 nicht zulässigen Verwendung konzerninterner Geschäfte entspricht das Vorgehen ferner jenem aus SFAS 133, weshalb auf eine erneute Darstellung an dieser Stelle verzichtet werden soll.[933]

---

[928] Vgl. IAS 39.98 f.; s.a. Bellavite-Hövermann, Y./Barckow, A. (2002): IAS 39, Tz. 177 sowie PricewaterhouseCoopers (2000): Understanding IAS 39, S. 67 ff.
[929] Vgl. IAS 39.100; s.a. Guidance on implementing IAS 39, F.6.2.
[930] Vgl. IAS 39.101(a).
[931] Vgl. IAS 39.101(b).
[932] Vgl. IAS 39.101(c); s.a. Bellavite-Hövermann, Y./Barckow, A. (2002): IAS 39, Tz. 178.
[933] Vgl. IAS 39.102 i.V.m. IAS 21.19 sowie Guidance on implementing IAS 39, E.3.3 und 6.5; s.a. Bellavite-Hövermann, Y./Barckow, A. (2002): IAS 39, Tz. 179.

6.5.5 Der Entwurf zum *Portfolio Hedge Accounting* bei der Absicherung von Zinsänderungsrisiken

6.5.5.1 Vorbemerkung

Im August 2003 gab der IASB einen Entwurf heraus, mit dem einer der bis dato bestehenden Eckpfeiler der Bilanzierung von Sicherungsbeziehungen aufgegeben wurde: die Reduktion von Absicherungen auf einzelne Transaktionen. Gemeinsam mit Vertretern des Europäischen Bankenverbandes hatte man nach Lösungen gesucht, ob – und falls ja, wie – die v.a. in der Kreditwirtschaft verbreitete Absicherung von Nettorisikopositionen in den überarbeiteten Standard aufgenommen werden könnte. Der Board machte zur Bedingung, dass die zentralen Vorschriften zum *Hedge Accounting* nicht angetastet werden dürften:

- Derivate seien in jedem Fall zum beizulegenden Zeitwert anzusetzen;

- Ineffektivitäten müssten – sofern wesentlich – erfolgswirksam in der Gewinn- und Verlustrechnung erfasst werden;

- nur Posten, die den Ansatzkriterien von Vermögenswerten und Schulden entsprechen, dürften in die Bilanz eingestellt werden.[934]

Die entlang dieser Vorgaben ausgearbeitete Vorgehensweise findet sich nicht im Textteil des Standards, sondern wird in den Paragrafen A26 ff. des Anhangs dargestellt und erläutert. Die Zulässigkeit des *Portfolio Hedge Accountings* wurde in einer neuen Textziffer abgefasst, mit welcher der Kreis der Sicherungsgegenstände erweitert wird:

> *"In a fair value hedge of the interest rate exposure of a portfolio of financial assets and/or financial liabilities, the portion hedged may be designated in terms of an **amount of currency** (eg dollars, euro, pounds) rather than as individual assets (or liabilities). Although the portfolio may include, for risk-management purposes, assets and liabilities, the amount designated is an amount of assets **or** an amount of liabilities. Designation of a net amount including assets and liabilities is not permitted. [...]"*[935]

Im Gegensatz zu den derzeit gültigen Vorschriften wird damit die Möglichkeit geschaffen, Portfolien aus finanziellen Vermögenswerten und Schulden zusammenzustellen; gegenwärtig qualifizieren bekanntlich nur Aggregate einer Bilanzseite als Sicherungsgegenstand.

Der Board stellte den Entwurf für drei Monate zur Kommentierung und erhielt nach eigener Aussage mehr als 120 Stellungnahmen.[936] Die meisten Unternehmen unterstützen den

---

[934] Vgl. E-Portfolio Hedge, Basis for Conclusions, Tz. BC6.
[935] E-Portfolio Hedge, IAS 39.128A (Hervorhebungen durch den Verf.).
[936] Vgl. IASB Update December 2003, S. 4. Die Stellungnahmen können unter der Internet-Adresse http://www.iasb.org.uk/cmt/0001.asp?s=398410&sc={8EE91025-E5FF-4EA4-9AA9-66D253E6F012}&n=4228 abgerufen werden (Stand 20. Dezember 2003).

neuen Vorstoß des IASB dem Grunde nach, üben aber Kritik im Detail. Insbesondere die Kreditwirtschaft, deretwegen die Änderungen eingebracht wurden, sieht den Entwurf lediglich als Schritt in die richtige Richtung, verlangt aber Nachbesserungen, um den erwarteten Gleichlauf zwischen Bilanzierung und Risikosteuerung realisieren zu können.[937] Der Board plant, seine Beratungen so zügig abzuschließen, dass IAS 39 bis März 2004 in überarbeiteter Form veröffentlicht werden kann. Die Vorschriften würden dann vermutlich zum 1. Januar 2005 in Kraft treten.[938]

6.5.5.2 Darstellung der Vorgehensweise beim *Portfolio Hedge Accounting*

In seinem Entwurf stellt der IASB einen aus acht Stufen bestehenden Prozess dar, der für das *Portfolio Hedge Accounting* zu durchlaufen ist und nachfolgend dargestellt wird.[939] Da IAS 39 lediglich um die speziellen Vorschriften ergänzt wird, dürften daneben die bereits bestehenden Anforderungen zur Bilanzierung von Sicherungsbeziehungen nach IAS 39.88 weiterhin ihre Gültigkeit behalten; in diesem Zusammenhang sind insbesondere die Erfüllung der Dokumentationserfordernisse sowie die Durchführung der Effektivitätsmessungen zu nennen. Klarstellend weist der Board darauf hin, dass eine Übertragung der nachstehenden Vorgehensweise auf die Absicherung anderer Risikofaktoren nicht statthaft ist.[940]

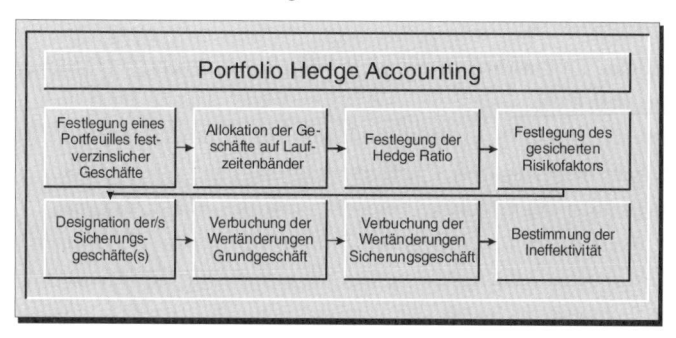

Abb. 26: Vorgehensweise beim *Portfolio Hedge Accounting* von Zinsänderungsrisiken

Die einzelnen Schritte stellen sich wie folgt dar:

(a) Das Unternehmen stellt aus festverzinslichen Geschäften ein Portefeuille zusammen, das gegen Zinsänderungsrisiken gesichert werden soll. Das Portfolio darf dabei – wie

---

[937] Vgl. Kropp, M./Klotzbach, D. (2003): Macro Hedge Accounting, S. 1181.
[938] Vgl. E-Portfolio Hedge, IAS 39.172.
[939] Vgl. E-Portfolio Hedge, Appendix A, Tz. A26; s.a. Kropp, M./Klotzbach, D. (2003): Macro Hedge Accounting, S. 1182 ff.; Kuhn, S./Scharpf. P. (2003): Portfolio Hedging, S. 2295 ff.
[940] Vgl. E-Portfolio Hedge, Appendix A, Tz. A27. Im Zuge der sich an die Kommentierungsfrist anschließenden Beratungen wurde diese Haltung vorläufig bekräftigt, vgl. IASB Update December 2003, S. 4.

6. Bilanzierung von Derivaten und Sicherungsbeziehungen nach IFRS

oben beschrieben – aus finanziellen Vermögenswerte und/oder Verbindlichkeiten bestehen, ist aber nicht selbst Sicherungsgegenstand.[941] Obwohl im Standardentwurf stets von einem Portfolio die Rede, dürfte die Anzahl möglicher Portefeuilles nicht begrenzt sein. So wäre es bspw. sinnvoll, zumindest für jede Haupthandelswährung ein eigenes Portfolio zu bilden und auf dieses die nachstehende Verfahrensweise jeweils gesondert anzuwenden.

(b) Sodann sind die erwarteten Fälligkeiten oder – sofern zeitlich früher anfallend – die nächsten Zinsanpassungstermine der in dem Portfolio enthaltenen Geschäfte zu ermitteln und die Geschäfte entsprechend dieser Zeitpunkte auf Laufzeitenbänder zu verteilen.[942] Die erwartete Fälligkeit eines Geschäfts kann mit seiner vertraglich vereinbarten übereinstimmen, muss es aber nicht.[943] Die Anzahl der Laufzeitenbänder ist so festzulegen, dass alle Vermögenswerte resp. Schulden eines Bandes ein ähnliches Risikoprofil aufweisen. Die vorgenommene Allokation ist regelmäßig zu überprüfen und bei Veränderungen ggf. anzupassen.[944] Wie die Zuordnung zu erfolgen hat, lässt der Entwurf offen. Der Board bestimmt lediglich, dass die Verfahrensweise mit dem betrieblichen Risikomanagement des Unternehmens in Einklang zu stehen hat und dem Gebot der Stetigkeit unterliegt.[945]

Dass der Board im Entwurf auf erwartete Fälligkeiten abhebt, begründet er damit, dass viele festverzinsliche finanzielle Vermögenswerte Kündigungsrisiken (*prepayment risks*) ausgesetzt seien. Diese Geschäfte lassen sich als strukturierte Produkte auffassen, die aus einem nicht kündbaren Trägervertrag und einer oder mehreren eingebetteten Kündigungsoption(en) bestehen. Verändert sich das Marktzinsniveau, wirkt dies in zweierlei Weise auf den beizulegenden Zeitwert der Struktur: Zum einen sind die vertraglich festgelegten Zahlungsströme nun mit einem anderen Abzinsungsfaktor zu verbarwerten, zum anderen ändert sich der Wert der eingebetteten Kündigungsoption(en) (z.B. infolge einer nun wahrscheinlicher oder unwahrscheinlicher gewordenen Aus-

---

[941] Vgl. E-Portfolio Hedge, Appendix A, Tz. A26(a) und A28.
[942] Vgl. E-Portfolio Hedge, Appendix A, Tz. A26(b).
[943] So liegt bspw. die vertragliche Laufzeit kündbarer Finanzinstrumente i.d.R. über ihrer erwarteten. Umgekehrt wird im Einlagengeschäft von Kreditinstituten ein bestimmter Bodensatz nicht abgerufen, obwohl er vertraglich fällig ist; die erwartete Laufzeit wäre in diesem Fall also länger als die vertraglich vereinbarte; s.a. Kuhn, S./Scharpf. P. (2003): Portfolio Hedging, S. 2295.
[944] Vgl. E-Portfolio Hedge, Appendix A, Tz. A29.
[945] Vgl. E-Portfolio Hedge, Appendix A, Tz. A29. Die Allokation auf die Laufzeitenbänder kann bspw. für jedes einzelne Geschäft separat oder prozentual für eine Gruppe gleichartiger Geschäfte vorgenommen werden; s.a. FBE (2003): Macro Hedging, S. 3.

übung). Nach Aussage des IASB gehen Unternehmen unterschiedlich mit dieser Situation um:

- Einige würden die Möglichkeit einer vorzeitigen Kündigung des Grundgeschäfts gänzlich ignorieren und zur Sicherung ausschließlich nicht kündbare Derivate einsetzen – mit der Folge, dass die Sicherungsbeziehung früher oder später ineffektiv wird;[946]

- andere Unternehmen untersuchten und steuerten die Risiken nicht getrennt voneinander. Vielmehr verteilten sie die zukünftig anfallenden Zahlungsströme entsprechend ihres erwarteten Anfalls auf verschiedene Laufzeitenbänder.[947]

Der IASB sieht in der zweiten dargestellten Verfahrensweise eine elegante Möglichkeit, das Risiko einer vorzeitigen Rückzahlung des Grundgeschäfts zu berücksichtigen, ohne die Wertveränderung der Kündigungsoption berechnen zu müssen. Er hat deshalb entschieden, diese Art der Risikosteuerung auch für Zwecke des *Hedge Accountings* zuzulassen.[948] Es sei darauf hingewiesen, dass die in Anhang A des Entwurfs gewählte Formulierung insofern etwas irreführend ist, weil sie suggeriert, dass die Aufteilung von Geschäften auf Laufzeitenbänder entsprechend ihrer erwarteten Fälligkeit verpflichtend durchzuführen sei:

"(b) The entity analyses the portfolio into maturity time periods based on expected, rather than contractual, repricing dates."[949]

Demgegenüber lässt der neu eingefügte Paragraph 128A die Verwendung des Ansatzes lediglich alternativ zu, ohne die bisherige Verfahrensweise auszuschließen:

"[...] the entity may hedge the change in fair value that is attributable to a change in the hedged interest rate based on expected, rather than contractual, repricing dates. [...]"[950]

(c) Auf der Grundlage der vorstehenden Zuordnung legt das Unternehmen im dritten Schritt für jedes Laufzeitenband fest, welcher Betrag (*amount*) abgesichert werden soll. Dazu werden die Nominalbeträge der finanziellen Vermögenswerte und Schulden eines

---

[946] Vgl. E-Portfolio Hedge, Basis for Conclisions, Tz. BC 5(a).
[947] Vgl. E-Portfolio Hedge, Basis for Conclusions, Tz. BC8.
[948] Vgl. E-Portfolio Hedge, Basis for Conclusions, Tz. BC9. KROPP/KLOTZBACH verteten die Ansicht, dass die Verwendung zinsbezogener Optionen zur Sicherung des Kündigungsrisikos durch den Entwurf faktisch versagt würde; vgl. Kropp, M./Klotzbach, D. (2003): Macro Hedge Accounting, S. 1185. Dem wird mit Verweis auf die beiden nachfolgenden Zitate widersprochen.
[949] E-Portfolio Hedge, Appendix A, Tz. A26(b).
[950] E-Portfolio Hedge, Tz. IAS 39.128A (Hervorhebung durch den Verf.).

Laufzeitenbandes in einer Nebenrechnung gegenübergestellt und saldiert.[951] Das Ergebnis dieser Berechnung entspricht dem Nettovolumen des betrachteten Laufzeitenbandes und ist entweder positiv (ein „Nettovermögenswert") oder negativ (eine „Nettoschuld").[952] Das Unternehmen legt sodann fest, ob es den gesamten ermittelten Betrag oder nur einen Teil davon absichern will.[953]

Bei der Festlegung des Sicherungsgegenstandes sind zwei Randbedingungen zu berücksichtigen: Zum einen darf nicht die berechnete Nettogröße als solche als Gegenstand des *Hedge Accountings* festgelegt werden, weil dieses formal dem weiterhin bestehenden Verbot des *Gap Hedgings* nach IAS 39.84 entgegenstünde. Sicherungsgegenstand ist vielmehr ein Währungsbetrag (*amount of currency*), der sich aus der Gesamtheit der zinsreagiblen Geschäfte jener Seite, auf der der rechnerische Überhang des betreffenden Laufzeitenbandes ermittelt wurde, ergeben hat.[954] Werden bspw. im Laufzeitenband 12 bis 13 Monate Vermögenswerte i.H.v. 100 Mio. Euro und Schulden i.H.v. 80 Mio. Euro erwartet, so ergibt sich als Saldo ein Nettovermögenswert von 20 Mio. Euro. Sicherungsgegenstand sind nun aber nicht diese 20 Mio. Euro, sondern 20 Mio. Euro aller Vermögenswerte im Laufzeitenband 12/13 (= 100 Mio. Euro). Bei vollständiger Absicherung des Saldos ergäbe sich damit eine Sicherungsquote von 20%. Diese ist für Zwecke des Effektivitätstests festzuhalten (s.u.).[955]

Zum anderen ist der Sicherungsbetrag der Höhe nach insoweit beschränkt, wie er durch Geschäfte gedeckt ist, die für sich betrachtet ebenfalls für das *Hedge Accounting* qualifizieren würden. In diesem Zusammenhang bestimmt der Board, dass jederzeit fällige und kündbare Verbindlichkeiten (*demand/time deposits*) nicht einem Laufzeitenband zugeordnet werden dürfen, das den erstmöglichen Kündigungstermin dieser Geschäfte

---

[951] Es sei darauf hingewiesen, dass der Board den Begriff *"amount"* im Entwurf nicht näher spezifiziert. Der hier vorgenommenen Operationalisierung als Nominalbetrag liegt eine bilanzorientierte Sichtweise zugrunde. Diese ergibt sich unmittelbar aus der Formulierung in Tz. A26, wonach die Portfolien aus finanziellen Vermögenswerten und/oder Schulden zu bilden sind und damit aus bereits bilanzierten Geschäften. Diese Interpretation wird ferner durch die in Tz. IE2 des dem Entwurf beigefügten Anschauungsbeispiels gewählte Formulierung *"principal amount"* gestützt. Der Auffassung steht die eher zahlungsstromorientierte Sichtweise der bankbetrieblichen Aktiv-Passiv-Steuerung entgegen. Bei dieser Form des Risikomanagements werden neben den Kapitalbeträgen auch die zukünftigen Zinszahlungsströme in die Betrachtungen einbezogen; s.a. Kropp, M./Klotzbach, D. (2003): Macro Hedge Accounting, Fn. 11.
[952] Vgl. E-Portfolio Hedge, IAS 39.128A.
[953] Vgl. E-Portfolio Hedge, Appendix A, Tz. A26(c), A30 und A36.
[954] *"The entity designates as the hedged item an amount of assets or liabilities (**but not a net amount**) from the identified portfolio equal to the amount it wishes to designate as being hedged."* (Tz. A26(c), Hervorhebung durch den Verf.).
[955] S.a. E-Portfolio Hedge, Illustrative Example sowie Basis for Conclusions, Tz. BC30 ff.

überschreitet.[956] Von Bedeutung ist diese Einschränkung immer dann, wenn sich für ein Laufzeitenband rechnerisch eine Nettoschuld ergibt und diese ausschließlich oder teilweise durch täglich fällige oder kündbare Positionen unterlegt wäre. Die vorstehenden Aussagen sind in der folgenden Grafik noch einmal zusammengefasst.

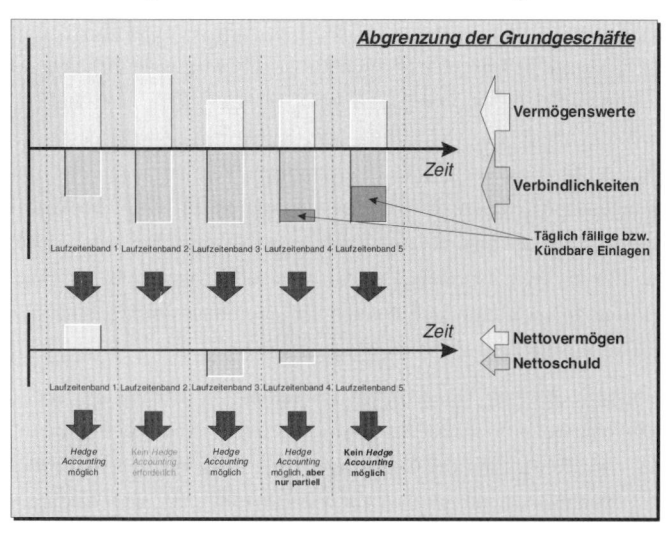

Abb. 27: *Portfolio Hedge Accounting* – Bestimmung der Grundgeschäfte

Die weitere Verfahrensweise entspricht weitgehend jener für das bestehende *Hedge Accounting* bei der Absicherung einzelner Geschäfte.

(d) Das Unternehmen bestimmt das zu sichernde Zinsänderungsrisiko. Die Absicherung eines Teilrisikos – bspw. einer *Benchmark-Rate* – ist zulässig.[957]

(e) Jedem Laufzeitenband werden ein oder mehrere gleichartige Sicherungsinstrumente zugeordnet. Die Gleichartigkeit bezieht sich dabei lediglich auf die Art des Instruments, nicht aber auf das Risikoprofil. Es ist somit nunmehr möglich, ein Portfolio aus Sicherungsgeschäften mit gegenläufigem *Exposure* festzulegen. Die Designation geschriebener Optionen bleibt allerdings wie beim *Micro Hedge Accounting* nur im Rahmen einer

---

[956] Vgl. E-Portfolio Hedge, Appendix A, Tz. A30(b) sowie Basis for Conclusions, Tz. BC13 ff.; s.a. die Diskussion bei Kropp, M./Klotzbach, D. (2003): Macro Hedge Accounting, S. 1188 f.
[957] Vgl. E-Portfolio Hedge, Appendix A, Tz. A26(d).

Optionskombination statthaft, die per Saldo kein zusätzliches Risikopotenzial aufweist.[958]

(f) Am Ende einer Periode ist die eingetretene zinsinduzierte Wertänderung des Grundgeschäfts zu ermitteln und erfolgswirksam zu verbuchen.[959] Wie die Wertveränderung konkret zu ermitteln ist, lässt der IASB offen; man verweist aber darauf, dass die Ermittlung zu demselben Ergebnis führen müsse, als würde sie für jedes dem gesicherten Betrag zugrunde liegende Geschäft separat erfolgen. Eine pauschale Annahme, dass sich die Wertänderungen von Grund- und Sicherungsgeschäft entsprächen (*Shortcut*-Methode), ist nicht zulässig.[960] Die eingetretene Wertänderung des Grundgeschäfts ist in einer eigenen Ausweiszeile zu zeigen: Wurde ein(e) Nettovermögenswert (-schuld) als Grundgeschäft designiert, erfolgt der Ausweis stets aktivisch (passivisch) – erforderlichenfalls als Abzugsposten. Der Ausweis soll in unmittelbarer Nähe zu den finanziellen Vermögenswerten oder Schulden vorgenommen werden, braucht aber nicht einzelnen Bilanzposten zugeordnet zu werden.[961]

Die ansonsten beim *Fair Value Hedge Accounting* vorzunehmende Buchwertanpassung unterbleibt also beim *Portfolio Hedge Accounting*. Unklar bleibt in diesem Zusammenhang die Wechselwirkung der Regelung mit den allgemeinen Bewertungsvorschriften für jene Finanzinstrumente, die als zur Veräußerung verfügbar deklariert wurden. Für diese Titel ist nach IAS 39.46 an sich ein Ansatz zum beizulegenden Zeitwert geboten. Ob diese Regelung nun durchbrochen wird, wenn zinstragende Finanzinstrumente jener Bewertungskategorie in die Bilanzierung von Portfoliostrategien einbezogen werden, bleibt einstweilen offen.[962]

(g) Ebenfalls zum Ende der Periode ist die Wertänderung der/s Sicherungsgeschäfte(s) zu ermitteln und erfolgswirksam in der GuV zu erfassen. Die Gegenbuchung führt entsprechend den allgemeinen Bilanzierungsvorschriften für Derivate zum Ansatz eines aktivischen oder passivischen Bilanzpostens.[963]

(h) Die Differenz der in den Schritten (f) und (g) ermittelten Wertänderungen stellt die aufgetretene Ineffektivität der Sicherungsbeziehung dar. Sie kann verschiedene Ursachen haben und bspw. darauf zurückzuführen sein, dass die tatsächliche Laufzeit einiger ge-

---

[958] Vgl. E-Portfolio Hedge, IAS 39.126F, Appendix A, Tz. A26(e) und A31 sowie Basis for Conclusions, Tz. BC33 ff.
[959] Vgl. E-Portfolio Hedge, Appendix A, Tz. A26(f) und A32.
[960] Vgl. E-Portfolio Hedge, Appendix A, Tz. A33.
[961] Vgl. E-Portfolio Hedge, Tz. 154 und Appendix A, Tz. A26(f) und A34.
[962] Vgl. Kropp, M./Klotzbach, D. (2003): Macro Hedge Accounting, S. 1192.
[963] Vgl. E-Portfolio Hedge, Appendix A, Tz. A26(g).

6. Bilanzierung von Derivaten und Sicherungsbeziehungen nach IFRS

sicherter Geschäfte von deren angenommener Laufzeit abweicht, einzelne Geschäfte Wertminderungen erfahren haben oder ausgebucht wurden oder bestimmte Konditionen von Grund- und Sicherungsgeschäft(en) nicht exakt aufeinander abgestimmt waren (z.b. die Zahlungszeitpunkte).[964] Ineffektivität i.S.d. Entwurfs kann also auf Veränderungen im Mengen- und Wertgerüst der gesicherten Geschäfte zurückzuführen sein.[965]

Der IASB bestimmt, dass Ineffektivitäten infolge anders eingeschätzter Laufzeiten nur auf Basis der zu Periodenbeginn in die Sicherung einbezogenen Geschäfte zu berechnen seien. In der laufenden Periode neu abgeschlossene und auf die Laufzeitenbänder allokierte Geschäfte blieben dagegen unberücksichtigt.[966] Der Board hat sich in Abwägung möglicher Alternativen für einen Proportionalansatz entschieden. Dazu multipliziert das Unternehmen die in Schritt (c) festgelegte Sicherungsquote mit dem veränderten Nominalvolumen zum Ende der Periode und der aufgetretenen zinsinduzierten Wertänderung nach Schritt (f). Diese Verfahrensweise führt schlussendlich dazu, dass jegliche Veränderung im Mengengerüst der Geschäfte eines Laufzeitenbandes zum Auftreten von Ineffektivität führt.[967] Ein derartiger Ansatz entspricht der Linie des Boards, dass sowohl Über- als auch Untersicherungen Ineffektivitäten darstellen und ergo zu erfassen seien.

Ist die Ineffektivität dagegen darauf zurückzuführen, dass Geschäfte wertberichtigt, vorzeitig getilgt oder vom Unternehmen veräußert wurden, hat das Unternehmen die auf diese Geschäfte entfallenden Beträge in den separaten Ausweiszeilen nach Schritt (f) vollständig auszubuchen und erfolgswirksam zu erfassen. Ist ex post nicht mehr ermittelbar, auf welche Laufzeitenbänder das Geschäft allokiert wurde, soll unterstellt werden, dass das Geschäft nur dem ersten Laufzeitenband zugeschlüsselt worden ist.[968]

Insgesamt kann festgestellt werden, dass der Entwurf eine signifikante Weiterentwicklung der bereits vorliegenden Regelungen darstellt. Der Board hat sich der Bedenken der Praxis angenommen und einen wesentlichen Beitrag dazu geleistet, die Kluft zwischen betrieblicher Risikosteuerung und deren Abbildung im Abschluss zu verkleinern. Mehr war zum gegenwärtigen Zeitpunkt nicht zu erwarten, und mehr dürfte auf mittlere Sicht auch nicht

---

[964] Vgl. E-Portfolio Hedge, Appendix A, Tz. A26(h) und A35.
[965] Der Gebrauch des Terminus „Ineffektivität" ist an dieser Stelle irreführend, da er nichts mit den nach IAS 39.88(b) und (e) bezeichneten Effektivitätsmessungen gemein hat, bei der die Wertveränderungen von Grund- und Sicherungsgeschäft ins Verhältnis gesetzt werden und die Sicherungswirkung zwischen 80 und 125% liegen muss.
[966] Vgl. E-Portfolio Hedge, Appendix A, Tz. A37.
[967] Vgl. ausführlich E-Portfolio Hedge, Basis for Conclusions, Tz. BC18 ff.; s.a. Kropp, M./Klotzbach, D. (2003): Macro Hedge Accounting, S. 1183 f. und 1186 ff.
[968] Vgl. E-Portfolio Hedge, Appendix A, Tz. A38 f.

zu erwarten sein: Zum einen ist die verbleibende Zeit bis zum März 2004 zu kurz, als dass Fundamentaländerungen vorgenommen werden können; zum anderen bleibt das Bekenntnis des IASB, langfristig eine vollumfassende *Fair-Value-Bilanzierung* für Finanzinstrumente umsetzen zu wollen. Für ein *Hedge Accounting* wäre dann kein Platz mehr.

6.6 Ausweisvorschriften und Angabepflichten

6.6.1 Ausweisvorschriften

Eine dem deutschen Bilanzgliederungsschema nach § 266 HGB vergleichbare Formblattstrenge existiert in der Rechnungslegung nach IFRS nicht. IAS 1 (rev. 2003) enthält lediglich eine Auflistung von Mindestbestandteilen, in der derivative Finanzinstrumente nicht auftauchen.[969] Allerdings besteht die Verpflichtung, zusätzliche Ausweiszeilen in die Bilanz aufzunehmen, wenn dies für die Vermittlung eines den tatsächlichen Verhältnissen entsprechenden Bildes der Vermögenslage erforderlich sein sollte;[970] davon dürfte regelmäßig auszugehen sein, wenn ein Unternehmen Derivate in größerem Umfang zur Risikosteuerung oder zu Handelszwecken einsetzt. Sofern eine weitergehende Aufgliederung in der Bilanz unterbleibt, ist eine solche zwingend im Anhang vorzunehmen.[971] Entsprechende Vorschriften bestehen für den Ausweis in der GuV.[972]

Aktiv- und Passivposten sowie Aufwands- und Ertragsposten dürfen grundsätzlich nicht miteinander saldiert werden, es sei denn, die Saldierung wird durch einen Standard explizit gefordert oder zugelassen.[973] Im Hinblick auf mögliche Ausnahmen vom Verrechnungsverbot ist für derivative Finanzinstrumente IAS 32, *Financial Instruments: Disclosure and Presentation*, einschlägig. Eine Verrechnung finanzieller Vermögenswerte und Schulden ist danach geboten, wenn zwischen den beteiligten Parteien eine rechtlich durchsetzbare Aufrechnungsvereinbarung besteht und die gegenseitig bestehenden Ansprüche netto oder simultan erfüllt werden sollen.[974] Das bloße Bestehen einer Aufrechnungsvereinbarung – insbesondere in Form sog. *Master Netting Arrangements* – reicht explizit nicht aus.[975]

---

[969] Vgl. IAS 1.68 (rev. 2003) sowie IAS 30.19 für Banken und vergleichbare Finanzinstitute; s.a. Scharpf, P. (2001): Financial Instruments, S. 7.
[970] Vgl. IAS 1.69 (rev. 2003).
[971] Vgl. IAS 1.74 (rev. 2003).
[972] Vgl. IAS 1.81 ff. (rev. 2003) sowie IAS 30.10 für Banken und vergleichbare Finanzinstitute.
[973] Vgl. IAS 1.32 (rev. 2003). Eine Verrechnung von Aufwendungen und Erträgen, die auf dieselbe Ursache zurückzuführen sind, ist zulässig, sofern die Beträge nicht wesentlich sind, vgl. IAS 1.35 (rev. 2003); s.a. Scharpf, P. (2001): Financial Instruments, S. 48 f.
[974] Vgl. IAS 32.42 ff.; s.a. IAS 30.23; s.a. Bellavite-Hövermann, Y./Menn, B.-J./Viethen, H.-W. (2003): IAS 32, Tz. 62.
[975] Vgl. IAS 32.46 und 50; s.a. Bellavite-Hövermann, Y./Menn, B.-J./Viethen, H.-W. (2003): IAS 32, Tz. 70. Gleichwohl ist die Auswirkung derartiger Vereinbarungen auf das kontrahierte Kreditrisikoexposure anzugeben, vgl. IAS 32.76.

Auch dürfen Ansprüche und Verpflichtungen aus einem Portfolio gleichartiger Finanzinstrumente nicht saldiert werden, wenn sich Anspruch und Verpflichtung gegen unterschiedliche Vertragsparteien richten.[976] Eine branchenspezifische Besonderheit besteht nach IAS 30 für Kreditinstitute und ihnen gleichgestellte Finanzinstitute: Sie dürfen die Erfolge aus Sicherungsbeziehungen in der GuV saldiert ausweisen.[977]

Im Vergleich zu der US-amerikanischen Vorschrift FIN 39, *Offsetting of Amounts Related to Certain Contracts*, ergeben sich zwei wesentliche Unterschiede. Zum einen besteht nach US-GAAP kein Zwang zur Saldierung, sondern ein Wahlrecht; zum anderen reicht das Vorhandensein einer Aufrechnungsvereinbarung aus. Auf die beabsichtigte Ausnutzung derselben kommt es nach FIN 39 nicht an, weil nach US-GAAP nur das (verbleibende) Kreditrisiko ausgewiesen werden soll.[978] IAS 32 sieht die Verrechnung folglich als Ausnahmeregelung vom generellen Saldierungsverbot an, die nur dann geboten ist, wenn eine Aufrechnung rechtlich durchsetzbar und gewollt ist.

IAS 32 regelt ferner den Ausweis von Hybridkapital. Der IASB bestimmt, dass Emittenten derartige Finanzinstrumente entsprechend ihrer ökonomischen Charakteristika in Eigen- und Fremdkapitalkomponente aufzuteilen haben.[979] Die getroffene Aufteilung wird in späteren Perioden nicht revidiert.[980] Die Klassifizierung als Eigen- resp. Fremdkapital richtet sich im Wesentlichen danach, ob der Emittent rechtlich oder faktisch gezwungen ist, dem Halter der Finanzinstruments zukünftig Zahlungsmittel oder anderweitige Finanzinstrumente liefern zu müssen oder nicht. Im erstgenannten Fall liegt eine finanzielle Verbindlichkeit, im zweitgenannten ein Eigenkapitalinstrument vor.[981] Auf die rechtliche Ausgestaltung des Titels kommt es dabei nicht an.[982]

Der Buchwert eines hybriden Instruments lässt sich theoretisch auf zweierlei Weise auf Eigen- und Fremdkapitalkomponente verteilen:[983]

(1) Nach dem ersten Ansatz ist zunächst der einfacher zu bewertende Teil zu bewerten (i.d.R. die Verbindlichkeit). Der Wert des verbleibenden Teils ergibt sich durch Sub-

---

[976] Vgl. IAS 32.49(b).
[977] Vgl. IAS 30.13. Die Bestimmung, wonach auf die Vornahme der Saldierung ist bei Wesentlichkeit im Anhang hinzuweisen ist (IAS 32.55 a.F.), ist im Zuge der Überarbeitung gestrichen worden.
[978] Vgl. FIN 39.5; s.a.; s.a. Bellavite-Hövermann, Y./Menn, B.-J./Viethen, H.-W. (2003): IAS 32, Tz. 51 ff.; Porter, T.L./Traficanti, R.M. (1999): Comparative Analysis, S. 490 f.
[979] Vgl. IAS 32.28.
[980] Vgl. IAS 32.30.
[981] Vgl. IAS 32.15 ff.
[982] Vgl. insbesondere IAS 32.18. S.a. Scharpf, P. (2001): Financial Instruments, S. 44 f.
[983] Für eine ausführliche Darstellung beider Verfahren Neuß, A. (1998): Finanzinstrumente in IAS-Konzernabschlüssen, S. 46 ff.

traktion des ermittelten Wertes vom Buchwert des hybriden Instruments (Restwertverfahren).

(2) Alternativ sind Eigen- und Fremdkapitalinstrument zunächst einzeln zu bewerten. Eine verbleibende Differenz zwischen dem Buchwert des hybriden Instruments und der Summe seiner Teile ist durch proportionale Anpassung der errechneten Werte aufzulösen (Proportionalverteilungsverfahren).

Die von SCHARPF vertretene Meinung, das Proportionalverteilungsverfahren stelle von beiden Methoden die „formal exaktere" dar, ist abzulehnen.[984] Auf vollkommenen Kapitalmärkten (vollständige Information, keine Transaktionskosten etc.) müssen sich die unter beiden Verfahren errechneten Werte ex definitione entsprechen. Dass dem in der Praxis nicht so ist, liegt v.a. an der asymmetrischen Informationsverteilung zwischen Emittent und Investor: Der Wert des Hybrids enthält nämlich neben dem Wert der Eigen- und Fremdkapitalkomponenten eine Marge, die der Emittent in das Instrument einpreist, um Transaktionskostenvorteile gegenüber einer *plain-vanilla*-Emission zu erzielen. Anders formuliert: Die beiden vorstehend genannten Verfahren kommen nur deshalb zu abweichenden Werten für die einzelnen Komponenten, weil die anfallenden Transaktionskosten – und hier insbesondere die Marge – unterschiedlich allokiert wird. Beim Restwertverfahren werden die Transaktionskosten stets dem Residuum zugeschlagen, bei dem Proportionalverfahren werden sie auf beide Komponenten entsprechend dem Verhältnis ihrer *Fair Values* aufgeteilt. Die Aussage, das Proportionalverfahren sei formal exakter, ist daher nur vor Allokation der Transaktionskosten zutreffend. Nach deren Aufteilung entsprechen die ausgewiesenen Buchwerte von Eigen- und Fremdkapitalkomponente in keinem Fall mehr ihren beizulegenden Zeitwerten.

Die Buchwertaufteilung des hybriden Instruments in Eigen- und Fremdkapitalkomponente ist nach IAS 32 (rev. 2003) ausschließlich nach dem Restwertverfahren vorzunehmen. Dabei hat die Bewertung so zu erfolgen, dass die Eigenkapitalkomponente als Residuum verbleibt.[985] Das zuvor alternativ zulässige Proportionalverteilungsverfahren darf ab dem 1. Januar 2005 nicht mehr angewendet werden. Die Vorgabe einer Methode ist im Hinblick auf die Vergleichbarkeit von Jahresabschlüssen zwar grundsätzlich zu begrüßen. Finanzwirtschaftlich sachgerecht ist sie aber nicht, weil dadurch die Transaktionskosten immer als Eigenkapitalkomponente bilanziert werden, was nicht ihrem Charakter entspricht.

---

[984] Vgl. Scharpf, P. (2001): Financial Instruments, S. 61.
[985] Vgl. IAS 32.31.

6.6.2 Anhangangaben

Die Angabepflichten für derivative Finanzinstrumente sind nach IFRS deutlich umfangreicher als die korrespondierenden Regelungen unter US-GAAP.[986] Dieses ist nicht zuletzt darauf zurückzuführen, dass der amerikanische Ausweisstandard SFAS 119 mit der Verabschiedung von SFAS 133 aufgehoben wurde. Dagegen wurden die Angabeerfordernisse von IAS 32 durch die Verabschiedung von IAS 39 keineswegs außer Kraft gesetzt, sondern im Gegenteil noch erweitert. Mit der Überarbeitung der beiden Standards im Rahmen des *Improvement Projects* wurden die bis dato noch in IAS 39 enthaltenen Angabepflichten in IAS 32 überführt.

Unternehmen haben zunächst die Ziele und Strategien ihres Risikomanagements darzulegen. Das schließt die Darstellung der Vorgehensweise bei jeder größeren antizipativen Sicherung ein.[987] In welcher Form diese Beschreibung abzufassen ist (als eigenständiger Risikobericht, Erläuterung im Anhang usw.) und an welcher Stelle im Abschluss sie platziert wird, ist dem Unternehmen freigestellt. Der IASB führt weiter aus, dass Informationen, die bereits in der Bilanz angegeben wurden, nicht im Anhang wiederholt werden müssen.[988] So erübrigt sich bspw. der geforderte Ausweis beizulegender Zeitwerte bei all jenen Finanzinstrumenten, die mit diesem Wert in der Bilanz geführt werden (und damit auch bei Derivaten).[989] Ein weiteres Beispiel wäre die explizit in IAS 30 geforderte Angabe der Verpflichtungen im Zusammenhang mit Zins- und Währungsgeschäften, da die Höhe der Verpflichtung ex definitione aus dem Wertansatz der betreffenden finanziellen Verbindlichkeit hervorgeht.[990]

Zwar ist dem Grunde nach jedes Finanzinstrument für sich gesehen erläuterungspflichtig. Gleichartige Instrumente können aber zu Gruppen zusammengefasst werden. Welche Aggregationsformen dabei akzeptabel sind, lässt der Standard offen und verweist stattdessen

---

[986] Vgl. Bellavite-Hövermann, Y./Menn, B.-J./Viethen, H.-W. (2003): IAS 32, Tz. 71 ff.; Porter, T.L./Traficanti, R.M. (1999): Comparative Analysis, S. 491.
[987] Vgl. IAS 32.56. Für das daraus u.U. resultierende Auseinanderlaufen von tatsächlicher Risikosteuerung und bilanzieller Abbildung derselben vgl. ausführlich Bellavite-Hövermann, Y./Barckow, A. (2002): IAS 39, Tz. 187.
[988] Vgl. IAS 32.53.
[989] Vgl. IAS 32.86 und 90; s.a. IAS 30.24 für Banken und vergleichbare Finanzinstitute.
[990] Vgl. IAS 30.26(b)(v). Fraglich ist in diesem Zusammenhang, ob IAS 30 eine lex specialis darstellt und grundsätzlich Vorrang besitzt, sollte ein anderer Standard den gleichen Sachverhalt behandeln. In diese Richtung argumentieren grundsätzlich KRUMNOW/LÖW, vgl. Krumnow, J./Löw, E. (2002): IAS 30, Tz. 3. Im vorliegenden Fall ist eine derartige Sichtweise offensichtlich nicht sachgerecht, da der erneute Ausweis des Verpflichtungsbetrags der Zins- und Währungstermingeschäfte im Anhang keinen über den Bilanzausweis hinausgehenden Informationsnutzen bringt, sondern schlicht redundant ist.

auf die Einschätzung des Unternehmens.[991] Im Hinblick auf die hier zu untersuchenden derivativen Finanzinstrumente erscheint eine Gruppierung nach den ihnen unterliegenden Risikofaktoren in Zins-, Währungs-, Aktien-, Index- und Warentermingeschäfte sowie Kreditderivate sachgerecht. Innerhalb einer Gruppe sollten dann die vom Unternehmen eingesetzten Produkte zumindest in unbedingte und bedingte Termingeschäfte sowie in börslich und außerbörslich gehandelte Geschäfte untergliedert werden.

Für jede Klasse von finanziellen Vermögenswerten und Verbindlichkeiten hat ein Unternehmen daneben über deren Volumen und Art zu berichten. Dabei ist auf jene Ausstattungsmerkmale der Finanzinstrumente einzugehen, die die Höhe, den Eintrittszeitpunkt und die Eintrittswahrscheinlichkeit zukünftiger Zahlungsströme wesentlich beeinflussen können (bspw. Zinsanpassungstermine).[992] Bei Derivaten ist die geforderte Angabe der kontrahierten Volumina aussagelos, da sie nicht das Risikopotenzial der Geschäfte widerspiegelt, sondern lediglich zur Wertbestimmung dient. Die Beschreibung der Art der eingesetzten derivativen Finanzinstrumente sollte sich an der o.g. Darstellung des Risikomanagements orientieren; die Instrumente sollten also nach Risikofaktoren, Art der Erfüllung und Handelsort aufgegliedert werden.

Darüber hinaus sind die zur Anwendung kommenden Bilanzierungs- und Bewertungsmethoden anzugeben. In diesem Zusammenhang ist über die maßgeblichen Ansatzgrundsätze und Bewertungsmaßstäbe zu berichten.[993] In Bezug auf Derivate ist also anzugeben, dass diese als finanzielle Vermögenswerte resp. Schulden bilanzierungspflichtig sind, mit dem beizulegenden Zeitwert bewertet werden und sich die Erfassung der Wertänderungen danach richtet, ob es sich um freistehende oder in Sicherungsbeziehungen eingebundene Instrumente handelt. Wendet das Unternehmen das Verfahren des *Cash Flow Hedge Accounting* an, ist darauf hinzuweisen, dass die Erfolge des Derivats zunächst im Eigenkapital abgegrenzt und nicht periodisch in der GuV erfasst werden. Im Zusammenhang mit der Bewertung der Derivate ist schließlich darauf einzugehen, ob die beizulegenden Zeitwerte auf Marktdaten, Händlerindikationen oder modelltheoretischen Werten basieren und welche Modellannahmen ggf. zur Generierung der *Fair Values* herangezogen wurden.[994]

Im Rahmen des Anhangs hat das Unternehmen ferner für jede Klasse von Finanzinstrumenten darzulegen, ob und inwieweit sie Zinsänderungsrisiken unterliegen; für finanzielle Vermögenswerte ist zusätzlich das Kreditrisiko anzugeben und auf eventuelle Risikokon-

---

[991] Vgl. IAS 32.54 f.
[992] Vgl. IAS 32.60(a) und 62 ff.; s.a. IAS 30.30, 33 und 35 zur Angabe von Laufzeitbändern.
[993] Vgl. IAS 32.60(b) und 66 i.V.m. IAS 1.108.
[994] Vgl. IAS 32.61 und 92 f.

zentrationen einzugehen.[995] Die Höhe des Zinsänderungsrisikos hängt neben anderen Einflussfaktoren vom Volumen, der Restlaufzeit und den kontrahierten Zinssätzen ab. Das IASC fordert die Angabe dieser Daten, ggf. als gewogener Durchschnitt.[996] Für Zinsderivate muss die Sinnhaftigkeit derartiger Angaben bezweifelt werden, v.a. wenn eine aggregierte Darstellung vorgenommen wird. Sachgerechter erscheint diesbezüglich die Angabe von Sensitivitäten oder *Value-at-Risk*-Informationen.[997] Damit die Zahlen interpretiert werden können, wären neben der Kennzahl auch die für die Berechnung herangezogenen Parameter anzugeben; bei der Sensitivität wäre bspw. die Höhe der unterstellten Parallelverschiebung der Zinsstrukturkurve (i.d.R. 100 Basispunkte) anzugeben, beim *Value at Risk* das zugrunde gelegte Konfidenzniveau und die angenommene Haltedauer.

Das Kreditrisiko aus derivativen Finanzinstrumenten ist vergleichsweise einfach zu bestimmen: Es entspricht der Summe aller positiven Marktwerte, denn nur in diesem Fall unterliegt das Unternehmen einem Ausfallsrisiko.[998] Sofern mit Vertragspartnern individuelle Aufrechnungsvereinbarungen oder Globalverrechnungsverträge geschlossen worden sind, ist auf deren Existenz im Anhang hinzuweisen. Diese Angabe hat unabhängig davon zu erfolgen, ob die Aufrechnung auch tatsächlich gewollt ist und gegenseitige Ansprüche und Verpflichtungen in der Bilanz saldiert ausgewiesen werden.[999]

Seit der Verabschiedung von IAS 39 werden zusätzlich Angaben hinsichtlich der Bilanzierung von Sicherungsbeziehungen eingefordert.[1000] Neben der bereits nach IAS 32 gebotenen Darstellung der Risikopolitik haben Unternehmen die genutzten *Hedge-Accounting*-Verfahren zu beschreiben. Aus dieser Beschreibung müssen das risikoverursachende Geschäft, das zur Sicherung eingesetzte Instrument sowie das gesicherte Risiko hervorgehen. Besteht der Sicherungsgegenstand in einem zukünftig erwarteten Geschäft, ist anzugeben, in welcher Periode mit dem Eintritt des Geschäfts zu rechnen ist und wann es voraussichtlich die GuV berühren wird. In diesem Zusammenhang sind sämtliche Transaktionen aufzuführen, die Gegenstand eines antizipativen *Hedges* waren und mit deren Eintritt nicht mehr zu rechnen ist. Sofern ein Unternehmen vom *Cash Flow Hedge Accounting* Gebrauch gemacht hat, ist ferner anzugeben, in welcher Höhe die *Hedging*-Rücklage im Eigenkapital

---

[995] Vgl. IAS 32.67 ff. und 76 ff.; Banken und ihnen vergleichbare Finanzinstitutionen haben darüber hinaus die offene Währungsposition anzugeben, vgl. IAS 30.40.
[996] Vgl. IAS 32.67 ff.
[997] Vgl. IAS 32.75; s.a. Gorton, G./Rosen, R. (1995): Banks and Derivatives, S. 2.
[998] Vgl. IAS 32.79.
[999] Vgl. IAS 32.80 f.
[1000] Vgl. IAS 32.56 und 58 f.; s.a. Bellavite-Hövermann, Y./Barckow, A. (2002): IAS 39, Tz. 187.

in der laufenden Periode durch Zuführungen resp. Auflösungen verändert wurde.[1001] Reduziert sich die *Hedging*-Rücklage, ist der auf erwartete Geschäfte, die in der laufenden Periode eingetreten sind, entfallende Teil zu nennen. Dabei ist zu unterscheiden, ob die Beträge unmittelbar in die GuV umgebucht (bspw. bei der Absicherung eines Fremdwährungsumsatzes) oder im Zuge eines *Basis Adjustments* Teil der Anschaffungskosten eines erwarteten Geschäfts wurden.

6.7 Exkurs: Bilanzierung von Derivaten und Sicherungsstrategien nach dem *Draft Standard* der *Joint Working Group*

6.7.1 Chronologische Einordnung

Bei der Verabschiedung von IAS 39 hatte das IASC darauf hingewiesen, dass der Standard nur als Zwischenlösung gedacht sei.[1002] Langfristig halte man an dem Ziel der im Diskussionspapier vom März 1997 vorgeschlagenen, umfassenden Zeitwertbilanzierung für alle Finanzinstrumente fest. Parallel zur Entwicklung des Interimstandards hatte das IASC im Oktober 1997 gemeinsam mit anderen Standardsettern eine neue Arbeitsgruppe ins Leben gerufen, die *Financial Instruments Joint Working Group of Standard Setters (JWG)*.[1003] Der Vorsitz wurde dem Kanadier ALEX MILBURN angetragen, der auch das *Steering Committee* zu IAS 39 geleitet hatte.[1004]

Ihren Arbeitsauftrag formulierte die Arbeitsgruppe wie folgt:

> "The JWG's objective has been to develop a Draft Standard and Application Supplement on financial instruments and similar items that are (a) comprehensive; (b) consistent with both relevant conceptual framework concepts for financial reporting and accepted economic principles evident in capital markets and finance theory; and (c) capable of reasonable implementation."[1005]

Innerhalb von drei Jahren erarbeitete die *Joint Working Group* einen Entwurf für einen umfassenden Bilanzierungsstandard. Der Entwurf wurde im Dezember 2000 veröffentlicht und war bis zum Juni 2001 zur Kommentierung freigegeben.[1006] Formal stellt das Doku-

---

[1001] Da diese Informationen auch aus dem Eigenkapitalspiegel ersichtlich sind, erübrigt sich eigentlich der erneute Ausweis im Anhang.
[1002] Vgl. IAS 39 a.F., Introduction, Tz. 9a.
[1003] Vgl. JWG (2000): Draft Standard, Preface, Tz. P3; s.a. Ackermann, U. (2001): Marktwertbilanzierung, S. 215.
[1004] Für eine Liste der Mitglieder s. JWG (2000): Draft Standard, Appendix D.
[1005] JWG (2000): Draft Standard, Basis for Conclusions, Tz. 1.1.
[1006] Allerdings wurden alle Stellungnahmen berücksichtigt, die bis zum 30. September 2001 vorlagen; vgl. JWG (2000): Draft Standard, Invitation to Comment. S.a. Pape, J./Breker, N. (1999): Financial Instruments – Joint Working Group, S. 1 ff.; Breker, N./Gebhardt, G./Pape, J. (2000): Das Fair-Value-Projekt für Finanzinstrumente, S. 729 ff.

ment der JWG lediglich ein Diskussionspapier und – entgegen dem Titel des Papiers (*"Draft Standard"*) – keinen Standardentwurf des IASC oder des FASB dar, da er außerhalb des diesen Institutionen vorgeschriebenen *Due Processes* entwickelt wurde.[1007] Zwar stimmten alle Mitglieder der JWG einer Veröffentlichung des 300 Seiten umfassenden Papiers zu; die französische und die deutsche Delegation lehnten den Entwurf jedoch ab – wenn auch aus unterschiedlichen Motiven. Während die französische Seite v.a. die Zeitwertbilanzierung für bestimmte Bilanzposten in Frage stellte, erklärte sich die deutsche Delegation zwar mit einer generellen Zeitwertbilanzierung für Finanzinstrumente einverstanden; sie lehnte das Papier in der vorliegenden Fassung aber ab, weil die JWG ihrem selbstgesteckten Ziel nicht gerecht worden sei, einen anwendbaren Standard zu schaffen. So seien viele Bewertungsfragen ungeklärt und nach wie vor zu theoretisch abgehandelt worden.[1008]

Eine Durchsicht der eingegangenen Stellungnahmen ergibt ein vergleichbares Resultat wie bei den Zuschriften zum Diskussionspapier des IASC aus dem Jahre 1997: Etwa 80% aller Unternehmen stehen den Vorschriften skeptisch bis ablehnend gegenüber.[1009] Der IASB verfolgt das Thema gegenwärtig als Projekt nicht weiter, sondern hat es als *"Active Research Topic"* gekennzeichnet. Hierarchisch steht es damit unter jenen Themengebieten, die der Board bis zur Pflichteinführung der IFRS in Europa im Jahre 2005 abzuhandeln gedenkt (*"Active Projects"*).[1010]

6.7.2 Wesentliche Inhalte des *Draft Standards* im Hinblick auf die Bilanzierung von Derivaten und Sicherungsstrategien

Die *Joint Working Group* entwickelte ihren Standardentwurf auf Basis der folgenden vier Kernaussagen:[1011]

(1) *Fair Value* ist der sachgerechteste (*most useful*) Wertmaßstab für die Bewertung von Finanzinstrumenten und vergleichbaren Sachverhalten i.S.d. Entwurfs.[1012]

[1007] Vgl. JWG (2000): Draft Standard, Invitation to Comment.
[1008] Ausführlich JWG (2000): Draft Standard, Appendix A.
[1009] Die Stellungnahmen können auf der Website des IASB eingesehen werden; Internet-Adresse: http://www.iasb.org.uk/cmt/0001.asp?s=1323929&sc={AF1CBDF3-4806-4911-AC7B-1763045E81A1}&n=4075 (Stand: 15. Oktober 2003).
[1010] Vgl. diesbzgl. die auf der Website des IASB eingestellten Informationen; Internet-Adresse: http://www.iasb.org.uk/cmt/0001.asp?s=1323950&sc={43B25649-CF35-4216-849C-9D0991CC8CF2}&n=1000 (Stand: 15. Oktober 2003).
[1011] Vgl. JWG (2000): Draft Standard, Basis for Conclusions, Tz. 1.5.
[1012] Vgl. JWG (2000): Draft Standard, Basis for Conclusions, Tz. 1.6 ff. und 4.1 ff.; s.a. Pape, J. (2001): Financial Instruments, S. 1461 f. Den von der Kreditwirtschaft vorgetragenen Argumenten wider eine Zeitwertbilanzierung für Positionen des Bankbuches vermochte sich die JWG nicht anzuschließen; vgl.

6. Bilanzierung von Derivaten und Sicherungsbeziehungen nach IFRS

(2) Nach Berücksichtigung erfolgter Ein- und Auszahlungen stellen alle verbleibenden Veränderungen des beizulegenden Zeitwerts eines Finanzinstruments Erhöhungen oder Minderungen des Periodenerfolgs dar. Nach Ansicht der JWG seien sie daher in der GuV zu erfassen.[1013]

(3) Nur Sachverhalte, die die Definitionsmerkmale von Vermögenswerten und Schulden erfüllen, sind im Jahresabschluss als solche zu erfassen und zu bewerten.[1014]

(4) Ausweis und Angaben sollen den Leser eines Abschlusses in die Lage versetzen, sich ein Bild von den Risiken der eingesetzten Finanzinstrumente und dem Erfolg der betrieblichen Risikosteuerung zu machen.[1015]

Im Hinblick auf die Bilanzierung von freistehenden und eingebetteten Derivaten bedeuten die vorstehenden Axiome keine wesentlichen Neuerungen. Der größte Unterschied besteht wohl in der abweichenden Definition des beizulegenden Zeitwerts: Während IASC/IASB den *Fair Value* als *Entry Price* definiert haben, legt die JWG ihrer Begriffsabgrenzung den

---

JWG (2000): Draft Standard, Basis for Conclusions, Tz. 1.10; Breker, N./Gebhardt, G./Pape, J. (2000): Das Fair-Value-Projekt für Finanzinstrumente, S. 731; Pape, J./Breker, N. (1999): Financial Instruments – Joint Working Group, S. 7.; Scharpf, P. (2001): Financial Instruments, S. 264 f.; Windmöller, R. (2002): Internationalisierung der Rechnungslegung, S. 36. S. diesbzgl. auch den Schriftwechsel zwischen der JWGBA (1999) und der JWG (1999) sowie das Minderheitsvotum der französischen Delegation, JWG (2000): Draft Standard, Appendix A, Tz. A.2. Zur Diskussion um eine Bewertung zum *Fair Value* aus deutscher Sicht s. ferner Böcking, H.-J./Sittmann-Haury, C. (2003): Anschaffungskosten versus Fair Value, S. 195 ff.; Heyd, R. (2003): Fair Value Bewertung, S. 363 ff.; Kley, K.-L. (2001): Fair Value-Bilanzierung, S. 2257 ff.; Langenbucher, G./Blaum, U. (2003): IAS 39, S. 329 f.; Ordelheide, D. (1998): Marktbewertung von Finanzinstrumenten, S. 604 ff.; Schildbach, T. (1998): Zeitwertbilanzierung, S. 580 ff.; ders. (1999): Zeitbewertung, S. 177 ff.; Siegel, T. (1998): Zeitwertbilanzierung, S. 593 ff.; Willis, D.W. (1998): Fair Value or Historical Cost?, S. 854 ff. Hinsichtlich der Zuverlässigkeit von *Fair Values* führt die Arbeitsgruppe aus, dass mittlerweile für praktisch sämtliche Finanzinstrumente ausreichend modelltheoretische Ansätze zur Verfügung ständen, mit denen sich die Bepreisungsmechanismen von Märkten zuverlässig abbilden ließen. Eine Ausnahme bestehe lediglich für nicht öffentlich gehandelte Beteiligungspapiere, die bei Fehlen von Marktnotierungen zu Anschaffungskosten zu führen seien; vgl. JWG (2000): Draft Standard, Basis for Conclusions, Tz. 1.14 ff. sowie Application Supplement, Tz. 344 ff.; s.a. Ryan, S.G. (2002): Financial Instruments, S. 3 ff. und 119 ff.; White, L.J. (1990): Mark-to-Market Accounting, S. 27 ff. A.A. offensichtlich BLACK, der als einer der Autoren des gleichnamigen Optionspreismodells vor neun Jahren konstatierte: "*Even financial firms have difficulty coming up with objective estimates of market values for their assets and liabilities. Nonfinancial firms have an even harder time, and for service firms, which are growing ever more important, market value accounting seems hopeless.*"; Black, F. (1993): Choosing Accounting Rules, S. 4. Ähnlich Bieg, H./Rübel, M. (1988): Ausweis und Bewertung II, S. 438 und Steiner, M./Wallmeier, M. (1998): Bilanzierung von Finanzinstrumenten, S. 324 ff.; s.a. Pape, J. (2001): Financial Instruments, S. 1464 sowie Pape, J./Breker, N. (1999): Financial Instruments – Joint Working Group, S. 6 ff.

[1013] Vgl. JWG (2000): Draft Standard, Basis for Conclusions, Tz. 1.27 f. und 6.1 ff.
[1014] Vgl. JWG (2000): Draft Standard, Basis for Conclusions, Tz. 1.29 f.
[1015] Vgl. JWG (2000): Draft Standard, Basis for Conclusions, Tz. 1.31 f.

6. Bilanzierung von Derivaten und Sicherungsbeziehungen nach IFRS

Exit Price zugrunde. Danach entspricht der beizulegende Zeitwert dem Betrag, den der Veräußerer eines Vermögenswertes erhalten bzw. ein Schuldner zur Begleichung seiner Schuld am Stichtag aufwenden müsste.[1016] Für die Bewertung von Derivaten dürfte der Bewertungsunterschied zwischen *Entry* und *Exit Price* in den meisten Fällen vernachlässigbar sein. Lediglich im Fall derivativer Finanzinstrumente, für die kein ausgereifter Markt existiert (bspw. exotische Produkte), werden Preisunterschiede zu erwarten sein. Vergleicht man die Kernaussagen der JWG mit den konkreten Bilanzierungsvorschriften für derivative Finanzinstrumente nach SFAS 133 und IAS 32/39, so ergibt sich folgendes Bild:

- Derivative Finanzinstrumente sind sowohl unter SFAS 133 als auch nach IAS 39 eigenständig als Vermögens- resp. Schuldwerte bilanzierungspflichtig und mit dem beizulegenden Zeitwert zu bewerten (Aussage 1);[1017]

- Veränderungen des beizulegenden Zeitwerts von Derivaten sind erfolgswirksam zu erfassen, sofern sie nicht als Sicherungsinstrument i.S.d. Standards qualifizieren (Aussage 2);[1018]

- auch wenn derivative Finanzinstrumente die an Sicherungsinstrumente gestellten Anforderungen erfüllen, sind Veränderungen ihres beizulegenden Zeitwerts keinesfalls als Vermögenswerte oder Schulden abzugrenzen (Aussage 3);[1019]

- über Finanzrisiken, die durch den Einsatz von Derivaten hervorgerufen oder gemindert werden, ist im Abschluss zu berichten. Auch sind die Ziele des Risikomanagements und die ergriffenen Steuerungsmaßnahmen darzustellen (Aussage 4).[1020]

Im Gegensatz dazu bestehen zwischen dem Entwurf der JWG und SFAS 133 resp. IAS 32/39 erhebliche Unterschiede bei der bilanziellen Behandlung von Sicherungsbeziehungen.[1021] Während sowohl SFAS 133 als auch IAS 39 ein *Hedge Accounting* vorsehen – wenn auch nur bei Erfüllung bestimmter Anforderungen –, stellt die *Joint Working Group*

[1016] Vgl. JWG (2000): Draft Standard, Tz. 28 und 70 f. sowie Basis for Conclusions, Tz. 4.1 ff.; s.a. Ackermann, U. (2001): Marktwertbilanzierung, S. 222 ff.; Breker, N./Gebhardt, G./Pape, J. (2000): Das Fair-Value-Projekt für Finanzinstrumente, S. 735 f.; Pape, J. (2001): Financial Instruments, S. 1463 und 1465. Zu den verschiedenen Konzeptionen des *Fair Value* s. stellvertretend Baetge, J./Zülch, H. (2001): Fair Value-Accounting, S. 545; Barth, M.E./Landsman, W.R. (1995): Fundamental issues, S. 99; Pfitzer, N./Dutzi, A. (2002): Fair Value, Sp. 750 ff.; Shim, E.D./Larkin, J.M. (1998): Mark-to-Market Accounting, S. 38.
[1017] Vgl. SFAS 133.3a und b und 217 ff. sowie IAS 39.10, 28 und 69.
[1018] Vgl. SFAS 133.3b und 220 ff. sowie IAS 39.103(a).
[1019] Vgl. SFAS 133.3c, 229 und 345 ff. sowie ohne Begründung IAS 39.158(a).
[1020] Vgl. SFAS 133.44 ff. sowie IAS 32.42 ff. und IAS 39.166 ff.
[1021] Gleiches gilt für die hier nicht weiter zu untersuchenden originären Finanzinstrumente; s.a. Ackermann, U. (2001): Marktwertbilanzierung, S. 233 ff.; Niemeyer, K. (2003): Bilanzierung von Finanzinstrumenten, S. 250; Poole, V./Wild, K. (2001): Full Fair Value Accounting, S. 181 f.

6. Bilanzierung von Derivaten und Sicherungsbeziehungen nach IFRS

in ihrem Papier fest, dass aus Absicherungserwägungen eingegangene Geschäfte nicht zu einer abweichenden bilanziellen Behandlung berechtigten.[1022] Die JWG führt aus, dass infolge der durchgehend gebotenen Zeitwertbilanzierung aller Finanzinstrumente die Notwendigkeit für eigenständige *Hedge-Accounting*-Vorschriften in wesentlichen Punkten nicht mehr bestehe:[1023]

(1) Bilanzielle Abbildungsregeln für die Absicherung von Vermögensrisiken (*Fair Value Hedge Accounting*) erübrigten sich, wenn sowohl Grund- als auch Sicherungsgeschäft zum beizulegenden Zeitwert bewertet würden und sich gegenläufige Wertentwicklungen im Periodenergebnis niederschlügen und dort kompensierend wirkten. Der Schlussfolgerung ist zuzustimmen.[1024]

(2) Spezieller Bilanzierungsvorschriften für Absicherungen antizipativer Käufe resp. Emissionen von Finanzinstrumenten bedürfe es infolge der *Fair-Value*-Bewertung ebenfalls nicht mehr. Da das gesicherte Grundgeschäft ab dem Datum seines Eintritts zum beizulegenden Zeitwert zu bewerten sei, sieht die JWG weder eine Notwendigkeit noch eine Rechtfertigung zur Abgrenzung der Erfolge eines zuvor abgeschlossenen Sicherungsderivats, da diese Wertveränderungen keinem zukünftigen Ereignis zurechenbar seien. Vielmehr würde das Unternehmen mit dem Erwerb des Derivats eine Risikoposition eröffnen, die sich sachgerechterweise in der GuV niederschlagen sollte. Auch dieser Schlussfolgerung kann zugestimmt werden.[1025]

(3) Aus konzeptionellen Gründen seien schließlich eigenständige Abbildungsregeln für die Absicherung von Einkommensrisiken (*Cash Flow Hedge Accounting*) bereits bestehender Bilanzpositionen abzulehnen. Die Einführung derartiger Sonderregeln würde nach Ansicht der JWG faktisch dazu führen, dass die GuV in eine anschaffungskostenbasierte Periodenrechnung umgerechnet würde. Anders formuliert: Bei Anwendung

---

[1022] Vgl. JWG (2000): Draft Standard, Tz. 153 und Basis for Conclusions, Tz. 7.1 ff.
[1023] Vgl. JWG (2000): Draft Standard, Basis for Conclusions, Tz. 7.5.
[1024] S.a. Gebhardt, G. (2000): Risikomanagement und Rechnungslegung, S. 89; Glaum, M. (1997): Bilanzierung von Finanzinstrumenten, S. 1628; kritisch demgegenüber Naumann, T.K. (1995): Bewertungseinheiten, S. 138 ff. m.w.N. Es sei darauf hingewiesen, dass die Kompensation bei einer durchgehenden Zeitwertbilanzierung nicht vollkommen sein wird, weil das Grundgeschäft im Gegensatz zu SFAS 133 und IAS 39 nicht nur eine risikofaktorinduzierte Anpassung seines Buchwertes erfährt: Vielmehr werden auch jene Erfolge im Periodenergebnis abgebildet, die auf andere, nicht gesicherte Risikofaktoren zurückzuführen sind, so dass Spread- und Basisrisiken sichtbar werden.
[1025] Ratierlichen Verteilungen (SFAS 133) resp. *Basis Adjustments* (IAS 39) wird damit eine Absage erteilt, weil sie entweder auf einer anschaffungskostenbasierten Rechnungswesenkonzeption fußen (SFAS 133) oder zum Ausweis eines nicht dem *Fair Value* entsprechenden Wertes bei Begründung des Geschäfts entsprechen würden (IAS 39); s.a. Breker, N./Gebhardt, G./Pape, J. (2000): Das Fair-Value-Projekt für Finanzinstrumente, S. 743; Pape, J./Breker, N. (1999): Financial Instruments – Joint Working Group, S. 10 f.

einer vollständigen *Fair-Value*-Bilanzierung für alle Finanzinstrumente seien Einkommensrisiken und damit auch ihre Eliminierung irrelevant. Im Gegensatz zu den beiden vorgenannten Schlussfolgerungen kann dieser Aussage nicht ohne weiteres zugestimmt werden. Sie ist konzeptionell nämlich nur dann zutreffend, wenn die Fair-*Value*-Bilanzierung auf sämtliche Bilanzposten – also auch auf nicht-finanzielle Bilanzposten – ausgedehnt wird.[1026]

Neben diesen drei Sachverhalten untersuchte die JWG auch Absicherungen nicht-finanzieller Vermögenswerte und Schulden sowie zukünftig erwarteter Geschäfte im Hinblick auf eine mögliche Einführung von *Hedge-Accounting*-Regeln. Für die Absicherung nicht-finanzieller Transaktionen kam sie zu dem Schluss, dass die Bewertungsinkongruenzen zwischen nicht-finanziellem Grund- und finanziellem Sicherungsgeschäft ihre Ursache auf Seiten des Sicherungsgegenstandes hätten. Dieser läge aber nicht im Regelungsbereich des Standards, so dass hier kein Handlungsbedarf gegeben sei.[1027]

Ebenfalls abschlägig äußert sich die Arbeitsgruppe zur Einführung spezieller Abbildungsregeln für die Absicherung antizipierter Geschäfte. Zwar werde die Sinnhaftigkeit des Abschlusses derartiger Sicherungsgeschäfte nicht bezweifelt. Die bloße Existenz des Sicherungsgeschäftes sei aber kein hinreichender Grund dafür, die Wertveränderungen des Grundgeschäfts nicht in der Periode zu erfassen, in der sie anfielen.[1028]

6.8 Zusammenfassung

Das IASC hat die Bilanzierung von Finanzinstrumenten mit IAS 32 (Ausweis und Angaben) zu und IAS 39 (Ansatz und Bewertung) mittlerweile umfassend geregelt. Bis dahin bestanden lediglich Ansatz- und Bewertungsvorschriften für Finanzinvestitionen (IAS 25) sowie einige branchenspezifische Ausweispflichten für Banken und ihnen gleichgestellte Finanzinstitutionen (IAS 30). IAS 39 ist ausdrücklich als Zwischenlösung konzipiert; langfristig strebt der IASB – wie auch der US-amerikanische Standardsetter – eine Zeitwertbi-

---

[1026] Für eine ausführliche Analyse dieses Sachverhaltes s. Barth, M.E./Landsman, W.R. (1995): Fundamental issues, S. 97 ff. S.a. Gebhardt, G. (2000): Risikomanagement und Rechnungslegung, S. 88 ff.

[1027] Vgl. JWG (2000): Draft Standard, Basis for Conclusions, Tz. 4.49 und 7.6 ff. sowie die Minderheitsmeinungen der französischen und deutschen Delegationen, JWG (2000): Draft Standard, Appendix A, Tz. A.5 und A.21 ff.

[1028] Vgl. JWG (2000): Draft Standard, Basis for Conclusions, Tz. 7.11 ff. BREKER/GEBHARDT/PAPE führen aus, dass ursprünglich eine Mehrheit der Mitglieder in der JWG für die Aufnahme eigenständiger Abbildungsvorschriften bei der Absicherung von Einkommensrisiken bestanden habe, weil die betriebliche Risikosteuerung dadurch zutreffender dargestellt werden könne. Im Verlauf der Beratungen stellte sich jedoch eine Mehrheit der Teilnehmer gegen eine entsprechende Ausnahmeregelung, um die konzeptionelle Basis des Papiers nicht zu unterlaufen; vgl. Breker, N./Gebhardt, G./Pape, J. (2000): Das Fair-Value-Projekt für Finanzinstrumente, S. 743.

lanzierung für sämtliche Finanzinstrumente an. Entsprechende Vorstöße im März 1997 (Diskussionspapier) und im Dezember 2000 (Standardentwurf der *Joint Working Group*) verliefen jedoch im Sande. Nach der erfolgten Überarbeitung von IAS 32 und IAS 39 ist nunmehr davon auszugehen, dass beide Standards für geraume Zeit in dieser überarbeiteten Fassung gültig sein werden.[1029]

Derivative Finanzinstrumente werden in IAS 39 definiert. Das IASC verzichtet dabei wie der FASB auf eine kasuistische Aufzählung, sondern grenzt sie anhand ihrer maßgeblichen Charakteristika gegen andere Finanzinstrumente ab. Erfüllt eine vertragliche Vereinbarung danach die Definitionsmerkmale für derivative Finanzinstrumente, ist sie in Höhe ihres beizulegenden Zeitwerts bilanzierungspflichtig. Allerdings ist eine Reihe von Vertragsformen davon ausgenommen, weil sie nach gängiger Verkehrsauffassung nicht als Derivat angesehen werden.

Die Wertveränderungen derivativer Finanzinstrumente sind grundsätzlich erfolgswirksam zu verbuchen, es sei denn, das Instrument wird zur Sicherung im Rahmen eines *Cash Flow Hedges* eingesetzt. In diesem Fall werden die Veränderungen ihres *Fair Values* in dem Maße erfolgsneutral im Eigenkapital abgegrenzt, wie die Sicherungsbeziehung als effektiv eingestuft wird.

Hinsichtlich der Behandlung eingebetteter Derivate ergeben sich keine von SFAS 133 abweichenden Regelungen, so dass auf die entsprechenden Ausführungen im 5. Kapitel verwiesen wird.

Die Bilanzierung von Sicherungsbeziehungen folgt im Grundsatz ebenfalls jener in SFAS 133:

- Bei der Absicherung von Vermögensrisiken (*Fair Value Hedge*) wird der <u>Sicherungsgegenstand</u> einer Bewertung im Hinblick auf das gesicherte Risiko unterzogen. Die Verfahrensweise entspricht der des amerikanischen Standards.

- Bei der Absicherung von Einkommensrisiken (*Cash Flow Hedges*) wird die in einer Periode eingetretene Wertänderung des <u>Sicherungsinstruments</u> erfolgsneutral in einer eigenständigen Rücklage abgegrenzt. Die Auflösung dieser Rücklage hängt davon ab, ob der Sicherungsgegenstand ein bereits bilanziertes oder ein erwartetes Geschäft ist; bei erwarteten Geschäften wird zusätzlich danach unterschieden, ob die antizipierte Transaktion bei Eintritt unmittelbar in der GuV erfasst oder bilanzwirksam wird. In den beiden erstgenannten Fällen sind die im Eigenkapital eingestellten Beträge in den Peri-

---

[1029] Vgl. Introduction to Proposed Amendments to IAS 32 and IAS 39, Tz. 4.

oden in die GuV umzubuchen, in denen das gesicherte Grundgeschäft erfolgswirksam wird; insoweit entspricht das Vorgehen dem in SFAS 133. Führt ein erwartetes Geschäft aber zu einem Bilanzansatz, sind dessen Anschaffungskosten nach IAS 39 um die in der *Hedging*-Rücklage abgegrenzten Erfolge zu korrigieren (*Basis Adjustment*). Obwohl das durch diese Geschäfte ausgelöste Risiko ein Vermögensrisiko ist, werden sie über das Verfahren des *Cash Flow Hedgings* abgebildet.

Hinsichtlich der qualitativen Voraussetzungen für die Nutzung des *Hedge Accountings* bestehen zwischen IAS 39 und SFAS 133 eine Reihe von Detailunterschieden. Wie im amerikanischen Standard ist aber auch unter IAS 39 die bilanzielle Abbildung einer Absicherung von Nettopositionen unzulässig. Interne Geschäfte qualifizieren nur bei exakter Durchleitung an den Markt für eine Einbindung in das *Hedge Accounting*.

Angabepflichten für Finanzinstrumente sind in IAS 32 geregelt. Neben einer Darstellung des Risikomanagements haben Unternehmen die eingesetzten derivativen Instrumente anzuführen und zu erläutern. Die Darstellung kann aggregiert erfolgen und sollte die Derivate nach Risikofaktoren (Zins, Währung, Aktienpreis, Index, Warenpreis, Bonität), Erfüllungsart (unbedingt vs. bedingt) und Handelsort (börslich vs. OTC) aufgliedern. Im Zuge der Anhangangaben ist auch auf Zinsänderungs- und Kreditrisiken, die durch die Derivate hervorgerufen werden, einzugehen. Für die Darstellung des Zinsänderungsrisikos empfiehlt sich die Angabe von Sensitivitäten oder *Value-at-Risk*-Informationen. Bei der Beschreibung des Kreditrisikos ist auf Risikokonzentrationen sowie auf bestehende Aufrechnungsvereinbarungen hinzuweisen.

7. Abschließende Beurteilung aus bilanzanalytischer Sicht

In den vorausgegangen Abschnitten wurden die Vorschriften zur Bilanzierung derivativer Finanzinstrumente nach deutschem Bilanzrecht, SFAS 133 und IAS 32/39 eingehend dargestellt und bewertet. Abschließend sollen die wesentlichen dabei erzielten Arbeitsergebnisse zusammengestellt und einer abschließenden Beurteilung aus bilanzanalytischer Sicht unterworfen werden.

Der Jahresabschluss besitzt sowohl in der anglo-amerikanischen Rechnungslegung als nach deutschem Bilanzrecht eine Informationsaufgabe.[1030] Normativ lässt sich daraus ableiten, dass ein Unternehmen im Abschluss alle für Entscheidungen der Adressaten relevanten Informationen bereitzustellen hat. Informationen sind als entscheidungsrelevant anzusehen, wenn ihre Angabe oder Unterdrückung im Geschäftsbericht das Handeln der Adressaten beeinflusst.[1031] In den beiden untersuchten internationalen Bilanzierungssystemen ergibt sich diese Forderung explizit aus den jeweiligen Rahmengrundsätzen.[1032] Im deutschen Bilanzrecht kann die Verpflichtung zur Abgabe entscheidungsrelevanter Informationen aus der Generalnorm nach § 264 Abs. 2 HGB abgeleitet werden. Danach hat der Jahresabschluss unter Beachtung der GoB ein den tatsächlichen Verhältnissen entsprechendes Bild der Vermögens-, Finanz- und Ertragslage zu vermitteln. Sollte dem nicht so sein, sind nach Satz 2 der Vorschrift im Anhang zusätzliche Angaben zu leisten.

Das Ziel der Bilanzanalyse besteht darin, Informationen über die Vermögens-, Finanz- und Ertragslage eines Unternehmens oder Konzerns zu gewinnen und Aussagen über dessen wirtschaftliche Zukunft abzuleiten.[1033] Dem in allen Rechtsräumen bestehenden Einblicksgebot stehen allerdings explizite Bilanzierungswahlrechte, faktische Ermessensspielräume sowie sachverhaltsgestaltende Maßnahmen auf Seiten des Bilanzierenden entgegen.[1034] Aufgabe der Bilanzanalyse ist es, die durch derartige Maßnahmen hervorgerufenen Verzer-

---

[1030] Für das deutsche Bilanzrecht gilt diese Aussage gleichwohl unter der Einschränkung, dass der Jahresabschluss weitere Ziele zu erfüllen hat, s. diesbzgl. die entsprechenden Ausführungen in Abschnitt 4.1 der Arbeit.
[1031] Vgl. F.15 und SFAC 1.34.
[1032] Vgl. für IAS F.12 ff., für US-GAAP SFAC 1.32 ff.; s.a. Coenenberg, A.G. (2003): Jahresabschluss, S. 20 f.; Coenenberg, A.G./Alvarez, M. (2002): Bilanzanalyse, Sp. 394 ff.; Fahrion, H.-J./Winterhoff, H.W. (2002): Fair presentation, Sp. 737 ff.; Gräfer, H. (1992): Annual Report, S. 1 ff.
[1033] Vgl. Baetge, J. (1998): Bilanzanalyse, S. 2 ff.; Baetge, J./Thiele, S. (2001), Sp. 320 f.; Gräfer, H. (2001): Bilanzanalyse, S. 18 ff. Der Ausdruck „Bilanzanalyse" ist weit auszulegen: Das Untersuchungsobjekt besteht nicht allein aus der Bilanz, sondern aus dem gesamten veröffentlichten Zahlenmaterial, i.d.R. dem Geschäftsbericht. S.a. Baetge, J. (1998): Bilanzanalyse, S. 4 m.w.N.; Baetge, J./ Thiele, S. (2001), Sp. 320; Coenenberg, A.G./Alvarez, M. (2002): Bilanzanalyse, Sp. 394; Gräfer, H. (2001): Bilanzanalyse, S. 19.
[1034] Vgl. Baetge, J. (1998): Bilanzanalyse, S. 22 ff.

7. Abschließende Beurteilung aus bilanzanalytischer Sicht

rungen im Ausweis zu erkennen und zu neutralisieren, um zu einem realitätsnäheren Bild der Lage des Unternehmens zu gelangen.[1035] Die Aufbereitung gelingt dabei am ehesten bei der Bewertung der vom Bilanzierer ausgeübten Wahlrechte, weil die bestehenden Bilanzierungsalternativen bekannt sind. Die vom Unternehmen getroffene Wahl ist häufig im Rahmen der Angabe der Bilanzierungs- und Bewertungsmethode im Anhang offenzulegen und kann anhand einer vom Untersuchenden vorgegebenen *Benchmark* evaluiert werden. Schwieriger – wenn nicht völlig ausgeschlossen – ist dagegen die Analyse von wahrgenommenen Ermessensspielräumen und getätigten Sachverhaltsgestaltungen, weil der Analyst aus dem Abschluss lediglich das Ergebnis der getroffenen Maßnahmen erkennt, nicht aber ggf. bestehende und vom Unternehmen verworfene Alternativen.[1036]

Neben möglichen Verzerrungen durch Wahlrechte, Ermessensspielräume und Sachverhaltsgestaltungen kann das den tatsächlichen Verhältnissen entsprechende Bild auch durch zwar systemkonforme, aber finanzwirtschaftlich nicht sachgerechte Bilanzierungsvorschriften beeinträchtigt werden. Verhindern Ansatz-, Bewertungs-, Ausweis- oder Angabevorschriften eine Abbildung entscheidungsrelevanter Informationen, ergibt sich ebenfalls ein fehlerhaftes Bild des Unternehmensgeschehens. Im Gegensatz zu den erstgenannten Einflüssen handelt es sich in diesem Fall aber nicht um willkürliche Maßnahmen, sondern um die Anwendung verbindlicher Rechnungslegungsvorschriften ohne Freiheitsgrade auf Seiten des bilanzierenden Unternehmens. Die Aufdeckung derartiger Verzerrungen gestaltet sich i.d.R. schwierig, da sich der Bilanzierende regelkonform verhält und sein Tun häufig keine über das Mindestmaß hinausgehenden Angabepflichten begründet.

Die Bilanzierung derivativer Finanzinstrumente wird in allen drei untersuchten Rechnungslegungssystemen von dirigistischen Maßnahmen des jeweiligen Standardsetters resp. Gesetzgebers beeinflusst. Aus Analystensicht sind diese Eingriffe v.a. dann negativ zu bewerten, wenn das dadurch erzeugte Abbild nicht die tatsächlichen Verhältnisse des Unternehmensgeschehens widerspiegelt. Im deutschen Bilanzrecht ist dieser Konflikt schwerwiegender als unter IAS und US-GAAP, weil infolge des Fehlens expliziter Abbildungsregeln keine *Benchmark* existiert. Durch den Rückgriff auf die GoB, insbesondere aber durch deren mehr oder minder freie Auslegung können Unternehmen mit vergleichbarem Geschäft zu völlig unterschiedlichen Ausweisen gelangen; zu nennen sind in diesem Zusammenhang v.a. das Realisationsprinzip, der Grundsatz der Einzelbewertung und das Verrechnungs-

---

[1035] Vgl. Baetge, J. (1998): Bilanzanalyse, S. 25 ff.
[1036] S.a. Gräfer, H. (2001): Bilanzanalyse, S. 28 ff.; Scheffler, J. (1994): Hedge Accounting, S. 94; Siegel, S. (1997): The Emergence of Fair Value, S. 82 ff.; White, L.J. (1990): Mark-to-Market Accounting, S. 27 ff.

7. Abschließende Beurteilung aus bilanzanalytischer Sicht

verbot. Ist die unternehmensindividuelle Auslegung dieser Grundsätze für den externen Analysten nicht erkenn- und damit auch nicht nachvollziehbar, lässt sich der Einfluss der kontrahierten derivativen Finanzinstrumente auf die Vermögens-, Finanz- und Ertragslage sowie auf die Risikosituation des Unternehmens nicht evaluieren.

Auch in den beiden anglo-amerikanischen Standards kann das Einblicksgebot durch Bilanzierungsvorschriften negativ beeinflusst werden. Dieses ist bspw. der Fall, wenn die von einem Unternehmen getätigte Risikominderungsstrategie eine Absicherung von Nettoexposures vorsieht. Da diese bekanntlich einem Abbildungsverbot unterliegt, wäre ein Bilanzierer gezwungen, die aus dem Einsatz der Derivate resultierenden Erfolgswirkungen ohne Erfassung des kompensatorischen Effekts zu bilanzieren. Hinzu kommen die o.g. Ermessensspielräume, z.b. das faktische Wahlrecht, auf *Hedge Accounting* zu verzichten, obwohl Sicherungsgeschäfte (und damit *Hedging*) betrieben wurde.

> *„Aus Sicht externer Bilanzanalysten ist problematisch, daß als Folge des Hedge Accounting Sachverhalte, die materiell identisch sind, in verschiedenen Unternehmungen – oder zu verschiedenen Zeitpunkten innerhalb einer Unternehmung – bilanziell unterschiedlich behandelt werden können. Darüber hinaus kann es zu unerwünschten Rückkopplungen der Rechnungslegung auf das Risiko-Management selbst kommen: Bestimmte Strategien, die betriebswirtschaftlich sinnvoll sind, werden eventuell von Treasurern nicht eingesetzt, weil sie unerwünschte bilanzielle Folgen haben; oder aber es werden aus bilanzpolitischen Gründen zweifelhafte Praktiken angewandt, die sich schädlich auf die Effektivität des Risikomanagement auswirken."*[1037]

Nachfolgend sollen die in den Abschnitten 4 bis 6 dargestellten Bilanzierungsvorschriften daraufhin untersucht werden, ob – und falls ja: in welchem Ausmaß – dem Einblicksgebot genüge getan wird.

(1) Freistehende Derivate

In allen drei untersuchten Rechtskreisen wurde für freistehende Derivate ein Ansatzgebot konstatiert. Im deutschen Bilanzrecht ergibt sich der Ansatz derivativer Finanzinstrumente aus dem Vollständigkeitsgebot nach § 246 Abs. 1 HGB und den Ansatzgrundsätzen, in den anglo-amerikanischen Systemen besteht mit SFAS 133.3(a) und 17 sowie IAS 39.27 jeweils eine explizite Verpflichtung zum Ansatz.

Die Erstbewertung erfolgt nach § 253 Abs. 1 HGB und nach IAS 39.66 zu Anschaffungskosten, nach US-GAAP zum beizulegenden Zeitwert (SFAS 133.17). Im Zeitpunkt des

---

[1037] Glaum, M. (1997): Bilanzierung von Finanzinstrumenten, S. 1627; ähnlich Gebhardt, G. (2000): Risikomanagement und Rechnungslegung, S. 93 f.

7. Abschließende Beurteilung aus bilanzanalytischer Sicht

Zugangs entspricht dieser den Anschaffungskosten des Derivats und damit dem Erstansatz nach HGB und IAS:

- Bei unbedingten Termingeschäften betragen die Anschaffungskosten regelmäßig Null, sofern das Geschäft marktgerecht bepreist wurde;
- Optionsgeschäfte werden in Höhe der gezahlten resp. empfangenen Prämie aktiviert bzw. passiviert;
- Transaktionskosten werden – sofern nicht direkt zurechenbar – i.d.R. sofort erfolgswirksam erfasst.

Aus bilanzanalytischer Sicht ergibt sich daraus, dass beim Zugang nach den Vorschriften aller drei Rechtsgebiete i.d.R. nur bedingte Termingeschäfte bilanziell abgebildet werden. Ein externer Leser benötigt an dieser Stelle zusätzliche Informationen, um den Einfluss unbedingter Termingeschäfte auf die (zukünftige) Vermögens-, Finanz- und Ertragslage des Unternehmens einschätzen zu können. Erforderlich sind an dieser Stelle v.a. Angaben über die wertbestimmenden Ausstattungsmerkmale des Instruments. Die im deutschen Bilanzrecht bestehenden Angabevorschriften nach § 285 HGB werden diesem Erfordernis im direkten Vergleich mit den nach SFAS 133.44 ff. und IAS 32 bzw. 39.170 f. gebotenen Angabepflichten nur begrenzt gerecht.

Für die an den folgenden Stichtagen vorzunehmende Bewertung gilt nach deutschen Bilanzierungsgrundsätzen das Anschaffungskostenprinzip. Der Wertansatz erfährt durch das Vorsichtsprinzip eine Konkretisierung dahingehend, dass ggf. Abschreibungen vorzunehmen oder Rückstellungen zu bilden sind, sollte der beizulegende Wert des Derivats am Abschlussstichtag unter dessen Buchwert liegen (§§ 253 Abs. 2 und 3 sowie 249 Abs. 1 HGB). Demgegenüber sehen sowohl SFAS 133.18 als auch IAS 39.69 und 93 zwingend eine Folgebewertung zum beizulegenden Zeitwert vor, wobei die Wertveränderungen erfolgswirksam in der GuV zu erfassen sind.

Bei einer negativen Wertentwicklung des Derivats führen die Bewertungsvorschriften aller drei Rechtskreise der Höhe nach zum gleichen Ergebnis. Allerdings wird sich der Ausweis nach deutschem Bilanzrecht von der Darstellung nach anglo-amerikanischen Standards unterscheiden, weil negative Wertüberhänge durch Bildung einer Drohverlustrückstellung zu erfassen sind. Da Drohverlustrückstellungen aber aggregiert mit anderen Rückstellungsarten unter den „Sonstigen Rückstellungen" ausgewiesen werden, wäre aus Gründen der Nachvollziehbarkeit eine Angabe erforderlich, aus der die aus dem derivativen Geschäft resultierende Verpflichtungshöhe hervorgeht.

7. Abschließende Beurteilung aus bilanzanalytischer Sicht

Sofern das Derivat <u>Wertsteigerungen</u> verzeichnet, bleiben derartige Veränderungen im HGB infolge von Realisations- und Anschaffungskostenprinzip außer Ansatz. Kraft Vorschrift hat der Bilanzierer stille (Zwangs-)Reserven zu bilden, die sich der Kenntnis des Adressaten entziehen. Der Vermögensausweis wird damit niedriger dargestellt als er sich finanzwirtschaftlich ergibt. Dem Einblicksgebot kann hier infolge des zwingend zu berücksichtigenden Vorsichtsprinzips nicht Genüge getan werden. Besonders problematisch ist dieser Sachverhalt bei unbedingten Termingeschäften mit einem Anschaffungswert von Null zu beurteilen. In diesem Fall ist ein Analyst zwingend auf ergänzende Angaben angewiesen, da er aus der Bilanz nicht einmal erkennen kann, dass das Unternehmen überhaupt Derivate einsetzt.

	HGB	SFAS 133	IAS 39
Ansatz	Abstraktes Ansatzgebot (§ 246 Abs. 1)	Konkretes Ansatzgebot (133.3(a) und 17)	Konkretes Ansatzgebot (39.14)
Erstbewertung	Anschaffungskosten bzw. Rückzahlungsbetrag (§ 253 Abs. 1)	Beizulegender Zeitwert (133.17)	Anschaffungskosten (39.43)
Bilanzanalytische Beobachtung	• Vollständiger (Rein-)Vermögensausweis bei bedingten Termingeschäften • Keine Information über unbedingte Termingeschäfte mit einem Anschaffungswert von Null ⇒ Zusatzangaben erforderlich		
Folgebewertung	(Fortgeführte) Anschaffungskosten: Aktiva: Niederstwertprinzip; Passiva: Höchstwertprinzip (§ 253 Abs. 3 i.V.m. § 252 Abs. 1 Nr. 4)	Beizulegender Zeitwert (133.18)	Beizulegender Zeitwert (39.46 f.)
Bilanzanalytische Beobachtung	• Negative Wertentwicklungen werden durch Vornahme von Abschreibungen oder Dotierung von Drohverlustrückstellungen gezeigt (⇒ bei Letztgenannten Aufgliederung im Anhang erforderlich) • Positive Wertentwicklungen über die Anschaffungskosten hinaus bleiben infolge des Vorsichtsprinzips unberücksichtigt (unvollständiger Vermögens- und Erfolgsausweis) ⇒ Marktwertangabe erforderlich	• Finanzwirtschaftlich zutreffender, vollständiger (Rein-)Vermögens- und Erfolgsausweis	

Tab. 4: Bilanzierung freistehender Derivate nach HGB, US-GAAP und IFRS

7. Abschließende Beurteilung aus bilanzanalytischer Sicht

(2) Eingebettete Derivate

Für eingebettete Derivative existieren im deutschen Bilanzrecht mit Ausnahme des brachenspezifischen Rechnungslegungshinweises keine Rechnungslegungsvorschriften. Strukturierte Produkte werden bilanzrechtlich als Bewertungsobjekteinheiten aufgefasst und den allgemeinen Bilanzierungs- und Bewertungsgrundsätzen unterworfen. Fraglich ist, ob infolge des Einblicksgebots eine Aufspaltung dennoch vorzunehmen ist, wenn ihre Unterlassung ein falsches Bild der Vermögens-, Finanz- und Ertragslage ergäbe. Als Beispiel sei der *DAX®-Redemption Bond* in Erinnerung gerufen, bei dem im Fall einer Abschreibung auf den garantierten Rückzahlungswert weder die Vermögens- noch die Ertragslage den tatsächlichen Verhältnissen entsprechend dargestellt würden.

Im Unterschied zum deutschen Bilanzrecht sehen SFAS 133 und IAS 39 in bestimmten Fällen eine Zerlegung strukturierter Produkte in Trägervertrag und Derivat vor. Die Aufspaltung in originäre und derivative Komponente(n) liegt darin begründet, dass es dem Bilanzierenden nicht ermöglicht werden soll, die Bilanzierungsvorschriften für Derivate durch Einbettung in ein anderes Produkt zu unterlaufen. Vielmehr sollen die Wertänderungen von eingebetteten Derivaten genauso wie jene freistehender Instrumente in der GuV erfasst werden. Der Grund für die geforderte Zerlegung liegt mithin in der einheitlichen Bewertung derivativer Instrumente und nicht primär in einem Ausweis derselben: Nach IAS wird er zugelassen, aber nicht gefordert; nach US-GAAP ist er nach der Auffassung der SEC unzulässig.

Bilanzanalytisch können weder die deutsche noch die anglo-amerikanische Verfahrensweise überzeugen:

- Im deutschen Bilanzrecht führt der Rückgriff auf das Konzept der Bewertungsobjekteinheit dazu, dass Chancen und Risiken aus Trägervertrag und Derivat und somit nicht realisierte Aufwendungen und Erträge miteinander saldiert werden, ohne dass dieses durch den Analysten nachvollziehbar wäre. Hinzu kommt, dass infolge des Anschaffungskostenprinzips auf der Aktiv- und des Rückzahlungsprinzips auf der Passivseite der Wert der Produkte finanzwirtschaftlich in nicht sachgerechter Weise abgebildet wird. Um diesen Mangel zu beheben, wären umfangreiche Anhangangaben erforderlich, die zumindest eine Beschreibung der jeweiligen Struktur, die damit verbundenen Chancen und Risiken sowie die Angabe ihres Marktwertes beinhalten.

- Nach SFAS 133 und IAS 39 ist der partielle Anwendungsbereich zu kritisieren. Aus finanzwirtschaftlicher Sicht ist nicht einzusehen, warum die Zerlegung auf bestimmte Vertragsformen beschränkt wird und eine freiwillige Aufspaltung nicht statthaft ist. V.a. in der Kreditwirtschaft wird i.d.R. eine Trennung der Produkte für Zwecke des be-

7. Abschließende Beurteilung aus bilanzanalytischer Sicht

trieblichen Risikomanagements durchgeführt. Hier liegt es nahe, auf diese Bewertungen zurückzugreifen. Sollte die Zerlegung aus Sicht der Standardsetter redundant sein, weil sich die maßgeblichen Preisbestimmungsfaktoren von Trägervertrag und Derivat nicht unterscheiden, würde eine Zerlegung die Darstellung der Vermögens-, Finanz- und Ertragslage gleichwohl nicht negativ beeinträchtigen. Wäre dies auf der anderen Seite der Fall, so wäre das Verbot der freiwilligen Zerlegung erst recht kritisch zu hinterfragen.

Jene strukturierten Produkte, für die eine Zerlegung geboten ist, erschließen sich dem Analysten hier zudem ebenso wenig wie dem deutschen Bilanzleser. Die Finanzinstrumente werden nämlich mit einem Wert angesetzt, der eine Mischung aus fortgeführten Anschaffungskosten (Trägervertrag) und beizulegendem Zeitwert (Derivat) darstellt. Diese Bewertung lässt sich ohne Kenntnis der Ausstattungsmerkmale weder in die Anschaffungskosten noch in den beizulegenden Zeitwert der Struktur überführen, so dass sich dem Leser die tatsächliche Vermögenslage auch hier nicht erschließt.

Es bleibt daher festzuhalten, dass weder die deutschen Vorschriften noch die Abbildungsregeln nach SFAS 133 und IAS 39 geeignet sind, ein den tatsächlichen Verhältnissen enstprechendes Bild des Unternehmens zu vermitteln. Dazu wären (a) einheitliche Bilanzierungsvorschriften und (b) zusätzliche Anhangangaben erforderlich, die in keinem der betrachteten Rechtskreise gefordert werden.

	HGB	SFAS 133	IAS 39
Bewertung bei Bilanzierung als einheitliches Produkt	Entsprechend der allgemeinen Bewertungsgrundsätze zu (fortgeführten) Anschaffungskosten bzw. zum Rückzahlungswert	Bewertung nach dem für das strukturierte Produkt geltenden Bewertungsmaßstab (SFAS 133.15), i.d.R. zu fortgeführten Anschaffungskosten	Bewertung nach dem für das strukturierte Produkt geltenden Bewertungsmaßstab (IAS 39.AG33), i.d.R. zu fortgeführten Anschaffungskosten
Bilanzanalytische Beobachtung	• Keine Information über die Art des strukturierten Produkts, Interpretation als Bewertungsobjekteinheit • Keine Information über Art, Umfang, Wirkungsweise und Risikoprofil des eingebetteten Derivats	• Saldierung nicht realisierter Erfolge aus Trägervertrag und eingebettetem Derivat	⇒ Zusatzangaben erforderlich

7. Abschließende Beurteilung aus bilanzanalytischer Sicht

	HGB	SFAS 133	IAS 39
Bewertung bei Bilanzierung als zerlegungspflichtiges Produkt	---	Regelfall (SFAS 133.12; IAS 39.11): • Bewertung des Trägervertrags nach den allgemeinen Bilanzierungsvorschriften • Bewertung des eingebetteten Derivats zum beizulegenden Zeitwert Ausnahme (SFAS 133.16; IAS 39.12): • Bewertung des strukturierten Produkts zum beizulegenden Zeitwert, falls Zerlegung geboten aber unmöglich	
Bilanzanalytische Beobachtung	---	• Lediglich partiell bestehende Zerlegungspflicht ist finanzwirtschaftlich unbegründet und bilanzanalytisch nicht nachvollziehbar • Ansatz zu einem Mischwert aus fortgeführten Anschaffungskosten und beizulegendem Zeitwert ist kaum zu interpretieren ⇒ Zusatzangaben erforderlich	
Ausweis	Als ein Produkt	Als ein Produkt (SEC Guidance)	Wahlweise als ein Produkt oder getrennt (IAS 39.11)
Bilanzanalytische Beobachtung	• Ausweis als ein Produkt entspricht der rechtlichen Einstufung, nicht der wirtschaftlichen • Bei aggregierter Darstellung mit *plain-vanilla*-Produkten werden gleiche Risikoprofile der Geschäfte suggeriert ⇒ Aufgliederung der Geschäfte in Bilanz („davon"-Ausweis) oder Anhang und Angabe von Zusatzinformationen zur Art, Umfang, Wirkungsweise und Risikoprofil des strukturierten Produkts notwendig		

Tab. 5: Bilanzierung eingebetteter Derivate nach HGB, US-GAAP und IFRS

(3) Bilanzierung von Sicherungsbeziehungen

Die bilanzielle Darstellung von Sicherungsbeziehungen ist im deutschen Bilanzrecht nicht explizit geregelt, sieht man von den branchenspezifischen Vorschriften für Kreditinstitute einmal ab (§ 340h HGB und BFA 2/95 und 3/95). Die Bilanzierung von Sicherungsbeziehungen erfolgt über Bewertungseinheiten, innerhalb derer die Erfolge aus Grund- und Sicherungsgeschäft miteinander verrechnet, nicht aber gebucht werden; die (Nicht-)Bewertung des Derivats folgt insoweit der (Nicht-)Bewertung des Grundgeschäfts. Gerechtfertigt wird dieses Vorgehen mit einer wirtschaftlichen Interpretation des Einzelbewertungsgrundsatzes. Die Einzelbewertung wird dabei von den Einzelgeschäften auf die Sicherungsbeziehung ausgedehnt. Diese wird einer imparitätischen Bewertung unterzogen, d.h. ein sich aus der Saldierung ergebender Nettoertrag bleibt unberücksichtigt.

7. Abschließende Beurteilung aus bilanzanalytischer Sicht

Die Zusammenführung von Grund- und Sicherungsgeschäft zu einer Bewertungseinheit wird für sachlich gerechtfertigt erachtet, solange zwischen Grund- und Sicherungsgeschäft ein nachweislicher Funktionszusammenhang besteht. Die h.M. sieht diesen bei Sicherungsbeziehungen aus je einem Grund- und einem gegenläufigen Sicherungsgeschäft (*Micro Hedge*) als gegeben an. Infolge neuerer Erkenntnisse zur Risikosteuerung sind Unternehmen vermehrt daran interessiert, die bilanziellen Bewertungseinheiten auf eine unbestimmte Vielzahl von einander kompensierenden Geschäften auszudehnen (*Portfolio* und *Macro Hedge*). Für derartige Abbildungsformen lässt das deutsche Bilanzrecht keinen Raum, auch wenn einige Autoren durch wirtschaftliche Auslegung einzelner GoB zu einer entsprechenden Auffassung gelangen. Derartige Interpretationen mögen zwar dazu dienen, Bilanzierung und Finanzwirtschaft einander näher zu bringen; ob dieses Vorgehen aber durch die bestehenden gesetzlichen Vorschriften gedeckt ist, muss bezweifelt werden. In diesem Sinne äußern sich auch HERZIG/MAURITZ:

> „*Die Versuche, das traditionelle GoB-Verständnis durch die Definition sogenannter* Bewertungseinheiten *(Micro-Hedges, Macro-Hedges, Portfolio-Hedges) zu überwinden, sind zwar geeignet, die gröbsten Verwerfungen zwischen der ökonomischen und der bilanziell ausgewiesenen Vermögens- und Erfolgslage eines Unternehmens zu beseitigen. Die Hedgekonzepte bewegen sich aber am Rande oder gar bereits außerhalb des geltenden Bilanzrechts.*"[1038]

Im Gegensatz zum deutschen Bilanzrecht enthalten sowohl SFAS 133 als auch IAS 39 ein umfangreiches Regelwerk zur bilanziellen Abbildung von Sicherungsbeziehungen. Der wesentliche Unterschied zum Konzept der Bewertungseinheit deutscher Prägung ist der in beiden Rechtskreisen anzutreffende Grundsatz, wonach Derivate stets ansatzpflichtig und mit dem beizulegenden Zeitwert anzusetzen sind. Dieser Bewertungsmaßstab wird in keinem Fall unterdrückt, auch nicht, wenn das Instrument zur Absicherung risikobehafteter Grundgeschäfte herangezogen wird. Die Argumentationskette nach US-GAAP und IFRS ist damit der deutschen exakt entgegen gesetzt: Nicht das Sicherungsgeschäft folgt hinsichtlich der Bewertung dem Grundgeschäft, sondern das Grundgeschäft übernimmt den Bewertungsmaßstab des Sicherungsinstruments (zumindest im Hinblick auf den abgesicherten Risikofaktor).

SFAS 133 und IAS 39 verfolgen einen strikt instrument- und keinen positionsbezogenen Ansatz: Risikostrategien, die eine Absicherung von Nettoexposures vorsehen, erteilen bei-

---

[1038] Herzig, N./Mauritz, P. (1997): Derivative Finanzinstrumente, S. 155; dies. (1998): Bildung von Bewertungseinheiten, S. 117 ff.; s.a. Gebhardt, G. (2000): Risikomanagement und Rechnungslegung, S. 93; Schirmer, L. (2000): Die Rechnungslegung von Finanzderivaten, S. 137 ff. Für einen liberaleren Umgang mit den GoB plädieren BRACKERT ET AL., vgl. Brackert, G./Prahl, R./Naumann, T.K. (1995): Neue Verfahren der Risikosteuerung, S. 553.

7. Abschließende Beurteilung aus bilanzanalytischer Sicht

de Standardsetter bilanziell eine Absage. Zwingend erforderlich ist der Nachweis eines einzelnen Grundgeschäfts, das durch ein oder mehrere identifizierte Finanzinstrumente abgesichert wird. Kann dieser Nachweis nicht erbracht werden, versagen beide Standards die Anwendung von *Hedge Accounting*.

Aus bilanzanalytischer Sicht sind sowohl der deutsche als auch der anglo-amerikanische Ansatz mängelbehaftet.

- Der konzeptionelle HGB-Ansatz der Bewertungseinheit ist aus Analystensicht als intransparent abzulehnen. So erfährt der Adressat i.d.R. nicht,
  - ob und in welchem Ausmaß in der laufenden Periode Bewertungseinheiten gebildet, aufgelöst oder umgeschichtet wurden;
  - welche Geschäfte Teil einer Bewertungseinheit sind;
  - inwieweit die in eine Bewertungseinheit eingebundenen Geschäfte in gleicher Weise im Risikomanagement gesteuert werden;
  - welche Volatilität Grund- und Sicherungsgeschäft verzeichnen; usw.

  Häufig erschöpft sich der Ausweis der Sicherungsbeziehungen in einer Anhangangabe, aus der der Leser erfährt, dass Erfolge aus getätigten Sicherungsgeschäften kompensatorisch behandelt wurden und ein ggf. verbleibender positiver Wertüberhang außer Ansatz blieb; drohende Verluste würden demgegenüber durch Bildung von Rückstellungen erfasst. Über das Risikopotenzial eingesetzter derivativer Finanzinstrumente lässt sich aus derlei Angaben ebenso wenig eine Aussage treffen wie über die Beeinflussung der Vermögens-, Finanz- und Ertragslage des Unternehmens.

- Bei den Vorschriften nach US-GAAP und IFRS ist v.a. negativ anzumerken, dass die Abbildung getätigter Sicherungsmaßnahmen nicht möglich ist, wenn Risiken auf Nettobasis gesteuert werden. Der Jahresabschluss wird hier seiner Informationsfunktion genauso wenig gerecht wie im deutschen Bilanzrecht, denn er spiegelt dem Leser das Bestehen einer offenen Risikoposition vor, die ökonomisch in dieser Form nicht besteht. Die Verpflichtung, die nicht für das *Hedge Accounting* qualifizierenden Derivate sodann als Spekulationsinstrumente abzubilden, dürfte in den meisten Fällen ebenfalls an der Realität vorbeigehen.[1039]

Unbefriedigend ist ferner, dass zwei Unternehmen mit gleichem *Exposure* je nach gewähltem *Hedge-Accounting*-Ansatz u.U. zu völlig unterschiedlichen Vermögens- und Ergebnisausweisen gelangen können. Hier zeigt sich deutlich die konzeptionelle

---

[1039] S.a. Ryan, S.G. (2002): Financial Instruments, S. 233.

Schwäche der instrumentenbezogenen Ansätze von SFAS 133 und IAS 39, weil gleiche Risikosituationen bilanziell unterschiedlich abgebildet werden. Eine unternehmensübergreifende Vergleichbarkeit von Abschlüssen ist damit nicht gegeben.

Was die Vermittlung eines den tatsächlichen Verhältnissen entsprechenden Bildes der Vermögens- und Ertragslage eines einzelnen Unternehmens angeht, so hängt diese vom gewählten *Hedge-Accounting*-Verfahren ab. Während das *Fair Value Hedge Accounting* der Immunisierung von Bilanzposten gegen Wertschwankungen dient, zielt das *Cash Flow Hedge Accounting* auf die Stabilisierung zukünftig anfallender Zahlungsströme und damit auf Einkommensgrößen in der GuV ab. In Abhängigkeit vom gewählten Verfahren ergeben sich Ausweise, die dem Bilanzleser ein Bild vermitteln, dass dieser nicht mehr mit den herkömmlichen Analysemethoden untersuchen kann:

– Beim *Fair Value Hedge Accounting* wird die Erfolgsrechung durch die zu erfassenden Bewertungsergebnisse von Grund- und Sicherungsgeschäft beeinflusst. Insbesondere dann, wenn die Sicherungsbeziehung nicht perfekt ist, wird ein Nettoerfolg in der GuV ausgewiesen, der weder dem operativen noch dem Finanz- und Verbundergebnis unmittelbar zurechenbar ist. Die Erfolgsspaltung wird damit schwieriger.

– Beim *Cash Flow Hedge Accounting* werden Bewertungsergebnisse im Eigenkapital abgegrenzt. Da es bei dieser Form der Sicherungsbeziehung keine periodisch abbildbaren, kompensatorischen Effekte gibt, wird das Eigenkapital zwangsläufig zu einer volatilen Größe. Diese Volatilität schlägt ihrerseits durch auf eine Vielzahl bilanzanalytischer Kennzahlen, bspw. die Eigenkapitalquote oder die Eigenkapitalrentabilität. Infolge der mitunter zu beobachtenden abnormen Schwankungen der *Cash-Flow-Hedging*-Rücklage werden derartige Kennzahlen praktisch aussagelos.

Damit der Jahresabschluss seiner Informationsaufgabe gerecht werden kann, sind Sicherungsbeziehungen dem zugrunde liegenden Sachverhalt entsprechend abzubilden. Diese Aussage gilt für alle untersuchten Rechtskreise. Die Fragestellung darf nicht lauten: „Wie lässt sich das betriebliche Risikomanagement im bilanzrechtlichen System rechtfertigen?", sondern: „Wie werden Risiken in Unternehmen gesteuert und wie können getroffene Sicherungsmaßnahmen (*Hedging*) ökonomisch korrekt im Jahresabschluss abgebildet werden (*Hedge Accounting*)?" Hier ist SMITH uneingeschränkt zuzustimmen:

"*Accountants must obtain an understanding of the concepts, techniques and the financial products used to control interest rate risk to establish a foundation for applying the accounting*

7. Abschließende Beurteilung aus bilanzanalytischer Sicht

literature to determine whether transactions designated as hedges qualify for hedge accounting."[1040]

Anschließend ist vorbehaltlos zu prüfen, ob das gegebene Bilanzrecht eine den tatsächlichen Verhältnissen entsprechende Abbildung risikomindernder Maßnahmen zulässt. Ist dem nicht so, sollte nicht versucht werden, die Darstellung durch Auslegung ex post facto doch noch zu ermöglich. Vielmehr sind neue Konzeptionen auszuarbeiten, die Bilanzierung und Risikomanagement in Einklang bringen.

> *„Für die deutsche Rechnungslegung bedeutet dies, daß man sich mit der Marktwertbilanzierung wird näher auseinandersetzen müssen. Die bisherige oft formal-destruktive Diskussion sollte von einer inhaltlich-konstruktiven Diskussion abgelöst werden, in der danach gefragt wird, wie eine Marktwertbilanzierung so modifiziert werden kann, daß einerseits ihre Vorteile bei der Berücksichtigung von Absicherungszusammenhängen erhalten bleiben, andererseits die Aufgaben der deutschen handelsrechtlichen Rechnungslegung weiterhin angemessen erfüllt werden können."*[1041]

Dem ist nichts hinzuzufügen.

[1040] Smith, J.T. (1989): Complications in Accounting for Hedges, S. 16; s.a. Robol, G. (1989): Bilanzierungsgrundsätze für neue Finanzinstrumente, S. 506 ff.
[1041] Gebhardt, G. (1996): Probleme der bilanziellen Abbildung, S. 582.

Quellenverzeichnis

Accounting Standards Board [ASB]: Discussion Paper, Derivatives and Other Financial Instruments, Central Milton Keynes: ASB, 1996 (zit. als **ASB DP**).

Australian Accounting Standards Board [AASB]: AASB 1033 „Presentation and Disclorsure of Financial Instruments", Caulfield (Vic.): Australian Accounting Research Foundation, 1996 (zit. als **AASB 1033**).

Bundesaufsichtsamt für das Kreditwesen [BAKred]: Rundschreiben 17/99 – Zuordnung der Bestände und Geschäfte der Institute zum Handelsbuch und zum Anlagebuch (§ 1 Abs. 12 KWG, § 2 Abs. 11 KWG), Berlin, 1999 (zit. als **Rundschreiben 17/99**).

Bundesministerium der Justiz [BMJ]: Referentenentwurf – Gesetz zur Einführung internationaler Rechnungslegungsstandards und zur Sicherung der Qualität der Abschlussprüfung (Bilanzrechtsreformgesetz – BilReG), Berlin, 2003 (zit. als **RefE-BilReG**).

Canadian Institute of Chartered Accoutants [CICA]: Financial Instruments – Disclosure and Presentation, CICA Handbook, Section 3860, Toronto: CICA, 1995 (zit. als **CICA Handbook, Section 3860**).

Deutsches Rechnungslegungs Standards Committee [DRSC]: Deutscher Rechnungslegungs Standard Nr. 5: Risikoberichterstattung, Berlin: DRSC, 2001 (zit. als. **DRS 5**).

Deutsches Rechnungslegungs Standards Committee [DRSC]: Deutscher Rechnungslegungs Standard Nr. 5-10: Risikoberichterstattung von Kredit- und Finanzdienstleistungsinstituten, Berlin: DRSC, 2001 (zit. als. **DRS 5-10**).

Deutsches Rechnungslegungs Standards Committee [DRSC]: Deutscher Rechnungslegungs Standard Nr. 5-20: Risikoberichterstattung von Versicherungsunternehmen, Berlin: DRSC, 2001 (zit. als. **DRS 5-20**).

Europäische Kommission (1995): Mitteilung der Kommission, Harmonisierung auf dem Gebiet der Rechnungslegung: Eine neue **Strategie** im Hinblick auf die internationale Harmonisierung, KOM (1995) 508, Brüssel, 14.11.1995.

Europäische Kommission (2000): Mitteilung der Kommission an den Rat und das Europäische Parlament, Rechnungslegungsstrategie der EU: **Künftiges Vorgehen**, KOM (2000) 359 endg., Brüssel, 13.6.2000.

Europäische Kommission (2001): Vorschlag für eine Verordnung des Europäischen Parlamenets und des Rates betreffend die **Anwendung internationaler Rechnungslegungsgrundsätze**, KOM (2001) 80 endg., Brüssel, 13.2.2001.

Financial Accounting Standards Board [FASB]: Statement of Financial Accounting Concepts No. 1 "Objectives of Financial Reporting by Business Enterprises", Stamford (Conn.), 1978 (zit. als **SFAC 1**).

Financial Accounting Standards Board [FASB]: Statement of Financial Accounting Concepts No. 6 "Elements of Financial Statements", Norwalk (Conn.), 1985 (zit. als **SFAC 6**).

Financial Accounting Standards Board [FASB]: Statement of Financial Accounting Concepts No. 7 "Using Cash Flow Information and Present Value in Accounting Measurements", Norwalk (Conn.), 2000 (zit. als **SFAC 7**).

Financial Accounting Standards Board [FASB]: Statement of Financial Accounting Standards No. 52 "Foreign Currency Translation", Norwalk (Conn.), 1981 (zit. als **SFAS 52**).

Financial Accounting Standards Board [FASB]: Statement of Financial Accounting Standards No. 80 "Accounting for Futures Contracts", Norwalk (Conn.), 1984 (zit. als **SFAS 80**).

Financial Accounting Standards Board [FASB]: Statement of Financial Accounting Standards No. 105 "Disclosures on Information about Financial Instruments with Off-Balance-Sheet Risk and Financial Instruments with Concentrations of Credit Risk", Norwalk (Conn.), 1990 (zit. als **SFAS 105**).

Financial Accounting Standards Board [FASB]: Statement of Financial Accounting Standards No. 115 "Accounting for Certain Investments in Debt and Equity Securities", Norwalk (Conn.), 1993 (zit. als **SFAS 115**).

Financial Accounting Standards Board [FASB]: Statement of Financial Accounting Standards No. 119 "Disclosure About Derivative Financial Instruments and Fair Value of Financial Instruments", Norwalk (Conn.), 1994 (zit. als **SFAS 119**).

Financial Accounting Standards Board [FASB]: Statement of Financial Accounting Standards No. 133 "Accounting for Derivatives and Hedging Activities", Norwalk (Conn.), 1998 (zit. als **SFAS 133**).

Financial Accounting Standards Board [FASB]: Statement of Financial Accounting Standards No. 138 "Accounting for Certain Derivatives and Certain Hedging Activities", Norwalk (Conn.), 2000 (zit. als **SFAS 138**).

Financial Accounting Standards Board (FASB): **Accounting for Derivatives and Hedging Activities**, FASB Statement No. 133 as amended and interpreted, incorporating FASB Statements No. 137 and 138 and certain Statement No. 133 implementation issues as of September 25, 2000, Norwalk (Conn.), 2000 (zit. als **SFAS 133/138**).

Financial Accounting Standards Board [FASB]: Proposed Statement of Financial Accounting Standards "Accounting for Derivative Instruments and Hedging Activities", Norwalk (Conn.), 162-B, 1996 (zit. als **E-SFAS 133**).

Financial Accounting Standards Board [FASB]: Proposed Statement of Financial Accounting Standards "Amendment of Statement 133 on Derivative Instruments and Hedging Activities", Norwalk (Conn.), File Reference No. 1100-162, 2002 (zit. als **E-SFAS**).

Financial Accounting Standards Board [FASB]: Statement of Financial Accounting Standard No. 149, "Amendment of Statement 133 on Derivative Instruments and Hedging Activities", Norwalk (Conn.), 2003 (zit. als **SFAS 149**).

Financial Accounting Standards Board [FASB]: Statement of Financial Accounting Standard No. 150, "Accounting for Certain Financial Instruments with Characteristics of both Liabilities and Equity", Norwalk (Conn.), 2003 (zit. als **SFAS 150**).

Institut der Wirtschaftsprüfer in Deutschland e.V. (IDW): Stellungnahme BFA 2/1993, Bilanzierung und Prüfung von Financial Futures und Forward Rate Agreements, Düsseldorf: IDW-Verlag, 1998, S. 87 – 90 (zit. als **BFA 2/1993**).

Institut der Wirtschaftsprüfer in Deutschland e.V. (IDW): Stellungnahme BFA 2/1995, Bilanzierung von Optionsgeschäften, Düsseldorf: IDW-Verlag, 1998, S. 95 – 98 (zit. als **BFA 2/1995**).

Institut der Wirtschaftsprüfer in Deutschland e.V. (IDW): Stellungnahme BFA 3/1995, Währungsumrechnung bei Kreditinstituten, Düsseldorf: IDW-Verlag, 1998, S. 99 – 105 (zit. als **BFA 3/1995**).

Institut der Wirtschaftsprüfer in Deutschland e.V. (IDW): Stellungnahme zum DP "Accounting for Financial Assets and Financial Liabilities" des IASC, FN-IDW, Nr. 8/1997, S. 425 – 434 (zit. als **DP**).

Institut der Wirtschaftsprüfer in Deutschland e.V. (IDW): Stellungnahme zur Rechnungslegung, IDW RS HFA 1, Aufstellung des Lageberichts, Düsseldorf: IDW-Verlag, 1999 (zit. als **IDW RS HFA 1**).

Institut der Wirtschaftsprüfer in Deutschland e.V. (IDW): IDW Prüfungsstandard, IDW PS 350, Prüfung des Lageberichts, Düsseldorf: IDW-Verlag, 1999 (zit. als **IDW PS 350**).

Institut der Wirtschaftsprüfer in Deutschland e.V. (IDW): Rechnungslegungshinweis RH BFA 1.003, Zur Bilanzierung strukturierter Produkte, WPg, Heft 17/2001, 54. Jahrgang, S. 916 – 917 (zit. als **IDW RH BFA 1.003**).

International Accounting Standards Board (IASB): IAS 39 Implementation Guidance Questions and Answers as of 1 November 2001, London, 2001 (zit. als **IAS 39 IGQ&A**).

International Accounting Standards Board [IASB]: International Accounting Standards 2003, London, 2003.

International Accounting Standards Board [IASB]: Improvements to International Accounting Standards, London, 2003.

International Accounting Standards Board [IASB]: IAS 32 "Financial Instruments: Disclosure and Presentation", London, 2003 (zit. als **IAS 32**).

International Accounting Standards Board [IASB]: IAS 39 "Financial Instruments: Recognition and Measurement", London, 2003 (zit. als **IAS 39**).

International Accounting Standards Board [IASB]: Exposure Draft of Proposed Amendments to IAS 32, Financial Instruments: Disclosure and Presentation, and IAS 39, Financial Instruments: Recognition and Measurement, London, 2002 (zit. als **E-IAS 32** resp. **E-IAS 39**).

International Accounting Standards Board [IASB]: Exposure Draft of Proposed Amendments to IAS 39, Financial Instruments: Recognition and Measurement, "Fair Value Hedge Accounting for a Portfolio Hedge of Interest Rate Risk", London, 2003 (zit. als **E-Portfolio Hedge**).

International Accounting Standards Committee [IASC]: E 40 "Financial Instruments", London, 1991 (zit. als **E 40**).

International Accounting Standards Committee [IASC]: E 48 "Financial Instruments", London, 1994 (zit. als **E 48**).

International Accounting Standards Committee [IASC]: E 62 "Financial Instruments: Recognition and Measurement", London, 1998 (zit. als **E 62**).

International Accounting Standards Committee [IASC]: Exposure Draft E66 "Proposed Limited Revisions to International Accounting Standard IAS 39 Financial Instruments: Recognition and Measurement and Other Related Standards", London, 2000 (zit. als **E 66**).

International Accounting Standards Committee [IASC]: IAS 25 "Accounting for Investments", London, 1986 (zit. als **IAS 25**).

International Accounting Standards Committee [IASC]: IAS 32 "Financial Instruments: Disclosure and Presentation", London, 1995 (zit. als **IAS 32 a.F.**).

International Accounting Standards Committee [IASC]: IAS 39 "Financial Instruments: Recognition and Measurement", London, 1998 (zit. als **IAS 39 a.F.**).

International Accounting Standards Committee [IASC]: Discussion Paper "Accounting for Financial Assets and Financial Liabilities", London, 1997 (zit. als **Discussion Paper**).

Joint Working Group of Banking Associations on Financial Instruments [JWGBA]: Accounting for Financial Instruments by Banks, Offener Brief an den Vorsitzenden der JWG vom 4. Oktober 1999 (zit. als **JWGBA (1999)**).

Joint Working Group of Standard Setters [JWG]: Financial Instruments – Issues Relating to Banks, offene Stellungnahme vom 31. August 1999 (zit. als **JWG (1999)**).

Joint Working Group of Standard Setters [JWG]: Draft Standard and Basis for Conclusions – Financial Instruments and Similar Items, London, 2000 (zit. als **Draft Standard**).

Rat der Europäischen Gemeinschaften: Vierte Richtlinie des Rates vom 25. Juli 1978 aufgrund von Artikel 54 Absatz 3 Buchstabe g) des Vertages über den Jahresabschluß von Gesellschaften bestimmter Rechtsformen (78/660/EWG), Amtsblatt der Europäischen Gemeinschaften, L 222, 14.08.1978, 21. Jahrgang, S. 11 – 31 (zit. als **4. EG-RL**).

Rat der Europäischen Gemeinschaften: Siebente Richtlinie des Rates vom 13. Juni 1983 aufgrund von Artikel 54 Absatz 3 Buchstabe g) des Vertages über den konsolidierten Abschluß (83/349/EWG), Amtsblatt der Europäischen Gemeinschaften, L 193, 18.07.1983, 26. Jahrgang, S. 1 – 17 (zit. als **7. EG-RL**).

Rat der Europäischen Gemeinschaften: Richtlinie des Rates vom 08. Dezember 1986 über den Jahresabschluß und den konsolidierten Abschluß von Banken und anderen Finanzinstituten (86/635/EWG) mit Berichtigungen, Amtsblatt der Europäischen Gemeinschaften, L 372, 31.12.1986, 29. Jahrgang, S. 1 ff. (zit. als **EG-BBRL**).

Rat der Europäischen Gemeinschaften: Richtlinie des Europäischen Parlaments und des Rates vom 27. September 2001 zur Änderung der Richtlinien 78/660/EWG, 83/349/EWG und 86/635/EWG des Rates im Hinblick auf die im Jahresabschluss bzw. im konsolidierten Abschluss von Gesellschaften bestimmter Rechtsformen und von Banken und anderen Finanzinstituten zulässigen Wertansätze (2001/65/EG), Amtsblatt der Europäischen Gemeinschaften, L 283, 27.10.2001, 44. Jahrgang, S. 28 – 32 (zit. als **Fair-Value-RL**).

Rat der Europäischen Gemeinschaften: Richtlinie des Europäischen Parlaments und des Rates vom 18. Juni 2003 zur Änderung der Richtlinien 78/660/EWG, 83/349/EWG, 86/635/EWG und 91/674/EWG über den Jahresabschluss und den konsolidierten Abschluss von Gesellschaften bestimmter Rechtsformen, von Banken und anderen Finanzinstituten sowie von Versicherungsunternehmen (2003/51/EG), Amtsblatt der Europäischen Gemeinschaften, L 178, 17.07.2003, 46. Jahrgang, S. 16 – 22 (zit. als **Modernisierungsrichtlinie**).

Rat der Europäischen Gemeinschaften: Verordnung (EG) Nr. 1606/2002 des Europäischen Parlaments und des Rates vom 19. Juli 2002 betreffend die Anwendung internationaler Rechnungslegungsstandards, Amtsblatt der Europäischen Gemeinschaften, L 243, 11.09.2002, 45. Jahrgang, S. 1 – 4 (zit. als **IAS-Verordnung**).

Securities and Exchange Commission [SEC]: Proposed Amendments to Require Disclosure of Accounting Policies for Derivative Financial Instruments and Derivative Commodity Instruments and Disclosure of Qualitative and Quantitative Information about Market Risk Inherent in Derivative Financial Instruments, other Financial Instruments, and Derivative Commodity Instruments, Release Nos. 33-7250, 34-36643, IC-21625, File No. S7-35-95 (January 11, 1996): Washington, D.C.: Securities and Exchange Commission (zit. als **E-FRR 48**).

Securities and Exchange Commission [SEC]: Disclosure of Accounting Policies for Derivative Financial Instruments and Derivative Commodity Instruments and Disclosure of Quantitative and Qualitative Information about Market Risk Inherent in Derivative Financial Instruments, Other Financial Instruments, and Derivative Commodity Instruments, Release Nos. 33-7386, 34-38223, IC-22487, FR-48; International Series No. 1047; File No. S7-35-95 (January 31, 1997): Washington, D.C.: Securities and Exchange Commission (zit. als **FRR 48**).

Literaturverzeichnis

Aabo, T.: Exchange Rate Exposures and **Strategies of Industrial Companies**: An Empirical Study, Thunderbird International Business Review, Heft 3/2001, 43. Jahrgang, S. 379 – 395.

Achleitner, A.-K./Behr, G.: **International Accounting Standards**: Ein Lehrbuch zur Internationalen Rechnungslegung, 2. Aufl., München: Verlag C.H. Beck, 2000.

Ackermann, U.: **Marktwertbilanzierung** von Finanzinstrumenten nach US-GAAP/IAS – Auswirkungen auf Managemententscheidungen, Europäische Hochschulschriften, Reihe V: Volks- und Betriebswirtschaft, Bd. 2786, Frankfurt u.a.: Peter Lang, 2001 (Zugl.: Bochum, Univ., Diss., 2001).

Adams, J.B./Montesi, C.J.: Major Issues Related to **Hedge Accounting**, Research Report, Norwalk (Conn.): FASB, 1995.

Adler, H./Düring, W./Schmaltz, K.: Rechnungslegung und Prüfung der Unternehmen, bearbeitet von K.-H. Forster u.a., 6. Aufl., Stuttgart: Schäffer-Poeschel Verlag, 1995 – 2001 (zit. als **ADS**[6]).

Alexander, C. (Hrsg.): **Risk Management and Analysis, Bd. 1**: Measuring and Modelling Financial Risk, Chichester u.a.: Wiley, 1998.

Alexander, C. (Hrsg.): **Risk Management and Analysis, Bd. 2**: New Markets and Products, Chichester u.a.: Wiley, 1998.

Alexander, D./Archer, S.: 2002 Miller **International Accounting Standards** Guide, San Diego u.a.: Harcourt Brace, 2001.

Alkebäck, P./Hagelin, N.: **Derivative Usage** by Nonfinancial Firms in Sweden with an International Comparison, JIFMA, Heft 2/1999, 10. Jahrgang, S. 105 – 120.

Alsheimer, C.H.: **Die Rechtsnatur derivativer Finanzinstrumente** und ihre Darstellung im Jahresabschluss, Europäische Hochschulschriften: Reihe 2, Rechtswissenschaft, Bd. 2923, Frankfurt am Main u.a.: Peter Lang, 2000 (Zugl.: Mainz., Univ., Diss., 2000).

American Accounting Association's Financial Accounting Standards Committee (AAA FASC): **Response to the FASB Discussion Document** "Recognition and Measurement of Financial Instruments", Accounting Horizons, Heft 3/1993, 7. Jahrgang, S. 95 – 104.

American Accounting Association's Financial Accounting Standards Committee (AAA FASC): **Response to the FASB Discussion Document** "Accounting for Hedging and Other Risk-adjusting Activities: Questions for Comment and Discussion", Accounting Horizons, Heft 1/1995, 9. Jahrgang, S. 87 – 91.

American Accounting Association's Financial Accounting Standards Committee [AAA FASC] (1997): **Response to FASB Exposure Draft** "Proposed Statement of Financial Accounting Standards – Accounting for Derivatives and Similar Financial Instruments and for Hedging Activities", Accounting Horizons, Heft 1/1997, 11. Jahrgang, S. 157 – 163.

Andersen: Rechnungslegung von **Financial Instruments** nach IAS 39 – Synopse zu den Regelungen des Standards und deren Auslegung, Eschborn: Andersen, 2001.

Anstett, C.W.: **Financial Futures im Jahresabschluß** deutscher Kreditinstitute, Wiesbaden: Dt. Univ-Verlag/Gabler, 1997.

Anstett, C.W./Husmann, R.: Die **Bildung von Bewertungseinheiten** bei Derivatgeschäften, BB, Heft 30/1998, 53. Jahrgang, S. 1523 – 1530.

Anstis, C.M.: Illustrations of **Financial Instrument Disclosures**, FASB Special Report, Norwalk (Conn.): FASB, 1994.

Literaturverzeichnis

Arbeitskreis Externe Unternehmensrechnung (AKEU) der Schmalenbach-Gesellschaft: **Bilanzierung von Finanzinstrumenten** im Währungs- und Zinsbereich, DB, Heft 13/1997, 50. Jahrgang, S. 637 – 642.

Arditti, F.D.: **Derivatives** – A Comprehensive Resource for Options, Futures, Interest Rate Swaps, and Mortgage Securities, Boston (Mass.): Harvard Business School Press, 1996.

Atteslander, J./Hallauer, P.: **Das IASC im Spannungsfeld** internationaler Kapitalmärkte, Schw. Treuh., Heft 12/2000, 74. Jahrgang, S. 1353 – 1360.

Ausschuss für Bilanzierung des Bundesverbandes deutscher Banken: **Bilanzierung von Sicherungsgeschäften** (Hedge Accounting) **nach IAS 39** – Vorschlag einer Umsetzung für Kreditistitute –, WPg, Heft 6/2001, 54. Jahrgang, S. 346 – 353.

Ausschuss für Bilanzierung des Bundesverbandes deutscher Banken: **Bilanzpublizität von Finanzderivaten** – Empfehlungen über das Finanzderivategeschäft im Rahmen der externen Rechnungslegung von Kreditinstituten –, WPg, Heft 1/1995, 48. Jahrgang, S. 1 – 6.

Avenarius, C.: **Management von Währungsrisiken** – Überblick, Strategien, Tendenzen. In: *Eller, R. (Hrsg.):* Handbuch Derivativer Instrumente, 2., überarb. Aufl., Stuttgart: Schäffer-Poeschel Verlag, 1999, S. 387 – 403.

Baetge, J.: **Grundsätze ordnungsmäßiger Buchführung** und Bilanzierung. In: Chmielewicz, K./Schweitzer, M. (Hrsg.): HWR[3], Stuttgart: Schäffer-Poeschel Verlag, 1993, Sp. 860 – 870.

Baetge, J.: **Bilanzanalyse**, Düsseldorf: IDW-Verlag, 1998.

Baetge, J./Apelt, B.: Bedeutung und Ermittlung der Grundsätze ordnungsmäßiger Buchführung (**GoB**). In: Wysocki, K.v./Schulze-Osterloh, J. (Hrsg.): HdJ, Köln: Verlag Dr. Otto Schmidt, 1992, Abt. I/2.

Baetge, J./Dörner, D./Kleekämper, H./Wollmert, P./Kirsch, H.-J. (Hrsg.): **Rechnungslegung nach International Accounting Standards** (**IAS**), Kommentar auf der Grundlage des deutschen Bilanzrechts, 2. überarb. u. erw. Aufl., Stuttgart: Schäffer-Poeschel Verlag, 2002 – 2003.

Baetge, J./Kirsch, H.-J.: **Grundsätze ordnungsmäßiger Buchführung**. In: Küting, K./Weber, C.-P. (Hrsg.): HdR[5], Stuttgart: Schäffer-Poeschel Verlag, November 2002, Grundlagen der Bilanzierung, Kap. 4.

Baetge, J./Kirsch, H.-J./Thiele, S.: **Bilanzen**, 6., aktualisierte Aufl., Düsseldorf: IDW-Verlag, 2002.

Baetge, J./Kirsch, H.-J./Thiele, S.: **Konzernbilanzen**, 6., aktualisierte Aufl., Düsseldorf: IDW-Verlag, 2002.

Baetge, J./Knüppe, W.: **Vorhersehbare Risiken** und Verluste. In: Leffson, U./Rückle, D./Großfeld, B. (Hrsg.): HURB, Köln: Verlag Dr. Otto Schmidt KG, 1986, S. 394 – 403.

Baetge, J./Thiele, S.: Gesellschafterschutz versus Gläubigerschutz – **Rechenschaft versus Kapitalerhaltung**. In: Budde, W.D./Moxter, A./Offerhaus, K. (Hrsg.): FS Beisse, Düsseldorf: IDW-Verlag, 1997, S. 11 – 24.

Baetge, J./Thiele, S.: **Bilanzanalyse**. In: Gerke, W./Steiner, M. (Hrsg.): HWF[3], Stuttgart: Schäffer-Poeschel Verlag, 2001, Sp. 320 – 333.

Baetge, J./Zülch, H.: **Fair Value-Accounting**, BFuP, Heft 6/2001, 53. Jahrgang, S. 543 – 562.

Ballhaus, W./Futterlieb, C.: **Fair Value Accounting** auf Basis diskontierter Cash-flows gemäß Concept Statement No.7, KoR, Heft 12/2003, 3. Jahrgang, S. 564 – 574.

Ballwieser, W.: Zur Frage der **Rechtsform-, Konzern und Branchenunabhängigkeit** der Grundsätze ordnungsmäßiger Buchführung. In: Förschle, G./Kaiser, K./Moxter, A. (Hrsg.): FS Budde, München: Verlag C.H. Beck, 1995, S. 43 – 66.

Ballwieser, W.: Die **Lageberichte** der DAX-Gesellschaften im Lichte der Grundsätze ordnungsmäßiger Lageberichterstattung. In: Fischer, T.R./Hömberg, R. (Hrsg.): FS Baetge, Düsseldorf: IDW-Verlag, 1997, S. 153 – 187.

Ballwieser, W.: **Grundsätze ordnungsmäßiger Buchführung.** In.: Castan, E. et al. (Hrsg.): Beck HdR, München: Verlag C.H. Beck, 1999, B 105, Rz. 1 – 120.

Ballwieser, W.: **§ 246**. In: Schmidt, K. (Hrsg.): MünchKommHGB, München: Verlage C.H. Beck/Franz Vahlen, 2001, Rn. 1 – 146.

Ballwieser, W.: **§ 249**. In: Schmidt, K. (Hrsg.): MünchKommHGB, München: Verlage C.H. Beck/Franz Vahlen, 2001, Rn. 1 – 107.

Ballwieser, W.: **§ 252**. In: Schmidt, K. (Hrsg.): MünchKommHGB, München: Verlage C.H. Beck/Franz Vahlen, 2001, Rn. 1 – 120.

Ballwieser, W.: **Grundsätze der Aktivierung und Passivierung**. In.: Castan, E. et al. (Hrsg.): Beck HdR, München: Verlag C.H. Beck, 2002, B 131, Rz. 1 – 122.

Ballwieser, W. (Hrsg.): **US-amerikanische Rechnungslegung**, 4., überarb. u. erw. Aufl., Stuttgart: Schäffer-Poeschel Verlag, 2000.

Ballwieser, W./Böcking, H.-J./Drukarczyk, J./Schmidt, R.H. (Hrsg.): Bilanzrecht und Kapitalmarkt, Festschrift zum 65. Geburtstag von Adolf Moxter, Düsseldorf: IDW-Verlag, 1994 (zit. als **FS Moxter**).

Ballwieser, W./Coenenberg, A.G./Wysocki, K.v. (Hrsg.): Handwörterbuch der Rechnungslegung und Prüfung, Enzyklopädie der Betriebswirtschaftslehre VIII, 3., völlig überarb. u. erw. Aufl., Stuttgart: Schäffer-Poeschel Verlag, 2002 (zit. als **HWRP³**).

Ballwieser, W./Kuhner, C.: **Rechnungslegungsvorschriften und wirtschaftliche Stabilität**, Bergisch Gladbach, 1994.

Ballwieser, W./Moxter, A./Nonnenmacher, R. (Hrsg.): Rechnungslegung – warum und wie, Festschrift zum 70. Geburtstag von Hermann Clemm, München: Verlag C.H. Beck, 1996 (zit. als **FS Clemm**).

Bamberg, G.: **Risiko und Ungewißheit**. In: Gerke, W./Steiner, M. (Hrsg.): HWF³, Stuttgart: Schäffer-Poeschel Verlag, 2001, Sp. 1836– 1846.

Bank für internationalen Zahlungsausgleich (BIZ): **Triannual Central Bank Survey** of Foreign Exchange and Derivatives Markets Activity 2001, Basel, März 2002.

Bank für internationalen Zahlungsausgleich (BIZ): **Quartalsbericht September 2003**, Basel, September 2003.

Barckow, A.: Der Abschluß des **Core Set of Standards** durch das IASC – Inhalte, Bewertungen, Folgen, DB, Heft 23/1999, S. 1173 – 1181.

Barckow, A.: **Bilanzierung derivativer Finanzinstrumente** – internationale Entwicklungen, BBK, Fach 20, 1997, o.Jg., S. 557 – 568.

Barckow, A./Gräfer, H.: **Aktuelle Entwicklungen und Tendenzen** in der Arbeit des International Accounting Standards Committee (IASC), DB, Heft 24/1997, 50. Jahrgang, S. 1189 – 1193.

Barckow, A./Rose, S.: **Die Bilanzierung von Derivaten und Hedgestrategien** – Konzeption, Anwendungsbereich und Inhalte des zukünftigen US-amerikanischen Standards SFAS 13X, WPg, Heft 23-24/1997, 50. Jahrgang, S. 789 – 801.

Barth, H./Porlein, N.: **Rechnungslegung für derivative Instrumente und Sicherungsgeschäfte** nach SFAS 133 im Überblick, FB, Beilage 1/2000 zu Heft 9/2000, S. 16 – 23.

Barth, M.E./Landsman, W.R.: **Fundamental issues** related to using fair value accounting for financial reporting, Accounting Horizons, Heft 4/1995, 9. Jahrgang, S. 97 – 107.

Baseler Ausschuss für Bankenaufsicht: **Report** to G7 Finance Ministers and Central Bank Governors **on International Accounting Standards**, Basel 2000.

Batten, J./Mellor, R./Wan, V.: Foreign Exchange **Risk Management Practices and Products** Used by Australian Firms, JIBS, Heft 3/1993, 24. Jahrgang, S. 557 – 573.

Bauer, C.: **Risikomessung**. In: Gerke, W./Steiner, M. (Hrsg.): HWF^2, Stuttgart: Schäffer-Poeschel Verlag, 1995, Sp. 1657 – 1666.

Bea, F.X.: Die **Prozesse des Risikomanagements** – Anforderungen und Gestaltung. In: Knobloch, A./Kratz, N. (Hrsg.): Neuere Finanzprodukte, München: Verlag Franz Vahlen, 2003, S. 33 – 49.

Becker, H.A./Hörter, S.: **Risikomanagement mit „Wetter-Derivaten"?** – Finanzinnovationen für das Hedging exogener Geschäftsrisiken, ÖBA, Heft 9/1998, 46. Jahrgang, S. 693 – 701.

Beckmann, R.: **Terrmingeschäfte und Jahresabschluß**: Die Abbildung von Termingeschäften im handels- und steuerrechtlichen Jahresabschluß der Unternehmung de lege lata et de lege ferenda, Reihe: Finanzierung, Steuern, Wirtschaftsprüfung, Bd. 18, Köln: Müller Botermann Verlag, 1993 (Zugl.: Münster (Westfalen), Univ., Diss., 1992).

Beier, R.J./Herz, R.H.: **Accounting for "Free Standing"** Interest Rate, Commodity, and Currency **Derivatives** – Futures, Forwards, Swaps, and Options. In.: Perry, R.E. (Hrsg.): Accounting for Derivatives, Chicago-London-Singapore: Irwin, 1997, S. 25 – 92.

Beike, R.: **Aktienanleihen**, Stuttgart: Schäffer-Poeschel Verlag, 2000.

Beike, R./Barckow, A.: **Risk-Management** mit Finanzderivaten – Steuerung von Zins- und Währungsrisiken, 3. überarb. u. erw. Aufl., München – Wien: R. Oldenbourg Verlag, 2002.

Beisse, H.: Die **Generalnorm** des neuen Bilanzrechts. In: Knobbe-Keuk, B./Klein, F./Moxter, A. (Hrsg.): FS Döllerer, Düsseldorf: IDW-Verlag, 1988, S. 25 – 44.

Beisse, H.: Zum neuen **Bild des Bilanzrechtssystems**. In: Ballwieser, W. et al. (Hrsg.): FS Moxter, Düsseldorf: IDW-Verlag, 1994, S. 3 – 31.

Beisse, H.: Zehn Jahre „**True and fair view**". In: Ballwieser, W./Moxter, A./Nonnenmacher, R. (Hrsg.): FS Clemm, München: Verlag C.H. Beck, 1996, S. 27 – 58.

Belk, P.A./Glaum, M.: **The Management of Foreign Exchange Risk** in UK Multinationals: An Empirical Investigation, ABR, Heft Winter/1990, 21. Jahrgang, S. 3 – 13.

Bellavite-Hövermann, Y./Barckow, A.: **IAS 39**: Finanzinstrumente – Ansatz und Bewertung. In: Baetge, J., et al. (Hrsg.): Rechnungslegung nach IAS, 2. überarb. u. erw. Aufl., Stuttgart: Schäffer-Poeschel Verlag, 2002.

Bellavite-Hövermann, Y./Menn, B.-J./Viethen, H.-W.: **IAS 32**: Finanzinstrumente – Angaben und Darstellung. In: Baetge, J., et al. (Hrsg.): Rechnungslegung nach IAS, 2. überarb. u. erw. Aufl., Stuttgart: Schäffer-Poeschel Verlag, 2003.

Bellavite-Hövermann, Y./Prahl, R.: **Bankbilanzierung nach IAS**, Stuttgart: Schäffer-Poeschel Verlag, 1997.

Benecke, B.: **Internationale Rechnungslegung und Management Approach**: Bilanzierung derivativer Finanzinstrumente und Segmentberichterstattung, Wiesbaden: Dt. Univ.-Verlag/Gabler, 2000 (Zugl.: Mannheim, Univ., Diss., 1999).

Benne, J.: Die Bedeutung von **Gewinnerwartungen aus schwebenden Geschäften** für die Bewertung der Aktiva und Passiva, BB, Heft 32/1979, 34. Jahrgang, S. 1653 – 1656.

Benne, J.: **Einzelbewertung und Bewertungseinheit**, DB, Heft 51-52/1991, 44. Jahrgang, S. 2601 – 2610.

Benne, J.: **Einzelbewertung** bei wechselseitigen Leistungsbeziehungen, WPg, Heft 9/1992, 45. Jahrgang, S. 245 – 252.

Beresford, D.: **Internationalization** of Accounting Standards, Accounting Horizons, Heft 1/1990, 4. Jahrgang, S. 99 – 107.

Berger, A. /Ellrott, H./Förschle, G./Hense, B. (Hrsg.): Beck'scher Bilanzkommentar, 5. Aufl., München: Verlag C.H. Beck, 2003 (zit. als **Beck Bil.-Komm.**[5]).

Berger, A./Ring, M.: § **249**. In: Berger, A. et al. (Hrsg.): Beck Bil.-Komm.[5], München: Verlag C.H. Beck, 2003, Anm. 1 – 116.

Berkman, H./Bradbury, M.E.: Empirical Evidence on the **Corporate Use of Derivatives**, Financial Management, Heft 2/1996, 25. Jahrgang, S. 5 – 13.

Bertsch, A.: **Rechnungslegung** und Besteuerung **von Aktienanleihen**, StuB, Heft 13/1999, 1. Jahrgang, S. 685 – 689.

Bertsch, A.: **Bilanzierung strukturierter Produkte**, KoR, Heft 12/2003, 3. Jahrgang, S. 550 – 563.

Bertsch, A./Kärcher, R.: **Derivative Instrumente im Jahresabschluß** und in der Steuerbilanz. In: Eller, R. (Hrsg.): Handbuch Derivativer Instrumente, 2., überarb. Aufl., Stuttgart: Schäffer-Poeschel Verlag, 1999, S. 731 – 771.

Bezold, A.: **Finanzinstrumente** in der (internen) Risiko- und Ergebnissteuerung. In: IDW (Hrsg.): Fachtagung 1994, Düsseldorf: IDW-Verlag, 1995, S. 341 – 363.

Bieg, H.: Die externe **Rechnungslegung** der Kreditinstitute und Finanzdienstleistungsinstitute, München: Verlag Franz Vahlen, 1999.

Bieg, H./Kußmaul, H.: **Externes Rechnungswesen**, München – Wien: R. Oldenbourg Verlag, 1996.

Bieg, H./Rübel, M.: **Ausweis und Bewertung** von Devisen- und Zinstermingeschäften in Bankbilanzen – Teile I bis III, KuK, 21. Jahrgang (1988), S. 253 – 277, 422 – 450, 592 – 624.

Bierman, H./Johnson, L.T./Peterson, D.S.: **Hedge Accounting**: An Exploratory Study of the Underlying Issues, Research Report, Norwalk (Conn.): FASB, 1991.

Bitz, M.: **Grundlagen des** finanzwirtschaftlich orientierten **Risikomanagements**. In: Gebhardt, G./Gerke, W./Steiner, M. (Hrsg.): Handbuch des Finanzmanagements, München: Verlag C.H. Beck, 1993, S. 641 – 668.

Black, F.: **Choosing Accounting Rules**, Accounting Horizons, Heft 4/1993, 7. Jahrgang, S. 1 – 17.

Bloomer, C. (Hrsg.): **The IASC-U.S. Comparison Project**, 2. Aufl., Norwalk: FASB, 1999.

Bodnar, G.M./Gebhardt, G.: **Derivatives Usage** in Risk Management by US and German Non-Financial Firms: A Comparative Survey, JIFMA, Heft 3/1999, 10. Jahrgang, S. 153 – 187.

Bodnar, G.M./Hayt, G.S./Marston, R.C./Smithson, C.W.: **Wharton Survey** of Derivatives Usage by U.S. Non-Financial Firms, Financial Management, Heft 2/1995, 24. Jahrgang, S. 104 – 114.

Bodnar, G.M./Hayt, G.S./Marston, R.C.: **1995 Wharton Survey** of Derivatives Usage by US Non-Financial Firms, Financial Management, Heft 4/1996, 25. Jahrgang, S. 113 – 133.

Bodnar, G.M./Hayt, G.S./Marston, R.C.: **1998 Wharton Survey** of Derivatives Usage by US Non-Financial Firms, Financial Management, Heft 4/1998, 27. Jahrgang, S. 70 – 91.

Böcking, H.-J.: **IAS für Konzern- und Einzelabschluss?**, WPg, Heft 24/2001, 54. Jahrgang, S. 1433 – 1440.

Böcking, H.-J./Benecke, B.: **Die *fair value*-Bewertung von Finanzinstrumenten**. In: Ballwieser, W. (Hrsg.): US-amerikanische Rechnungslegung, 4., überarb. u. erw. Aufl., Stuttgart: Schäffer-Poeschel Verlag, 2000, S. 193 – 239.

Böcking, H.-J./Benecke, B.: § **340e**. In: Schmidt, K. (Hrsg.): MünchKommHGB, München: Verlage C.H. Beck/Franz Vahlen, 2001, Rn. 61 – 114.

Böcking, H.-J./Benecke, B.: § **340h**. In: Schmidt, K. (Hrsg.): MünchKommHGB, München: Verlage C.H. Beck/Franz Vahlen, 2001, Rn. 1 – 45.

Böcking, H.-J./Oldenburger, I./Sittmann-Haury, C.: § **340c**. In: Schmidt, K. (Hrsg.): MünchKommHGB, München: Verlage C.H. Beck/Franz Vahlen, 2001, Rn. 1 – 90.

Böcking, H.-J./Orth, C.: **Neue Vorschriften zur Rechnungslegung** und Prüfung durch das KonTraG und das KapAEG, DB, Heft 25/1998, 51. Jahrgang, S. 1241 – 1246.

Böcking, H.-J./Sittmann-Haury, C.: Forderungsbewertung – **Anschaffungskosten versus Fair Value**, BB, Heft 4/2003, 58. Jahrgang, S. 195 – 200.

Brackert, G./Prahl, R./Naumann, T.K.: **Neue Verfahren der Risikosteuerung** und ihre Auswirkungen auf die handelsrechtliche Gewinnermittlung, WPg, Heft 16/1995, 48. Jahrgang, S. 544 – 555.

Breker, N.: **Optionsrechte** und Stillhalterverpflichtungen im handelsrechtlichen Jahresabschluß, Düsseldorf: IDW-Verlag, 1993 (Zugl.: Münster (Westfalen), Univ., Diss., 1992).

Breker, N./Gebhardt, G./Pape, J.: **Das Fair-Value-Projekt für Finanzinstrumente** – Stand der Erörterungen der Joint Working Group of Standard Setters im Juli 2000 –, WPg, Heft 16/2000, 53. Jahrgang, S. 729 – 744.

Brenner, H.-D./Weber, C.: **IAS 39** aus Sicht einer Landesbank, ZfgK, Heft 11, 56. Jahrgang, S. 594 – 598.

Brütting, C./Weber, N./Heidenreich, M.: **Einsatz von Kreditderivaten** durch deutsche Banken (**I**) und (**II**), FB, Hefte 11 und 12/2003, 5. Jahrgang, S. 754 – 763 und 867 – 875.

Bruns, C./Meyer-Bullerdieck, F. (2000): **Professionelles Portfoliomanagement**, 2., überarb. und erw. Auflage, Stuttgart: Schäffer-Poeschel Verlag, 2000.

Buchner, R.: **Allgemeine Bewertungsgrundsätze**. In: Leffson, U./Rückle, D./Großfeld, B. (Hrsg.): HURB, Köln: Verlag Dr. Otto Schmidt KG, 1986, S. 38 – 46.

Budde, W.D./Moxter, A./Offerhaus, K. (Hrsg.): Handelsbilanzen und Steuerbilanzen, Festschrift zum 70. Geburtstag von Heinrich Beisse, Düsseldorf: IDW-Verlag, 1997 (zit. als **FS Beisse**).

Budde, W.D./Steuber, E.: **Rückwirkung des Konzernabschlusses** auf den Einzelabschluss, BB, Heft 19/2000, 55. Jahrgang, S. 971 – 977.

Bürger, P.: **Risikocontrolling** – Optimaler Einsatz von Handelslimiten im derivativen OTC-Geschäft. In: Rudolph, B. (Hrsg.): Derivative Finanzinstrumente, Stuttgart: Schäffer-Poeschel Verlag, 1995, S. 241 – 259.

Büttner, H./Hampe, P. (Hrsg.): **Die Globalisierung der Finanzmärkte**: Auswirkungen auf den Standort Deutschland, Tutzinger Schriften zur Politik, Bd. 4, Mainz-München: v. Hase & Koehler, 1997.

Burger K.-M. (Hrsg.): **Finanzinnovationen** – Risiken und ihre Bewältigung, Stuttgart: C.E. Poeschel Verlag, 1989.

Burghof, H.-P./Henke, S./Rudolph, B.: **Kreditderivate** als Instrumente eines aktiven Kreditrisikomanagements, ZBB, Heft 5/1998, 10. Jahrgang, S. 277 – 285.

Burkhardt, D.: **Realisation von Währungserfolgsbeiträgen** aus gegenläufigen Geschäften, WPg, Heft 17/1989, 42. Jahrgang, S. 495 – 498.

Burkhardt, D.: Die **Bilanzierung von Zinsbegrenzungsverträgen**: Grundsätze und Probleme. In: Ballwieser, W. et al. (Hrsg.): FS Moxter, Düsseldorf: IDW-Verlag, 1994, S. 145 – 165.

Buschmann, W.F.: **Risiko-Controlling**: Anforderungen an die Steuerung von derivativen Finanzinstrumenten, WPg, Heft 23/1992, 45. Jahrgang, S. 720 – 729.

Busse von Colbe, W.: Die deutsche Rechnungslegung vor einem **Paradigmawechsel**, ZfbF, Heft 3/2002, 54. Jahrgang, S. 159 – 172.

Busse von Colbe, W./Seeberg, T. (Hrsg.): **Vereinbarkeit** internationaler Konzernrechnungslegung mit handelsrechtlichen Grundsätzen – Empfehlungen des Arbeitskreises „Externe Unternehmensrechnung" der Schmalenbach-Gesellschaft – Deutsche Gesellschaft für Betriebswirtschaft e.V., 2. Aufl., ZfbF 1999, Sonderheft 43.

Cairns, D.: **Applying International Accounting Standards**, 2. Aufl., London u.a.: Butterworths, 1999.

Castan, E.: **Allgemeine Gliederungsgrundsätze**. In: Castan, E. et al. (Hrsg.): Beck HdR, München: Verlag C.H. Beck, 2000, B 141, Rz. 1 – 107.

Castan, E./Heymann, G./Müller, E./Ordelheide, D./Scheffler, E. (Hrsg.): Beck'sches Handbuch der Rechnungslegung, 16. Erg.-Lfg., München: Verlag C.H. Beck, 1986 – 2002 (zit. als **Beck HdR**).

Chmielewicz, K./Schweitzer, M. (Hrsg.): Handwörterbuch des Rechnungswesens, Enzyklopädie der Betriebswirtschaftslehre III, 3., völlig neugestaltete und erg. Aufl., Stuttgart: Schäffer-Poeschel Verlag, 1993 (zit. als **HWR[3]**).

Choi, F.D.S. (Hrsg.): **International Accounting and Finance Handbook**, 2. Auflage, New York u.a.: John Wiley & Sons, Inc., 1997.

Christiansen, A.: Der **Grundsatz der Einzelbewertung** – Schwerpunkt des bilanziellen Erfolgsausweises, DStZ, Heft 13/1995, 83. Jahrgang, S. 385 – 397.

Claiden, R.: Accounting for **Derivative Products**. In: Choi, F.D.S. (Hrsg.): International Accounting and Finance Handbook, 2. Auflage, New York u.a.: John Wiley & Sons, Inc., 1997, Kapitel 17, S. 1 – 29.

Clemm, H.: **§ 264 HGB und Wahlrechte**. In: Förschle, G./Kaiser, K./Moxter, A. (Hrsg.): FS Budde, München: Verlag C.H. Beck, 1995, S. 135 – 156.

Clemm, H./Nonnenmacher, R.: Überlegungen zur **Bilanzierung von Swapgeschäften**. In: Knobbe-Keuk, B./Klein, F./Moxter, A. (Hrsg.): FS Döllerer, Düsseldorf: IDW-Verlag, 1988, S. 65 – 79.

Coenenberg, A.G.: **Jahresabschluss** und Jahresabschlußanalyse, 19., völlig überarb. u. erw. Aufl., Stuttgart: Schäffer-Poeschel Verlag, 2003.

Coenenberg, A.G./Alvarez, M.: **Bilanzanalyse**. In: Ballwieser, W./Coenenberg, A.G./Wysocki, K.v. (Hrsg.): HWRP[3], Stuttgart: Schäffer-Poeschel Verlag, 2002, Sp. 394 – 416.

Coenenberg, A.G./Wysocki, K.v. (Hrsg.): Handwörterbuch der Revision, Enzyklopädie der Betriebswirtschaftslehre VIII, 2., neugestaltete und erg. Aufl., Stuttgart: C.E. Poeschel Verlag, 1992 (zit als **HWRev[2]**].

Crawford, L.E./Wilson, A.C./Bryan, B.J.: **Using and Accounting for Derivatives**: An International Concern, Journal of International Accounting, Auditing & Taxation, Heft 1/1997, 6. Jahrgang, S. 111 – 121.

Crezelius, G.: **Das sogenannte schwebende Geschäft** in Handels-, Gesellschafts- und Steuerrecht. In: Knobbe-Keuk, B./Klein, F./Moxter, A. (Hrsg.): FS Döllerer, Düsseldorf: IDW-Verlag, 1988, S. 81 – 95.

Crooch, G.M./Upton, W.S.: **Credit Standing and Liability Mesaurement**, Understanding the Issues, Ausgabe 4-1, Norwalk (Conn.): FASB Publications, Juni 2001.

Dattatreya, R.E./Venkatesh, R.E.S./Venkatesh, V.: Introduction to **Interest Rate Swaps**. In: Konishi, A./Dattatreya, R.E. (Hrsg.): The Handbook of Derivative Instruments, revised edition, Chicago-London-Singapore: Irwin, 1996, S. 152 – 199.

Deloitte & Touche: **International Accounting Standards**: A Guide to Preparing Accounts, Third Edition, London: ABG Professional Information, 2001.

Deloitte Touche Tohmatsu (DTT): **Financial Instruments** – Applying IAS 32 and IAS 39, Hong Kong: DTT, 2001.

Derivatives Implementation Group (DIG): **Statement 133 Implementation Issues** (Stand November 2002).

DeRosa, D.F.: **The Foreign Exchange Market** – Spot, Forward, and Futures Contracts and Hedging Applications. In: Konishi, A./Dattatreya, R.E. (Hrsg.): The Handbook of Derivative Instruments, revised edition, Chicago-London-Singapore: Irwin, 1996, S. 445 – 469.

DeRosa, D.F.: The Foreign Exchange Market – **Currency Options**. In: Konishi, A./Dattatreya, R.E. (Hrsg.): The Handbook of Derivative Instruments, revised edition, Chicago-London-Singapore: Irwin, 1996, S. 470 – 494.

Dörner, D./Bischof, S.: **Zweifelsfragen zur Berichterstattung** über die Risiken der künftigen Entwicklung im Lagebericht, WPg, Heft 12/1999, 52. Jahrgang, S. 445 – 455.

Dörner, D./Wollmert, P./Bischof, S.: **Risikoberichterstattung im Konzern**. In: Wollmert, P. u.a. (Hrsg.): FS Lück, Düsseldorf: IDW-Verlag, 2003, S. 305 – 333.

Dolde, W.: The Trajectory of **Corporate Financial Risk Management**, Journal of Applied Corporate Finance, Heft 1/1993, 6. Jahrgang, S. 33 – 41.

Dombek, M.: Die **Bilanzierung von strukturierten Produkten** nach deutschem Recht und nach den Vorschriften des IASB, WPg, Heft 20/2002, 55. Jahrgang, S. 1065 – 1074.

Dreissig, H.: **Swap-Geschäfte** aus bilanzsteuerrechtlicher Sicht, BB, Heft 5/1989, 44. Jahrgang, S. 322 – 327.

Dreissig, H.: Bilanzsteuerrechtliche Behandlung von **Optionen**, BB, Heft 22/1989, 44. Jahrgang, S. 1511 – 1517.

Dufey, G.: **Finanzinnovationen heute** – Bestandsaufnahme und Ausblick. In: Burger, K.-M. (Hrsg.): Finanzinnovationen, Stuttgart: C.E. Poeschel Verlag, 1989, S. 13 – 21.

Dufey, G.: **Finanzinnovationen**. In: Knobloch, A./Kratz, N. (Hrsg.): Neuere Finanzprodukte, München: Verlag Franz Vahlen, 2003, S. 3 – 18.

Dufey, G./Giddy, I.H.: Management of Corporate **Foreign Exchange Risk**. In: Choi, F.D.S. (Hrsg.): International Accounting and Finance Handbook, 2. Auflage, New York u.a.: John Wiley & Sons, Inc., 1997, Kapitel 31, S. 1 – 30.

Dufey, G./Hommel, U.: Der Einsatz von Optionskontrakten im **Währungsrisikomanagement** von Industrie- und Handelsunternehmen. In: Giesel, F./Glaum, M. (Hrsg.): FS Pausenberger, München: Verlag C.H. Beck, 1999, S. 381 – 404.

Eberstadt, G.: **Wertpapiereigengeschäft der Kreditinstitute**. In: Gerke, W./Steiner, M. (Hrsg.): HWF³, Stuttgart: Schäffer-Poeschel Verlag, Sp. 2237 – 2247.

Ebke, W.: **Verrechnungsverbot**. In: Leffson, U./Rückle, D./Großfeld, B. (Hrsg.): HURB, Köln: Verlag Dr. Otto Schmidt KG, 1986, S. 365 – 374.

Eckes, B./Gehrer, J.: **IAS 39** aus Sicht der Wirtschaftsprüfung, ZfgK, Heft 11, 56. Jahrgang, S. 585 – 593.

Eilenberger, G.: **Überblick** über produktbezogene Finanzinnovationen unter Gesichtspunkten der Rechnungslegung, BFuP, Heft 2/1995, 47. Jahrgang, S. 125 – 145.

Eilenberger, G.: **Lexikon der Finanzinnovationen**, 3., erweiterte Auflage, München – Wien: Oldenbourg, 1996.

Eisele, W./Knobloch, A.: **Offene Probleme** bei der Bilanzierung von Finanzinnovationen (Teile **I** und **II**), DStR, Heft 15-16 und 17/1993, 31. Jahrgang, S. 577 – 586 und 617 – 623.

Eisele, W./Knobloch, A.: **Strukturierte Anleihen und Bilanzrechtsauslegung**, ZfbF, Heft 12/2003, 55. Jahrgang, S. 749 – 772.

Ekkenga, J.: **Neuordnung des Europäischen Bilanzrechts** für börsennotierte Unternehmen: Bedenken gegen die Strategie der EG-Kommission, BB, Heft 46/2001, 56. Jahrgang, S. 2362 – 2369.

Elkart, W.: Die **Finanzinstrumente** in der (externen) Rechnungslegung oder A Black Hole in the Balance Sheet. In: IDW (Hrsg.): Fachtagung 1994, Düsseldorf: IDW-Verlag, 1995, S. 365 – 389.

Elkart, W./Schaber, M.: **Hedge Accounting und interne Geschäfte** im Spannungsfeld tradierter Rechnungslegungsgrundsätze und modernem Finanzmanagement. In: Knobloch, A./Kratz, N. (Hrsg.): Neuere Finanzprodukte, München: Verlag Franz Vahlen, 2003, S. 401 – 419.

Eller, R. (Hrsg.): **Handbuch des Risikomanagements**: Analyse, Quantifizierung und Steuerung von Marktrisiken in Banken und Sparkassen, Stuttgart: Schäffer-Poeschel Verlag, 1998.

Eller, R.: **Derivative Instrumente** – Überblick, Strategien, Tendenzen. In: Eller, R. (Hrsg.): Handbuch Derivativer Instrumente, 2., überarb. Aufl., Stuttgart: Schäffer-Poeschel Verlag, 1999, S. 3 – 38.

Eller, R.: **Zinsswaps** – Produktbeschreibung, Pricing und Bewertung. In: Eller, R. (Hrsg.): Handbuch Derivativer Instrumente, 2., überarb. Aufl., Stuttgart: Schäffer-Poeschel Verlag, 1999, S. 405 – 422.

Eller, R. (Hrsg.): **Handbuch Derivativer Instrumente**: Produkte, Strategien und Risikomanagement, 2., überarb. Aufl., Stuttgart: Schäffer-Poeschel Verlag, 1999.

Eller, R./Gruber, W./Reif, M. (Hrsg.): **Handbuch Kreditrisikomodelle und Kreditderivate**, Stuttgart: Schäffer-Poeschel Verlag, 1999.

Eller, R./Gruber, W./Reif, M. (Hrsg.): **Handbuch Strukturierte Kapitalmarktprodukte**, Stuttgart: Schäffer-Poeschel Verlag, 1999.

Ellrott, H.: § **285**. In: Berger, A. et al. (Hrsg.): Beck Bil.-Komm.[5], München: Verlag C.H. Beck, 2003, Anm. 1 – 261.

Ernst, C.: **Zeitwertbilanzierung für Finanzinstrumente** nach 4. EU-Richtlinie und HGB – Zu erwartende Änderungen für alle Kaufleute, WPg, Heft 5/2001, 54. Jahrgang, S. 245 – 253.

Ernst, C.: **EU-Verordnungsentwurf** zur Anwendung der IAS. Europäisches Bilanzrecht vor weitreichenden Änderungen, BB, Heft 16/2001, 56. Jahrgang, S. 823 – 825.

Ernst, C.: **Bilanzrecht: quo vadis?** – Die kommende Reform des europäischen Bilanzrechts und mögliche Auswirkungen auf die deutsche Rechnungslegung, WPg, Heft 24/2001, 54. Jahrgang, S. 1440 – 1445.

Ernst, C.: **Umsetzungen der EU-Strategie in Deutschland** – Überlegungen zur Nutzung der Mitgliedstaaten-Wahlrechte, Vortrag auf der Schmalenbach-Tagung 2002, 18. April 2002.

E&Y LLP (E&Y): **The SEC's Market Risk Disclosure Rules** and Derivatives Accounting Policy Disclosure Requirements, o.O., 1997.

E&Y LLP (E&Y): **Accounting for Derivative Instruments and Hedging Activities** – A Comprehensive Analysis of FASB Statement 133, as Amended and Interpreted, Financial Reporting Developments, o.O., December 2001.

Euler, R.: **Paradigmenwechsel im handelsrechtlichen Einzelabschluss**: Von den GoB zu den IAS?, BB, Heft 17/2002, 57. Jahrgang, S. 875 – 880.

EUREX: **EUREX Produkte**, Frankfurt: Eurex Communications, März 2003.

EUREX: Produkte und **Strategien im Aktien- und Indexbereich**, Frankfurt: Eurex Communications, Februar 2001.

Fahrion, H.-J./Winterhoff, H.W.: **Fair presentation**. In: Ballwieser, W./Coenenberg, A.G./Wysocki, K.v. (Hrsg.): HWRP[3], Stuttgart: Schäffer-Poeschel Verlag, Sp. 735 – 749.

Fédération Bancaire de l'Union Européenne (FBE): **Macro Hedging** of Interest Rate Risk, Brüssel, April 2003.

Fédération Bancaire de l'Union Européenne (FBE): **Comments** on the Proposed Amendments to IAS 39, Financial Instruments "Recognition and Measurement – Fair Value Hedge Accounting for a Portfolio Hedge of Interest Rate Risk", Brüssel, November 2003.

Financial Accounting Standards Board (FASB): A **Report on Deliberations**, Including Tentative Conclusions on Certain Issues, related to Accounting for Hedging and Other Risk-adjusting Activities, Norwalk (Conn.), 1993.

Financial Accounting Standards Board (FASB): Discussion Memorandum No. 28 "An Analysis of the Issues Related to **Recognition and Measurement of Financial Instruments**", Norwalk (Conn.), 109-A, 1991.

Finne, T.: **Bilanzielle Berücksichtigung von Kurssicherungen**, BB, Heft 19/1991, 46. Jahrgang, S. 1295 – 1304.

Finnerty, J.D./Grant, D.: Alternative Approaches to **Testing Hedge Effectiveness** under SFAS No. 133, Accounting Horizons, Heft 2/2002, 16. Jahrgang, S. 95 – 108.

Fischer, L.: **Swapgeschäft**. In: Gerke, W./Steiner, M. (Hrsg.): HWF^3, Stuttgart: Schäffer-Poeschel Verlag, 2001, Sp. 2037 – 2048.

Fischer, N./Iannaconi, T.E./Lechner, H.W.: **USA – Individual Accounts**. In: Ordelheide, D./KPMG (Hrsg.): Transnational Accounting, 2. Aufl., Bd. 3, Basingstoke – New York: Palgrave, 2001, S. 2851 – 2986.

Fischer, T.R./Hömberg, R. (Hrsg.): Jahresabschluß und Jahresabschlußprüfung: Probleme, Perspektiven, internationale Einflüsse, Festschrift zum 60. Geburtstag von Jörg Baetge, Düsseldorf: IDW-Verlag, 1997 (zit. als **FS Baetge**).

Fitzner, V.: **Derivatepublizität von Kreditinstituten** im Kontext wirtschaftlicher Stabilität, Wiesbaden: DUV, 1997 (Zugl.: Hannover, Univ., Diss., 1997).

Fitzner, V./Freiling, A./Liedtke, J.-U.: **Derivatepublizität deutscher Kreditinstitute**, WPg, Heft 6/1997, 50. Jahrgang, S. 177 – 193.

Förschle, G.: § **243**. In: Berger, A. et al. (Hrsg.): Beck Bil.-Komm.^{5}, München: Verlag C.H. Beck, 2003, Anm. 1 – 147.

Förschle, G.: § **246**. In: Berger, A. et al. (Hrsg.): Beck Bil.-Komm.^{5}, München: Verlag C.H. Beck, 2003, Anm. 100 – 170.

Förschle, G./Glaum, M./Mandler, U.: **Internationale Rechnungslegung und Kapitalaufnahmeerleichterungsgesetz** – Meinungswandel bei Führungskräften deutscher Unternehmungen?, DB, Heft 46/1998, 51. Jahrgang, S. 2281 – 2288.

Förschle, G./Helmschrott, H.: **Der Neue Markt** an der Frankfurter Wertpapierbörse, WPK-Mitt., Heft 3/1997, 36. Jahrgang, S. 188 – 194.

Förschle, G./Kroner, M.: § **246**. In: Berger, A. et al. (Hrsg.): Beck Bil.-Komm.^{5}, München: Verlag C.H. Beck, 2003, Anm. 1 – 96.

Förschle, G./Kaiser, K./Moxter, A. (Hrsg.): Rechenschaftslegung im Wandel, Festschrift für Wolfgang Dieter Budde, München: Verlag C.H. Beck, 1995 (zit. als **FS Budde**).

Foster, J.M./Upton, W.S.: **The Case for Initially Measuring Liabilities at Fair Value**, Understanding the Issues, Ausgabe 2-1, Norwalk (Conn.): FASB Publications, Mai 2001.

Foster, J.M./Upton, W.S.: **Measuring Fair Value**, Understanding the Issues, Ausgabe 3-1, Norwalk (Conn.): FASB Publications, Juni 2001.

Franke, G. (Hrsg.): **Bewertung und Einsatz von Finanzderivaten**, ZfbF-Sonderheft 38-97, Düsseldorf-Frankfurt: Verlagsgruppe Handelsblatt, 1997.

Franke, G./Menichetti, M.J.: Die **Bilanzierung von Terminkontrakten und Optionen** bei Einsatz im Risikomanagement, DBW, Heft 2/1994, 54. Jahrgang, S. 193 – 209.

Franke, J.: **Deutsche Terminbörse (DTB)**. In: Gerke, W./Steiner, M. (Hrsg.): HWF², Stuttgart: Schäffer-Poeschel Verlag, 1995, Sp. 433 – 445.

Franke, J.: **Eurex**. In: Gerke, W./Steiner, M. (Hrsg.): HWF³, Stuttgart: Schäffer-Poeschel Verlag, 2001, Sp. 647 – 660.

Frankfurter Wertpapierbörse (FWB): **SMAX Teilnahmebedingungen**, FWB11, Fassung vom 01.07.2000.

Frankfurter Wertpapierbörse (FWB): **Regelwerk Neuer Markt**, FWB09, Fassung vom 01.07.2002.

Frankfurter Wertpapierbörse (FWB): **Börsenordnung** für die Frankfurter Wertpapierbörse, FWB04, Fassung vom 01.07.2003.

Froot, K.A./Scharfenstein, D.S./Stein, J.C.: **A Framework for Risk Management**, HBR, Heft 6/1994, 72. Jahrgang, S. 91 – 102.

Fuchs, M./Stibi, B.: **IOSCO – SEC – EU-Kommission** – Entscheidende Schritte auf dem Weg zu einer international anerkannten Rechnungslegung? –, FB, Beilage 1/2000, S. 1 – 9.

Gebhardt, G.: Vereinheitlichung der Recheneinheit durch **Währungsumrechnung**. In.: Castan, E. et al. (Hrsg.): Beck HdR, München: Verlag C.H. Beck, 1986/7, C 310, Rz. 1 – 190.

Gebhardt, G.: **Anleihen** als Instrumente der langfristigen Finanzierung. In: Gebhardt, G./Gerke, W./Steiner, M. (Hrsg.): Handbuch des Finanzmanagements, München: Verlag C.H. Beck, 1993, S. 445 – 475.

Gebhardt, G.: Berichterstattung deutscher Unternehmen über den **Einsatz derivativer Finanzinstrumente**, WPg, Heft 18/1995, 48. Jahrgang, S. 609 – 617.

Gebhardt, G.: **Probleme der bilanziellen Abbildung** von Finanzinstrumenten, BFuP, Heft 5/1996, 48. Jahrgang, S. 557 – 584.

Gebhardt, G.: **Entwicklungen in der Berichterstattung** über das Risikomanagement unter Einsatz derivativer Instrumente bei deutschen Industrie- und Handelsunternehmen, RIW, Heft 5/1997, 43. Jahrgang, S. 390 – 401.

Gebhardt, G.: **Risikomanagment und Rechnungslegung** – ein Kernproblem in der Diskussion zur Bilanzierung von Finanzinstrumenten. In: Schildbach, T./Wagenhofer, A. (Hrsg.): Wettbewerb und Unternehmensrechnung, ZfbF-Sonderheft Nr. 45, Frankfurt: Verl.-Gruppe Handelsblatt, 2000, S. 69 – 94.

Gebhardt, G./Breker, N.: **Bilanzierung von Fremdwährungstransaktionen** im handelsrechtlichen Einzelabschluß – unter Berücksichtigung von § 340h HGB, DB, Heft 30/1991, 44. Jahrgang, S. 1529 – 1538.

Gebhardt, G./Gerke, W./Steiner, M. (Hrsg.): **Handbuch des Finanzmanagements**: Instrumente und Märkte der Unternehmensfinanzierung, München: Verlag C.H. Beck, 1993.

Gebhardt, G./Mansch, H. (Hrsg.): **Risikomanagement** und Risikocontrolling in Industrie- und Handelsunternehmen: Empfehlungen des Arbeitskreises „Finanzierungsrechnung" der Schmalenbach-Gesellschaft für Betriebswirtschaft e.V., ZfbF-Sonderheft Nr. 46, Frankfurt: Verl.-Gruppe Handelsblatt, 2001.

Gebhardt, G./Naumann, T.K.: Grundzüge der Bilanzierung von Financial Instruments und von Absicherungszusammenhängen nach **IAS 39**, DB, Heft 29/1999, 52. Jahrgang, S. 1461 – 1469.

Gebhardt, G./Pellens, B. (Hrsg.): **Rechnungswesen und Kapitalmarkt**, Beiträge anlässlich eines Symposiums zum 70. Geburtstag von Prof. Dr. Dr.h.c. mult. Walther Busse von Colbe, ZfbF-Sonderheft Nr. 41, Frankfurt: Verl.-Gruppe Handelsblatt, 1999.

Gebhardt, G./Reichardt, R./Wittenbrink, C.: Accounting for **Financial Instruments** in the Banking Industry, Vortrag bei der EAA-Jahrestagung 2002 in Kopenhagen, 2002 (Zugl.: Working Paper, Univ. Frankfurt am Main).

Gebhardt, G./Ruß, O.: **Einsatz von derivativen Finanzinstrumenten** im Risikomanagemment deutscher Industrieunternehmen. In: Gebhardt, G./Pellens, B. (Hrsg.): Rechnungswesen und Kapitalmarkt, ZfbF-Sonderheft 41, 1999, S. 23 – 83.

Gerke, W./Bank, M.: **Finanzierung**: Grundlagen für die Investitions- und Finanzierungsentscheidungen in Unternehmen, Stuttgart – Berlin – Köln: Kohlhammer, 1998.

Gerke, W./Steiner, M. (Hrsg.): Handwörterbuch des Bank- und Finanzwesens, Enzyklopädie der Betriebswirtschaftlehre VI, 2., überarb. u. erw. Aufl., Stuttgart: Schäffer-Poeschel Verlag, 1995 (zit. als. **HWF^2**).

Gerke, W./Steiner, M. (Hrsg.): Handwörterbuch des Bank- und Finanzwesens, Enzyklopädie der Betriebswirtschaftlehre VI, 3., völlig überarb. u. erw. Aufl., Stuttgart: Schäffer-Poeschel Verlag, 2001 (zit. als. **HWF^3**).

Giesel, F./Glaum, M. (Hrsg.): Globalisierung – Herausforderung an die Unternehmensführung zu Beginn des 21. Jahrhunderts, FS für Ehrenfried Pausenberger, München: Verlag C.H. Beck, 1999 (zit. als **FS Pausenberger**).

Glaum, M.: Die **Bilanzierung von Finanzinstrumenten** nach HGB, US-GAAP und IAS: Neuere Entwicklungen, DB, Heft 33/1997, 50. Jahrgang, S. 1625 – 1632.

Glaum, M.: Die **Internationalisierung** der deutschen Rechnungslegung, KoR, Heft 3/2001, 3. Jahrgang, S. 124 – 134.

Glaum, M./Förschle, G.: **Rechnungslegung für Finanzinstrumente** und Risikomanagement: Ergebnisse einer empirischen Untersuchung, DB, Heft 31/2000, 53. Jahrgang, S. 1525 – 1534.

Glaum, M./PwC: **Finanzwirtschaftliches Risikomanagement** in Industrie- und Handelsunternehmen, ZBB, Heft 1/2000, 12. Jahrgang, S. 74 – 88.

Glaum, M./Roth, A.: **Wechselkursrisiko-Management** in deutschen internationalen Unternehmungen – Ergebnisse einer empirischen Untersuchung, ZfB, Heft 11/1993, 63. Jahrgang, S. 1181 – 1206.

Göppl, H./Schlag, C.: **Risikomanagement**. In: Gerke, W./Steiner, M. (Hrsg.): HWF^3, Stuttgart: Schäffer-Poeschel Verlag, 2001, Sp. 1846 – 1855.

Göttgens, M.: **Hedge Accounting**, BFuP, Heft 2/1995, 47. Jahrgang, S. 146 – 165.

Göttgens, M./Prahl, R.: Bilanzierung und Prüfung von **Financial Futures** und Forward Rate Agreements, WPg, Heft 16/1993, 46. Jahrgang, S. 503 – 518.

Goldberg, S.R./Tritschler, C.A./Godwin, J.H.: **Financial Reporting for Foreign Exchange Derivatives**, Accounting Horizons, Heft 2/1995, 9. Jahrgang, S. 1 – 16.

Goldberg, S.R./Godwin, J.H./Kim, M.-S./Tritschler, C.A.: On the Determinants of **Corporate Usage of Financial Derivatives**, JIFMA, Heft 2/1998, 9. Jahrgang, S. 132 – 166.

Gorton, G./Rosen, R.: **Banks and Derivatives**, Working Paper, Rodney L. White Center for Financial Research, The Wharton School of the University of Pennsylvania, 1995.

Gräfer, H.: **Annual Report** – der US-amerikanische Jahresabschluss: ein praktischer Leitfaden zum Verständnis und zur Analyse US-amerikanischer Geschäftsberichte, Stuttgart: Schäffer-Poeschel Verlag, 1992.

Gräfer, H.: **Bilanzanalyse**, 8., wesentlich überarb. Aufl., Herne/Berlin: Verlag Neue Wirtschafts-Briefe, 2001.

Gräfer, H./Sorgenfrei, C.: **Rechnungslegung**: Bilanzierung, Bewertung, Gestaltung, Herne/Berlin: Verlag Neue Wirtschafts-Briefe, 1997.

Grant, K./Marshall, A.P.: **Large UK companies and derivatives**, European Financial Management, Heft 2/1997, 3. Jahrgang, S. 191 – 208.

Grewe, W.: § **340c**. In: Hofbauer, M.A./Kupsch, P. (Hrsg.): BHR, Bonn: Stollfuß Verlag, 1994, Rz. 1 – 308.

Grewe, W.: § **340h**. In: Hofbauer, M.A./Kupsch, P. (Hrsg.): BHR, Bonn: Stollfuß Verlag, 1994, Rz. 1 – 76.

Grünewald, A.: **Finanzterminkontrakte** im handelsrechtlichen Jahresabschluß – Ansatz, Bewertung und Ausweis von Zinstermin- und Aktienindexterminkontrakten –, Schriften des Instituts für Revisionswesen der Westfälischen Wilhelms-Universität Münster, Düsseldorf: IDW-Verlag, 1993 (Zugl.: Münster (Westfalen), Univ., Diss., 1992).

Grützemacher, T.: Bewertung und bilanzielle Erfassung der Preisrisiken ausgewählter **Finanzinnovationen**: dargestellt am Beispiel der Behandlung der Aktienoptionsgeschäfte und der interest rate futures in der Rechnungslegung von Aktienbanken, Hochschulschriften zur Betriebswirtschaftslehre, Band 70, München: VVF, 1989 (Zugl.: München, Univ., Diss., 1989).

Grützemacher, T.: Bilanzierung und Bewertung von **Interest Rate-Futures**, Die Bank, Heft 5/1990, 30. Jahrgang, S. 287 – 295.

Guay, W.R.: The impact of derivatives on firm risk: An empirical examination of **new derivative users**, Journal of Accounting and Economics, 1999, 26. Jahrgang, S. 319 – 351.

Guay, W.R./Kothari, S.P.: **How Much do Firms Hedge with Derivatives?**, Working Paper, University of Pennsylvania – The Wharton School and Massachusetts Institute of Technology (MIT), 2001.

Häuselmann, H.: **Bilanzierung** und Besteuerung **von Zinsbegrenzungsverträgen** – Caps, Floors und Collars, BB, Heft 31/1990, 45. Jahrgang, S. 2149 – 2156.

Häuselmann, H.: **Wandelanleihen** in der Handels- und Steuerbilanz des Emittenten, BB, Heft 3/2000, 55. Jahrgang, S. 139 – 146.

Häuselmann, H./Wiesenbart, T.: **Fragen zur bilanzsteuerlichen Behandlung** von Geschäften an der Deutschen Terminbörse (DTB), DB, Heft 13/1990, 43. Jahrgang, S. 641 – 647.

Hallauer, P./Milburn, A./Hague, I.: Das IASC zur **Rechnungslegung für Finanzinstrumente**, Schw. Treuh., Heft 4/1997, 64. Jahrgang, S. 257 – 266.

Haller, A.: **Die Grundlagen der externen Rechnungslegung in den USA** unter besonderer Berücksichtigung der rechtlichen, institutionellen und theoretischen Rahmenbedingungen, Betriebswirtschaftliche Abhandlungen, N.F., Bd. 77, 4., unveränd. Aufl., Stuttgart: Schäffer-Poeschel Verlag, 1994 (Zugl.: Augsburg, Univ., Diss., 1989).

Hanenberg, L./Hillen, K.-H.: **IAS 39** aus Sicht der Bankenaufsicht, ZfgK, Heft 11/2003, 56. Jahrgang, S. 574 – 578.

Happe, P.: Grundsätze ordnungsmäßiger Buchführung für **Swapvereinbarungen**, Schriften des Instituts für Revisionswesen der Westfälischen Wilhelms-Universität Münster, Düsseldorf: IDW-Verlag, 1996 (Zugl.: Münster (Westfalen), Univ., Diss., 1996).

Hartmann, U.: Die **Ausrichtung der Rechnungslegung** an internationale Standards, WPg, Heft 7/1998, 51. Jahrgang, S. 259 – 268.

Hartung, W.: **Zur Bilanzierung bei Kurssicherung**, RIW, Heft 8/1990, 36. Jahrgang, S. 635 – 646.

Hauser, H.: Pricing und Risk-Management von **Caps, Floors und Swap-Optionen**. In: Eller, R. (Hrsg.): Handbuch Derivativer Instrumente, 2., überarb. Aufl., Stuttgart: Schäffer-Poeschel Verlag, 1999, S. 195 – 231.

Havermann, H. (Hrsg.): Bilanz- und Konzernrecht, Festschrift zum 65. Geburtstag von Reinhard Goerdeler, Düsseldorf: IDW-Verlag, 1987 (zit. als **FS Goerdeler**).

Hayn, S.: **Internationale Rechnungslegung**: Ursachen, Wirkungen und Lösungsansätze zur Überwindung internationaler Rechnungslegungsdivergenzen, Schriften zur Bilanz- und Steuerlehre, Bd. 28, Stuttgart: Schäffer-Poeschel Verlag, 1997 (Zugl.: Saarbrücken, Univ., Diss., 1997).

Heinrich, M.: **Stukturierte Produkte im Aktienbereich**. In: Eller, R./Gruber, W./Reif, M. (Hrsg.): Handbuch Strukturierte Kapitalmarktprodukte, Stuttgart: Schäffer-Poeschel Verlag, 1999, S. 61 – 89.

Helleman, J.v./Slomp, S.: The **Changeover to** International Accounting Standards in Europe, BFuP, Heft 2/2002, 54. Jahrgang, S. 213 – 229.

Helmschrott, H.: Der Vorschlag der EU zur Anpassung der Bilanzrichtlinien an die IAS durch **Einführung einer Fair-Value-Bewertung** von Finanzinstrumenten, DStR, Heft 22/2000, 38. Jahrgang, S. 941 – 948.

Hense, B./Geißler, H.: **§ 252**. In: Berger, A. et al. (Hrsg.): Beck Bil.-Komm.[5], München: Verlag C.H. Beck, 2003, Anm. 1 – 87.

Hentschel, L./Kothari, S.P.: Are Corporations **Reducing or Taking Risks** with Derivatives? JFQA, Heft 1/2001, 36. Jahrgang, S. 93 – 118.

Herklotz, R.: **Terminbörsen**. In: Gerke, W./Steiner, M. (Hrsg.): HWF[2], Stuttgart: Schäffer-Poeschel Verlag, 1995, Sp. 1830 – 1844.

Herzig, N.: **Derivatebilanzierung** und GoB-System. In: Fischer, T.R./Hömberg, R. (Hrsg.): FS Baetge, Düsseldorf: IDW-Verlag, 1997, S. 37 – 63.

Herzig, N./Köster, T.: **Rückstellungen** für ungewisse Verbindlichkeiten, für drohende Verluste aus schwebenden Geschäften, für unterlassene Aufwendungen für Instandhaltung und Abraumbeseitigung sowie für Kulanzleistungen. In: Wysocki, K.v./Schulze-Osterloh, J. (Hrsg.): HdJ, Köln: Verlag Dr. Otto Schmidt, 1999, Abt. III/5.

Herzig, N./Mauritz, P.: Micro-Hedges, Macro-Hedges und Portfolio-Hedges für **derivative Finanzinstrumente**: Kompatibel mit dem deutschen Bilanzrecht?, WPg, Heft 5/1997, 50. Jahrgang, S. 141 – 155.

Herzig, N./Mauritz, P.: **Grundkonzeption** einer bilanziellen Marktbewertungspflicht für originäre und derivative Finanzinstrumente, BB, Beilage 5 zu Heft 15/1997, 52. Jahrgang, S. 1 – 16.

Herzig, N./Mauritz, P.: **Ökonomische Analyse** einer bilanziellen Marktbewertungspflicht für originäre und derivative Finanzinstrumente, ZfB, Heft 4/1998, 68. Jahrgang, S. 335 – 361.

Herzig, N./Mauritz, P.: Ökonomische Analyse von Konzepten zur **Bildung von Bewertungseinheiten**: Micro-Hedges, Macro-Hedges und Portfolio-Hedges – wünschenswert im deutschen Bilanzrecht?, ZfbF, Heft 2/1998, 50. Jahrgang, S. 99 – 128.

Heuser, P.J./Theile, C.: **IAS-Handbuch** – Einzel- und Konzernabschluss, Köln: Verlag Dr. Otto Schmidt, 2003.

Heyd, R.: **Fair Value Bewertung** von Financial Instruments. In: Knobloch, A./Kratz, N. (Hrsg.): Neuere Finanzprodukte, München: Verlag Franz Vahlen, 2003, S. 337 – 368.

Hodder, L./Koonce, L./McAnally, M.L.: **SEC Market Risk Disclosures**: Implications for Judgment and Decision Making, Accounting Horizons, Heft 1/2001, 15. Jahrgang, S. 49 – 70.

Hofbauer, M.A./Kupsch, P. (Hrsg.): Bonner Handbuch Rechnungslegung, 25. Ergänzungslieferung, Bonn: Stollfuß Verlag, 1986 – 2002 (zit. als **BHR**).

Hohl, S./Liebig, T.: **Kreditderivate** – ein Überblick. In: Eller, R./Gruber, W./Reif, M. (Hrsg.): Handbuch Kreditrisikomodelle und Kreditderivate, Stuttgart: Schäffer-Poeschel Verlag, 1999, S. 499 – 525.

Holzer, H.P./Ernst, C.: **(Other) Comprehensive Income** und Non-Ownership Movements in Equity – Erfassung und Ausweis des Jahresergebnisses und des Eigenkapitals nach US-GAAP und IAS, WPg, Heft 9/1999, 52. Jahrgang, S. 353 – 370.

Hommel, M./Berndt, T.: Neue Entwicklungen in der Jahresabschlussrichtlinie: **Bewertung zum Fair Value**, BB, Heft 23/2000, 55. Jahrgang, S. 1184 – 1189.

Hommel, M./Hermann, O.: **Hedge-Accounting** und Full-Fair-Value-Approach Hedge in der internationalen Rechnungslegung, DB, Heft 47/2003, 56. Jahrgang, S. 2501 – 2506.

Houston, C.O./Mueller, G.G.: Foreign Exchange Rate **Hedging and SFAS No. 52** – Relatives or Strangers?, Accounting Horizons, Heft 4/1988, 2. Jahrgang, S. 50 – 57.

Hüttemann, P.: Derivative Instrumente für den **Transfer von Kreditrisiken**. In: Oehler, A. (Hrsg.): Credit Risk und Value-at-Risk-Alternativen – Herausforderung für das Risk-Management, Stuttgart: Schäffer-Poeschel Verlag, 1998, S. 53 – 76.

Hull, J.C.: Options, Futures, & Other **Derivatives**, 4. Auflage, Upper Saddle River (NJ): Prentice Hall, 2000.

van Hulle, K.: **International Harmonisation** of Accounting Principles: A European Perspective, WPK-Mitt., Heft S/1997 (Sonderheft Juni 1997), 36. Jahrgang, S. 44 – 50.

van Hulle, K.: **Die Zukunft der europäischen Rechnungslegung** im Rahmen einer sich ändernden internationalen Rechnungslegung, WPg, Heft 4-5/1998, 51. Jahrgang, S. 138 – 153.

Hutto, G.W.: **The New** Hedge Accounting And Derivatives Valuation **Paradigm**, The Real Estate Finance Journal, Heft 4/1998, 14. Jahrgang, S. 73 – 80.

Ineichen, A.M.: **Ambiguous Popularity of Derivatives**, Thunderbird International Business Review, Heft 3/2001, 43. Jahrgang, S. 397 – 418.

Institut der Wirtschaftsprüfer in Deutschland e.V. (IDW) [Hrsg.]: Neuorientierung der Rechenschaftslegung – Eine Herausforderung für Unternehmer und Wirtschaftprüfer –, Bericht über die Fachtagung 1994, Düsseldorf: IDW-Verlag, 1995 (zit. als **Fachtagung 1994**).

International Accounting Standards Board (IASB): **IASB Insight July 2002**, London, 2002.

International Accounting Standards Board (IASB): **IASB Update May 2001**, London, 2001.

International Accounting Standards Board (IASB): **IASB Update May 2003**, London, 2003.

International Accounting Standards Board (IASB): **IASB Update June 2003**, London, 2003.

International Accounting Standards Board (IASB): **IASB Update July 2003**, London, 2003.

International Accounting Standards Board (IASB): **IASB Update September 2003**, London, 2003.

International Accounting Standards Board (IASB): **IASB Update December 2003**, London, 2003.

International Accounting Standards Committee (IASC): **IASC Insight December 1998**, London, 1998.

International Accounting Standards Committee (IASC): **IASC Update November 1998**, London, 1998.

International Organization of Securities Commissions (IOSCO): **IASC Standards**: Report of the Technical Committee, o.O., May 2000.

Jamin, W./Krankowsky, M.: Die **Hedge-Accounting-Regeln** des IAS 39, KoR, Heft 11/2003, 3. Jahrgang, S. 502 – 515.

Johnson, J.A.: **Accounting for Embedded Derivatives**. In: Perry, R.E. (Hrsg.): Accounting for Derivatives, Chicago-London-Singapore: Irwin, 1997, S. 93 – 127.

Johnson, L.T./Bullen, H.G./Kern, V.W.: **Hedge Accounting**: Is deferral the only option? JofA, Heft 1/1994, 177. Jahrgang, S. 53 – 58.

Johnson, L.T./Reither, C.L./Swieringa, R.J.: **Toward Reporting Comprehensive Income**, Accounting Horizons, Heft 4/1995, 9. Jahrgang, S. 128 – 137.

Johnson, L.T./Swieringa, R.J.: Anatomy of an Agenda Decision: **Statement No. 115**, Accounting Horizons, Heft 2/1996, 10. Jahrgang, S. 149 – 179.

Johnson, L.T./Swieringa, R.J.: **Derivatives**, Hedging and Comprehensive Income, Accounting Horizons, Heft 4/1996, 10. Jahrgang, S. 109 – 122.

Jorion, P.: **Value at Risk**: The New Benchmark for Controlling Market Risk, Chicago-London-Singapore: Irwin, 1997.

Jorion, P.: How Informative Are **Value-at-Risk Disclosures**?, Accounting Review, Heft 4/2002, 77. Jahrgang, S. 911 – 931.

Jutz, M.: Bilanzierung und Bewertung von **Financial Futures**, BB, Heft 22/1990, 45. Jahrgang, S. 1515 – 1521.

Kajüter, P.: **Risikoberichterstattung**: Empirische Befunde und der Entwurf des DRS 5, DB, Heft 3/2001, 54. Jahrgang, S. 105 – 111.

Kajüter, P.: **Der Entwurf des DRS 5** zur Risikoberichterstattung, WPg, Heft 4/2001, 54. Jahrgang, S. 205 – 209.

Kajüter, P.: **Prüfung der Risikoberichterstattung im Lagebericht**, BB, Heft 5/2002, 57. Jahrgang, S. 243 – 249.

Kajüter, P./Winkler, C. Die **Risikoberichterstattung** der DAX100-Unternehmen im Zeitvergleich – Ergebnisse einer empirischen Untersuchung, KoR, Heft 5/2003, S. 217 – 228.

Kaltenhauser, H./Begon, C.: **Interne Geschäfte**, ZfgK, Heft 21/1998, 51. Jahrgang, S. 1191 – 1198.

Kawaller, I.G./Koch, P.D.: **Meeting the "Highly Effective Expectation" Criterion** for Hedge Accounting, Journal of Derivatives, Heft 2/2000, 7. Jahrgang, S. 79 – 87.

Kehm, P./Lauinger, R./Rave, H.: Umsetzung der Anforderungen des **IAS 39** im Commerzbank-Konzern: ein Projektbericht, ZfgK, Heft 14/2003, 56. Jahrgang, S. 799 – 808.

Kemmer, M./Naumann, T.K.: **IAS 39**: Raum ist die Anwendung dieses Standard für deutsche Banken so schwierig? (Teile **1** und **2**), ZfgK, Hefte 11 und 14/2003, 56. Jahrgang, S. 568 – 573 und 794 – 798.

Kersting, M.O.: **Der Neue Markt** der Deutsche Börse AG, AG, Heft 5/1997, 42. Jahrgang, S. 222 – 228.

Kieso, D.J./Weygandt, J.J./Warfield, T.D.: **Intermediate Accounting**, 10. Aufl., New York u.a.: John Wiley & Sons, Inc., 2001.

Kirk, D.J.: **Competitive Disadvantage** and Mark-to-Market Accounting, Accounting Horizons, Heft 2/1991, 5. Jahrgang, S. 98 – 106.

Kleekämper, H./Kuhlewind, A.-M./Alvarez, M.: **Ziele, Organisation, Entwicklung und Bedeutung des IASB**. In: Baetge, J., et al. (Hrsg.): Rechnungslegung nach IAS, 2. überarb. u. erw. Aufl., Stuttgart: Schäffer-Poeschel Verlag, 2002.

Klein, W./Jonas, M.: **Diskussionsbeitrag** im Meinungsspiegel zum Thema Finanzinnovationen im Jahresabschluß, BFuP, Heft 2/1995, 47. Jahrgang, S. 230 – 248.

Klemke, B.: Die **Bilanzierung** von Futures und Optionen **aus finanzwirtschaftlicher Sicht**, Frankfurt: Fritz Knapp Verlag 1997 (Zugl.: Karlsruhe, Univ., Diss., 1997).

Kley, K.-L.: Die **Fair Value-Bilanzierung** in derRechnungslegung nach den International Accounting Standards (IAS), DB, Heft 43/2001, 54. Jahrgang, S. 2257 – 2262.

Knobbe-Keuk, B./Klein, F./Moxter, A. (Hrsg.): Handelsrecht und Steuerrecht, Festschrift für Georg Döllerer, Düsseldorf: IDW-Verlag, 1988 (zit. als **FS Döllerer**).

Knobloch, A./Kratz, N. (Hrsg.): **Neuere Finanzprodukte**, München: Verlag Franz Vahlen, 2003.

Köhler, A.: **Bilanzierung derivativer Finanzinstrumente** – Grundlagen und aktuelle Entwicklungen, BBK, Fach 12, 1997, o.Jg., S. 6001 – 6012.

Körner, W.: Das Prinzip der **Einzelbewertung**, WPg, Heft 16-17/1976, 29. Jahrgang, S. 430 – 441.

Kommission für Bilanzierungsfragen des Bundesverbandes deutscher Banken (Kommission): Zur **Rechnungslegung von Swap-Geschäften**, Die Bank, Heft 3/1988, 28. Jahrgang, S. 158 –165.

Kommission für Bilanzierungsfragen des Bundesverbandes deutscher Banken (Kommission): Behandlung von **DTB-Aktienoptionen im Jahresabschluß** von Banken, Die Bank, Heft 4/1990, 30. Jahrgang., S. 211 – 216.

Konishi, A./Dattatreya, R.E. (Hrsg.): **The Handbook of Derivative Instruments**: Investment Research, Analysis, and Portfolio Applications, 2., überarb. Aufl., Chicago-London-Singapore: Irwin, 1996.

Konishi, A./Dattatreya, R.E.: **Introduction**. In: Konishi, A./Dattatreya, R.E. (Hrsg.): The Handbook of Derivative Instruments, revised edition, Chicago-London-Singapore: Irwin, 1996, S. 1 – 18.

Konishi, A./Dattatreya, R.E. (Hrsg.): **Frontiers in Derivatives**: State-of-the-Art Models, Valuation, Strategies & Products, Chicago-London-Singapore: Irwin, 1997.

KPMG (Hrsg.): **Financial Instruments**: Einsatzmöglichkeiten, Risikomanagement und Risikocontrolling, Rechnungslegung, Besteuerung. 2. Aufl., Frankfurt, 1995.

KPMG: International Accounting Standards: **Financial Instruments Accounting**, o.O., 2000.

KPMG Peat Marwick LLP (KPMG): **Derivatives and Hedging Handbook**, o.O., 1998.

Kraft, M./Landes, T.: **Statistische Methoden** – eine Einführung für das Grundstudium in den Wirtschafts- und Sozialwissenschaften, 3., durchges. und aktualisierte Aufl., Heidelberg: Physica-Verl., 1996.

Krawitz, N.: § **284**. In: Hofbauer, M.A./Kupsch, P. (Hrsg.): BHR, Bonn: Stollfuß Verlag, 2001, Rz. 1 – 109.

Krawitz, N.: § **285**. In: Hofbauer, M.A./Kupsch, P. (Hrsg.): BHR, Bonn: Stollfuß Verlag, 2000, Rz. 1 – 245.

Krawitz, N.: § **289**. In: Hofbauer, M.A./Kupsch, P. (Hrsg.): BHR, Bonn: Stollfuß Verlag, 1999, Rz. 1 – 150.

Kropp, M./Klotzbach, D.: Der **Exposure Draft** zu IAS 39 „Financial Instruments", WPg, Heft 19/2002, 55. Jahrgang, S. 1010 – 1031.

Kropp, M./Klotzbach, D.: Der Vorschlag des IASB zum **Macro Hedge Accounting**, WPg, Heft 21/2003, 56. Jahrgang, S. 1180 – 1192.

Krumnow, J.: **Derivative Instrumente** – Implikationen für Bankcontrolling und -organisation. In: Schierenbeck, H./Moser, H. (Hrsg.): Handbuch Bankcontrolling, Wiesbaden: Gabler Verlag, 1994, S. 735 – 755.

Krumnow, J.: **Das derivative Geschäft** als Motor des Wandels für das Bankgeschäft, DBW, Heft 1/1995, 55. Jahrgang, S. 11 – 20.

Krumnow, J. (Hrsg.): **Risikosteuerung von Derivaten**, Schriften zur Unternehmensführung, Band 58, Wiesbaden: Gabler Verlag, 1996.

Krumnow, J./Löw, E.: **IAS 30**: Angabepflichten im Jahresabschluss von Banken und ähnlichen Finanzinstituten. In: Baetge, J., et al. (Hrsg.): Rechnungslegung nach IAS, 2. überarb. u. erw. Aufl., Stuttgart: Schäffer-Poeschel Verlag, 2002.

Krumnow, J./Sprißler, W./Bellavite-Hövermann, Y./Kemmer, M./Steinbrücker, H.: **Rechnungslegung der Kreditinstitute**, Stuttgart: Schäffer-Poeschel Verlag, 1994.

Küffner, P./Hock, B.: **Internationalisierung der Rechnungslegung** aus der Sicht mittelständischer Unternehmen, BFuP, Heft 1/1998, 50. Jahrgang, S. 57 – 76.

Küting, K./Hütten, C.: Die **Lageberichterstattung** über Risiken der künftigen Entwicklung, Annäherung an die geplante Änderung der §§ 289, 315 HGB durch das KonTraG, AG, Heft 6/1997, 42. Jahrgang, S. 250 – 256.

Küting, K./Hütten, C.: **Der befreiende Konzernlagebericht** nach internationalen Vorschriften – Anmerkungen zur Frage der Existenz eines gesetzlich geregelten Sachverhalts –, WPg, Heft 1/1999, 52. Jahrgang, S. 12 – 19.

Küting, K./Langenbucher, G. (Hrsg.): Internationale Rechnungslegung, Festschrift zum 60. Geburtstag von Claus-Peter Weber, Stuttgart: Schäffer-Poeschel Verlag, 1999 (zit. als **FS Weber**).

Küting, K./Weber, C.-P. (Hrsg.): Handbuch der Rechnungslegung: Kommentar zur Bilanzierung und Prüfung, Bd. Ia, 4., grundlegend überarb. und wesentl. erw. Aufl., Stuttgart: Schäffer-Poeschel Verlag, 1995 (zit. als **HdR^4**).

Küting, K./Weber, C.-P. (Hrsg.): Handbuch der Konzernrechnungslegung: Kommentar zur Bilanzierung und Prüfung, Bd. II, 2., grundlegend überarb. Aufl., Stuttgart: Schäffer-Poeschel Verlag, 1998 (zit. als **HdK^2**).

Küting, K./Weber, C.-P. (Hrsg.): Handbuch der Rechnungslegung: Einzelabschluss, Kommentar zur Bilanzierung und Prüfung, 5., aktual. und Aufl., Stuttgart: Schäffer-Poeschel Verlag, 2002 – 2003 (zit. als **HdR^5**).

Kuhn, S./Scharpf, P.: Finanzinstrumente: Neue Vorschläge zum **Portfolio Hedging** zinstragender Positionen nach IAS 39, DB, Heft 43/2003, 56. Jahrgang, S. 2293 – 2299.

Kuhner, C.: **Die Bilanzierung von Zinstermingeschäften**, Mitteilungen aus dem Institut für das Spar-, Giro- und Kreditwesen an der Universität Bonn Nr. 28, Bonn, 1988.

Kuhner, C.: **Geschäftszweckgebundene Bewertungskonzeptionen** in der externen Rechnungslegung von Unternehmen, Untersuchungen über das Spar-, Giro- ind Kreditwesen: Abt. A, Wirtschaftswissenschaft; Bd. 155, Berlin: Duncker & Humblot, 1994 (Zugl.: Bonn, Univ., Diss., 1993).

Kuprianow, A.: **Derivative Debacles**: Case Studies of Large Losses in Derivatives Markets. In: Schwartz, R.J./Smith, C.W. (Hrsg.): Derivatives Handbook, New York u.a.: John Wiley & Sons Inc., 1997, S. 605 – 629.

Kupsch, P.: § 246. In: Hofbauer, M.A./Kupsch, P. (Hrsg.): BHR, Bonn: Stollfuß Verlag, 1986, Rz. 1 – 82.

Kupsch, P.: Zum Verhältnis von **Einzelbewertungsprinzip und Imparitätsprinzip**. In: Moxter, A. et al. (Hrsg.): FS Forster, Düsseldorf: IDW-Verlag, 1992, S. 339 – 357.

Kußmaul, H.: **Bilanzierungsfähigkeit und Bilanzierungspflicht**. In: Küting, K./Weber, C.-P. (Hrsg.): HdR^5, Stuttgart: Schäffer-Poeschel Verlag, März 2003, Kap. 6, Abschn. A, Rn. 1 – 42.

Kußmaul, H.: **HGB § 246**. In: Küting, K./Weber, C.-P. (Hrsg.): HdR^5, Stuttgart: Schäffer-Poeschel Verlag, März 2003, Rn. 1 – 26.

Labude, M./Wienken, R.: Die **Bilanzierung von Derivaten und Sicherungsbeziehungen** nach SFAS No. 133, WPg, Heft 1/2000, 53. Jahrgang, S. 11 – 22.

Lamprecht, K.: **Fragen zur Marktbewertung** für derivative Finanzmarktinstrumente, ÖBA, Heft 2/1991, 39. Jahrgang, S. 71 – 84.

Landry, S./Radeke, O.: **Kreditderivate** in der Praxis. In: Eller, R./Gruber, W./Reif, M. (Hrsg.): Handbuch Kreditrisikomodelle und Kreditderivate, Stuttgart: Schäffer-Poeschel Verlag, 1999, S. 527 – 574.

Lang, J.: **Grundsätze** ordnungsmäßiger Buchführung I (Begriff, Bedeutung, Rechtsnatur). In: Leffson, U./Rückle, D./Großfeld, B. (Hrsg.): HURB, Köln: Verlag Dr. Otto Schmidt KG, 1986, S. 221 – 240.

Langenbucher, G./Blaum, U.: **Umrechnung von Fremdwährungsgeschäften**. In: Küting, K./Weber, C.-P. (Hrsg.): HdR⁵, Stuttgart: Schäffer-Poeschel Verlag, November 2003, Kap. 6, Abschn. E, Rn. 501 – 674.

Langenbucher, G.: **Umrechnung von Fremdwährungsabschlüssen**. In: Küting, K./Weber, C.-P. (Hrsg.): HdK², Stuttgart: Schäffer-Poeschel Verlag, 1998, Kap. II, Artikel 2, Zweiter Abschnitt, Rn. 1028 – 1209.

Langenbucher, G./Blaum, U.: Anwendungsfragen im Zusammenhang mit **IAS 39** für Financial Instruments. In: Knobloch, A./Kratz, N. (Hrsg.): Neuere Finanzprodukte, München: Verlag Franz Vahlen, 2003, S. 315 – 336.

Laupenmühlen, M./Münz, S.M.: **Die neue SEC-Berichtsvorschrift** zum Marktrisiko, DB, Heft 41/1998, 51. Jahrgang, S. 2025 – 2032.

Lee, F.M./Marshall, A./Szto, Y.K./Tang, J.: The Practice of **Financial Risk Management**: An International Comparison, Thunderbird International Business Review, Heft 3/2001, 43. Jahrgang, S. 365 – 378.

Leffson, U.: Die **Grundsätze ordnungsmäßiger Buchführung**, 7., rev. u. erw. Aufl., Düsseldorf: IDW-Verlag, 1987.

Leffson, U.: **Die beiden Generalnormen**. In: Havermann, H. (Hrsg.): FS Goerdeler, Düsseldorf: IDW-Verlag, 1987, S. 315 – 325.

Leffson, U./Rückle, D./Großfeld, B. (Hrsg.): Handwörterbuch unbestimmter Rechtsbegriffe im Bilanzrecht des HGB, Köln: Verlag Dr. Otto Schmidt KG, 1986 (zit. als **HURB**).

Leffson, U./Schmid, A.: Die **Erfassungs- und Bewertungsprinzipien** des Handelsrechts. In: Wysocki, K.v./Schulze-Osterloh, J. (Hrsg.): HdJ, Köln: Verlag Dr. Otto Schmidt, 1993, Abt. I/7.

Levich, R.M./Hayt, G.S./Ripston, B.A.: **1998 Survey of Derivatives** and Risk Management Practices by U.S. Institutional Investors, New York University Stern Graduate School of Business/CIBC World Markets/KPMG Investment Consulting Group, 1999.

Lhabitant, F.S./Tinguely, O.: **Financial Risk Management**: An Introduction, Thunderbird International Business Review, Heft 3/2001, 43. Jahrgang, S. 343 – 363.

Linde, V./Meyer, N.: Der Markt für **Wetterrisiken**, FB, Heft 12/2003, 5. Jahrgang, S. 858 – 867.

Linsmeier, T.J./Pearson, N.D.: Quantitative Disclosures of Market Risk in the **SEC Release**, Accounting Horizons, Heft 1/1997, 11. Jahrgang, S. 107 – 135.

Linsmeier, T.J./Thornton, D.B./Venkatachalam, M./Welker, M.: The Effect of Mandated **Market Risk Disclosures** on Trading Volume Sensitivity to Interest Rate, Exchange Rate, and Commodity Price Movements, Accounting Review, Heft 2/2002, 77. Jahrgang, S. 343 – 377.

Lipe, R.C.: Some **Recent Financial Reporting Issues** at the Securities and Exchange Commission, Accounting Horizons, Heft 4/1998, 12. Jahrgang, S. 419 – 428.

Lipe, R.C.: **Fair Valuing Debt** Turns Deteriorating Credit Quality into Positive Signals for Boston Chicken, Accounting Horizons, Heft 2/2002, 16. Jahrgang, S. 169 – 181.

Locarek-Junge, H.: **Hedging**. In: Gerke, W./Steiner, M. (Hrsg.): HWF³, Stuttgart: Schäffer-Poeschel Verlag, 2001, Sp. 1016 – 1022.

Locarek-Junge, H./Stahl, G.: **Value-at-Risk**. In: Gerke, W./Steiner, M. (Hrsg.): HWF³, Stuttgart: Schäffer-Poeschel Verlag, 2001, Sp. 2120 – 2128.

Lorenz, V.: Die **Bilanzierung von Finanzinstrumenten** in den USA, Wiesbaden: Dt. Univ.-Verlag/Gabler, 1997.

Lüdenbach, N.: **Geplante Neuerungen** bei Bilanzierung und Ausweis von Finanzinstrumenten nach IAS 32 und IAS 39, BB, Heft 41/2002, 57. Jahrgang, S. 2113 – 2113.

Lührmann, V.: **Umrechnung geschlossener Fremdwährungspositionen** bei Banken und Nicht-Banken, DStR, Heft 10/1998, 36. Jahrgang, S. 387 – 392.

Lutz, G.: Der Gegenstand der **Aktivierung** und seine Zurechnung im Handels- und Steuerrecht (3. Bearbeitung). In: Wysocki, K.v./Schulze-Osterloh, J. (Hrsg.): HdJ, Köln: Verlag Dr. Otto Schmidt, 2003, Abt. I/4.

Mahoney, J.P./Kawamura, Y.: Review of 1994 **Disclosures about Financial Instruments** and Fair Value of Financial Instruments, FASB Special Report, Norwalk (Conn.): FASB, 1995.

Makar, S.D./DeBruin, J./Huffman, S.P.: The management of foreign currency risk: **derivatives use** and the natural hedge of geographic diversification, ABR, Heft 3/1999, 29. Jahrgang, S. 229 – 237.

Masheane, M.: **Derivatives**: Accounting and Economic Issues, Journal of Accounting Education, Heft 3-4/1998, 16. Jahrgang, S. 591 – 598.

Masters, B.: **Credit Derivatives**. In: Konishi, A./Dattatreya, R.E. (Hrsg.): Frontiers in Derivatives: State-of-the-Art Models, Valuation, Strategies & Products, Chicago-London-Singapore: Irwin, 1997, S. 31 – 66.

Masters, B.: **Credit Derivatives**. In: Alexander, C. (Hrsg.): Risk Management and Analysis, Bd. 2, Chichester u.a.: Wiley, 1998, S. 293 – 334.

Maulshagen, A./Maulshagen, O.: Die Neuregelung der **Bilanzierung derivativer Finanzinstrumente** nach US-GAAP Statement of Financial Accounting Standards 133, BB, Heft 42/1998, 53. Jahrgang, S. 2151 – 2155.

Maulshagen, A./Maulshagen, O.: Rechtliche und bilanzielle **Behandlung von Swapgeschäften**, BB, Heft 5/2000, 55. Jahrgang, S. 243 – 249.

Mauritz, P.: Konzepte der **Bilanzierung** und Besteuerung **derivativer Finanzinstrumente**, Wiesbaden: DUV/Gabler Verlag, 1997 (Zugl.: Köln, Univ., Diss., 1996).

Mayer-Wegelin, E.: **§ 249**. In: Küting, K./Weber, C.-P. (Hrsg.): HdR[4], Stuttgart: Schäffer-Poeschel Verlag, 1995, Kap. II, Rn. 1 – 115 und 229 – 254.

Menichetti, M.J.: **Währungsrisiken** bilanzieren und hedgen, Wiesbaden: Gabler, 1993 (Zugl.: Konstanz, Univ., Diss., 1993 u.d.T.: Rechnungslegung und Hedging von Währungsrisiken).

Menninger, J.: **Financial Futures** und deren bilanzielle Behandlung, Betriebswirtschaftliche Studien, Rechnungs- und Finanzwesen, Organisation und Institution, Band 20, Frankfurt u.a.: Lang, 1993 (Zugl.: Würzburg, Univ., Diss., 1993).

Menninger, J.: **Spekulative Zins-Futures** im Jahresabschluß großer Kapitalgesellschaften, BB, Heft 3/1994, 49. Jahrgang, S. 175 – 183.

Menninger, J.: **Die Abbildung von Hedgegeschäften** mittels Zins-Futures im Jahresabschluß großer Kapitalgesellschaften, RIW, Heft 4/1994, 40. Jahrgang, S. 300 – 310.

Menninger, J.: Die **Bewertung der Devisen Futures** bei Hedgegeschäften im Jahresabschluß großer Kapitalgesellschaften (Teil I), IStR, Heft 4/1994, 3. Jahrgang, S. 195 – 200.

Meyer, C./Schmidt, C.R.: **Hedge Accounting**, Schw. Treuh., Heft 4/1996, 70. Jahrgang, S. 253 – 258.

Möller, H.P./Schmidt, F. (Hrsg.): Rechnungswesen als Instrument für Führungsentscheidungen, Festschrift zum 60. Geburtstag von Adolf G. Coenenberg, Stuttgart: Schäffer-Poeschel Verlag, 1998 (zit. als **FS Coenenberg**).

Morris, D.M.: Practical Problems in Hedge Accounting: **Policies and Procedures**, Bank Accounting & Finance, Heft 2/1992, 5. Jahrgang, S. 40 – 49.

Morris, D.M.: Practical Problems in Hedge Accounting: **Case Histories**, Bank Accounting & Finance, Heft 4/1992, 5. Jahrgang, S. 3 – 12.

Moxter, A.: **Bilanzlehre**, Bd. I: Einführung in die Bilanztheorie, 3., vollst. umgearb. Aufl., Wiesbaden: Gabler Verlag, 1984.

Moxter, A.: **Bilanzlehre**, Bd. II: Einführung in das neue Bilanzrecht, 3., vollst. umgearb. Aufl., Wiesbaden: Gabler Verlag, 1986.

Moxter, A.: Zum **Sinn und Zweck** des handelsrechtlichen Jahresabschlusses nach neuem Recht. In: Havermann, H. (Hrsg.): FS Goerdeler, Düsseldorf: IDW-Verlag, 1987, 361 – 374.

Moxter, A.: **Periodengerechte Gewinnermittlung** und Bilanz im Rechtssinne. In: Knobbe-Keuk, B./Klein, F./Moxter, A. (Hrsg.): FS Döllerer, Düsseldorf: IDW-Verlag, 1988, S. 447 – 458.

Moxter, A.: Zum **Verhältnis** von handelsrechtlichen Grundsätzen ordnungsmäßiger Bilanzierung und Trueand-fair-view-Gebot bei Kapitalgesellschaften. In: Förschle, G./Kaiser, K./Moxter, A. (Hrsg.): FS Budde, München: Verlag C.H. Beck, 1995, S. 419 – 429.

Moxter, A.: **Bilanzrechtsprechung**, 4., vollst. umgearbeitete Aufl., Tübingen: J.C.B. Mohr (Paul Siebeck), 1996.

Moxter, A.: **Grundwertungen** in Bilanzrechtsordnungen – ein Vergleich von überkommenem deutschen Bilanzrecht und Jahresabschlußrichtlinie. In: Budde, W.D./Moxter, A./Offerhaus, K. (Hrsg.): FS Beisse, Düsseldorf: IDW-Verlag, 1997, S. 347 – 361.

Moxter, A./Müller, H.-P./Windmöller, R./Wysocki, K.v. (Hrsg.): Rechnungslegung: Entwicklungen bei der Bilanzierung und Prüfung von Kapitalgesellschaften, Festschrift zum 65. Geburtstag von Karl-Heinz Forster, Düsseldorf: IDW-Verlag, 1992 (zit. als **FS Forster**).

Müller, C.: Die Bildung von **Bewertungseinheiten** bei zentralem Zins- und Währungsmanagement im Konzern, DB, Heft 40/1995, 48. Jahrgang, S. 1973 – 1979.

Müller, U.: **Imparitätsprinzip und Erfolgsermittlung**, DB, Heft 14/1996, 49. Jahrgang, S. 689 – 695.

Müller, W.: Zur **Rangordnung der** in § 252 Abs. 1 Nr. 1 bis 6 HGB kodifizierten allgemeinen **Bewertungsgrundsätze**. In: Havermann, H. (Hrsg.): FS Goerdeler, Düsseldorf: IDW-Verlag, 1987, S. 397 – 410.

Munter, P.: **Cash Flow Hedges**: The New Comprehensive Income Item, JCAF, Heft 1/1998, 9. Jahrgang, S. 27 – 32.

Nair, R.D./Rittenberg, L.E./Weygandt, J.J.: **Accounting for Interest Rate Swaps** – A Critical Evaluation, Accounting Horizons, Heft 3/1990, 4. Jahrgang, S. 20 – 30.

Nance, D.R./Smith, C.W./Smithson, C.W.: **On the Determinants of Corporate Hedging**, JoF, Heft 1/1993, 48. Jahrgang, S. 267 – 284.

Naumann, T.K.: **Fremdwährungsumrechnung** in Bankbilanzen nach neuem Recht, Düsseldorf: IDW-Verlag, 1992.

Naumann, T.K.: **Bewertungseinheiten** im Gewinnermittlungsrecht der Banken, Düsseldorf: IDW-Verlag, 1995 (Zugl.: Frankfurt, Univ., Diss., 1995).

Neubürger, H.-J.: **Einsatz (derivativer) Finanzinstrumente** in der Praxis. In: IDW (Hrsg.): Fachtagung 1994, Düsseldorf: IDW-Verlag, 1995, S. 311 – 340.

Neubürger, H.-J.: **Financial Instruments und GoB** – neuer Wein in alten Schläuchen? Podiums- und Plenardiskussion. In: IDW (Hrsg.): Fachtagung 1994, Düsseldorf: IDW-Verlag, 1995, S. 391 – 415.

Neuhausen, B.S.: **Accounting for Securization Transactions**. In.: Perry, R.E. (Hrsg.): Accounting for Derivatives, Chicago-London-Singapore: Irwin, 1997, S. 129 – 209.

Neuß, A.: **Finanzinstrumente in IAS-Konzernabschlüssen**: Analyse der Offenlegungsvorschriften und der Bewertungskonzeption unter Berücksichtigung alternativer Vorschläge sowie des aktuellen

Publizitätsniveaus deutscher Unternehmen, Reihe: Finanzierung, Steuern, Wirtschaftsprüfung, Bd. 30, Köln: Botermann & Botermann Verlag, 1998 (Zugl.: Augsburg, Univ., Diss., 1998).

Niehues, M.: **EU-Rechnungslegungsstrategie** und Gläubigerschutz, WPg, Heft 21/2001, 54. Jahrgang, S. 1209 – 1222.

Niehus, R.J./Thyll, A.: **Rechnungslegung nach U.S. GAAP** – Grundlagen und Gegenüberstellung mit den deutschen Vorschriften, 2., überarb. und erw. Aufl., Stuttgart: Schäffer-Poeschel, 2000.

Niemann, U.: Zur **Bilanzierung von Finanzderivaten** in Handels- und Industrieunternehmen – Möglichkeiten und Grenzen der Verrechnung nichtrealisierter Verluste mit nichtrealisierten Gewinnen/Ausgleich von Verpflichtungen durch Gegenansprüche –, Institut „Finanzen und Steuern" e.V., IFSt-Schrift Nr. 353, Bonn, 1997.

Niemeyer, K.: **Bilanzierung von Finanzinstrumenten** nach International Accounting Standards (IAS) – Eine kritische Analyse aus kapitalmarktorientierter Sicht, Düsseldorf: IDW-Verlag, 2003 (Zugl.: Münster, Univ., Diss., 2002).

Niemeyer, M.: **Bilanzierung und Ausweis** von Optionsgeschäften nach Handels- und Steuerrecht, Europäische Hochschulschriften: Reihe 2, Rechtswissenschaft; Bd. 977, Frankfurt u.a.: Peter Lang, 1990 (Zugl.: Bochum, Univ., Diss., 1989).

Nonnenmacher, D.J./Brasch, H.-J.: **Kreditderivate**. In: Gerke, W./Steiner, M. (Hrsg.): HWF³, Stuttgart: Schäffer-Poeschel Verlag, 2001, Sp. 1386 – 1400.

Oehler, A. (Hrsg.): **Credit Risk und Value-at-Risk-Alternativen** – Herausforderung für das Risk-Management, Stuttgart: Schäffer-Poeschel Verlag, 1998.

Oestreicher, A.: Grundsätze ordnungsmäßiger **Bilanzierung von Zinsterminkontrakten**: das Prinzip der Einzelbewertung bei funktional verknüpften Finanzgeschäften, Düsseldorf: IDW-Verlag, 1992 (Zugl.: Mannheim, Univ., Diss., 1991).

Ordelheide, D.: Zur **Marktbewertung von Finanzinstrumenten** in Deutschland, nach US-GAAP und nach IAS, BFuP, Heft 5/1998, 50. Jahrgang, S. 604 – 612.

Ordelheide, D./KPMG (Hrsg.): **Transnational Accounting**, 2. Aufl., Basingstoke – New York: Palgrave, 2001.

Pacter, P.: **The IASC's financial instruments project**, Accounting & Business, Heft 7-8/1998, 1. Jahrgang, S. 44 – 46.

Pacter, P.: **Side by Side**, Accountancy International, Heft 6/1999, 123. Jahrgang, S. 74 – 76.

Pape, J.: **Financial Instruments**: Standard der Joint Working Group of Standard Setters – Entwurf eines Rechnungslegungsstandards zur Zeitwertbilanzierung von Unternehmen, WPg, Heft 24/2001, 54. Jahrgang, S. 1458 – 1467.

Pape, J./Bogajewskaja, J./Borchmann, T.: Der Standardentwurf des IASB zur **Änderung von IAS 32 und IAS 39** – Darstellung und kritische Würdigung, KoR, Heft 5/2002, 2. Jahrgang, S. 219 – 234.

Pape, J./Breker, N.: **Financial Instruments – Joint Working Group**: Aktueller Stand der Erörterungen im Oktober 1998, WPg, Heft 1/1999, 52. Jahrgang, S. 1 – 12.

Paul, S./Brütting, C./Weber, N.: **IAS 39**: Bilanzierung von Finanzinstrumenten als Grundproblem der Bankenrechnungslegung – ein Aufriss, ZfgK, Heft 11/2003, 56. Jahrgang, S. 580 – 584.

Pausenberger, E./Glaum, M.: **Management von Währungsrisiken**. In: Gebhardt, G./Gerke, W./Steiner, M. (Hrsg.): Handbuch des Finanzmanagements, München: Verlag C.H. Beck, 1993, S. 763 – 785.

Pellens, B.: **Internationale Rechnungslegung**, 4., überarb. u. erw. Aufl., Stuttgart: Schäffer-Poeschel Verlag, 2001.

Pellens, B./Bonse, A./Gassen, J.: **Perspektiven** der deutschen Konzernrechnungslegung, DB, Heft 16/1998, 51. Jahrgang, S. 785 – 792.

Pellens, B./Gassen, J.: **EU-Verordnungsentwurf** zur IAS-Konzernrechnungslegung, KoR, Heft 4/2001, 1. Jahrgang, S. 137 – 142.

Perlet, H./Baumgärtel, M.: Zur **Bilanzierung von Finanzinstrumenten** in der Versicherungswirtschaft. In: Ballwieser, W./Moxter, A./Nonnenmacher, R. (Hrsg.): FS Clemm, München: Verlag C.H. Beck, 1996, S. 287 – 309.

Perridon, L./Steiner, M.: **Finanzwirtschaft der Unternehmung**, 8. Aufl., München: Verlag Franz Vahlen, 1995.

Perry, R.E. (Hrsg.): **Accounting for Derivatives**, Chicago-London-Singapore: Irwin, 1997.

Pfeffer, A.: **Publizitätspflichten** für derivative Finanzinstrumente nach US-GAAP, WPg, Heft 12/1995, 48. Jahrgang, S. 411 – 415.

Pfingsten, A./Homölle, S./Rieso, S.: **Risikomaße**. In: Gerke, W./Steiner, M. (Hrsg.): HWF³, Stuttgart: Schäffer-Poeschel Verlag, 2001, Sp. 1869 – 1879.

Pfitzer, N./Dutzi, A.: **Fair Value**. In: *Ballwieser, W./Coenenberg, A.G./Wysocki, K.v.* (Hrsg.): HWRP³, Stuttgart: Schäffer-Poeschel Verlag, 2002, Sp. 749 – 764.

Phillips, A.L.: 1995 **Derivatives Practices** and Instruments Survey, Financial Management, Heft 2/1995, 24. Jahrgang, S. 115 – 125.

Pößl, W.: Die **Zulässigkeit von Saldierungen** bei der Bilanzierung von wirtschaftlich ineinandergreifenden Vorgängen, DStR, Heft 14-15/1984, 22. Jahrgang, S. 428 – 435.

Poole, V./Wild, K.: A Practitioner's Guide to **Full Fair Value Accounting** of Financial Instruments, Old Woking: City & Financial Publishing/Deloitte & Touche, 2001.

Porter, T.L./Traficanti, R.M.: **Comparative Analysis** of IAS 32 (1998), Financial Instruments: Disclosure and Presentation, and IAS 39 (1998), Financial Instruments: Recognition and Measurement, and Related U.S. GAAP. In: Bloomer, C. (Hrsg.): The IASC-U.S. Comparison Project, Second Edition, Norwalk (Conn.): FASB, 1999, S. 463 – 495.

Prahl, R.: **Informationen über Derivate** für externe Adressaten. In: Krumnow, J. (Hrsg.): Risikosteuerung von Derivaten, Wiesbaden: Gabler, 1996, S. 135 – 163.

Prahl, R.: Bilanzierung und Prüfung von **Financial Instruments** in Industrie- und Handelsunternehmen, WPg, Heft 23-24/1996, 49. Jahrgang, S. 830 – 839.

Prahl, R./Naumann, T.K.: Zur Bilanzierung von portfolio-orientierten **Handelsaktivitäten der Kreditinstitute**, WPg, Heft 23/1991, 44. Jahrgang, S. 729 – 739.

Prahl, R./Naumann, T.K.: **Moderne Finanzinstrumente im Spannungsfeld** zu traditionellen Rechnungslegungsvorschriften: Barwertansatz, Hedge-Accounting und Portfolio-Approach, WPg, Heft 23/1992, 45. Jahrgang, S. 709 – 719.

Prahl, R./Naumann, T.K.: **Die Bewertungseinheit am Bilanzstichtag** – und was dann?, ZBB, Heft 1/1994, 6. Jahrgang, S. 1 – 9.

Prahl, R./Naumann, T.K.: **Financial Instruments**. In: Wysocki, K.v./Schulze-Osterloh, J. (Hrsg.): HdJ, Köln: Verlag Dr. Otto Schmidt, 2000, Abt. II/10.

Prevost, A.K./Rose, L.C./Miller, G.: **Derivatives Usage** and Financial Risk Management in Large and Small Economies: A Comparative Analysis, JBFA, Heft 5-6/2000, 27. Jahrgang, S. 733 – 759.

PricewaterhouseCoopers: A Guide to **Accounting for Derivative Instruments and Hedging Activities** – Understanding & Implementing Statement of Financial Accounting Standards No. 133, o.O., 1998.

PricewaterhouseCoopers: International Accounting Standards – Financial Instruments: **Understanding IAS 39**, o.O., 2000.

PricewaterhouseCoopers: Financial Instruments under IFRS: **Revised IAS 32 and IAS 39**, o.O., 2004.

Prieß, K.-H.: **Devisentermingeschäfte und Jahresabschlußzwecke**, dargestellt am Beispiel von Aktienbanken, Europäische Hochschulschriften, Reihe V: Volks- und Betriebswirtschaft, Bd. 882, Frankfurt u.a.: Peter Lang, 1988 (Zugl.: Innsbruck, Univ., Diss., 1987).

PwC Deutsche Revision: **IAS für Banken**, Frankfurt: Fachverlag Moderne Wirtschaft, 1999.

Rabenhorst, D.: DTB-gehandelte **Optionen und Futures** im Jahresabschluß, Europäische Hochschulschriften: Reihe 5, Volks- und Betriebswirtschaft, Bd. 2475, Frankfurt u.a.: Peter Lang, 1999 (Zugl.: Frankfurt (Main), Univ., Diss., 1998).

Raettig, L.R./Reinhardt, H.: **Finanzinnovationen** aus dispositiver und akquisitorischer Sicht der Banken. In: Burger K.-M. (Hrsg.): Finanzinnovationen, Stuttgart: C.E. Poeschel Verlag, 1989, S. 45 – 57.

Ramsler, M.: **Finanzinnovationen**. In: Gebhardt, G./Gerke, W./Steiner, M. (Hrsg.): Handbuch des Finanzmanagements, München: Verlag C.H. Beck, 1993, S. 429 – 444.

Reker, J./Pahl, A./Löcke, J.: **Aufstellung eines befreienden Konzernabschlusses** und –lageberichts nach International Accounting Standards **durch Kreditinstitute** – Anmerkungen zum Kapitalaufnahmeerleichterungsgesetz –, WPg, Heft 12/1998, 51. Jahrgang, S. 527 – 538.

Robinson, L.E.: The Time Has Come to Report **Comprehensive Income**, Accounting Horizons, Heft 2/1991, 5. Jahrgang, S. 107 – 112.

Robol, G.: **Bilanzierungsgrundsätze für neue Finanzinstrumente**, ÖBA, Heft 5/1989, 37. Jahrgang, S. 498 – 510.

Roulstone, D.T.: Effect of **SEC Financial Reporting Release No. 48** on Derivative and Market Risk Disclosures, Accounting Horizons, Heft 4/1999, 13. Jahrgang, S. 343 – 363.

Rudolph, B.: **Derivative Finanzinstrumente**: Entwicklung, Risikomanagement und bankaufsichtsrechtliche Reglierung. In: Rudolph, B. (Hrsg.): Derivative Finanzinstrumente, Stuttgart: Schäffer-Poeschel Verlag, 1995, S. 3 – 41.

Rudolph, B. (Hrsg.): **Derivative Finanzinstrumente**, Stuttgart: Schäffer-Poeschel Verlag, 1995.

Rudolph, B.: Finanzderivate: **Spielwiese** für Spekulanten oder sinnvolle Risikominderung? In: Büttner, H./Hampe, P. (Hrsg.): Die Globalisierung der Finanzmärkte, Mainz-München: v. Hase & Koehler, 1997, S. 111 – 147.

Rückle, D.: **Vorsicht**. In: Leffson, U./Rückle, D./Großfeld, B. (Hrsg.): HURB, Köln: Verlag Dr. Otto Schmidt KG, 1986, S. 403 – 416.

Ruß, O.: **Hedging-Verhalten deutscher Unternehmen**, Wiesbaden, DUV/Gabler Verlag,, 2002 (Zugl.: Frankfurt/Main, Univ., Diss., 2002)

Rutishauser, D.: Neue Rechnungslegung für Finanzinstrumente und deren Bewertung unter **IAS 39**, Schw. Treuh., Heft 4/2000, 74. Jahrgang, S. 293 – 296.

Ryan, S.G.: **Financial Instruments** & Institutions: Accounting and Disclosure Rules, Hoboken (N.J.): John Wiley & Sons, Inc., 2002.

Sanders, T.B.: **Derivative Ruination in the 1990s:** Les Apparences sont Trompeuses, Thunderbird International Business Review, Heft 3/2001, 43. Jahrgang, S. 419 – 432.

Scharpf, P.: **Derivative Instrumente** im Jahresabschluß unter Prüfungsgesichtspunkten – Erfassung, Abwicklung und Bildung von Bewertungseinheiten –, BFuP, Heft 2/1995, 47. Jahrgang, S. 166 – 208.

Scharpf, P.: Überlegungen zur **Bilanzierung strukturierter Produkte** (Compound Instruments), FB, Heft 5/1999, 1. Jahrgang, S. 21 – 30.

Scharpf, P.: Bilanzierung von **Financial Instruments** nach IAS **(I) – (IV)**, FB, Hefte 3 bis 6/2000, 2. Jahrgang, S. 125 – 137, 208 – 217, 284 – 292 und 372 – 381.

Scharpf, P.: Rechnungslegung von **Financial Instruments** nach IAS 39, Stuttgart: Schäffer-Poeschel, 2001.

Scharpf, P.: Bilanzierung von Finanzinstrumenten nach dem **Vorschlag der EG-Kommission** – Ein Vergleich mit IAS 39, DB, Heft 13/2000, 53. Jahrgang, S. 629 – 634.

Scharpf, P.: **Finanzinnovationen**. In: Küting, K./Weber, C.-P. (Hrsg.): HdR^5, Stuttgart: Schäffer-Poeschel Verlag, Juli 2003, Kap. 6, Abschn. F, Rn. 801 – 886.

Scharpf, P./Epperlein, J.K.: **Risikomanagement derivativer Finanzinstrumente**, BFuP, Heft 2/1995, 47. Jahrgang, S. 209 – 229.

Scharpf, P./Luz, G.: **Risikomanagement**, Bilanzierung und Aufsicht von Finanzderivaten, 2. überarb. u. erw. Aufl., Stuttgart: Schäffer-Poeschel Verlag, 2000.

Scheffler, E.: **Rückstellungen für ungewisse Verbindlichkeiten**. In.: Castan, E. et al. (Hrsg.): Beck HdR, München: Verlag C.H. Beck, 1989/1994, B 233, Rz. 1 – 122.

Scheffler, J.: **Hedge-Accounting**: Jahresabschlußrisiken in Banken, Wiesbaden: Gabler Verlag, 1994.

Schierenbeck, H.: **Ertragsorientiertes Bankmanagement**, Band 2: Risiko-Controlling und integrierte Rendite-/Risikosteuerung, 7., vollst. überarb. u. erw. Aufl., Wiesbaden: Gabler Verlag, 2001.

Schierenbeck, H./Moser, H. (Hrsg.): **Handbuch Bankcontrolling**, Wiesbaden: Gabler Verlag, 1994.

Schildbach, T.: **Zeitwertbilanzierung** in USA und nach IAS, BFuP, Heft 5/1998, 50. Jahrgang, S. 580 – 592.

Schildbach, T.: **Zeitbewertung**, Gewinnkonzeptionen und Informationsgehalt – Stellungnahme zu „Financial Assets and Liabilities – Fair Value or Historical Cost?", WPg, Heft 5/1999, 52. Jahrgang, S. 177 – 185.

Schildbach, T.: **IAS als Rechnungslegungsstandard für alle**, BFuP, Heft 3/2002, 54. Jahrgang, S. 263 – 278.

Schildbach, T.: **US-GAAP**: amerikanische Rechnungslegung und ihre Grundlagen, 2. überarb. und aktualisierte Aufl., München: Vahlen, 2002.

Schildbach, T./Wagenhofer, A. (Hrsg.): **Wettbewerb und Unternehmensrechnung**, ZfbF-Sonderheft Nr. 45, Frankfurt: Verl.-Gruppe Handelsblatt, 2000.

Schiller, B./Marek, M.: **Die EUREX**, FB, Heft 6/2000, 2. Jahrgang, S. 402 – 405.

Schiller, B./Tytko, D.: **Risikomanagement im Kreditgeschäft**: Grundlagen, neue Entwicklungen und Anwendungsbeispiele, Stuttgart: Schäffer-Poeschel Verlag, 2001.

Schirm, A.: **Wetterderivate** – Finanzprodukte für das Management wetterbedingter Geschäftsrisiken, FB, Heft 11/2000, 2. Jahrgang, S. 722 – 730.

Schirmer, L.: **Die Rechnungslegung von Finanzderivaten** bei Banken in Deutschland, Japan und USA, Wiesbaden: DUV/Gabler Verlag, 2000 (Zugl.: Bayreuth, Univ., Diss., 2000).

Schmekel, H.: **Diskussionsbeitrag** im Meinungsspiegel zum Thema Finanzinnovationen im Jahresabschluß, BFuP, Heft 2/1995, 47. Jahrgang, S. 230 – 248.

Schmidbauer, R.: **Bewertung von Finanzinstrumenten** nach IAS – insbesondere unter Berücksichtigung des Standardentwurfs zu IAS 32 und IAS 39, RIW, Heft 4/2003, 49. Jahrgang, S. 287 – 294.

Schmidt, C.R.: **Hedge Accounting** mit Optionen und Futures – ein Konzept für die Schweiz unter Berücksichtigung nationaler und internationaler Rahmenbedingungen, Zürich: Schulthess Polygraphischer Verlag AG, 1996 (Zugl.: Zürich, Univ., Diss., 1995).

Schmidt, K. (Hrsg.): Münchener Kommentar zum Handelsgesetzbuch, Bd. 4. Drittes Buch – Handelsbücher: §§ 238 – 342a HGB, München: Verlage C.H. Beck/Franz Vahlen, 2001 (zit. als **Münch-KommHGB**).

Schmitz, D.: **Portfolio-Accounting** im Jahresabschluß von Kreditinstituten, Sparkassenheft 168, Stuttgart: Dt. Sparkassenverl., 1997.

Schneider, D.: **Vermögensgegenstände und Schulden**. In: Leffson, U./Rückle, D./Großfeld, B. (Hrsg.): HURB, Köln: Verlag Dr. Otto Schmidt KG, 1986, S. 335 – 343.

Schneider, W.: **Bilanzierung** von festverzinslichen Wertpapieren und Zinsfutures durch Kreditinstitute **bei getrennter Bewertung**, BB, Heft 15/1995, 50. Jahrgang, S. 765 – 773.

Schneider, W.: **Bilanzierung** von festverzinslichen Wertpapieren und Zinsfutures durch Kreditinstitute **bei gemeinsamer Bewertung**, BB, Heft 24/1995, 50. Jahrgang, S. 1231 – 1235.

Schrand, C.M.: The **Association** Between Stock-Price Interest Rate Sensitivity and Disclosures about Derivative Instruments, Accounting Review, Heft 1/1997, 72. Jahrgang, S. 87 – 109.

Schulz, T.: **Risiko-Publizität**: Formen der Darstellung von Marktrisiken im Jahresabschluß der Unternehmung, Wiesbaden: Dt. Univ.-Verlag, 1996 (Zugl.: Oestrich-Winkel, European Business School, Diss., 1996).

Schwartz, R.J./Smith, C.W. (Hrsg.): **Derivatives Handbook**: Risk Management and Control, Wiley series in financial engineering, New York u.a.: John Wiley & Sons Inc., 1997.

Schwarzkopf, H.: **Finanzinnovationen**, Prüfung der. In: Coenenberg, A.G./Wysocki, K.v. (Hrsg.): HWRev[2], Sp. 537 – 545.

Schwitters, J./Bogajewskaja, J.: **Bilanzierung von derivativen Finanzinstrumenten**. In.: Castan, E. et al. (Hrsg.): Beck HdR, München: Verlag C.H. Beck, 2000, B 730, Rz. 1 – 271.

Seedorf, U.: **Erfassung bilanzunwirksamer Finanzinnovationen** im Jahresabschluß und Lagebericht der Kapitalgesellschaften, Berlin, Freie Univ., Diss., 1988.

Seeberg, T.: Entwicklungen in der nationalen und internationalen **Rechnungslegungspublizität**. In: Möller, H.P./Schmidt, F. (Hrsg.): FS Coenenberg, Stuttgart: Schäffer-Poeschel Verlag, 1998, S. 597 – 616.

Selch, B.: Die Entwicklung der gesetzlichen Regelungen zum **Lagebericht** seit dem Aktiengesetz von 1965 bis zum KapCoRiLiG von 2000, WPG, Heft 8/2000, 53. Jahrgang, S. 357 – 367.

Selchert, F.W.: **HGB § 252**. In: Küting, K./Weber, C.-P. (Hrsg.): HdR[5], Stuttgart: Schäffer-Poeschel Verlag, November 2002, Rn. 1 – 175.

Selchert, F.W.: **Zukunftsorientierte Berichterstattung im Lagericht**. In: Giesel, F./Glaum, M. (Hrsg.): FS Pausenberger, München: Verlag C.H. Beck, 1999, S. 405 – 428.

Serfling, K./Pape, U.: **Financial Engineering bei Aktienanleihen**, FB, Heft 6/2000, 2. Jahrgang, S. 388 – 393.

Shim, E.D./Larkin, J.M.: Toward Relevancy in Financial Reporting: **Mark-to-Market-Accounting**, Journal of Applied Business Research, Heft 1/1998, 14. Jahrgang, S. 33 – 42.

Shireff, D.: **Fill that gap!**, Euromoney, Heft 8/1994, 26. Jahrgang, S. 28 – 32.

Siebert, H.: **Grundlagen der US-amerikanischen Rechnungslegung** – Ziele und Inhalte der Verlautbarungen der SEC und des FASB sowie ihre Unterschiede zum deutschen Bilanzrecht, Schriften zur Rechnungslegung, Wirtschaftsprüfung und Unternehmensberatung, Bd. 4, Köln: Verlag Dr. Otto Schmidt, 1996 (Zugl.: Bonn, Univ., Diss., 1996).

Siegel, S.: The Coming Revolution in Accounting: **The Emergence of Fair Value** as the Fundamental Principle of GAAP, WPK-Mitt., Sonderheft Juni 1997, 36. Jahrgang, S. 81 – 90.

Siegel, T.: **Zeitwertbilanzierung** für das deutsche Bilanzrecht?, BFuP, Heft 5/1998, 50. Jahrgang, S. 593 – 603.

Siegel, T./Schmidt, M.: **Allgemeine Bewertungsgrundsätze**. In.: Castan, E. et al. (Hrsg.): Beck HdR, München: Verlag C.H. Beck, 1999, B 161, Rz. 1 – 183.

Siegwart, H./Mahari, J./Abresch, M. (Hrsg.): **Strategisches Management** von Finanzinnovationen, Stuttgart: Schäffer-Poeschel Verlag, 1996.

Sill, K.: The **Economic Benefits and Risks** of Derivative Securities, Business Review (Federal Reserve Bank of Philadelphia), Heft 1/1997, o. Jg., S. 15 – 26.

Singleton, J.M.: **Hedge Accounting**: A State-of-the-Art Review, Bank Accounting & Finance, Heft 1/1991, 5. Jahrgang, S. 26 – 32.

Skinner, D.J.: Are **disclosures about bank derivatives** and employee stock options 'value-relevant'?, Journal of Accounting and Economics, 1996, 22. Jahrgang, S. 393 – 405.

Smith, C.W./Smithson, C.W./Wilford, D.S.: **Managing Financial Risk**, The Continental Bank Journal of Applied Corporate Finance, Heft 4/1989, 1. Jahrgang. Abdruck in: (FASB): Discussion Memorandum No. 28 "An Analysis of the Issues Related to Recognition and Measurement of Financial Instruments", Norwalk (Conn.), 109-A, 1991, S. 202 – 223.

Smith, D.J.: **The Arithmetic of Financial Engineering**, The Continental Bank Journal of Applied Corporate Finance, Heft 4/1989, 1. Jahrgang. Abdruck in: (FASB): Recognition and Measurement of Financial Instruments, Norwalk (Conn.), 109-A, 1991, S. 224 – 233.

Smith, G.R./Waters, G./Wilson, A.C.: **Improved Accounting for Derivatives and Hedging Activities**, Derivatives Quarterly, Heft 3/1998, 4. Jahrgang, S. 15 – 20.

Smith, J.T.: **Complications in Accounting for Hedges** Against Interest Rate Fluctuations, Financial Managers Statement, Heft 2/1989, 11. Jahrgang, S. 14 – 22.

Smith, J.T.: **Valuation – Concepts**. In: Perry, R.E. (Hrsg.): Accounting for Derivatives, Chicago-London-Singapore: Irwin, 1997, S. 265 – 325.

Smithson, C.W.: A **LEGO® Approach** to Financial Engineering: An Introduction to Forwards, Futures, Swaps, and Options Midland Corporate Finance Journal, Heft 4/1987, 4. Jahrgang, S. 16 – 28.

Smithson, C.W.: **Managing Financial Risk** – A Guide to Derivative Products, Financial Engineering, and Value Maximization, 3. Aufl., Chicago-London-Singapore: Irwin, 1998.

Sprißler, W.: Das **Derivategeschäft** und seine Bilanzierung bei deutschen Kreditinstituten. In: Ballwieser, W./Moxter, A./Nonnenmacher, R. (Hrsg.): FS Clemm, München: Verlag C.H. Beck, 1996, S. 365 – 388.

Sprißler, W.: **Finanzinstrumente insb. Finanzderivate**, Bilanzierung von. In: Gerke, W./Steiner, M. (Hrsg.): HWF³, Stuttgart: Schäffer-Poeschel Verlag, Sp. 826 – 835.

Starbatty, N.: **Exposure Draft** „Accounting for Financial Instruments with Characteristics of Liabilities, Equity, or Both" – Bilanzierung von Wandelanleihen, KoR, Heft 4/2002, 2. Jahrgang, S. 183 – 190.

Stauber, J.: Die **Bilanzierung von Finanzinstrumenten** nach IAS 39, Schw. Treuh., Heft 8/2001, 75. Jahrgang, S. 687 – 696.

Staudt, A./Weinberger, G.: **Cross-Hedging** von Währungspositionen und deren bilanzielle Bewertung am Beispiel von Devisentermingeschäften, WPg, Heft 2/1997, 50. Jahrgang, S. 44 – 62.

Steckel, R./Klausner, R.: **Ansatz und Bewertung** von derivativen Finanzinstrumenten nach US-GAAP, WPg, Heft 12/1997, 50. Jahrgang, S. 391 – 395.

Steiner, M.: **Financial Futures**. In: Gerke, W./Steiner, M. (Hrsg.): HWF³, Stuttgart: Schäffer-Poeschel Verlag, 2001, Sp. 704 – 715.

Steiner, M./Bruns, C.: **Wertpapiermanagement**, 7., überarb. u. erw. Aufl., Stuttgart: Schäffer-Poeschel Verlag, 2000.

Steiner, M./Meyer, F.: **Hedging mit Financial Futures**. In: Gebhardt, G./Gerke, W./Steiner, M. (Hrsg.): Handbuch des Finanzmanagements, München: Verlag C.H. Beck, 1993, S. 721 – 749.

Steiner, M./Padberg, M.: **Neuere Finanzprodukte** zur Steuerung des Zinsänderungsrisikos. In: Schierenbeck, H./Moser, H. (Hrsg.): Handbuch Bankcontrolling, Wiesbaden: Gabler, 1994, S. 757 – 778.

Steiner, M./Tebroke, H.-J./Wallmeier, M.: Konzepte der **Rechnungslegung für Finanzderivate**, WPg, Heft 16/1995, 48. Jahrgang, S. 533 – 544.

Steiner, M./Wallmeier, M.: Die **Bilanzierung von Finanzinstrumenten** in Deutschland und den USA unter Berücksichtigung von Absicherungszusammenhängen – Vom Hedge Accounting zur Marktwertbilanzierung? In: Möller, H.P./Schmidt, F. (Hrsg.): FS Coenenberg, Stuttgart: Schäffer-Poeschel Verlag, 1998, S. 305 – 335.

Steiner, M./Wittrock, C.: **Märkte** für Instrumente zur Risikoabsicherung. In: Gebhardt, G./Gerke, W./Steiner, M. (Hrsg.): Handbuch des Finanzmanagements, München: Verlag C.H. Beck, 1993, S. 669 – 719.

Stewart, J.E.: The Challenges of **Hedge Accounting**, JofA, Heft 11/1989, 168. Jahrgang, S. 48 – 56.

Streim, H.: Die **Generalnorm** des § 264 Abs. 2 HGB. In: Ballwieser, W. et al. (Hrsg.): FS Moxter, Düsseldorf: IDW Verlag, 1994, S. 391 – 406.

Swamy, S.: **Stock Index Futures**, Options, and Trading Strategies. In: Konishi, A./Dattatreya, R.E. (Hrsg.): The Handbook of Derivative Instruments, revised edition, Chicago-London-Singapore: Irwin, 1996, S. 289 – 314.

Tebroke, H.-J.: **Finanzinnovationen**. In: Gerke, W./Steiner, M. (Hrsg.): HWF[3], Stuttgart: Schäffer-Poeschel Verlag, 2001, Sp. 811 – 825.

Theile, C.: **Kapitalmarktorientierte Rechnungslegung auch für die GmbH zwingend?** Zu den Auswirkungen des DRSC-Gesetzentwurfs „Zur Internatioanlisierung der Rechungslegung" vom 6.7.2001 und dem EU-Verodnungsvorschlag vom 13.2.2001 auf die Rechnungslegung der GmbH (& Co. KG), GmbHR, Heft 20/2001, 92. Jahrgang, S. 892 – 898.

Tipke, K.: **Auslegung** unbestimmter Rechtsbegriffe. In: Leffson, U./Rückle, D./Großfeld, B. (Hrsg.): HURB, Köln: Verlag Dr. Otto Schmidt KG, 1986, S. 1 – 11.

Tönnies, M./Schiersmann, B.: **Die Zulässigkeit von Bewertungseinheiten** in der Handelsbilanz (Teile I und II), DStR, Hefte 18 und 19/1997, 35. Jahrgang, S. 714 – 720 und 756 – 760.

Treuberg, H.G.v./Scharpf, P.: **DTB-Aktienoptionen** und deren Abbildung im Jahresabschluß von Industrieunternehmen, DB, Heft 13/1991, 44. Jahrgang, S. 661 – 668.

Trott, E.W./Upton, W.S.: **Expected Cash Flows**, Understanding the Issues, Ausgabe 1-1, Norwalk (Conn.): FASB Publications, Mai 2001.

Venkatachalam, M.: **Value-relevance** of banks' derivatives disclosures, Journal of Accounting and Economics, 1996, 22. Jahrgang, S. 327 – 355.

Waldersee, G.G.v.: **Bilanzierung von Finanzderivaten** nach HGB, IAS und US-GAAP. In: Küting, K./Langenbucher, G. (Hrsg.): FS Weber, Stuttgart: Schäffer-Poeschel Verlag, 1999, S. 239 – 264.

Walther, W.F.: **Risiko-Management** im derivativen Geschäft. In: Rudolph, B. (Hrsg.): Derivative Finanzinstrumente, Stuttgart: Schäffer-Poeschel Verlag, 1995, S. 287 – 300.

Walton, P.: **Financial Statement Analysis** – An International Perspective, London: Business Press (Thomson Learning), 2000.

Weber-Grellet, H.: **Steuerbilanzrecht**, Juristische Kurzlehrbücher für Studium und Praxis, München: Verlag C.H. Beck, 1996.

Weise, P./Brandes, W./Eger, T./Kraft, M.: **Neue Mikroökonomie**, 4., vollst. überarb. Aufl., Heidelberg: Physica-Verlag, 2002.

Wenger, E./Kaserer, C./Bayer, R.: Die erfolgskonforme **Abbildung von Zins- und Währungsswaps** in der Handels- und Steuerbilanz, DStR, Heft 24-25/1995, 33. Jahrgang, S. 948 – 958.

Wenk, M.O.: Der **Marktwert im Rechnungswesen** der Banken, Wiesbaden: DUV/Gabler Verlag, 1997 (Zugl.: München, Univ., Diss., 1996).

Weyel, W.: **Devisenhandel**. In: Gerke, W./Steiner, M. (Hrsg.): HWF³, Stuttgart: Schäffer-Poeschel Verlag, 2001, Sp. 541 – 552.

White, L.J.: **Mark-to-Market Accounting**: A (Not So) Modest Proposal, Financial Manager's Statement, Heft 1/1990, 12. Jahrgang, S. 27 – 32+37.

Whittaker, J.G./Kumar, S.: **Credit Derivatives**: A Primer. In: Konishi, A./Dattatreya, R.E. (Hrsg.): The Handbook of Derivative Instruments, revised edition, Chicago-London-Singapore: Irwin, 1996, S. 595 – 614.

Wiedmann, H.: Die **Bewertungseinheit** im Handelsrecht. In: Ballwieser, W. et al. (Hrsg.): FS Moxter, Düsseldorf: IDW-Verlag, 1994, S. 453 – 482.

Wiedmann, H.: **Bewertungseinheit und Realisationsprinzip**. In: IDW (Hrsg.): Fachtagung 1994, Düsseldorf: IDW-Verlag, 1995, S. 101 – 122.

Wiedmann, H.: **Bilanzrecht**: Kommentar zu den §§ 238 bis 342a HGB, München: Verlag C.H. Beck, 1999.

Wilkens, M./Scholz, H.: **Reverse Convertibles** und Discount-Zertifikate – Bewertung, Pricing-Risiko und implizite Volatilität, FB, Heft 3/2000, 2. Jahrgang, S. 171 – 179.

Williams, J.R.: **2002 Miller GAAP Guide**– Restatement and Analysis of Current FASB Standards, New York/Daithersburg: Aspen Law & Business, 2002.

Willis, D.W.: Financial Assets and Liabilities – **Fair Value or Historical Cost?**, WPg, Heft 19/1998, 51. Jahrgang, S. 854 – 860.

Wilson, A.C./Smith, R.G.: **Proposed Accounting for Derivatives**: Does it Address the Concerns of Current Accounting, Accounting Horizons, Heft 3/1997, 11. Jahrgang, S. 69 – 78.

Wilson, T.C.: **Value at Risk**. In: Alexander, C. (Hrsg.): Risk Management and Analysis, Bd. 1, Chichester u.a.: Wiley, 1998, S. 61 – 124.

Windmöller, R.: Fragen zur Berücksichtigung der **Zinsen in der Bankbilanzierung**. In: Ballwieser, W. et al. (Hrsg.): FS Moxter, Düsseldorf: IDW-Verlag, 1994, S. 883 – 896.

Windmöller, R.: **Internationalisierung der Rechnungslegung** – was bleibt Wahrheit?, Die Bank, Heft 1/2002, 42. Jahrgang, S. 33 – 36.

Windmöller, R./Breker, N.: **Bilanzierung von Optionsgeschäften**, WPg, Heft 12/1995, 48. Jahrgang, S. 389 – 401.

Winnefeld, R.: Bilanz-Handbuch, 2. Aufl., München: Verlag C.H. Beck, 2000 (zit. als **Bilanz-HB**).

Winter, O.: **Aktivierungsfähigkeit von Finanzderivaten**, BB, Heft 40/1996, 51. Jahrgang, S. 2083 – 2089.

Winter, O.: Die handelsrechtliche **Bilanzierung von Zinsbegrenzungsvereinbarungen**, DB, Heft 40/1997, 50. Jahrgang, S. 1985 – 1992.

Wirtschaftsprüfer-Handbuch 2000: Handbuch zur Rechnungslegung, Prüfung und Beratung, hrsg. vom IDW, Band I, 12. Aufl., Düsseldorf: IDW-Verlag, 2000 (zit. als **WPH 2000 I**).

Wittenbrink, C./Göbel, G.: **Interne Geschäfte** – ein trojanisches Pferd vor den Toren des Bilanzrechts?, Die Bank, Heft 5/1997, 37. Jahrgang, S. 270 – 274.

Wittenbrink, C./Höltkemeyer, C.: **Neue Bilanzierungsregeln für strukturierte Finanzinstrumente**, Die Bank, Heft 11/2000, 40. Jahrgang, S. 771 – 775.

Wohlgemuth, M.: § **252**. In: Hofbauer, M.A./Kupsch, P. (Hrsg.): BHR, Bonn: Stollfuß Verlag, 1987, Rz. 1 – 80.

Wollmert, P./Schönbrunn, N./Jung, U./Siebert, H./Henke, M. (Hrsg.): Wirtschaftsprüfung und Unternehmensüberwachung, Festschrift für Wolfgang Lück, Düsseldorf: IDW-Verlag, 2003 (zit. als **FS Lück**).

Wong, M.H.F.: The **Association** between SFAS No. 119 Derivatives Disclosures and the Foreign Exchange Risk Exposure of Manufacturing Firms, Journal of Accounting Research, Heft 2/2000, 38. Jahrgang, S. 387 – 417.

Wüstemann, J.: **Generally Accepted Accounting Principles** – Zur Bedeutung und Systembildung der Rechnungslegungsregeln der USA, Schriften zur wirtschaftswissenschaftlichen Analyse des Rechts, Bd. 37, Berlin: Duncker und Humblot, 1999 (Zugl.: Frankfurt (Main), Univ., Diss., 1997).

Wysocki, K.v./Schulze-Osterloh, J. (Hrsg.): Handbuch des Jahresabschlusses in Einzeldarstellungen, 29. Erg.-Lfg., Köln: Verlag Dr. Otto Schmidt, 1984 – 2002. (zit. als **HdJ**).

Zeff, S.A.: **The Coming Confrontation** on International Accounting Standards, Irish Accounting Review, Heft 2/1998, 5. Jahrgang, S. 89 – 117.

Zeff, S.A.: **The IASC's Core Standards**: What Will the SEC Do?, Journal of Financial Statement Analysis, Heft Fall/1998, 3. Jahrgang, S. 67 – 78.

Zeff, S.A.: **"Political" Lobbying** on Proposed Standards: A Challenge to the IASB, Accounting Horizons, Heft 1/2002, 16. Jahrgang, S. 43 – 54.

Zielke, W.: Internationale Aspekte der **Bilanzierung derivativer Geschäfte** im Jahresabschluß von Industrieunternehmen. In: Ballwieser, W. et al. (Hrsg.): FS Moxter, Düsseldorf: IDW-Verlag, 1994, S. 507 – 528.

Zimmermann, H.: **Optionsgeschäfte**. In: Gerke, W./Steiner, M. (Hrsg.): HWF^3, Stuttgart: Schäffer-Poeschel Verlag, Sp. 1609 – 1622.

Zitzelsberger, S.: **Überlegungen** zur Einrichtung eines nationalen Rechnungslegungsgremiums in Deutschland, WPg, Heft 7/1998, 51. Jahrgang, S. 246 – 259.

Zwirner, C.: **Ausweitung der Möglichkeiten zur internationalen Bilanzierung?**, StuB, Heft 16/1999, 1. Jahrgang, S. 879 – 884.

Zwirner, T.: **Financial Engineering**. In: Gerke, W./Steiner, M. (Hrsg.): HWF^3, Stuttgart: Schäffer-Poeschel Verlag, Sp. 692 – 704.